La enseñanza d
a hispanohablantes
Praxis y teoría

Series on
Foreign Language Acquisition
Research and Instruction

Barbara F. Freed, Carnegie Mellon University
General Editor

Volumes in the Series

Foreign Language Acquisition:
Research and the Classroom

Barbara F. Freed, *Editor*

Text and Context:
Cross-Disciplinary Perspectives on Language Study

Claire Kramsch and Sally McConnell-Ginet, *Editors*

Language and Content:
Discipline- and Content-Based Approaches to Language Study

Merle Krueger and Frank Ryan, *Editors*

La enseñanza del español a hispanohablantes:
Praxis y teoría

M. Cecilia Colombi and Francisco X. Alarcón, *Editors*

Patterns Across Spoken and Written French:
Empirical Research on the Interaction Among Forms, Functions, and Genres

Nadine O'Connor Di Vito

La enseñanza del español a hispanohablantes
Praxis y teoría

M. Cecilia Colombi, Editor
University of California, Davis

Francisco X. Alarcón, Editor
University of California, Davis

Houghton Mifflin Company   Boston   New York

Senior Sponsoring Editor: Denise St. Jean
Project Editor: Helen Bronk
Production/Design Coordinator: Jennifer Meyer
Manufacturing Coordinator: Lisa Merrill
Marketing Manager: Elaine Leary

Capítulo 3 originally appeared in a briefer form as "El español y los Estados Unidos: Puntos de partida" in Rodolfo Cortina and Alberto Moncada, eds., *Hispanos en los Estados Unidos* (Mardrid: Ediciones de Cultura Hispánica, 1988).

ISBN: 0-669-39844-6

Library of Congress Catalog Card Number: 97–76883

1 2 3 4 5 6 7 8 9–CS–00 99 98 97 96

— Indice general _____

▬ Prefacio ▬▬▬▬▬▬▬▬▬▬▬▬▬▬▬▬▬▬▬▬▬

Este libro surge como resultado del «Congreso sobre la enseñanza del español a hispanohablantes en los Estados Unidos: praxis y teoría» (*Teaching Spanish to Native Speakers in the U.S.: Praxis and Theory*) que tuvo lugar en la Universidad de California, Davis, del 19 al 21 de mayo de 1994, patrocinado por el National Endowment for the Humanities (NEH). El congreso se originó como un intento para responder a las necesidades de las comunidades hispanohablantes, cada vez más numerosas y diversas, en los Estados Unidos, especialmente en California. En Davis se congregaron expertos y profesores de diferentes regiones del país con el objeto de intercambiar experiencias, ideas y teorías sobre la enseñanza del español a hispanohablantes. Los profesores, investigadores, estudiantes y otros profesionales que asistieron al congreso interactuaron en pequeños grupos, tratando de convertir la teoría en práctica o siguiendo el proceso inverso, partir de prácticas pedagógicas y experiencias particulares para llegar a teorías o conclusiones generales.

Este volumen contiene trabajos originales de investigación presentados durante el congreso e intenta dar una perspectiva social y educativa sobre la situación contemporánea de la enseñanza del español a hispanohablantes en los Estados Unidos. Está dirigido especialmente a los profesores y estudiantes interesados en mantener y desarrollar la enseñanza del español como lengua materna a todo nivel, desde el nivel primario hasta el universitario.

La enseñanza del español para hispanohablantes difiere de la enseñanza del español como segunda lengua o lengua extranjera en tanto que la mayoría de las personas hispanohablantes en los Estados Unidos ha adquirido su proficiencia dentro de un ambiente bilingüe y recibido todo tipo de educación formal en inglés. Existe una gran diversidad en el nivel de las habilidades comunicativas y académicas que estos estudiantes poseen tanto en la lengua oral y escrita como en el uso del español y del inglés. Muchos de ellos tienen una competencia comunicativa oral en español bien desarrollada cuando llegan a la universidad; sin embargo su proficiencia en la lengua escrita en español es muy desigual. Esto se debe a que la gran mayoría ha adquirido el español en un ambiente familiar, especialmente para comunicarse con otros miembros de la familia o con amigos. El español ha sido usado en lo que Goffman llama *backstage activities,* o sea, en situaciones informales o íntimas, opuestas a *frontstage activities,* o sea, actividades formales o de dominio público como la escuela, el trabajo, etc. A su vez, estos estudiantes, como hablantes nativos de la lengua, han podido internalizar estructuras lingüísticas sumamente complejas que presentan gran dificultad para la mayoría de los estudiantes del español como segunda lengua. Por todas estas razones los hispanohablantes constituyen un grupo con características y necesidades bien específicas que los diferencia de los estudiantes de español como segunda lengua o lengua extranjera.

Igualmente existe una gran diversidad cultural entre los principales grupos de hispanohablantes en los Estados Unidos. Aunque el español tiene profundas raíces que se remontan al inicio de la exploración y colonización española del territorio que hoy forma parte de este país, también es la lengua de miles de nuevos inmigrantes latinoamericanos y sus familias. En el Suroeste ha habido una presencia continua de comunidades hispanohablantes por más de tres siglos. El mayor grupo de hispanohablantes en los Estados Unidos lo forman los descendientes de mexicanos o chicanos cuyos antepasados se vieron incorporados a este país por medio del Tratado de Guadalupe-Hidalgo de 1848 o participaron en las grandes olas de inmigración mexicana que se iniciaron poco después de la Revolución Mexicana de 1910. Después de la Segunda Guerra Mundial, un gran número de puertorriqueños se ha concentrado en el Noreste, principalmente en el área metropolitana de Nueva York. El tercer grupo lo forman los cubanoamericanos en el sur de la Florida, que constituyen parte de la comunidad cubana en el exilio desde la década de 1960. Existen otros grandes grupos nacionales de inmigrantes hispanohablantes, tales como los dominicanos que se agrupan en el área de Nueva York y los centroamericanos (principalmente salvadoreños, nicaragüenses y guatemaltecos) que han dejado sus respectivos países en medio de guerras civiles desde la década de 1980 y ahora forman parte de muchos centros urbanos del país.

Debido a estos continuos movimientos inmigratorios, se ha observado un gran crecimiento de las poblaciones de origen hispano en los Estados Unidos. El último censo de 1990 produjo una cifra de veintitrés millones de personas de origen hispano en todo el país, con siete millones setecientos mil solamente en California, donde la lealtad lingüística al español entre los hispanos aumentó del 78,4% al 81,7% durante la última década. Este gran aumento demográfico ha creado tensiones que muchas veces han desembocado en acciones políticas, en mayor o menor grado xenófobas, como la Propuesta 187 en California. Igualmente, la presente situación ofrece difíciles desafíos y oportunidades para desarrollar e implementar medidas educativas y programas que traten de la enseñanza del español como lengua materna.

El español es actualmente la lengua de millones de hispanohablantes que la aprenden y utilizan en el seno familiar en los Estados Unidos, el quinto país en el mundo en cuanto al número de hispanohablantes. El español se ha convertido en el idioma común de una importante red de medios de comunicación masivos en la Unión Americana. Es la lengua de dos grandes cadenas de televisión, de decenas de estaciones locales de televisión y de radiodifusoras y de un gran número de diarios, semanarios y revistas. Hoy en día, nadie podría confinar el español únicamente al área privada de la familia o de las amistades cuando este idioma se emplea cada vez más en muchos espacios públicos. Es por ello que los editores de este volumen optamos por incluir artículos desarrollados y escritos tanto en español como en inglés. Creemos que es imprescindible promover y desarrollar la articulación de teorías y perspectivas pedagógicas en español, pues de otra manera caeríamos en la falacia en que, por un lado, impulsamos la enseñanza y el mantenimiento del español en nuestras comunidades y, por otro lado, no nos atrevemos a usar esta lengua para desarrollar esta importante área académica.

Este libro se ha dividido en cuatro secciones, que investigan aspectos específicos de la enseñanza del español como lengua materna: (1) La realidad de la clase, (2) La variedad estándar, (3) La enseñanza de la lengua a través de la cultura y (4) Medidas y políticas educativas sobre la enseñanza del español en los Estados Unidos.

La primera sección, «La realidad de la clase», analiza qué es lo que tenemos y lo que necesitamos en nuestras clases para una enseñanza más eficaz. A pesar de que existe un número considerable de programas de español para nativos a nivel secundario y universitario y que muchos más están surgiendo, también existe un gran vacío de recursos en el área de textos y materiales pedagógicos para estos programas. Especialistas en el estudio del español y de las culturas latinas en los Estados Unidos nos dan una visión de las últimas teorías y aportes en este campo y nos guían hacia algunas fuentes de materiales pedagógicos apropiados.

La segunda sección, «La variedad estándar», cuestiona el tema de cuál es la variedad más apropiada para el salón de clases. Cada uno de los cuatro grandes grupos de hispanohablantes en los Estados Unidos (mexicanos/chicanos, puertorriqueños, cubanos y centroamericanos) tiene su propia variedad en el habla. Esta pluralidad de variedades debe ser reconocida y utilizada por los maestros y profesores de español como lengua nativa. Lingüistas, profesores y expertos en dialectología hispana nos dan una base lingüística para contestar a las preguntas de cuál debe ser la variedad «estándar» que se debe enseñar y cuáles son las estrategias más efectivas para utilizar en la clase.

En la tercera sección, «La enseñanza de la lengua a través de la cultura», trata del tema de la integración de la cultura en la enseñanza del español a hispanohablantes. La cultura ha sido identificada como la quinta habilidad, junto con la comprensión, producción oral, lectura y escritura. Pero debido a la dificultad de poder definir los límites y la naturaleza de lo que entendemos por cultura, los profesores y especialistas aún continúan enfrentándose con grandes dificultades para integrar la cultura dentro del currículum. Los hispanohablantes traen a la clase una riqueza invalorable de experiencias que, en la mayoría de los casos, permanece inexplotada. Expertos en esta área sugieren estrategias específicas para incorporar el rico fondo cultural de estos estudiantes a la clase y para extender sus horizontes, de modo tal que ellos también puedan apreciar y valorizar la gran diversidad cultural que existe en las comunidades hispanohablantes de los Estados Unidos y el mundo hispano en general.

En la cuarta sección, «Medidas y políticas educativas sobre la enseñanza del español en los Estados Unidos», se analiza el planeamiento educacional para la enseñanza del español a hispanohablantes. El censo de 1990 determinó que las personas de origen hispano constituyen el diez por ciento de la población de los Estados Unidos, cifra que llega a un veinticinco por ciento en algunos estados, tales como California. Ante estas estadísticas, la necesidad de planear la dirección de la educación con respecto al español como lengua materna en los Estados Unidos se hace cada vez más evidente.

Las preguntas que se incluyen al final de la introducción de cada sección sirvieron para guiar las discusiones de los pequeños talleres de trabajo del congreso, donde se debatieron estos temas. La enseñanza del español a hispanohablantes ha recibido un creciente interés de parte de muchos especialistas, como lo demuestra la bibliografía selecta incluida al final de este volumen. Esperamos con este libro facilitar el diálogo entre la praxis y la teoría.

— Agradecimientos

A las personas que han hecho posible que este proyecto se convirtiera en realidad, les estamos muy agradecidos. Agradecemos especialmente al National Endowment for the Humanities y a Barbara Ashbrook, Project Director of Higher Education Programs, NEH, cuyo interés y apoyo logístico y económico permitieron que se encontraran especialistas, profesores y estudiantes de todas las comunidades hispanohablantes norteamericanas en un congreso nacional (*Teaching Spanish to Native Speakers in the U.S.: Praxis and Theory*) en California durante la primavera de 1994, con el fin de dialogar e intercambiar ideas sobre la dirección y el futuro del español en los Estados Unidos. A Carol Wall, Vice-Chancellor of Student Affairs de la Universidad de California, Davis, le agradecemos que desde un primer momento haya considerado la importancia de tal encuentro y nos haya respaldado para emprender esa tarea. Robert J. Blake y Fabián A. Samaniego formaron parte del grupo de trabajo que planificó y organizó el congreso; ambos contribuyeron activamente a la realización del mismo. Robert J. Blake generosamente participó en el desarrollo y la edición de este manuscrito con sugerencias y críticas constructivas.

Queremos agradecer también a todos los autores de los distintos capítulos del libro, sin los cuales literalmente no podríamos haber llevado a cabo esta obra; ha sido un placer haber podido colaborar con ellos en este trabajo. A Denise St. Jean, Senior Acquisitions Editor de D. C. Heath, le estamos muy agradecidos por su interés, ideas y apoyo en la compilación de este volumen. Jill Pellettieri, José Recinos y Mabel Rodríguez, quienes trabajaron diligentemente en la edición de este manuscrito merecen nuestro aprecio. Asimismo les estamos agradecidos al personal del Departamento de Español de la Universidad de California, Davis, Carolyn Jamison, Laura Barrera y Pat Brooks, por asistirnos en esta tarea. Igualmente, queremos agradecer a nuestros estudiantes hispanohablantes, porque ellos fueron la inspiración y el estímulo para la concretización de este proyecto.

Finalmente quisiéramos agradecer a cada uno de los autores y las editoriales que nos permitieron citar los poemas y los fragmentos de las obras literarias que introducen las cuatro secciones de este libro: a Francisco X. Alarcón por el poema «First Day of School», que fue tomado de su poemario *Cuerpo en llamas/Body in Flames* (San Francisco: Chronicle Books, 1990); a Esmeralda Santiago por los dos primeros párrafos de la Introducción a su libro *Cuando era puertorriqueña* (Nueva York: Vintage Books, 1994); a Elba R. Sánchez por su poema «A Gift of Tongues», que apareció en su poemario *Tallos de luna/Moon Shoots* (Santa Cruz, CA: Moving Parts Press, 1992); y a Dolores Prida por el fragmento de su obra «Botánica: una comedia de milagros», que fue publicada en *Beautiful Señoritas & Other Plays* (Houston: Arte Público Press, 1991).

M. Cecilia Colombi
Francisco X. Alarcón

▬ Prólogo ▬▬▬▬▬▬▬▬▬▬▬▬▬▬▬▬▬▬▬▬▬

"The best of times, the worst of times"

Joshua A. Fishman

Stanford University and Yeshiva University

During all those terrible times (and in some cases, "those times" may persist to this very day) when Spanish speakers were taught Spanish in the same classes intended for non-Spanish speakers, and by the same (largely Anglo) teachers, nothing could have seemed more heavenly than to have separate classes, teachers, and materials for teaching Spanish to Spanish-speaking students. But now, when that "consummation so devoutly to be wished" has finally begun to come to pass, it appears to bring with it a whole new host of problems. On the one hand, Spanish-speaking students will no longer have to start out with interminably stultifying, and often English-accented, exercises along the lines of "Yo hablo español." No longer will they be told that their everyday informal vernacular is a "bastard (or 'corrupted') dialect," merely because it does not agree with the bookish, and often phonologically foreign, dialect so laboriously acquired and defended by Anglo teachers, themselves sometimes totally bereft of a repertoire of varieties along a formal-informal continuum. No longer will insecure teachers and classmates laugh native speakers or semi-speakers of Spanish out of the classroom, merely because the latter know more and different things than the former.

So, if things are so good and getting better, why are they still so bad? Because, unfortunately, most of the incrementally available instruction of Spanish for native speakers of Spanish still has not solved many of the problems of the students for which such instruction is intended. Moreover, the incremental attainment of that long-wished-for goal of special classes, teachers, and materials of instruction for native speakers of Spanish has not brought with it the deliverance that was once so fondly, and perhaps naively, expected. Why is that?

One reason is that native language instruction is beset by as many problems as second language instruction (although they are often different problems). If we look closely at English language instruction for native speakers of English, we note that it, too, is a problem-ridden field. A large proportion of native English-speaking students never adequately learn how to read, write, or even speak the school standard and, if the testimony of English teachers as well as much objective evidence are to be believed, average competence in these connections may actually be falling, relative to a generation or two ago, rather than rising. As the statutory school-departure age has risen and as compulsory attendance requirements have been better enforced, our classes for native speakers of English have come to be attended by students whose informal varieties are maximally discrepant from the school dialect. Their life prospects are predictably distant from activities that credit advanced reading, writing, or speaking skills in that (for them) esoteric dialect. Economic forecasts, political trends, and cultural biases all conspire to enable only very few of them, be they black or white, to escape from poverty and insularity in order to attain the rewards to which their native talents entitle them. Life is hard and cruel for many native English speakers, and it is unfair to expect English teachers to solve the problems of limited role expectations—problems that impinge on every classroom and that are not only relevant but even determining insofar as the lives of its students are concerned, problems that society as a whole cannot solve or refuses to solve.

That being the case, then the problems of teaching Spanish to native speakers of Spanish can be seen as equally, if not more, severe. Not all Spanish-speaking students arrive in such classes with positive attitudes toward either using or improving their Spanish. If the larger society is so structured as not to reward them appropriately for any excellence that they might evince in connection with their mastery of English, then it is even less inclined to be appreciative of their mastery of Spanish. Likewise, even their more intimate intracultural (i.e., intra-Hispanic) interaction networks are unlikely to be entirely appreciative in this regard. Furthermore, native speakers of Spanish are far from being uniform, whether in the regional varieties of Spanish that they bring with them or in their degrees of competence with respect to those varieties. In addition, as is also the case with certain English speakers, some of their informal vernaculars are discrepant relative to the school dialect (and what exactly the school dialect *should* be is itself still an issue for the North American context). The likelihood of a dialectal mismatch between student, teachers, and texts is, therefore, quite high and the probability of "canned" solutions to the problems posed is correspondingly low.

Given this overall picture, the need for a book such as this one is almost alarmingly intense, and its appearance at this time is a justifiable cause for satisfaction. If it can help teachers and administrators in North American schools make more intelligent decisions with respect to the pedagogic and socio-pedagogic issues mentioned in the preceding paragraphs, it will more than justify itself. However, a book such as this one must face up to yet a further major responsibility. Its goal must be not only to help teachers teach Spanish to the Spanish-speaking, but also to enable the Spanish-speaking to maintain and foster their co-identity as Hispanics within the Anglo-American context. The creative future of a great culture is at stake, as is the avoidance of socio-cultural disorganization among those who share parts of that culture. As the new home of a greater variety of Spanish speakers than any traditional Spanish-speaking homeland, the United States must recognize a special responsibility for assisting in the development of a constructive Hispanic identity and a creative Hispanic culture in order to nurture what is now the country's second-largest (and perhaps soon will be its largest) demographic contingent. Those who teach Spanish to the Spanish-speaking are, therefore, far from being engaged in a parochial or esoteric undertaking. They are contributing to a better future for all Americans because all Americans will be affected by the kind of cultural identity and cultural participation—by the self-acceptance and the other-acceptance—at which its Hispanic citizens arrive.

Truly, we must all wish those who use this very necessary book every possible success in their efforts, for their level of success will affect all of our lives and the lives of our children and grandchildren—whether we are Hispanic, Anglo, or "other"—for the foreseeable future.

La realidad de la clase

First Day of School

frente
a la teacher

apreté
más fuerte

la mano
de mi abuela

la teacher
se sonrió

y dijo algo
raro en inglés

mi abuela
luego me dio

su bendición
y se fue

yo me quedé
hecho silla

en un mundo
muy extraño

Body in Flames/
Cuerpo en llamas (1990)
Francisco X. Alarcón

— Introducción —

Francisco X. Alarcón

University of California, Davis

En las últimas décadas hemos visto surgir un gran número de programas dedicados a la enseñanza del español para hispanohablantes, principalmente en las zonas de los Estados Unidos donde se concentran grandes poblaciones de origen hispano. En general, los primeros programas se implementaron al nivel universitario y luego se establecieron en las escuelas secundarias; ahora comienzan a surgir en las escuelas intermedias y primarias. Sin embargo, este crecimiento acelerado en el número de tales cursos y de maestros y estudiantes hispanohablantes no ha ocasionado un desarrollo paralelo en la publicación de textos o materiales especializados para este tipo de enseñanza. Por fin, las grandes editoriales norteamericanas parecen haber tomado conciencia de esta carencia, que representa un nuevo mercado, y empiezan a publicar textos y materiales dirigidos a la enseñanza de español para hispanohablantes tanto a nivel universitario como secundario. Como podemos comprobar en las monografías aquí incluidas, en la actualidad también existe una necesidad apremiante de pasar de las prácticas pedagógicas locales específicas a la elaboración de teorías globales coherentes.

En esta primera sección se presentan seis capítulos que estudian diferentes aspectos relacionados a la realidad de la enseñanza del español a hispanohablantes en la clase con énfasis en la situación actual y en los planes que necesitamos desarrollar en el futuro inmediato. Estos trabajos reflejan las experiencias y las investigaciones de profesores, especialistas y estudiantes de diversas regiones geográficas de los Estados Unidos. La gran variedad de perspectivas puede ejemplificarse en los diferentes términos que utilizan estos profesionales para denominar esta área de estudios: «Español para hispanohablantes bilingües», «Español para nativos», «Spanish for Native Speakers (SNS)», «Spanish for Native Speakers of Spanish (NSS)» y «Spanish for Hispanic Bilinguals», entre otros.

En el primer capítulo de este volumen, Guadalupe Valdés delínea un panorama de las cuestiones más importantes que aún quedan por resolver en la enseñanza del español a estudiantes hispanohablantes bilingües. Valdés nos explica que, a pesar del desarrollo de estos programas en las universidades y escuelas secundarias, en realidad ha habido muy pocos avances teóricos en esta área académica. En general, las múltiples aproximaciones de instrucción y las prácticas pedagógicas que actualmente se utilizan en la enseñanza del español para hispanohablantes bilingües todavía carecen de teorías coherentes.

Valdés presenta cuatro metas principales que deben ser investigadas para desarrollar principios teóricos coherentes.

1. El mantenimiento de la lengua española
2. La adquisición de la variedad de prestigio del español
3. La expansión de las habilidades bilingües (*bilingual range*)
4. La transferencia de las destrezas en la lecto-escritura (*literacy skills*)

Valdés concluye que las personas involucradas en la enseñanza del español a hispanohablantes bilingües en Estados Unidos tienen mucho que contribuir en la resolución de problemas pedagógicos y teóricos del campo de la lingüística aplicada y en el mantenimiento y la expansión de las lenguas minoritarias en el mundo.

En el capítulo 2, Aída Walqui afirma que durante la última década en el programa de enseñanza secundaria ha aparecido una gran cantidad de cursos de español dirigidos a estudiantes hispanohablantes. Walqui pasa a describir la tipología de algunos estudiantes hispanohablantes que reflejan los flujos migratorios de las últimas tres décadas. También repasa algunas de las características más comunes de los profesores dedicados a impartir estos cursos en las escuelas secundarias. Como respuesta a las necesidades específicas de los alumnos en estas clases, Walqui propone una didáctica crítico-constructivista, basada en los lineamientos propuestos por Freire (1972) y Vygotsky (1978), que se enfoca en los siguientes procesos pedagógicos.

1. El aprendizaje como una actividad interactiva de entendimientos
2. La colaboración entre alumnos
3. El desarrollo de la autonomía de los propios estudiantes
4. El desarrollo metacognoscitivo
5. El fomento de una actitud crítica que conlleve una conciencia social
6. El fomento de comunidades de estudiantes que rompan la asimetría entre maestro y el alumnado
7. Una estructuración temática que permita la exploración coherente de una variedad de obras

Según Walqui, la implementación exitosa de estos programas a nivel secundario precisa de un desarrollo profesional de los docentes, del uso de materiales adecuados, que hasta recientemente eran inexistentes y un cambio de imagen de estas clases, que ahora se perciben como compensatorias. Como ejemplo de estas soluciones, Walqui menciona el Proyecto de Literatura de California, que en 1993 ofreció su primer instituto pedagógico para maestros de español para hispanohablantes.

Por su parte, Ana Roca señala que en los últimos veinte años la mayoría de los estudios sobre temas relacionados a la enseñanza del español para estudiantes hispanos bilingües en los Estados Unidos se enfoca en la problemática que enfrentan principalmente estudiantes de ascendencia chicana o puertorriqueña y en la ausencia casi total de estudios sobre las necesidades pedagógicas de estudiantes cubanoamericanos. En el capítulo 3, Roca hace referencia a experiencias suyas como profesora de cursos de español para estudiantes nativos en la Universidad Internacional de la Florida. Basándose en un estudio de François Grosjean (1982), Roca identifica algunas de las consecuencias del negativismo hacia el español como lengua minoritaria en los Estados Unidos que surgen en sus propios cursos. La ausencia de textos con una base pedagógica sólida y eficaz ha sido también un problema fundamental que persiste a pesar de las más recientes publicaciones. En un apéndice, Roca presenta una lista selecta de libros de textos de español para estudiantes hispanos bilingües a nivel universitario.

A lo largo del capítulo 4, Cecilia Rodríguez Pino realiza un recorrido crítico de los dos principales acercamientos a la enseñanza del español para hispanohablantes: el *limited normative approach* y el *comprehensive approach*. Ya en 1974 Valdés desafió el primer método como inadecuado y propuso el segundo enfoque para lograr el más efectivo mantenimiento del español. A continuación, Rodríguez Pino describe una serie de actividades que diferentes pedagogos presentaron a treinta maestros como parte del instituto «Teaching Spanish to Southwest Hispanic Students», auspiciado por el National Endowment for the Humanities en julio de 1993 en la Universidad Estatal de Nuevo México en Las Cruces. Estas actividades o estrategias pedagógicas consistieron en:

1. El uso de una actividad etnográfica que incluye entrevistas a familiares y amigos

2. La expansión del vocabulario a través de diccionarios en grupos

3. El diario interactivo

4. La encuesta sociolingüística como técnica de enseñanza

5. El uso pedagógico de la literatura minoritaria en los programas de español para hispanohablantes

Rodríguez Pino señala que las reacciones negativas de algunos maestros participantes en este instituto hacia variantes coloquiales del Suroeste pueden reflejar la tenacidad de mitos erróneos aprendidos durante su preparación académica. Después de analizar estas opiniones, Rodríguez Pino concluye que existe un hueco cultural en la preparación profesional de los maestros, ya que muchos no están preparados para apreciar verdaderamente la realidad sociolingüística y la diversidad cultural que encuentran en clase.

Basándose en sus experiencias como tutora del Programa de Español para Hispanohablantes en el Departamento de Español de la Universidad de California en Davis, Gueli Ugarte presenta un modelo de tutorías que se ha desarrollado en ese programa como parte de una secuencia de tres cursos a nivel intermedio. En el capítulo 5, Ugarte describe las tutorías como parte de un proceso de socialización en el cual los estudiantes hispanohablantes pueden compartir experiencias personales y estrategias para sobrevivir en el mundo académico y también promover una concientización social según las teorías de Freire. Las tutorías obligatorias permiten una educación personalizada en la que los estudiantes pueden concentrarse en sus propias necesidades específicas. Ugarte describe los resultados de varias encuestas realizadas entre los estudiantes y los tutores que participaron en este programa durante el año académico 1993–1994. También aboga por el establecimiento de tutorías similares como parte íntegra de los programas de español para hispanohablantes.

Finalmente, en el capítulo 6, Daniel Villa presenta la teoría, la estructura y el contenido de una clase de «gramática» avanzada de español para nativos que se ha implementado en la Universidad Estatal de Nuevo México en Las Cruces. Se presentan los objetivos de este curso, que incluyen el desarrollo de la redacción en español en contextos formales y un repaso del metalenguaje como un instrumento lingüístico para mejor entender la variedad hablada en la comunidad. Igualmente se analizan otros conceptos lingüísticos como los préstamos léxicos y el cambio de códigos (*code-switching*). Villa señala que la teoría en que se basa la estructura de este curso proviene de los procesos pedagógicos propuestos por Freire y Vygotsky y sintetizados principalmente por Faltis (1990). También describe los tres componentes del curso: historia de la lengua, lingüística y gramática prescriptiva. El último componente resalta los elementos tradicionales de la gramática a través del estudio de textos auténticos. Villa apunta a la necesidad de realizar investigaciones sistemáticas sobre la transferencia al español de las habilidades de escritura en inglés de los estudiantes hispanohablantes bilingües y sobre la eficacia verdadera de la enseñanza de la gramática prescriptiva a este mismo tipo de estudiantes. Según el propio Villa, este curso facilita una conexión entre la lengua familiar de los estudiantes hispanohablantes bilingües y los estudios formales del español a nivel superior en la universidad, incrementando así el número de estudiantes que se especializan en español.

PREGUNTAS PARA DISCUTIR

1. **Niveles de competencia lingüística**
   En la mayoría de las clases de español para hispanohablantes existe una gran variedad de habilidades lingüísticas. ¿Qué debemos hacer para lograr un nivel uniforme en las clases? ¿Es práctico o económicamente posible ofrecer cursos para los distintos niveles de lenguaje y si no lo es, cómo se puede lograr una enseñanza efectiva? ¿Cómo se puede determinar el nivel de cada individuo? ¿Existen buenos exámenes de colocación para hispanohablantes?

2. **Textos y materiales para la enseñanza del español**
   Tradicionalmente, los textos para hispanohablantes se han concentrado casi exclusivamente en la gramática y la expansión del vocabulario. ¿Ha sido efectiva esta instrucción? ¿De qué otras formas se puede motivar a los hablantes nativos del español a continuar sus estudios? ¿Existen materiales adecuados para estos propósitos? ¿Con qué recursos cuentan los maestros y profesores interesados en desarrollar programas para hispanohablantes?

3. **Teorías sobre la adquisición del español**

   En los últimos veinte años hemos visto un gran progreso en los estudios del bilingüismo y de la adquisición de una segunda lengua. ¿Hasta qué punto se han integrado los resultados de estos estudios en las clases para hispanohablantes? ¿Existen enfoques, metodologías, estrategias y actividades que sean más efectivas para la enseñanza de hispanohablantes que poseen diferentes niveles de competencia lingüística?

4. **Relación entre producción y comprensión**

   Muchos hispanohablantes bilingües poseen habilidades receptivas mucho más desarrolladas que las productivas. En clase entienden casi todo, pero hablan poco y llega un punto en el cual se frustran al no poder decir en español lo que tan fácilmente pueden expresar en inglés. ¿Qué tipos de actividades se pueden diseñar para los estudiantes que desean mejorar sus habilidades productivas? ¿Cómo se puede evaluar su progreso?

Capítulo 1

The Teaching of Spanish to Bilingual Spanish-speaking Students: Outstanding Issues and Unanswered Questions

Guadalupe Valdés

Stanford University

THE TEACHING OF SPANISH TO HISPANIC BILINGUALS: FROM THE 1970s TO THE 1990s

In the United States Spanish is one of several foreign languages commonly taught at the elementary, middle-school, high-school, and university levels. According to studies based on the results of the 1990 census (e.g., Macías 1993), the number of Spanish speakers currently living in this country grew dramatically between 1980 and 1990. The number of Spanish speakers residing in the United States increased from 11.1 million in 1980 to 17.3 million in 1990 at which time they represented 54.5% of the non-English-speaking population in the United States. The school-age segment of the population grew by 1.2 million at a rate of 41.4%, whereas the adult population increased by 61.3%. In 1990, according to Macías (1993), the school-age Spanish-speaking population represented 24% of the total number of Spanish speakers in this country.

The impact of this population change has been felt strongly in California, Texas, New York, Florida, Illinois, New Jersey, Arizona, New Mexico, Colorado, and Massachusetts. Particularly in California and Texas, public schools have experienced rapid population changes. For example, according to Macías (1993), during the 1991–92 school year approximately 5.1 million students were enrolled in California's public schools, and 1.8 million of these students were Chicanos or Latinos. Among the latter, 828,036 students were categorized as limited English proficient (LEP) and considered unable to participate effectively in English-only classrooms. Nevertheless, it was also the case in 1992 that of the total number of LEP students in the state (1,087,145), fewer than half received some instruction in a language other than English. More than half received instruction exclusively in English.

— *Table 1* ——————————————————————

Programs of Study Available in Spanish Departments in the 1970s

	Classes Available for Traditional Foreign Language Students	Courses Available in Some Departments for Bilingual Hispanophone Students
First-year courses	Instruction in beginning Spanish	Remedial Spanish
Second-year courses	Instruction in intermediate Spanish	Remedial Spanish
Third-year courses	Advanced grammar	
	Composition	
	Conversation	
	Culture & civilization	
	Survey courses in Peninsular and Latin American literature	
Fourth-year courses	Specialized courses in Peninsular and Latin American literature	

Valdés 1981), and implications for teacher preparation (García-Moya 1981; Valdés 1980). Other articles also described classroom practices and shared suggestions about what to teach and how. Attention was given to the teaching of grammar (Lozano 1981; Alonso de Lozano 1981), spelling (Staczeck and Aid 1981; Valdés-Fallis 1975), reading and writing (Teschner 1981; Villarreal 1981; Faltis 1981, 1984), syllabus design (Orrantia 1981; Gonzales-Berry 1981; Stovall 1981; Feliciano 1981), and testing and assessment (Ziegler 1981; Barkin 1981). Most of these articles appeared in a single collection (Valdés, Lozano, and García-Moya 1981), and included material produced by participants at a National Endowment of the Humanities (NEH) summer institute that took place in 1978.

Also during this period, much activity in the field centered around the production of textbooks to be used in teaching bilingual students. (e.g., Valdés-Fallis and Teschner 1978; Valdes 1992; Burunat and Starcevic 1983; Miguélez and Sandoval 1987; de la Portilla and Varela 1978; Quintanilla and Silman 1978; Mejías and Garza-Swan 1981). Practitioners, especially at the university level, settled into what appeared to be comfortable teaching patterns using a variety of readily available materials.

Currently, in many if not most university Spanish departments, the situation has changed somewhat, as depicted in Table 2. At many universities there are two parallel tracks that allow students to fulfill language requirements differently during the first two years of study. A four-semester requirement for non-native speakers, for example, may be fulfilled by Hispanic bilinguals in a two-semester sequence. What is important to notice in Table 2, however, is that in most Spanish departments the expectation is that at a particular point the two tracks will come together. This means that bilingual students who elect to continue the study of Spanish beyond the requirement will be taught together with non-natives at the third-year level. The same courses in composition, grammar, or Latin American or Peninsular literature, conducted by the same professors, will be open to both groups of students.

Not surprisingly, this departmental reality has had an impact on the goals and objectives of existing instruction for bilingual Spanish-speaking students. As I argued recently (Valdés 1992), all too often, in spite of their belief that other objectives might be valid in elementary courses for Hispanic bilinguals, Spanish instructors have been constrained by the fact that they were still expected to prepare students to pass undetected among "real" Spanish majors.

In different parts of the United States, as Spanish language instructors were faced with the challenges of moving diverse groups of students through a lan-

— Table 2 ——————————————————————————

Programs of Study Available in the 1990s in University Spanish Departments in the United States

	Classes Available for Traditional Foreign Language Students	*Courses Available in Some Departments for Bilingual Hispanophone Students*
First-year courses	Instruction in beginning Spanish	Instruction in Spanish for bilingual students
Second-year courses	Instruction in intermediate Spanish	Instruction in Spanish for bilingual students
Third-year courses	Advanced grammar	
	Composition	
	Conversation	
	Culture & civilization	
	Survey courses in Peninsular and Latin American literature	
Fourth-year courses	Specialized courses in Peninsular and Latin American literature	

guage requirement and/or preparing them to major in Spanish, they found themselves developing methodologies and practices to respond to the specific characteristics of their various student populations. In some parts of the country, newly arrived Spanish-speaking students were well educated speakers of the prestige variety of Spanish. In other areas, newly arrived students tended to be relatively unschooled speakers of stigmatized varieties of Spanish. In still other places, most students were second- and third-generation Chicanos who had acquired Spanish in a contact environment, largely from speakers of nonprestige varieties of Spanish. At many universities, this diversity problem was further compounded by the presence of students whose Spanish language competencies varied from the merely receptive to the fully productive.

By the late eighties it became clear that these problems of diversity had not been resolved. Few materials were available for Spanish-speaking bilinguals at the secondary level, and younger college faculty, trained primarily in Peninsular and Latin American literature, found themselves facing the same problems with this student population that others had faced a decade before. Meanwhile, the foreign language teaching profession had changed also. Emphasis had shifted away from grammar-based instruction to a proficiency orientation, and much confusion existed about what constituted appropriate kinds of instruction and assessment. By the late eighties and early nineties articles began to examine old issues in new ways or to pose entirely new questions (such as the use of the oral proficiency interview with bilingual students (Valdés 1989), the issue of dialect and standard (Hidalgo 1987, 1993; Politzer 1993), the role of foreign language teachers in teaching bilingual students (Merino et al. 1993), the relationship between theory and practice (Merino, Trueba, and Samaniego 1993), and the role of the foreign language teaching profession in maintaining minority languages (Valdés 1992). Again, much attention was given to describing instructional practices (e.g., Roca 1990; Gorman 1993; Hocker 1993; Faltis and DeVillar 1993) and to curriculum development (e.g., D'Ambruoso 1993; Quintanar-Sarellana et al. 1993; Samaniego et al. 1993).

PRACTICES AND PEDAGOGIES[1]

The pedagogical problems facing instructors who teach Spanish to Hispanophone bilinguals are not simple and they are made more complex by the heterogeneity of the student population as compared to Anglophone students, who begin their study of Spanish at absolute zero. Hispanophone students, variously referred to as *native speakers, quasi-native speakers, residual speakers, bilingual speakers,* and *home-background speakers,* bring to the classroom a very wide variety of competencies and proficiencies in the Spanish language. Some students exhibit minimal competencies, understanding only everyday Spanish related to a limited number of topics. Other students' competencies may include almost total control of academic Spanish in both productive and receptive modes and in both reading and writing modalities.

— *Table 3* ————————————————————————————

Selected Characteristics of Students Who Enroll in SNS Language Courses

Types of Students	Characteristics
Newly arrived: Type A	Well schooled in Spanish-speaking country Speakers of prestige variety of Spanish
Newly arrived: Type B	Poorly schooled in Spanish-speaking country Speakers of stigmatized variety of Spanish
Bilingual: Type A	Access to bilingual instruction in U.S. Basic academic skills in Spanish Good academic skills in English Fluent functional speakers of contact variety of rural Spanish
Bilingual: Type B	No academic skills in Spanish Good academic skills in English Fluent but limited speakers of contact variety of rural Spanish
Bilingual: Type C	No academic skills in Spanish Good academic skills in English Fluent but limited speakers of prestige variety of Spanish Some contact phenomena present
Bilingual: Type D	No academic skills in Spanish Poor academic skills in English Fluent but limited speakers of contact variety of rural Spanish
Bilingual: Type E	No academic skills in Spanish Poor academic skills in English Very limited speaker of contact variety of rural Spanish
Bilingual: Type F	No academic skills in Spanish Poor academic skills in English Receptive bilingual in contact variety of rural Spanish

Table 3 summarizes the types of students that normally enroll in courses for native-speaking (bilingual) students, generally referred to as *SNS courses*. Table 4 correlates Spanish language development needs with the immigrant and bilingual student populations presented in Table 3. Pedagogical responses to these different instructional needs have varied widely. Early textbooks produced for bilingual speakers (e.g., Baker 1966; Barker 1972) focused almost exclusively on teaching the prestige variety of Spanish using a contrastive/pattern drill approach. Later

— *Table 4*

Student Characteristics and Needs

Student Characteristics	Needs
Newly arrived immigrant children	Language maintenance Continued development of age-appropriate language competencies
Newly arrived immigrant adolescents/young adults	
High literacy	Language maintenance Continued development of age-appropriate language competencies
Low literacy	Language maintenance Development of literacy skills in first language Continued development of age-appropriate language competencies Acquisition of prestige variety of the language
Second- and third-generation bilinguals	Maintenance, retrieval, and/or acquisition of language competencies (e.g., oral productive abilities) Expansion of bilingual range Transfer to Spanish of literacy skills developed in English Acquisition of prestige variety of the language

texts (e.g., Valdés-Fallis and Teschner 1978; Burunat and Starcevic 1983; de la Portilla and Varela 1978; Quintanilla and Silman 1978; Mejías and Garza-Swan 1981) have attempted to teach grammatical terminology, reading and writing skills, vocabulary, and the like. For the most part, these textbooks reflect the teaching experiences of the authors and the particular language abilities of the students they have personally encountered in class. Although different authors have made efforts to produce materials appropriate for students from both Puerto Rican and Mexican backgrounds, few efforts in this direction have been completely successful.

In general, very few theoretical advances have been made in the field, and only a handful of papers have endeavored to move beyond the classroom and to discuss larger issues. No attempts have been made to examine the implicit theories undergirding existing instructional practices. In spite of these limitations, many practitioners consider themselves successful in implementing instruction for this special, diverse group of students.

Table 5 lists a number of the pedagogies that instructors have used in SNS courses at both the secondary and post-secondary levels to achieve commonly accepted course goals. Note that although I have separated these four different goals in the table, all four goals are often in fact simultaneously targeted in a single

— *Table 5* ————————————————————————

Instructional Goals and Frequently Used Pedagogies for SNS Courses

Instructional Goal	Pedagogy Frequently Used	Less Frequently Used
Transfer of literacy skills	Instruction in reading and writing Teaching of traditional grammar	
Acquisition of prestige variety	Teaching of prestige variety Teaching of traditional grammar Teaching of helpful strategies for monitoring use of contact features Teaching of strategies designed to monitor use of stigmatized features	Introduction to sociolinguistic principles of language variation and language use
Expansion of bilingual range	Teaching of vocabulary Reading of different types of texts	Structuring of class activities to provide student participation in activities designed to expand linguistic, sociolinguistic, and pragmatic competence
Language maintenance	Instruction in reading and writing Teaching of vocabulary	Consciousness raising around issues of identity and language Reading texts focusing on issues of race, class, and gender. Carrying out ethnographic projects in the Spanish-language community

curricular sequence or even within a single course designed for bilingual Spanish speakers. It is possible for a course to focus both on consciousness raising about issues of language and on preparing students to use Spanish professionally.

Also, note that Table 5 does not include details about classroom practices. Teaching the prestige variety of Spanish, for example, often entails teaching verb morphology, lists of stigmatized language features, contrastive analyses of the prestige and nonprestige varieties, oral presentations, and the like. Similarly, teaching reading and writing often involves instruction in spelling conventions, written accents, etc.

My purpose in presenting this overview of the field of teaching Spanish to bilingual Hispanophones has been to provide a point of departure for examining the theories and language teaching principles that undergird existing practice. What I intend to point out is that current practices within this instructional emphasis are not informed by a coherent set of theories about language learning. Instead, classroom practices have been primarily informed—as I have pointed out in Tables 3 and 4—by student characteristics and by instructional goals. They have also been informed—as I will subsequently point out—by theories about language developed in the fields of linguistics and sociolinguistics.

Principles of Language Learning and Applied Linguistics

Figure 1 (Ingram 1994) illustrates the relationship between theories within the fundamental sciences (theories of language) and theories in applied linguistics (theories of language learning) to the field of second and foreign language teaching. As the figure clearly emphasizes, second and foreign language teaching is based on theories about language acquisition or learning that are in turn based on theories about language drawn from the fundamental sciences. The theoretical scientist studies language itself and develops theories about the nature of language and linguistic variation, the process of first and second language acquisition, the characteristics of bilingualism, etc. Linguistic descriptions are produced by these scientists.

Applied linguists, on the other hand, develop theories about language learning. A linguistic description—no matter how complete—is not a theory of language learning. A theory of language learning endeavors to explain how individuals come to acquire the features described by the fundamental scientist. Once the applied linguist develops a language learning theory, the next task is to apply that theory to the design of a methodology that will be utilized in classroom practice.

Ingram's model is especially useful because it shows clearly the relationship among theoretical sciences, applied linguistics, and classroom practice. Each level of activity provides insights for the other two levels. Thus classroom practice and its results provide important data that both theoretical scientists and applied linguists can use to inform the continued development of theory.

For example, as Table 6 makes clear, audiolingual methodologies and classroom practices were based on a particular theory of language learning. Applied linguists at the time—basing their positions on those held within structural linguistics and psychology—adhered to behaviorist views of language learning and believed that repetition (rather than overt learning) and activities that involved stimulus, response, and reinforcement led to language acquisition. These theories in turn led to the design of a specific syllabus and particular classroom procedures. In class, students repeated, imitated, and memorized because theories of second language acquisition held that second languages were acquired in these ways.

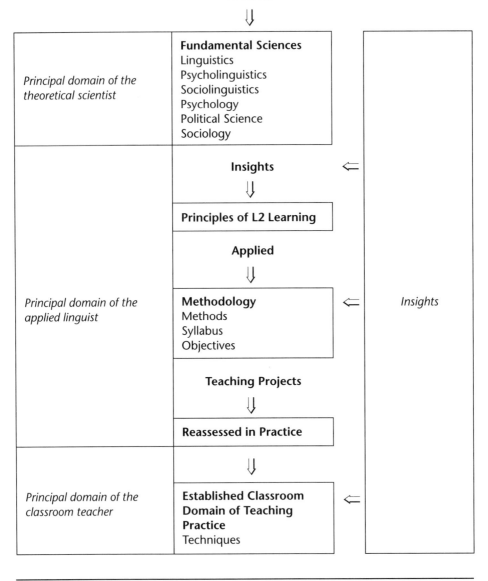

— **Figure 1** ————————————————————————————

A Model for Applied Linguistics (in the Context of Language Teaching Practice)[2]

"Problem"

⇓

Principal domain of the theoretical scientist	**Fundamental Sciences** Linguistics Psycholinguistics Sociolinguistics Psychology Political Science Sociology	
	Insights ⇐	
	⇓	
	Principles of L2 Learning	
	Applied	
	⇓	
Principal domain of the applied linguist	**Methodology** ⇐ Methods Syllabus Objectives	Insights
	Teaching Projects	
	⇓	
	Reassessed in Practice	
	⇓	
Principal domain of the classroom teacher	**Established Classroom Domain of Teaching Practice** ⇐ Techniques	

Similarly, Table 7 lists selected theories of language and of language learning that undergird Krashen and Terrell's Natural Approach. Note that the classroom practices listed in the table and followed in the implementation of the Natural Approach are directly related to theories of L2 acquisition.

— **Table 6**

Language Theories and the Audiolingual Method

Theory of Language	Theory of Language Learning	Syllabus Design	Classroom Procedures
Language is structure	L2 acquisition is like L1 acquisition.	Key items of phonology, morphology, and syntax	*Student role*
L1 is acquired through a process of positive and negative reinforcement	Stimulus, response, and reinforcement lead to acquisition of L2. (Practice makes perfect.)	Contrastive analysis used for selection	Reacts
			Responds to stimuli
			Memorizes
		Order of learning: listening, speaking, reading, writing	Repeats
Language can be described at different levels (phonemic, morphemic, syntactic, etc.)			Imitates
		Grammar taught inductively	*Teacher role*
			Models language
		Dialogues and drills used extensively	Conducts drills
Primary medium of language is oral			Teaches dialogues
			Directs choral response
			Rewards
			Teaches use of structure through pattern practice
			Materials
			Structured sequence of lessons
			Dialogues
			Drills
			Tapes

LANGUAGE THEORY AND THE FIELD OF TEACHING SPANISH TO HISPANOPHONE BILINGUALS

As it is presently structured, the instructional field known as teaching Spanish to Spanish (or Native) Speakers (SNS) has developed multiple classroom practices and pedagogies that are not directly based on coherent theories of the kinds of language learning with which it is concerned. Very specifically, language teaching professionals engaged in this area of instruction are concerned with such questions as the acquisition of a standard dialect, the expansion of bilingual range, the transfer of reading and writing abilities across languages, and the maintenance of

— *Table 7*

Language Theories and the Natural Approach

Theory of Language	Theory of Language Learning	Syllabus Design	Classroom Procedures
Language is the vehicle for communicating meanings and messages L1 acquisition requires meaningful interaction	Aspects of L2 acquisition similar to L1 acquisition Acquisition/learning hypothesis Monitor hypothesis Natural order hypothesis Input hypothesis Affective filter hypothesis	Intended for beginners As much comprehensible input as possible Goals involve developing: basic personal communication skills, both oral and written Academic learning skills, both oral and written	*Student role* Processes comprehensible input at: pre-production stage early production stage speech emergent stage *Teacher role* Provides input Creates supportive classroom climate Orchestrates varied activities *Materials* Vary Must promote comprehension and communication

an immigrant language. In each of these areas existing practice is informed to some degree by theories of language and by research carried out in the language sciences. For example, language professionals working in SNS have utilized descriptions of Spanish in the United States to prepare instructional materials and to predict difficulties that students will experience in using Spanish. However, these professionals have not yet developed theories about how standard dialects are acquired, how bilinguals expand their range in each language, and how skills transfer across languages. Our existing situation, I would argue, can be represented as it appears in Figure 2.

What I am contending here is that although applied linguists and language professionals concerned with teaching Spanish to bilingual speakers have a number of theories from which to draw in the areas of sociolinguistics, psycholinguistics, and linguistics, they have not yet attempted to develop theories that can directly support their teaching practices. More surprisingly, perhaps, neither have they examined the results of their teaching practices to determine what important insights about language and language learning may be drawn from those results.

— *Figure 2*—————————————————————

A Model for Applied Linguistics in the Context of Teaching Spanish
to Hispanic Bilinguals

Principal domain of the theoretical scientist	**Fundamental Sciences** Linguistics Psycholinguistics Sociolinguistics Psychology Political Science Sociology	
	Insights ⇐ ⇓	

	Areas in Which Principles of Language Learning Need to Be Developed
	Acquisition of standard
	    dialects
	Expansion of bilingual range
	Transfer of literacy skills
	Individual language
	    maintenance	

	Applied ⇓	
Principal domain of the applied linguist	**Methodology** ⇐ Methods Syllabus Objectives	*Insights*
	Teaching Projects ⇓	
	Reassessed in Practice	
	⇓	
Principal domain of the classroom teacher	**Established Classroom Domain of Teaching Practice** ⇐ Techniques	

In the following sections, I will briefly focus on the four principal goals of Spanish language instruction for bilingual, Spanish-speaking students to illustrate the existing limitations under which such instruction is currently being carried out in the United States.

Goal 1: Spanish Language Maintenance

For many persons engaged in teaching Spanish to bilingual students, Spanish language maintenance is an important and primary goal. The belief that the formal study of Spanish can contribute to the maintenance of the Spanish language among second- and third-generation Chicano and Puerto Rican students is widely held.

Those who support this position and argue in favor of the need to maintain the Spanish language in the Chicano and Puerto Rican communities often cite research at the level of the fundamental sciences that focuses on bilingualism and on the nature of language maintenance and language shift (e.g., Fishman 1964, 1991). Indeed, the field of societal bilingualism has contributed important theories about factors that contribute to each of these processes. Similarly, students of individual bilingualism who have researched language loss (Hyltenstam et al. 1989; Seliger et al. 1991) have examined the linguistic danger signs that point to the general weakening of one of a bilingual's two languages. What is known is that it is difficult to maintain individual bilingualism across generations even when societal bilingualism is stable. In the case of Hispanophones, as Hernández-Chávez (1993) carefully documented in his broad review of the literature on these questions, we know that individual language shift is rapid and ongoing.

What practitioners currently do not have access to are theories about how classroom practice at the university level, for example, can contribute to stemming such language loss. Little information exists concerning the extent to which consciousness raising about language and identity, and teaching sociolinguistic principles and overall language skills can contribute to encouraging individual students to view themselves as lifetime Spanish speakers and to make the effort of transmitting the language to their children.

It is important to note that few sociolinguists and students of societal bilingualism are optimistic about developing simple principles that explain why and how individuals maintain minority languages in bilingual contexts. The variables are many, and the classroom is limited in what it can accomplish against the assimilative pressures of the wider society. Fishman (1991) is most persuasive in arguing that language maintenance depends on its transmission across generations. He further maintains that schools, by themselves, cannot reverse language shift and he suggests steps that may be followed in those communities that are at level 6 of his Graded Intergenerational Disruption Scale (GIDS) in order to create a community rather than a school context in which use of the minority language can both grow and thrive.

However, if practitioners believe that they *can* contribute—if only in some small way—to language maintenance, the questions that they and applied linguists working with them must answer in developing a theory of classroom approaches to such maintenance include:

1. What levels of linguistic development correlate with students' desire to maintain Spanish?

2. What kinds of interactions with other Spanish speakers in the school context promote increased interest in continuing to participate in such interactions?

3. What kinds of readings promote understanding of students' linguistic circumstances and a concomitant awareness of the efforts involved in maintaining language?

4. Which classroom activities contribute to students' positive attitudes about themselves and their use of Spanish?

Responses to such questions will serve as a point of departure for the development of a set of coherent principles concerning the precise role of language instruction in language maintenance. For the moment, instruction aimed at bilingual speakers of Spanish that purports to support language maintenance is operating according to what are, at best, very tentative hypotheses about the relationship between language instruction and language maintenance. Significantly, some of these hypotheses do not appear to be supported by work currently being carried out in the fundamental sciences.

Goal 2: Acquisition of the Prestige Variety of Spanish

Teaching prestige or standard varieties of language to speakers of nonprestige varieties is an area that has received much less attention than second language teaching and learning. Recent work (Cheshire et al. 1989) on the relationship between nonprestige dialects and education in Europe underscores the fact that, while such dialects appear to have been the subject of controversy for many years, few theories exist on how standard dialects are acquired by speakers of nonprestige varieties. Moreover, while it has always been tempting to view the acquisition of a standard dialect as analogous to the process of acquiring a second language, important differences exist between the two processes.

In general, it may be said that individuals learning a second language (even a closely related language) are always aware, when presented with a given utterance, of whether or not the utterance is part of their first language. Likewise, one may also say that for most items or elements that are part of language A, one or more translation equivalents exist in language B. Learners, then, are always aware of whether they are speaking or listening to their own language or the target language.

However, this is not the case when native or bilingual learners are confronted with a standard or prestige variety of the language that they speak. In such cases, as Craig (1988) has argued, learners' vocabularies are substantially identical to vocabularies in the prestige or standard varieties of the language. Indeed, as Craig has further argued, from the learner's perspective, the standard variety "can be regarded as consisting of four sets or strata of linguistic features." Craig's four features (to which I have added a fifth) are:

1. Features common to both the nonprestige dialect and the standard dialect and normally produced by the nonprestige dialect speaker

2. Features normally not produced in the nonprestige dialect, but familiar to and possibly produced by the learner in situations in which such learners make an extreme effort to be "correct"

3. Features that the learner is unable (or unwilling) to produce but recognizes and understands when they are used in context by prestige dialect speakers

4. Features totally unknown to the nonprestige dialect speaker

5. Features that are used exclusively in the nonprestige dialect and are highly stigmatized among prestige variety speakers

In the instructional context, the existence of these five sets of features creates a situation for nonprestige dialect speakers unlike that encountered by the second language learner. Because nonprestige dialect speakers are aware of the existence of feature sets 1 and 2, they often use features from set 5 when attempting to speak standard dialect, under the mistaken assumption that the latter are also part of either set 1 or set 2.

As I pointed out earlier, concern about the perceived need to teach an educated, standard variety of Spanish has been very much at the center of the field of teaching Spanish to bilingual Hispanophone students in the United States. In terms of this pedagogical emphasis, practitioners and applied linguists are fortunate in having access to a great deal of fundamental research. Descriptions of the characteristics of *norma culta* or prestige variety Spanish exist in many Spanish-speaking countries (Lope Blanch 1974, 1983; López Morales 1971; Escobar 1978), and descriptions of U.S. varieties of Spanish are also available from a number of different perspectives (e.g., Elías-Olivares et al. 1985; Hernández-Chávez 1975; Valdés 1988; Sánchez 1983; Peñalosa 1980; Pedraza 1985; Pousada and Poblack, 1982).

However, as Politzer (1993) recently suggested, in spite of our knowledge about the complexity of inter- and intra-individual variation, little is known about how standard dialects are acquired. No existing theories guide practitioners in deciding how to teach such a standard. As Politzer (1993) points out, early efforts to teach standard English to speakers of Black English Variety (BEV) have been abandoned. Teachers of standard dialects who hoped to be guided by theories of L2 acquisition now have serious doubts about the parallels to be found between these two very different kinds of acquisition.

In developing language learning theories to guide the development of classroom methodology for teaching or bringing about the acquisition of a prestige variety, questions such as the following must be asked and answered. How is a prestige dialect acquired in natural settings? What is the order of acquisition of different features? How and why do such features become salient to speakers of the nonprestige variety? How do personal interactions contribute to such language awareness? How much access to the standard is necessary before particular features are noticed and acquired? What kind of language exposure provides the most benefit? Does avoidance of stigmatized features and production of standard features depend on the development and use of an internal monitor? How does the monitor develop? What can be done in the classroom to create an environment in which the standard can be acquired? What sets of activities promote language awareness? What kinds of language exposure (e.g., reading, writing, viewing and analysis of videos, studying formal grammar) contribute *most* to the acquisition of an alternative set of rules?

Goal 3: Expansion of Bilingual Range

One of the key challenges facing those who teach Spanish to bilinguals (i.e., less-than-totally-native speakers of whatever degree of competency) is the development of these students' *bilingual range.* Because of the importance of this particular goal of teaching minority languages in bilingual contexts, I will briefly examine the construct of *bilingual native speaker* and define the notion of bilingual competence and range. Following Bachman (1990), I will point out that language proficiency includes a variety of different competencies that need to be considered in examining the range of abilities encountered among bilingual students. I will define these competencies and after doing so I will raise questions about the limitations of existing instruction for bilingual, Spanish-speaking students. I will argue that pedagogies that focus primarily on developing students' grammatical and textual competencies fail to take into account the complexity of the challenge facing students who hope to expand their entire bilingual range.

Spanish Language Competencies of Monolingual and Bilingual Speakers of Spanish Many differences exist between persons who acquire their first language in a monolingual context and persons who acquire it in the context of communities in which two languages are spoken. Figures 3 and 4 illustrate these differences graphically, representing the Spanish language competencies of both types of speakers. Figure 3 illustrates the Spanish language proficiency of a

— Figure 3

Native Speaker Who Acquired Spanish in a Monolingual Context

Spanish
Proficiency

normal native Spanish speaker who acquired the language in a largely mono-lingual context.

In contrast, Figure 4 illustrates the varying proficiencies of native speakers who acquired Spanish as their first language in a bilingual environment.

Note that the proficiency of the speakers depicted in Figure 4, who acquired and use Spanish in a bilingual context (e.g., Cataluña, the United States, Puerto Rico, Paraguay) is not identical to that of native speakers who acquired and use Spanish in settings in which only Spanish is used for all interactions. Speakers who acquire Spanish in bilingual contexts have what is represented here graphi-cally as a smaller degree of Spanish language proficiency. Indeed, several re-searchers (e.g., Lavandera 1978) have argued that bilingual speakers, who acquire and use two languages in their everyday lives, achieve varying levels of control of two codes that *together* form a unitary whole. The totality of their proficiency and linguistic abilities can thus only be described by examining the *sum* of their profi-ciencies and abilities in the two languages. Note also in Figure 4 that representa-tions of the proficiencies of different bilingual speakers also differ. The first individual represented is Spanish-dominant, having less ability in Language B

— Figure 4 —

Native Speakers of Spanish Who Acquired Spanish Language Competence in a Bilingual Context

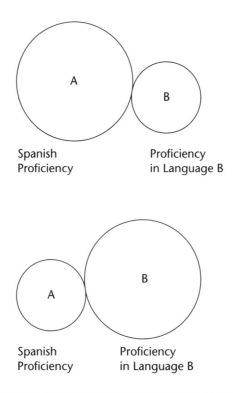

Spanish
Proficiency

Proficiency
in Language B

Spanish
Proficiency

Proficiency
in Language B

than in Spanish. On the other hand, the second individual is dominant in Language B. Although Spanish was the language acquired first, it is not this person's stronger language.

What should be evident from these two illustrations is that expanding the Spanish language abilities of the kinds of speakers represented in Figure 4 to a level of competency approaching that of the speaker depicted in Figure 3 is a challenge indeed, because proficiency, which is represented quite simplistically here, is extraordinarily complex. Consider, for example, Figure 5, drawn from Bachman (1990: 87), which suggests that language competence includes a number of different components that interact together.

As Figure 5 reflects, for Bachman language competence includes grammatical, textual, illocutionary, and sociolinguistic competence. Further, language competence involves not only control of vocabulary, morphology, syntax, and phonology, but also the ability to manipulate interactions, express ideas, create and imagine when using the language, and manifest sensitivity to differences in social and geographical varieties of the language, differences in register, naturalness, and to cultural references.

Speakers who acquire their native language in a monolingual context certainly vary in their control and abilities in a number of these areas. For example, some individuals claim to be notoriously deaf to style and register differences.

— *Figure 5* —————————————————————————

Components of Language Competence

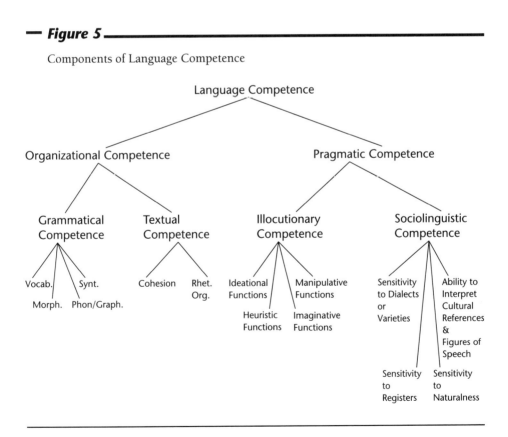

Nevertheless, all native speakers who acquire their first language in a monolingual context develop whatever competencies are required in that language to carry out their communicative needs.

The situation is quite different for speakers who acquire their first language in a setting where two languages are used in the community. In such cases, speakers may develop very different strengths in each language depending on their opportunities for using them in their everyday lives. Often, bilingual individuals have very limited textual competence in one of their two languages because they have not been exposed to reading and writing in that language. Other abilities and competencies of bilinguals may also vary and shift as illustrated in Figure 6.

Here, the language competence of bilingual speakers is viewed as spread over both languages. This conceptualization focuses on the fact that these individuals develop different strengths in different components. Thus a bilingual individual such as the one represented here may have a limited vocabulary in the first language acquired (Language A) but greater sociolinguistic competence in that same language. A bilingual speaker may grope for terms to discuss school or professional topics in Spanish, for example, but at the same time be capable of interpreting every cultural reference made by fluent monolingual speakers engaged in a heated discussion.

The implications of this uneven development of competencies are many. Given this representation and conceptualization, it should be evident that a single instructional approach (e.g., focus on vocabulary or reading and writing) would be insufficient to expand this particular speaker's competency in language A in all or even most of the components of language competence.

The situation is further complicated by the fact that, even within a single component, most bilingual speakers display a great deal of variation in terms of strengths and limitations. In the grammatical component, for example, one frequently finds that bilingual speakers vary immensely in their abilities. Figure 7

— Figure 6

Language Competencies of Bilingual Individuals

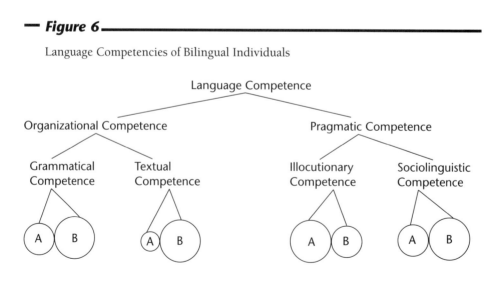

— *Figure 7*_____

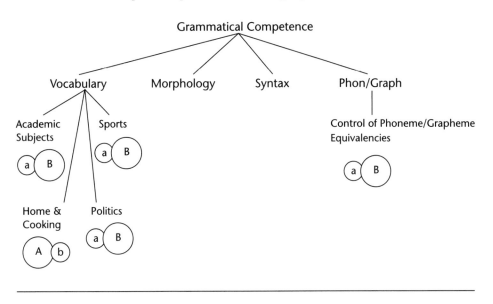

Grammatical Competence Spread over Two Languages

illustrates the uneven development of a single bilingual speaker within the grammatical component. Note in the figure that even within a single type of competence a bilingual's strengths may not be evenly distributed. Here we see that vocabulary and knowledge of phoneme/grapheme equivalencies may vary impressively within a single bilingual.

Examination of Bilingual Competence and the Teaching of Spanish to "Native" Speakers

The examination of bilingual competence is of interest to the language teaching profession, and particularly to those engaged in the practice of teaching Spanish to bilingual speakers, because it can help them to understand both the ideal end goals of existing instructional efforts and the challenges involved in achieving those goals. Indeed, what I am arguing here is that the so-called home-background, residual, and quasi-native speakers about whom these professionals are concerned are not simply imperfect speakers of Spanish who have fallen short of the monolingual norm. Rather, they are complex individuals who are fundamentally different from monolinguals. As opposed to monolingual speakers of Spanish who grow up in societies where Spanish is the sole or primary language, bilingual Hispanics in the United States are members of communities where a single language (be it English or Spanish) does not suffice to meet all communicative needs.

The particular competencies of these speakers are especially difficult to assess because they cannot be easily compared with those of either monolingual English or monolingual Spanish speakers. Indeed, the competence of bilinguals who function on an everyday basis in two languages can perhaps be best understood by using the construct of bilingual range.

Bilingual Range Defined In attempting to describe functioning bilinguals, I have defined *bilingual range* as the continuum of linguistic abilities and communicative strategies that these individuals may access in one or the other of two languages at a specific moment, for a particular purpose, in a particular setting, with particular interlocutors. From this perspective, at a given moment of interaction, a bilingual is considered to have a particular range in language A, a particular range in language B, and a particular range when both languages are used together.

When arguing with a sibling about money, for example, one bilingual's total range might be characterized as follows.

This representation indicates that the bilingual's momentarily "preferred" language would be language B rather than language A. At a different moment, for other purposes, with other interlocutors, and in a different setting, this same bilingual's range might be characterized as exhibiting greater strengths in language A than in language B.

Bilingual range encompasses different kinds of competencies in two languages, including what Bachman (1990) has termed grammatical, textual, illocutionary, and sociolinguistic competence. A bilingual's shifting communicative abilities in different types of interactions, in different settings, with both monolingual and bilingual interlocutors are seen to result from the (often momentarily) varying availability of these various competencies to the individual.

Currently, not much is known about bilingual range and about why and how communicative abilities and other language competencies in bilinguals appear to shift in unpredictable ways. Even less is known about how these abilities and competencies can be strengthened.

Turning Bilinguals into Monolingual-Like Speakers of Spanish: Theoretical and Pedagogical Challenges The primary aim of the language division of many post-secondary Spanish departments in the United States is to produce students whose competency approaches that of monolingual speakers of Spanish. In the case of students who have no background in this language, the task is generally seen as a difficult one. Acquiring the language and reaching near-native proficiency is thus expected to take many years for such students. Moreover, if language teaching professionals are truthful, they will admit that very few of these students ever reach that level of proficiency. When they do so, it is understood that their success involves a rare combination of natural ability, determination, and opportunity. Serious students are thus urged to travel and live in Spanish-speaking countries for a period of time and to nurture close friendships with native speakers. Instructors impress upon students the facts that language competencies erode and that maintaining broad abilities in the language will involve a lifetime effort.

While seemingly commonsense, in reality these views on how near-native competencies are acquired are based directly on what is now known about how second languages are acquired. Indeed, a large body of literature on second language acquisition is accessible to language teaching practitioners. A great deal less is known about how persons acquire their first language in bilingual contexts, and almost nothing is known about how a bilingual person's range in each language changes and develops over time. We know enough, however, to make us suspect that the process of further development of a first language is fundamentally different from the process of second language acquisition. The theoretical questions are many. Currently, we have only begun to carry out the kind of research that can help us understand whether and how the process of growth in a "limited" first language actually occurs. We do not yet know how closely bilingual speakers can actually come to resemble monolinguals in a natural setting over a lifetime, and we know even less about how this process might work in the high school or university classroom. We have no answers to the question of what is possible for such students in what length of time. We have no existing theoretical framework from which to draw in order to inform practice.

What must therefore be developed is a theory about how bilingual range—once we know what *that* is—can be expanded in both natural and classroom settings. We can conjecture that expansion of this range involves growth in grammatical, textual, illocutionary, sociolinguistic, and strategic competencies. A language learning theory might therefore endeavor to explain, for example, how growth in these various kinds of competencies is related. For the moment our fundamental theories of bilingualism, including those that have examined language loss, have focused almost exclusively on grammatical competence. In order to move our understanding of the other competencies forward, theoretical scientists and applied linguists must expand their research significantly.

SNS practitioners have consistently been concerned with the question of expanding bilingual competencies. Whether they have called it expanding vocabulary or increasing fluency, they have attempted in their practices to bring about broad and general growth in language abilities. As I argued previously, however, applied linguists have not developed theories of language learning to support these practices. We need to recognize that fact and to move forward in developing such theories.

Goal 4: Transfer of Literacy Skills

Compared to teaching the standard language or expanding bilingual range, achieving the transfer of literacy skills appears to be a far more straightforward goal. A number of allied fields (e.g., bilingual education, foreign language education) are also concerned about the transfer of literacy skills from one language to another, and the development of theory in this area is already moving forward.

In teaching Spanish to bilingual speakers, however, these questions are more precisely focused. Instructors need to know how different types of skills transfer, how best to bring about an efficient and effective carry-over of reading and writing skills, and what range of materials best accomplishes the task.

THEORY AND TEACHING PRACTICE: WHERE DO WE GO FROM HERE?

What I have been suggesting here is that the practice of teaching Spanish to Hispanic bilinguals can contribute in important ways to theory building within the field of applied linguistics. In moving toward the future, I believe it is important to consider exactly where the field currently known as SNS should be positioned. Is it simply a subfield of the Spanish teaching profession, as shown in Figure 8? Or is it more broadly one of two branches of the foreign language teaching profession, as depicted in Figure 9? I would argue that the implications of work carried out with Hispanic bilinguals goes much beyond teaching Spanish to Spanish-speaking students. The practice of SNS, and indeed the nascent theories that undergird such instruction, can inform many other bilingual groups in the United States that are also facing the slow erosion of their languages.

Taking an even broader view, however, I am arguing that what SNS practitioners do positions them in a much larger context. Their work directly contributes to the field of applied linguistics, which is grappling at this moment with issues

— **Figure 8** ————————————————

SNS and the Spanish Teaching Profession

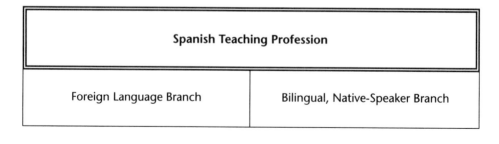

— Figure 9 —————————————————————

Two Proposed Branches of the Language Teaching Profession in the United States[3]

New Language Teaching Profession	
Foreign Language Branch	Language Maintenance Branch
Student Population	
Monolingual speakers of English	Circumstantial bilinguals
Primary Objective for Student Group	
To develop functional proficiency in a second language	To maintain and retrieve functional abilities in a heritage language
Research and Theory	
Research on the process of second language learning and theories of second language acquisition inform practice.	Research on the process of expansion of bilingual range, second dialect acquisition, and reading and writing skills transfer is almost nonexistent. Theories about such processes need to be developed and extended to inform practice.
Testing and Assessment	
Testing and assessment are strong and growing areas of interest. They are directly informed by theories of second language ability develop-ment in elective bilinguals.	Testing and assessment practices that are directly informed by theories of heritage language ability in circumstantial bilingual individuals need to be developed.
Teacher Training and Materials Production	
Teacher training focuses on developing language competencies in the instruc-tional language and on the needs of potential elective bilinguals. Materials are informed by current theories about second language acquisition.	Teacher training needs to focus on the characteristics of immigrant students. Materials need to be developed which are based on research and theory on the process of language maintenance, language retrieval, and second dialect acquisition.

involving minority languages all over the world. For example, Australia has recently adopted K–12 language teaching standards that include specialized sequences for students who enter school with home backgrounds in immigrant and aboriginal languages (Ingram 1994; Smith et al. 1993; Fernández et al. 1993; Kalantzis et al. 1989; Scarino et al. n.d.). Similarly, Canada has been engaged for a number of years in the teaching of heritage languages (Cummins 1983, 1984; Danesi 1986). More recently, Europeans (Benton 1986; Baker 1988; Alladina 1993; Wright 1993; Latomaa 1993; Oud de Glas et al. 1993) have begun to examine the language teaching challenges posed by students who have acquired their L1 in a contact environment. The practice of SNS and the experiences of those who have worked in this area have much to contribute to these efforts. This is especially true because, for all of the publicity that the heritage language programs in Canada have received, we have yet to see a report on the set of principles that guides this ongoing teaching effort (Benyon and Toohey 1992; Rincker 1991; Feuerverger 1991; Yee et al. 1991; Lopes and Lopes 1991; Larter et al. 1986).

I urge all practitioners and applied linguists who have worked in the area of minority language teaching to minority speakers to view their efforts and endeavors not as a tiny subfield, but as a larger enterprise that has much to contribute to the practice of language teaching in general. The role of such professionals is illustrated in Figure 10. This figure depicts the field of language teaching as involving two main thrusts: majority language teaching and minority language teaching. Minority language teaching (e.g., Spanish in the United States, Polish in Australia, Ukrainian in Canada, Turkish in Germany) can be directed at bilingual minority speakers of that language, at minority speakers who have lost these ancestral languages, and at monolingual speakers of the majority language who are also members of the majority group. The practice of SNS falls precisely within the first category. It involves teaching a minority language in the United States to bilingual speakers of different types who also happen to be members of a minority community.

As I am sure will be obvious, there are many implications inherent in practitioners' viewing themselves and SNS as part of a larger practice. The most obvious implication involves the choice of the language to be used in professional communications. If others are to participate in conversations carried out about the practice of SNS, a decision must be made about whether or not to select English—as opposed to Spanish—for such communications.

On the one hand, I believe that what SNS practitioners have to say contributes directly to the solution of much broader problems, and I know that being heard outside the Spanish teaching profession will require the use of English to reach the broader community of professionals. On the other hand—at the global level—I want to reject what Phillipson (1992) has termed the *linguistic imperialism* of English and to argue for the validity of using Spanish to talk about important theoretical questions. I am thus caught between politics and pragmatics.

The problem of the choice of language becomes even more difficult when one moves from the global to the local arena. Here language politics take on a different character. Members of the Spanish teaching profession include bilinguals of, many different types who mirror in their bilingual range the diglossic contexts in

— **Figure 10** —

The Language Teaching Emphasis in Applied Linguistics

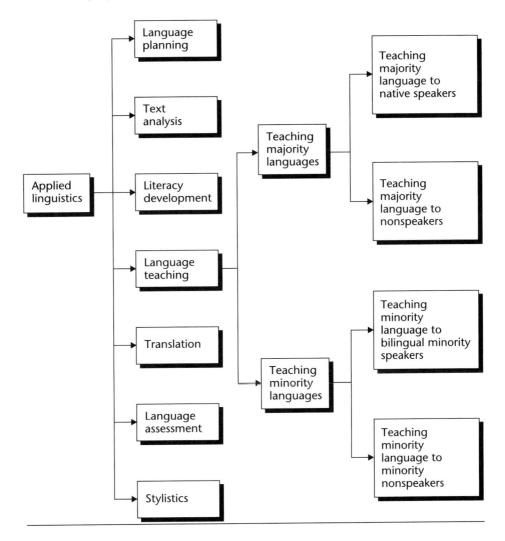

which Spanish is used in the United States. Some of our colleagues are highly English-dominant and feel most comfortable using English in intellectual discussions. Others are newly arrived Latin Americans who may be less comfortable using English than they are using Spanish. Often these individuals are speakers of educated, standard varieties of Spanish who are not familiar with contact varieties of the language and occasionally tend to confuse lack of fluency in an educated standard with intellectual limitations.

It is easy to fall into making choices about language that result in unanticipated consequences. In 1978, for example, Richard Teschner, Charles Tatum, and

I ran an NEH Summer Institute at New Mexico State University. The focus of the institute was teaching Spanish to Spanish speakers, and our purpose as organizers was to work with 18 faculty members from universities around the country—all of whom had Ph.D.'s in Spanish—to develop SNS curricula. The institute ran for six weeks and included persons who had been raised in Spanish-speaking countries, Anglo-Americans whose first language was English, Puerto Ricans from New York, and Chicanos. I am sorry to say that we spent the first week of the institute establishing in subtle but very pointed ways who were the speakers of the "best" Spanish. As a result, during the remainder of the institute, the less fluent voices were not heard. Those that spoke the "best" Spanish dominated the group, and *form* rather than *ideas* about the issues that brought us together tended to be privileged in our interactions. Making the decision to use Spanish as a language of interaction for the institute had—in retrospect—very high costs. Those who sat around the table did not participate in the conversation as equals.

I worry, then, about establishing Spanish as the primary vehicle for communications on teaching Spanish to Spanish speakers in the United States. I worry about conducting workshops primarily in Spanish. I am concerned about the power relationships that are established when it is assumed that those of us who speak "better Spanish" should use such workshops to *upgrade* the Spanish of fellow professionals. I do not want to see privilege conferred on proficiency in certain class-derived varieties of Spanish. I do not want to engage in linguistic one-upmanship with those whose proficiency in Spanish is a product of their circumstances. Spanish teaching professionals need to come to the table as equals and to take part in conversations surrounding important pedagogical issues without concern over whether their Spanish is "good enough."

It is thus important that those who work in the field deliberate carefully over their choice of language for various kinds of interactions. Judgments about which language to use for what purposes are never simple in bilingual contexts. In our field of endeavor we must be particularly vigilant in examining the potential effects of decisions that at first glance appear entirely neutral.

CONCLUSION

In sum, what I have argued here is that, in terms of language learning theory, the field of SNS has much to contribute to our understanding of complex, vitally important phenomena. Practitioners are in a unique position to connect what they have learned from research in the language sciences with what they observe in their classrooms and to develop a coherent theoretical framework to support existing and future practice. The questions asked by professionals in this particular specialty of the Spanish teaching profession are of interest not only to those who teach Spanish to Hispanic bilinguals but also to researchers and practitioners working in a number of related areas.

In the years to come, those engaged in teaching Spanish to Hispanic bilinguals must move beyond their classrooms. That is, they must study their own practices, asking themselves why they teach as they do, and rigorously evaluate the results of their teaching. If the field is to move beyond the anecdotal and begin to address the outstanding issues and unanswered questions surrounding it, sharing details about classroom practice at national meetings will not be enough. Instead, the theories underlying such practices must be made explicit and subjected to vigorous debate among others in the field.

I believe that the work we have carried out to date on teaching Spanish to Hispanic bilinguals puts us at the forefront of a new emphasis in the field of applied linguistics, and I am optimistic that we can contribute meaningfully to the development of an agenda that focuses on maintaining and expanding minority languages around the world.

ENDNOTES

1. The discussion in this section draws extensively from Valdés, Guadalupe 1995. "The Teaching of Minority Languages as 'Foreign' Languages: Pedagogical and Theoretical Challenges." *Modern Language Journal* 79(3): 299–328.

2. Taken from Ingram (1994).

3. Originally published in Valdés (1992).

REFERENCES

Alladina, S. 1993. "South Asian Languages in Britain." *Immigrant Languages in Europe.* Eds. G. Extra and L. Verhoeven. Clevedon, U.K.: Multilingual Matters. 55–66.

Alonso de Lozano, L. 1981. "Enseñanza del subjuntivo a hispanohablantes". *Teaching Spanish to the Hispanic Bilingual: Issues, Aims, and Methods.* Eds. G. Valdés, A. G. Lozano, and R. Garcia-Moya. New York: Teachers College Press. 140–145.

Bachman, L. F. 1990. *Fundamental Considerations in Language Testing.* Oxford: Oxford UP.

Baker, C. 1988. *Key Issues in Bilingualism and Bilingual Education.* Clevedon, U.K.: Multilingual Matters.

Baker, P. 1966. *Español para los hispanos.* Skokie, IL: National Textbook.

Barker, M. E. 1972. *Español para el bilingüe.* Skokie, IL: National Textbook.

Barkin, F. 1981. "Evaluating Linguistic Proficiency: The Case of Teachers in Bilingual Programs." *Teaching Spanish to the Hispanic Bilingual: Issues, Aims, and*

Methods. Eds. G. Valdés, A. G. Lozano, and R. García-Moya. New York: Teachers College Press. 215–34.

Benton, R. A. 1986. "Schools as Agents for Language Revival in Ireland and New Zealand." *Language and Education in Multilingual Settings.* Ed. B. Spolsky. San Diego: College Hill Press. 53–76.

Benyon, J., and K. Toohey. 1991. "Heritage Language Education in British Columbia: Policy and Programs." *Canadian Modern Language Review* 474: 606–16.

Burunat, S., and E. Starcevic. 1983. *El español y su estructura.* New York: Holt, Rinehart and Winston.

Cheshire, J., V. Edwards, H. Munstermann, and B. Weltens, eds. 1989. *Dialect and Education: Some European Perspectives.* Clevedon, U. K.: Multilingual Matters.

Costa-Lascoux, J., ed. 1989. *Immigrant Children in French Schools: Equality or Discrimination.* Amsterdam: Swets and Zeitlinger.

Craig, D. R. 1988. "Creole English and Education in Jamaica." *International Handbook of Bilingualism and Bilingual Education.* Ed. C. B. Paulston. New York: Greenwood. 297–312.

Cummins, J. 1983. *Heritage Language Education: A Literature Review.* Toronto: Ministry of Education.

———— ed. 1984. *Heritage Languages in Canada: Research Perspectives.* Ottawa: Ontario Institute for Studies in Education.

D'Ambruoso, L. 1993. "Spanish for Spanish Speakers: A Curriculum." *Language and Culture in Learning: Teaching Spanish to Native Speakers of Spanish.* Eds. B. J. Merino, H. T. Trueba, and F. A. Samaniego. London: Falmer. 203–7.

Danesi, M. 1986. *Teaching a Heritage Language to Dialect-Speaking Students.* Ottawa: Ontario Institute for Studies in Education.

de la Portilla, M., and B. Varela. 1978. *Mejora tu español: Lectura y redacción para bilingües.* New York: Regents.

Elías-Olivares, L., E. A. Leone, R. Cisneros, and J. R. Gutiérrez, eds. 1985. *Spanish Language Use and Public Life in the United States.* Berlin: Mouton.

Escobar, A. 1978. *Variaciones sociolingüísticas del castellano en el Perú.* Lima: Instituto de Estudios Peruanos.

Faltis, C. J. 1981. "Teaching Spanish Writing to Bilingual College Students." *NABE Journal* 6: 93–106.

————. 1984. "Reading and Writing in Spanish for Bilingual College Students: What's Taught at School and What's Used in the Community." *The Bilingual Review/ La Revista Bilingüe* 11: 21–32.

Faltis, C. J., and R. A. DeVillar. 1993. "Effective Computer Uses for Teaching Spanish to Bilingual Native Speakers: A Socioacademic Perspective." *Language and Culture in Learning: Teaching Spanish to Native Speakers of Spanish.* Eds. B. J. Merino, H. T. Trueba, and F. A. Samaniego. London: Falmer. 160–9.

Feliciano, W. 1981. "Design for a Two-Semester Course for Puerto Rican Students." *Teaching Spanish to the Hispanic Bilingual: Issues, Aims, and Methods.* Eds. G. Valdés, A. G. Lozano, and R. García-Moya. New York: Teachers College Press. 196–210.

Fernández, R. 1981. "Teaching the Bilingual Student: What Works and What Doesn't?" *Teaching Spanish to the Hispanic Bilingual: Issues, Aims, and Methods.* Eds. G. Valdés, A. G. Lozano, and R. García-Moya. New York: Teachers College Press. 100–6.

Fernández, S., A. Pauwels, and M. Clyne. 1993. *Unlocking Australia's Language Potential: Profiles of Nine Key Languages in Australia, Volume 4. German* (No. Eric document ED365114). Canberra: Australian National Languages and Literacy Institute.

Feuerverger, G. 1991. "University Students' Perceptions of Heritage Language Learning and Ethnic Identity Maintenance." *Canadian Modern Language Review* 474: 660–77.

Fishman, J. A. 1964. "Language Maintenance and Language Shift as a Field of Inquiry." *Linguistics* 9: 32–70.

———. 1989. *Language and Ethnicity in Minority Sociolinguistic Perspective.* Clevedon, U.K.: Multilingual Matters.

———. 1991. *Reversing Language Shift.* Clevedon, U.K.: Multilingual Matters.

Floyd, M. B. 1981. "Language Variation in Southwest Spanish and Its Relation to Pedagogical Issues." *Teaching Spanish to the Hispanic Bilingual: Issues, Aims, and Methods.* Eds. G. Valdés, A. G. Lozano, and R. García-Moya. New York: Teachers College Press. 30–45.

García-Moya, R. 1981. "Teaching Spanish to Spanish Speakers: Some Consideration for the Preparation of Teachers." *Teaching Spanish to the Hispanic Bilingual: Issues, Aims, and Methods.* Eds. G. Valdés, A. G. Lozano, and R. García-Moya. New York: Teachers College Press. 59–68.

Gonzales-Berry, E. 1981. "Basic Spanish for Native Speakers: A Rationale and Course Outline." *Teaching Spanish to the Hispanic Bilingual: Issues, Aims, and Methods.* Eds. G. Valdés, A. G. Lozano, and R. García-Moya. New York: Teachers College Press. 178–87.

Gorman, S. 1993. "Using Elements of Cooperative Learning in the Communicative Foreign Language Classroom." *Language and Culture in Learning: Teaching Spanish to Native Speakers of Spanish.* Eds. B. J. Merino, H. T. Trueba, and F. A. Samaniego. London: Falmer. 144–52.

Guitart, J. 1981. "The Pronunciation of Puerto Rican Spanish in the Mainland: Theoretical and Pedagogical Considerations." *Teaching Spanish to the Hispanic Bilingual: Issues, Aims, and Methods.* Eds. G. Valdés, A. G. Lozano, and R. García-Moya. New York: Teachers College Press. 46–58.

Hernández-Chávez, E., ed. 1975. *El lenguaje de los chicanos.* Arlington, VA: Center for Applied Linguistics.

————. 1993. "Native Language Loss and Its Implications for Revitalization of Spanish in Chicano Communities." *Language and Culture in Learning: Teaching Spanish to Native Speakers of Spanish*. Eds. B. J. Merino, H. T. Trueba, and F. A. Samaniego. London: Falmer. 58–74.

Hidalgo, M. 1987. "On the Question of 'Standard' vs. 'Dialect': Implications for Teaching Hispanic College Students." *Hispanic Journal of the Behavioral Sciences* 94: 375–95.

————. 1993. "The Teaching of Spanish to Bilingual Spanish-Speakers: A 'Problem' of Inequality." *Language and Culture in Learning: Teaching Spanish to Native Speakers of Spanish*. Eds. B. J. Merino, H. T. Trueba, and F. A. Samaniego. London: Falmer. 82–93.

Hocker, B. C. 1993. "Folk Art in the Classroom." *Language and Culture in Learning: Teaching Spanish to Native Speakers of Spanish*. Eds. B. J. Merino, H. T. Trueba, and F. A. Samaniego. London: Falmer. 153–59.

Hyltenstam, K., and L. Obler, eds. 1989. *Bilingualism Across the Lifespan: Aspects of Acquisition, Maturity, and Loss*. Cambridge: Cambridge UP.

Ingram, D. E. 1994. "Language Policy in Australia in the 1990s." *Language Planning Around the World: Contexts and Systemic Change*. Ed. R. D. Lambert. Washington, D.C.: National Foreign Language Center. 69–109.

Kalantzis, M., B. Cope, and D. Slade. 1989. *Minority Languages and Dominant Culture: Issues of Education, Assessment, and Social Equity*. London: Falmer.

Larter, S., et al. 1986. *Teaching Heritage Languages and Cultures in an Integrated/Extended Day*. Research Report 181. Toronto Board of Education. ED275790.

Latomaa, S. 1993. "Parental Attitudes Towards Child Bilingualism in Nordic Countries." *Immigrant Languages in Europe*. Eds. G. Extra and L. Verhoeven. Clevedon, U.K.: Multilingual Matters. 181–96.

Lavandera, B. A. 1978. "The Variable Component in Bilingual Performance." *Georgetown University Roundtable on Languages and Linguistics 1978*. Ed. J. E. Alatis. Washington, D.C.: Georgetown UP. 391–409.

Lope-Blanch, J. 1974. "Anglicismos en la norma lingüística culta de México". *Románica* 5: 591–600.

————. 1983. *Estudios sobre el español de México*. México: Universidad Nacional Autónoma de México.

Lopes, J. M., and M. Lopes. 1991. "Bridging the Generation Gap: The Collection of Social Histories in the Portuguese Heritage Language Program." *Canadian Modern Language Review* 47(4): 708–11.

López Morales, H. 1971. *Estudio sobre el español de Cuba*. New York: Las Américas.

Lozano, A. G. 1981. "A Modern View of Teaching Grammar." *Teaching Spanish to the Hispanic Bilingual: Issues, Aims, and Methods*. Eds. G. Valdés, A. G. Lozano, and R. García-Moya. New York: Teachers College Press. 81–90.

Macías, R. F. 1993. "Language and Ethnic Classification of Language Minorities: Chicano and Latino Students in the 1990s." *Hispanic Journal of the Behavioral Sciences* 15 May: 230–57.

Mejías, H., and G. Garza-Swan. 1981. *Nuestro español.* New York: Macmillan.

Merino, B. J., H. T. Trueba, and F. A. Samaniego, eds. 1993. *Language and Culture in Learning: Teaching Spanish to Native Speakers of Spanish.* London: Falmer.

Merino, B. J., et al. 1993. "Language Minority Native Spanish Speakers at the Secondary Level and the Role of the Foreign Language Teacher." *Peabody Journal of Education* 69(1): 152–71.

Miguélez, A., and M. Sandoval. 1987. *Jauja: método integral de español para bilingües.* Englewood Cliffs, N.J.: Prentice-Hall.

Navarro Tomás, T. 1948. *El español en Puerto Rico: Contribución a la geografía lingüística hispanoamericana.* Río Piedras: Editorial Universitaria.

Orrantia, D. 1981. "Spanish for Native Speakers: A Proposed First-Year Syllabus." *Teaching Spanish to the Hispanic Bilingual: Issues, Aims, and Methods.* Eds. G. Valdés, A. G. Lozano, and R. García-Moya. New York: Teachers College Press. 169–77.

Oud-de Glas, M., E. van Hest, F. Peels, R. Diehuis, and T. van Els. 1993. "Languages in the Netherlands: A Study of Supply and Demand." *Language Education for Intercultural Communication.* Eds. D. Ager, G. Muskens, and S. Wright. Clevedon, U.K.: Multilingual Matters.

Pedraza, P. 1985. "Language Maintenance Among New York Puerto Ricans." *Spanish Language Use and Public Life in the United States.* Ed. L. Elías-Olivares, E. A. Leone, R. Cisneros, and J. R. Gutiérrez. Berlin: Mouton.

Peñalosa, F. 1980. *Chicano Sociolinguistics.* Rowley, MA: Newbury House.

Phillipson, R. 1992. *Linguistic Imperialism.* Oxford: Oxford UP.

Politzer, R. L. 1993. "A Researcher's Reflections on Bridging Dialect and Second Language Learning: Discussion of Problems and Solutions." *Language and Culture in Learning: Teaching Spanish to Native Speakers of Spanish.* Eds. B. J. Merino, H. T. Trueba, and F. A. Samaniego. London: Falmer. 45–57.

Pousada, A., and S. Poplack. 1982. "No Case for Convergence: The Puerto Rican Spanish Verb System in a Language-Contact Situation." *Bilingual Education for Hispanic Students in the United States.* Eds. J. A. Fishman and G. Keller. New York: Teachers College Press.

Quintanar-Sarellana, R., T. Huebner, and A. Jensen. 1993. "Tapping a Natural Resource: Language Minority Students as Foreign Language Tutors." *Language and Culture in Learning: Teaching Spanish to Native Speakers of Spanish.* Eds. B. J. Merino, H. T. Trueba, and F. A. Samaniego. London: Falmer. 208–21.

Quintanilla, G. C. and J. Silman. 1978. *Español: Lo esencial para el bilingüe.* Washington, D.C.: UP of America.

Rincker, J. 1991. "Community-Sponsored Heritage Language Programs." *Canadian Modern Language Review* 47(4): 642–49.

Roca, A. 1990. "Teaching Spanish to the Bilingual College Student in Miami." *Spanish in the United States: Sociolinguistic Issues.* Ed. J. J. Bergen. Washington, D.C.: Georgetown UP. 127–36.

Samaniego, F. A., B. J. Merino, and Fellows of Español para Triunfar. 1993. "Using Expert Teacher Knowledge to Develop Curriculum for Native Spanish-Speaking Secondary Students." *Language and Culture in Learning: Teaching Spanish to Native Speakers of Spanish.* Eds. B. J. Merino, H. T. Trueba, and F. A. Samaniego. London: Falmer. 222–58.

Sánchez, R. 1981. "Spanish for Native Speakers at the Universities: Suggestions." *Teaching Spanish to the Hispanic Bilingual: Issues, Aims, and Methods.* Eds. G. Valdés, A. G. Lozano, and R. García-Moya. New York: Teachers College Press. 91–9.

———. 1983. *Chicano Discourse.* Rowley, MA: Newbury House.

Scarino, A.; D. Vale, P. McKay, and J. Clark. *Australian Language Levels Guidelines: Book 1: Language Learning in Australia; Book 2: Syllabus Development and Programming; Book 3: Method, Resources, and Assessment.* Adelaide: Curriculum Development Center.

Seliger, H. W., and R. M. Vago, eds. 1991. *First Language Attrition.* Cambridge: Cambridge UP.

Smith, D., et al. 1993. *Unlocking Australia's Language Potential: Profiles of Nine Key Languages in Australia. Volume 2, Chinese* (No. Eric document: ED465111). Canberra: Australian National Languages and Literacy Institute.

Solé, Y. 1981. "Consideraciones pedagógicas en la enseñanza del español a estudiantes bilingües". *Teaching Spanish to the Hispanic Bilingual: Issues, Aims, and Methods.* Eds. G. Valdés, A. G. Lozano, and R. García-Moya. New York: Teachers College Press. 21–9.

Staczek, J. J., and F. M. Aid. 1981. "Hortografia Himortal: Spelling Problems Among Bilingual Students." *Teaching Spanish to the Hispanic Bilingual: Issues, Aims, and Methods.* Eds. G. Valdés, A. G. Lozano, and R. García-Moya. New York: Teachers College Press. 146–56.

Stovall, M. 1981. "Spanish for the Native Speaker: A Syllabus." *Teaching Spanish to the Hispanic Bilingual: Issues, Aims, and Methods.* Eds. G. Valdés, A. G. Lozano, and R. García-Moya. New York: Teachers College Press. 188–95.

Teschner, R. V. 1981. "Spanish for Native Speakers: Evaluating Twenty-Five Chicano Compositions in a First-Year Course." *Teaching Spanish to the Hispanic Bilingual: Issues, Aims, and Methods.* Eds. G. Valdés, A. G. Lozano, and R. García-Moya. New York: Teachers College Press. 115–39.

Tosi, A. 1989. *Immigration and Bilingual Education.* Oxford: Pergamon.

Valdés, G. 1980. "Teaching Ethnic Languages in the United States: Implications for Curriculum and Faculty Development." *ADFL Bulletin* 11(3): 31–4.

————. 1981. "Pedagogical Implications of Teaching Spanish to the Spanish-Speaking in the United States." *Teaching Spanish to the Hispanic Bilingual: Issues, Aims, and Methods.* Eds. G. Valdés, A. G. Lozano, and R. García-Moya. New York: Teachers College Press. 3–20.

————. 1988. "The Language Situation of Mexican Americans." *Language Diversity: Problem or Resource.* Eds. S. McKay and S.I. Wong. New York: Newbury House. 111–39.

————. 1989. "Teaching Spanish to Hispanic Bilinguals: A Look at Oral Proficiency Testing and the Proficiency Movement." *Hispania* 73(2): 392–401.

————. 1992. "The Role of the Foreign Language Teaching Profession in Maintaining Non-English Languages in the United States." *Languages for a Multicultural World in Transition: 1993 Northeast Conference Reports.* Ed. H. Byrnes. Skokie, IL: National Textbook Company. 29–71.

————. 1995a. "The Teaching of Minority Languages as 'Foreign' Languages: Pedagogical and Theoretical Challenges." *Modern Language Journal* 79(3): 299–328.

————. 1995b. "The Teaching of Minority Languages as Academic Subjects: Pedagogical and Theoretical Challenges." *Modern Language Journal* 79(3): 299–328.

Valdés, G., A. G. Lozano, and R. Garcia-Moya, eds. 1981. *Teaching Spanish to the Hispanic Bilingual: Issues, Aims, and Methods.* New York: Teachers College Press.

Valdés-Fallis, G. 1975. "Teaching Spanish to the Spanish-Speaking: Classroom Strategies." *System* 3(5): 54–62.

————. 1976. "Language Development Versus the Teaching of the Standard Language." *Lektos* December: 20–32.

————. 1977. "Spanish Language Programs for Hispanic Minorities: Current Needs and Priorities." *Minority Language and Literature.* Ed. D. Fisher. New York: MLA. 86–98.

————. 1978. "A Comprehensive Approach to the Teaching of Spanish to Bilingual Spanish-Speaking Students." *Modern Language Journal* 43(3): 101–10.

Valdés-Fallis, G., and R. V. Teschner. 1977. *Spanish for the Spanish-Speaking: A Descriptive Bibliography of Materials.* Austin, Texas: National Educational Laboratory Publishers, Inc.

————. 1978. *Español escrito: Curso para hispanohablantes bilingües.* New York: Scribners.

Villareal, H. 1981. "Reading and Spanish for Native Speakers." *Teaching Spanish to the Hispanic Bilingual: Issues, Aims, and Methods.* Eds. G. Valdés, A. G. Lozano, and R. García-Moya. New York: Teachers College Press. 157–168.

Wright, S. 1993. "Language Learning in England and Wales: Policies and Attitudes in Flux." *Language Education for Intercultural Communication.* Eds. D. Ager, G. Muskens, and S. Wright. Clevedon, U.K.: Multilingual Matters. 39–56.

Yee, D. S., et al. 1991. "Resource Guide for Heritage Language Instruction: An Annotated Listing of Projects Supported by Multiculturalism and Citizenship." *Canadian Modern Language Review* 47(4): 712–85.

Ziegler, J. 1981. "Guidelines for the Construction of a Spanish Placement Examination for the Spanish-Dominant Spanish-English Bilingual." *Teaching Spanish to the Hispanic Bilingual: Issues, Aims, and Methods.* Eds. G. Valdés, A. G. Lozano, and R. García-Moya. New York: Teachers College Press. 211–14.

Capítulo 2

Algunas consideraciones acerca de la enseñanza del español a hispanohablantes a nivel secundario

Aída Walqui

Stanford University y Alisal High School, Salinas, California

INTRODUCCIÓN

Por muchos años, las clases de español a nivel secundario contaban entre su alumnado con adolescentes que estaban aprendiendo español por primera vez, como parte de sus requisitos de lengua extranjera, al igual que con jóvenes que hablaban esta lengua como su primer idioma o el idioma de la familia. Demás está decir que esta combinación de alumnos no producía los mejores resultados, ya que es imposible satisfacer las necesidades de ambos grupos al mismo tiempo.

Durante la última década, han comenzado a aparecer en el programa de la enseñanza secundaria cursos de español dirigidos a alumnos que ya hablan este idioma. Estos cursos llenan un vacío muy importante en el programa, además de presentar una excelente oportunidad a este grupo de estudiantes para el desarrollo de habilidades y conocimientos que les permitan continuar su desarrollo social e intelectual y su bilingüismo. De igual manera, estos cursos pueden servir como el nivel más avanzado en los estudios de español para los alumnos de habla inglesa que se encuentran en proceso de desarrollar su competencia comunicativa en el español. En este trabajo haré un análisis de la situación que ha hecho posible el surgimiento de estas asignaturas, las características del alumnado al que se dirigen, y los principios metodológicos que estos cursos deben seguir. Igualmente señalaré los requisitos previos para una exitosa implementación de programas secundarios de español para hispanohablantes, los riesgos inherentes a esta empresa y el potencial que ofrecen tales programas para el beneficio futuro de los estudiantes.

¿QUIÉNES SON LOS ALUMNOS?

En los Estados Unidos, durante los últimos treinta años, la presencia de alumnos procedentes de grupos étnicos diversos ha aumentado considerablemente. En California, por ejemplo, mientras que en 1968–69 la población escolar procedente de minorías étnicas constituía el 24,9%, en 1991–2 esta cifra subió a 55,5 % (California Department of Education Fact Sheet 1992–1993, in Olsen 1994). Si examinamos exclusivamente la parte de la población escolar del estado cuya lengua materna no es el inglés y que, por lo tanto, debe aprender a hablar inglés durante sus primeros años de estudio en el sistema, se puede constatar que esta cifra se ha duplicado en la última década. Mientras que en 1984 el número de tales alumnos era de aproximadamente 500.000, en 1994 la cifra sobrepasó 1.150.000 (Olsen 1994). De esta suma total, el número de hispanohablantes constituye más del 75%. Los flujos migratorios traen consigo niños y jóvenes de todas las edades escolares, algunos de los cuales van a la primaria, mientras que otros comienzan sus estudios en este país directamente en la secundaria. En estos últimos se centrará el enfoque de este trabajo.

La población estudiantil hispanohablante a nivel secundario en los Estados Unidos constituye un grupo sumamente heterogéneo. Algunos alumnos proceden de zonas urbanas, otros de rurales; su situación económica varía considerablemente. Los años de escolaridad previa igualmente oscilan de ninguno o muy pocos a una experiencia escolar sólida y continua. Algunos alumnos proceden de países latinoamericanos, mientras que otros nacieron y han vivido toda su vida en los Estados Unidos. Ciertos alumnos son hispanohablantes monolingües; otros han adquirido diversos grados de bilingüismo. Las siguientes descripciones, basadas en casos reales, sirven para ilustrar esta enorme diversidad presente en un mismo salón de clase.

Jesús

Jesús nació en Zitacuaro, Michoacán. Sus padres son analfabetos. Su papá vino a los Estados Unidos inicialmente con el Programa Bracero y su mamá, junto con sus tres hijos mayores, llegó un par de años después. Entonces Jesús tenía cinco años. Asistió a la Escuela Primaria Sherwood en Salinas, California, donde fue colocado en el programa bilingüe. Durante sus estudios en la escuela intermedia, siguió el programa de estudios exclusivamente en inglés. Jesús actualmente está en el grado décimo y habla español bastante bien aunque lo lee y escribe con limitaciones.

Roberto

Roberto nació en Nueva York. Sus padres son de origen puertorriqueño, nacidos en los Estados Unidos. Ambos terminaron su educación secundaria. Roberto ha realizado todos sus estudios exclusivamente en inglés. Aunque entiende el español y puede utilizar este idioma en ambientes sociales restringidos, se siente más cómodo cuando habla inglés. No sabe leer ni escribir en español. Actualmente se encuentra en el noveno grado y ha resurgido su interés por ampliar y perfeccionar su manejo del español.

Maribel

Maribel nació en Miami. Sus padres son cubanos que llegaron a los Estados Unidos después de la Revolución Cubana. Su papá es ingeniero y su mamá terminó su educación secundaria y trabaja en una oficina. Aunque Maribel ha asistido exclusivamente a clases en inglés, cuenta con un buen manejo del español y lo lee y lo escribe con facilidad, ya que sus padres han tratado activamente de mantener vivos su idioma y cultura. Maribel está cursando el décimo grado y quiere ser intérprete en el futuro.

María

María nació en El Salvador. Sus padres son campesinos. Ambos son analfabetos. La familia de María llegó recientemente a los Estados Unidos y ella está asistiendo a la escuela secundaria en Texas. Anteriormente, María había estudiado en una escuela rural en su pueblo, donde cursó hasta el cuarto grado. Habla un dialecto no estándar del español y tiene un nivel de lecto-escritura de segundo grado. En Texas se ha matriculado en una clase acelerada de habilidades básicas y sueña con ser en el futuro maestra bilingüe.

Lucely

Lucely nació en Morelia, Michoacán. Terminó sus tres años de educación secundaria en esa ciudad. Sus padres acaban de inmigrar a los Estados Unidos. Su papá es maestro de escuela y su mamá terminó su educación secundaria. Lucely habla la norma culta del español y se desenvuelve bastante bien en contextos académicos. Mientras desarrolla su inglés está llevando en su escuela la clase de español para hispanohablantes y otros dos cursos (álgebra y ciencias sociales) en español.

Mauricio

Mauricio nació en Puerto Rico, donde cursó hasta el cuarto grado de primaria. A los nueve años se mudó con su familia a Connecticut. Allí culminó su primaria en un programa de «inmersión» en inglés. Habla bien el español, pero se siente incómodo cuando lo tiene que leer o escribir. Está muy interesado en desarrollar sus habilidades tanto en inglés como en español, ya que le gustaría ser intérprete en las cortes de justicia.

Como se puede ver, lo que estos alumnos comparten es la destreza funcional en el idioma. En algunos casos, como los de Lucely y Maribel, su competencia común incluye algún control formal e informal del español. En otros casos, como los de María y Jesús, los jóvenes tienen la capacidad de comunicarse en medios sociales más restringidos. Por ejemplo, pueden funcionar efectivamente en el ámbito hogareño y en la vecindad, pero carecen de un manejo más formal y académico del idioma.

EL PROFESORADO

Como la existencia de los cursos secundarios de español para hispanohablantes refleja una inquietud reciente, los maestros que han asumido su enseñanza tienden a ser o profesores con preparación pedagógica para enseñar cursos de español como lengua extranjera o maestros preparados para ser profesores de literatura con una orientación filológica tradicional. Dentro de esta perspectiva, el modelo pedagógico imperante es un modelo normativo de transmisión de preceptos en el que se toma al alumno como una «tábula rasa» cuyas experiencias carecen de importancia para el proceso de enseñanza/aprendizaje. Los dialectos del español hablados por el alumnado son vistos como deformaciones de la norma culta, que, por lo tanto, deben ser corregidos o erradicados.

Estas características dan como resultado clases en las cuales el énfasis de la enseñanza está puesto en la sintáctica, cuya prioridad es la corrección gramatical de las formas, sin importar mucho el contenido. Dentro de esta orientación prescriptivista, se hace hincapié en la literatura sancionada en base a patrones de aceptación clásicos, sin incluir literatura que refleje los antecedentes, situaciones, problemas y aspiraciones de las poblaciones latinas en los Estados Unidos.

Olsen y Minicucci (1992) documentan que, cuando se encuesta a los alumnos secundarios acerca de sus clases, incluyendo aquéllas en su lengua materna, la respuesta mayoritaria es que éstas son muy aburridas e irrelevantes. Si a este panorama le agregamos el hecho de que los estudiantes latinos en los Estados Unidos cuentan con el índice más alto de deserción escolar y con el más bajo logro académico entre el grupo que se gradúa de la secundaria, es claro que mucho debe ser replanteado en la educación de la presente generación de jóvenes latinos si realmente queremos que logren su potencial humano y académico.

HACIA UNA DIDÁCTICA CRÍTICO-CONSTRUCTIVISTA

Dentro del complejo panorama educativo en los Estados Unidos, es importante reconocer el entorno sociopolítico de la enseñanza del español para mejor entender y planear su desarrollo. En muchos casos, las clases de español para hispanohablantes se ofrecen como una concesión para los alumnos de habla hispana y se ven como la única manera de ofrecerles cursos de cierto contenido académico mientras estos jóvenes desarrollan su capacidad en inglés para llevar cursos exclusivamente en este idioma. El español en este caso es percibido como un puente hacia la eventual utilización exclusiva del inglés y no cuenta con valor en sí mismo. Si al final del proceso educativo el individuo ha logrado mantener su bilingüismo, éste es circunstancial, considerado como de menor importancia y, en consecuencia, gozará de poco o ningún prestigio. Los sociolingüistas llaman a este tipo de bilingüismo obligado por las circunstancias *folklórico.* Esta situación es diferente de la enseñanza del español como lengua extranjera, en cuyo caso es posible hablar del desarrollo del bilingüismo *elitista,* es decir, de aquél que es voluntario y que goza de prestigio y reconocimiento social.

Dentro de esta coyuntura, debemos cuestionar cuál es el rol que cumple la metodología como agente reproductor de un sistema injusto o como instrumento de concientización y transformación lingüística, educativa y social. Las estadísticas nos demuestran que los métodos tradicionales no están funcionando para las poblaciones hispanas en los Estados Unidos. No es que los alumnos aceptan pasivamente los métodos educativos y que en consecuencia no rinden, sino que —por lo menos aquéllos que abandonan las escuelas— los rechazan. Al hacerlo, al igual que los jóvenes ingleses que Paul Willis (1977) describe en su libro *Learning to Labor: How Working Class Kids Get Working Class Jobs,* los alumnos hispanos se condenan a una vida de subempleo o desempleo.

La pedagogía que tiene más promesa para las clases de español para hispanohablantes a nivel secundario se basa en una visión crítico-constructivista de la enseñanza/aprendizaje. Los lineamientos principales en los que se basa esta pedagogía son:

1. **Enfoque del aprendizaje como una actividad de construcción interactiva de entendimientos.** Cuando los alumnos se quejan de que sus clases son aburridas, se refieren a que en ellas existe una relación asimétrica en la cual el maestro se considera el depositario de todo el conocimiento y el alumno debe estar pacientemente sentado, absorbiendo las ideas que generosamente se le transmiten. Ésta es una formulación bancaria de la educación (Freire 1972) y, como diversos estudios lo constatan, no funciona.

   Los jóvenes deben participar activamente en la construcción de sus propios entendimientos. Como explica Vygotsky (1978), el conocer es una actividad esencialmente social. En base a esta nueva concepción pedagógica, el maestro es un arquitecto que diseña las actividades con conocimiento de causa, de manera tal que los alumnos puedan desarrollar nuevos entendimientos utilizando sus conocimientos previos. Es igualmente responsabilidad del maestro apoyar la tarea constructora de sus alumnos a través de andamiajes pedagógicos (Bruner 1986). Como explica Bruner, los andamiajes son mecanismos de apoyo temporales, que permiten la solución de problemas a un nivel más alto que el nivel de competencia actual del individuo. La utilización de andamiajes asume que, una vez que el maestro note que ya no son necesarios, los desarme cuidadosamente y transmita al alumno la responsabilidad de la ejecución individual. Si es necesario, el maestro erigirá nuevos andamiajes que repetirán el mismo proceso y que, al ser desmantelados, desarrollarán poco a poco la autonomía del estudiante.

2. **Colaboración.** La idea de que lo que el alumno puede hacer hoy en colaboración, lo podrá lograr mañana individualmente, es central en la concepción vygotskyana de la educación y permite proponer clases interactivas donde el nivel de participación e interés del alumnado podrá ser óptimo. El trabajar con compañeros permite que los alumnos agreguen sus experiencias al conocimiento de sus compañeros y que descubran juntos nuevos significados.

   La colaboración constructiva permite que grupos heterogéneos de alumnos aprendan a apoyarse democráticamente. Igualmente, provee oportunidades para que los alumnos conversen y utilicen el idioma en gran variedad de contextos. Cuando, por ejemplo, el maestro pide que los alumnos, trabajando en grupos de cuatro, dramaticen un momento determinado de un cuento, esta actividad coloca a los alumnos en contextos y situaciones muy diferentes a los propios y, por lo tanto, los obliga a analizar temas desde una nueva perspectiva y a utilizar el lenguaje apropiado a esa nueva situación. Si el maestro pide además que todos los alumnos escriban un libreto completo de su parte del cuento y que luego ensayen y hagan una representación en el salón de clase, el alumno habrá hecho una actividad que combina al mismo tiempo las habilidades de lectura, escritura, expresión oral y comprensión auditiva.

   Como un buen arquitecto, el maestro debe estructurar la colaboración constructiva muy cuidadosamente, examinando de qué manera puede apoyar el trabajo de sus alumnos para que éstos tengan éxito. En el ejemplo anterior, el maestro deberá leer cuidadosamente la obra, determinando los momentos y enfoques lógicos en que puede dividirse el cuento. Luego deberá delimitar cada diálogo de manera tal que, al hacerse las diversas presentaciones en clase, la historia fluya como una obra teatral. La demarcación y presentación de los diálogos y el apoyo ofrecido mientras los grupos trabajan colaborativamente en sus libretos son andamiajes pedagógicos que facilitan el éxito de los estudiantes.

   Este tipo de actividades no presupone que el maestro es la autoridad final (él también está en constante proceso de desarrollar y refinar sus ideas); muchas veces, los problemas no llevan a una sola solución, sino más bien a la presentación de varias alternativas.

3. **Autonomía.** El objetivo final de las clases de español para hispanohablantes es el desarrollo de una serie de habilidades críticas intelectuales y sociales que permitan que los estudiantes se perciban como personas en control de sus acciones y de su propio conocimiento. Como resultado de reconocerse capaces, los alumnos podrán desarrollar un sano sentimiento de autoestima.

4. **Desarrollo metacognoscitivo.** Muchas veces, los alumnos creen que el estudiantado puede ser dividido en dos grupos: aquéllos que son buenos estu-

diantes, y aquéllos que no lo son. Para aquellos alumnos que no se sienten eficientes y que tienen esta visión falsa y fatalista de las cosas, la enseñanza explícita de estrategias de estudio (planes de ataque) resulta liberadora. Las clases de español para hispanohablantes pueden desarrollar en estos jóvenes una serie de destrezas de estudio que en el futuro no sólo les serán útiles en el estudio del español, sino que podrán —dada cierta facilitación por parte del maestro— ser transferidas al inglés.

5. **Fomento de la actitud crítica.** La otra cara del desarrollo del pensamiento crítico estratégico es el desarrollo de la conciencia social. La literatura incluida entre los materiales para enseñar el español a hispanohablantes debe permitir que los alumnos examinen y analicen problemas reales y tomen sus propias decisiones, teniendo conciencia de las razones que los llevaron a su selección. Igualmente, es importante que los estudiantes se ejerciten en expresar sus puntos de vista y que aprendan a dialogar respetuosamente con otros que tienen ideas diferentes.

Otro aspecto importante es la revisión de estereotipos, incluidos los propios, así como la contemplación de diversos puntos de vista. Por ejemplo, el cuento «Tres generaciones», de Rosaura Sánchez (1994), permite que los jóvenes analicen temas de tremenda relevancia para ellos a través de la perspectiva de una muchacha de su edad. Al mismo tiempo, la obra permite apreciar la situación desde las perspectivas y circunstancias de la madre y la abuela de la muchacha. Otros temas importantes de consideración son el rol del español en los Estados Unidos y las consecuencias negativas para la familia y para la sociedad que puede tener una inmersión total en el inglés. Excelentes fuentes literarias que tratan de esta situación las presentan Richard Rodríguez a través de selecciones de su autobiografía (1982), Luis Rodríguez (1994), Gloria Anzaldúa (1987), Esmeralda Santiago (1993) y otros.

6. **Fomento de comunidades de estudiantes.** La clase de español para hispanohablantes es el lugar ideal para romper la asimetría entre el maestro como el depositario de todo el conocimiento y los alumnos como recipientes vacíos. Es ideal porque cada persona en el salón de clase es un experto en el dialecto de español que trae consigo. La tarea inicial del maestro será explicar que ninguna expresión lingüística es correcta o incorrecta independientemente del contexto en el cual ocurre y que una mejor manera de evaluarla es decir si es apropiada o no de acuerdo con las circunstancias en las cuales se utiliza. En esta situación, el maestro es un estudiante más de la riqueza, variación y creatividad de la lengua. Mientras más se fomente este espíritu de que toda la clase está comprometida en el mismo acto de conocimiento, mucho más rica será la participación de los alumnos.

7. **Estructuración temática.** Idealmente, los materiales que se utilicen en la enseñanza del español a hispanohablantes deberán estar organizados en torno a temas que permitan la exploración coherente de una variedad de obras. Esto permitirá el constante reciclaje de temas y el desarrollo progresivo de entendimientos cada vez más sofisticados.

REQUISITOS PARA LA EXITOSA IMPLEMENTACIÓN DE PROGRAMAS DE ESPAÑOL PARA HISPANOHABLANTES A NIVEL SECUNDARIO

Probablemente la condición más importante para la implementación exitosa de programas de español para alumnos hispanohablantes es el desarrollo profesional de los docentes. En vista de que muchos de ellos fueron preparados para ser profesores de lengua extranjera, se les debe ofrecer cursos de desarrollo magisterial en el área de lenguaje. Es igualmente importante que estos maestros desarrollen ciertos conceptos sociolingüísticos básicos que les permitan entender su labor dentro de un contexto social de idiomas en contacto. Por ejemplo, muchos profesores recibieron su educación universitaria en departamentos de idioma tradicionales, donde se creía que la única norma aceptable en todos los contextos era la norma culta castiza. La aceptación de variaciones dialectales como válidas y el surgimiento de variaciones estadounidenses del español como prueba de la vitalidad de esta lengua deben ser reconocidos como base para el entendimiento de la labor docente cotidiana.

De igual manera, es esencial que los maestros abandonen su preocupación exclusiva con la forma lingüística para enfocarse más en la utilización del idioma como medio de comunicación, elaboración y análisis de ideas. La exploración de alternativas constructivas a nivel individual y social, así como el diálogo modelador, permitirán el afinamiento de las habilidades expresivas de los alumnos, su autoeficacia y su autoestima. Para que esto sea posible, es necesario que los maestros se reúnan e interactúen como miembros efectivos de comunidades profesionales interesadas en desarrollar su conocimiento en conjunto. De hecho, todos los esfuerzos que se están realizando actualmente para poner en marcha la reforma sistémica de la escolaridad apuntan a lo crucial que es el desarrollo profesional de los maestros para lograr el éxito.

La falta de materiales adecuados constituía una barrera en la conducción de estas clases. En el último año, sin embargo, han aparecido algunos textos diseñados específicamente teniendo en mente a la población hispana secundaria estadounidense. Los maestros adecuadamente preparados pueden suplementar o adaptar éstos o crear sus propios materiales didácticos.

Otros puntos de importancia son el esfuerzo que deben realizar los maestros y las escuelas para cambiar la imagen que se tiene de estas clases como compensatorias. Si los cursos de español para hispanohablantes siguen un currículum rico y riguroso, de tono acelerado, éste será el primer paso hacia el cambio. Si, además de esto, los cursos siguen las especificaciones establecidas para las clases de lenguaje que llevan en inglés los alumnos anglófonos, entonces los alumnos deberán recibir créditos de lenguaje equivalentes. Es decir, las clases de español para hispanohablantes cubrirán los mismos temas que las guías indican deben cubrir las clases de inglés, aunque utilizarán literatura en español, sea original o traducida. De hecho, el Departamento de Educación de California contempla favorablemente este movimiento (1993).

Todo lo propuesto hasta ahora es realizable y, de hecho, ya se está realizando en muchas escuelas del país. La necesidad de preparar pedagógicamente a los profesores de español comienza a ser solucionada. En el verano de 1993, el Proyecto de Literatura de California ofreció su primer instituto pedagógico para maestros de español para hispanohablantes. El interés superó con creces las expectativas. Más de doscientos maestros pugnaron por ser admitidos a un curso residencial de tres semanas. Trabajando a capacidad máxima, el curso acomodó a ciento ochenta participantes en la Universidad de California en San Diego. En 1994 se realizaron dos institutos, uno en San Francisco y otro en Long Beach, de tres semanas de duración. Este año se realizarán dos institutos durante el año escolar para poder incluir a aquellos maestros que no pudieron asistir en el verano por encontrarse trabajando en escuelas donde el curso ocupa el año entero. Poco a poco, comienza a convertirse en realidad la profesionalización de los maestros en esta área y el impacto de la forja de estas comunidades pronto empezará a sentirse.

Todavía quedan algunos temas que no he explorado en este trabajo, pero que no dejan de tener importancia cuando se piensa en las asignaturas de español para los hispanohablantes. ¿En qué clases colocar a los alumnos que llegan sin ningún grado de alfabetización? Es posible integrar exitosamente en grupos de noveno grado a aquellos jóvenes que llegan con un nivel de lecto-escritura de cuarto grado, pero ¿qué sucede cuando los adolescentes no han tenido educación previa? ¿En cuál departamento académico encajan los cursos de español para hispanohablantes? ¿en el departamento de lenguas extranjeras? ¿en el departamento de inglés? ¿Cuáles reuniones y discusiones les serán más ventajosas a los maestros de estos cursos? ¿Cómo combinar en una misma clase a alumnos que se sienten cómodos hablando español con aquéllos que tienen competencia comunicativa exclusivamente receptiva? ¿Cuál es la mejor estrategia a seguir cuando tenemos en clase alumnos que no han tenido la oportunidad de desarrollar competencia académica ni en español ni en inglés?

Para aquéllos entre nosotros que nos hemos visto comprometidos cotidianamente en la enseñanza del español a hispanohablantes a nivel secundario y en las discusiones que lograron su desarrollo e implementación, los cambios que se van operando son bienvenidos. Sabemos que ellos presentan oportunidades de progreso y al mismo tiempo implican riesgos. A través del intercambio que logramos en conferencias como la presente, lograremos minimizar el riesgo y maximizar el potencial para el beneficio de nuestros alumnos y de un futuro bilingüe para todos.

OBRAS CITADAS/CONSULTADAS

Anzaldúa, G. 1987. *Borderlands. La frontera. The New Mestiza.* San Francisco: Aunt Lute Books.

Bruner, J. 1986. *Actual Minds, Possible Worlds.* Cambridge: Cambridge UP.

Freire, P. 1972. *Pedagogy of the Oppressed.* Nueva York: Herder & Herder.

Olsen, L. 1994. *The Unfinished Journey.* Berkeley: California Tomorrow.

Olsen, L. y C. Minicucci. 1992. *Meeting the Challenge of Language Diversity. Volume 5: Secondary Programs.* Berkeley: BW Associates.

Rodríguez, L. 1994. *Always Running: La vida loca. Gang Days in L.A.* Nueva York: Touchstone Books.

Rodríguez, R. 1982. *Hunger of Memory: The Education of Richard Rodríguez.* Toronto: Bantam Books.

Sánchez, R. 1994. "Tres generaciones". *Sendas literarias.* Eds. A. Walqui-van Lier y R. Barraza. Boston: Heinle & Heinle.

Santiago, E. 1993. *Cuando era puertorriqueña.* Nueva York: Vintage Books.

Vygotsky, L. 1978. *Mind in Society.* Cambridge: Harvard UP.

Willis, P. 1977. *Learning to Labor: How Working Class Kids Get Working Class Jobs.* Nueva York: Columbia UP.

Work Group of the Commission on Teacher Credentialing and the California Department of Education. 1993. "A Report on Specially Designed Academic Instruction in English (SDAIE)." Sacramento: California Department of Education.

Capítulo 3

La realidad en el aula: logros y expectativas en la enseñanza del español para estudiantes bilingües

Ana Roca

Florida International University, Miami

La enseñanza del español para estudiantes hispanos bilingües en los Estados Unidos no es un tipo de instrucción de cuño reciente. Sin embargo, en los últimos veinte años, debido a la polémica que ha existido sobre la educación bilingüe y como consecuencia de ésta, encontramos un sinnúmero de artículos, monografías, conferencias y libros relacionados con este tema. Tópicos tales como el cambio de códigos (*code-switching*), estudios sobre el mantenimiento o la pérdida del idioma materno, descripciones de las variedades que existen en el español de los Estados Unidos e investigaciones de la adquisición de un segundo idioma en ambientes multilingües (como ocurre en ciudades como Miami, Los Ángeles, San Francisco, Nueva York y Chicago), se han movido a la palestra.

Menos conocidas y abundantes son las investigaciones y materiales (ver el apéndice) específicamente diseñados para la enseñanza del estudiante bilingüe de ascendencia hispana que se han desarrollado académicamente en los Estados Unidos. *Teaching Spanish to the Hispanic Bilingual: Issues, Aims, and Methods* (Valdés, Lozano, García-Moya, eds. 1981) es, empero, una útil y valiosísima colección de ensayos que ofrece una significativa contribución a estas relativamente nuevas ramas de la sociolingüística hispánica y de la enseñanza del español en los Estados Unidos.

Este interés más contemporáneo por la investigación de las perspectivas lingüísticas y pedagógicas del aprendizaje del español formal por parte de los hispanos en Norteamérica ha revelado hasta ahora —como ya indicó Guadalupe Valdés desde hace años— un desacuerdo profesional en lo que se refiere a los objetivos pedagógicos, la metodología y la teoría de la enseñanza:

Las actitudes pedagógicas que se relacionan con los nuevos programas, su propósito básico, la naturaleza del cometido de la instrucción, y el ordenamiento de los objetivos principales, están actualmente en un estado de fluctuación. Existe confusión respecto a la genuina posición filosófica de la profesión de la enseñanza del español hacia este tipo de magisterio. Mientras ciertos grupos discurren sobre la enseñanza del español estándar como segunda lengua, otros lo hacen sobre la enseñanza del lenguaje como idioma nativo, y unos terceros estudian la posibilidad de adaptar los libros de texto existentes para esta instrucción especializada. Esencialmente, es difícil discernir qué está haciendo cada uno de los varios grupos, puesto que en este momento no se vislumbra un acuerdo tácito en relación con el uso de la terminología en general. (Valdés et al. 1981: 4)

Esto fue escrito en 1981. ¿Cúal es la realidad actual en los recintos universitarios? ¿Qué es lo que hemos y no hemos alcanzado? ¿Qué necesitamos alcanzar? Catorce años después, podemos hablar de una nueva proyección hacia este conflictivo tema. El profesorado ha internalizado la urgencia por hallar nuevas técnicas, nuevos textos y materiales suplementarios, así como la búsqueda de prácticas docentes novedosas.

Sabemos que, tradicionalmente, la lengua española se ha enseñando como idioma extranjero en los Estados Unidos. Por consiguiente, en los diferentes niveles educacionales ha habido poco énfasis en el desarrollo de programas orientados hacia las necesidades pedagógicas del estudiante bilingüe, que, al haberse criado en los Estados Unidos, no llega a veces a desarrollar con facilidad destrezas en lectura o escritura en español. Frances Aparicio ha señalado desde hace muchos años, que es sólo recientemente que se ha comenzado a investigar con seriedad los factores lingüísticos y pedagógicos que pudiesen resultar en una mejora en este tipo de enseñanza especializada a nivel universitario (Aparicio 1983: 232). Encontramos también un interés por estudiar el proceso de alfabetización bilingüe, los métodos de la enseñanza, la planificación programática y del currículum, los materiales o textos empleados en los programas y la coordinación de niveles según las capacidades de los estudiantes. Otros investigadores se han interesado más en estudiar las actitudes hacia el uso del español, el uso del español en la vida pública, las cuestiones sociolingüísticas y las ramificaciones sociopolíticas y pedagógicas de dicha enseñanza, dedicada a procurar la revitalización del español hablado y a mejorar la capacidad de lectura y escritura de los estudiantes de ascendencia hispana en Estados Unidos (Elías-Olivares y Valdés-Fallis 1979; Valdés, Lozano y García-Moya 1981; Barkin 1981; Roca 1986; Faltis 1984).

Aquí me propongo reflexionar brevemente sobre la situación general de las cuestiones problemáticas y típicas que hallamos en la investigación y en la enseñanza del español para estudiantes nativos (área denominada en inglés *Spanish for Native Speakers, Spanish for Speakers of Spanish, Spanish-S* o *Spanish for Hispanic Bilinguals*); para ello me baso en algunos de los pocos estudios que se han publicado y en mi propia experiencia como profesora de estos cursos en la Universidad Internacional de la Florida (*Florida International University*) en Miami, donde en la actualidad alrededor del 50% de los estudiantes se clasifican a sí mismos como «hispanos». Son personas que mayoritariamente entienden y hablan español, unos con más facilidad que otros.

Esta nueva esfera de la investigación pedagógica y de la lingüística aplicada nos plantea retos teóricos y prácticos. A nivel de la enseñanza universitaria, la mayoría de las investigaciones publicadas relacionadas con la enseñanza y la alfabetización de los estudiantes hispanos bilingües se ha dirigido hacia el planteamiento de las dificultades y cuestiones pedagógicas que se le presentan a los estudiantes de ascendencia chicana (Sánchez 1983, 1976; Valdés-Fallis 1978; Teschner 1981) o puertorriqueña. Al repasar los estudios publicados en este campo, notamos la ausencia de estudios orientados específicamente hacia la exploración de las necesidades pedagógicas de la población estudiantil cubanoamericana. Sería de interés, por ejemplo, investigar ciertos temas lingüísticos relacionados con las cuestiones teóricas y metodológicas de la enseñanza de la lengua y de las tres culturas hispanoamericanas principales que residen en Norteamérica: ¿cuáles diferencias morfológicas, fonológicas y semánticas encontramos en el habla de diferentes grupos generacionales de estas mismas (o sea, los méxicoamericanos o chicanos, los puertorriqueños y los cubanoamericanos)? Ya Frances Aparicio ha señalado la viabilidad de la marcha paulatina hacia una praxis basada en la ruptura de mitos y el refuerzo de la unidad y la identidad latina (1993).

Los profesores de español, con o sin mucha experiencia en la enseñanza del español para estudiantes bilingües, haríamos bien en repasar objetivos, intercambiar ideas y comunicarnos mejor acerca de una variedad de preguntas que merecen que la profesión las explore e investigue. ¿Qué tipo de gramática pedagógica ha de redactarse para facilitarles a estos grupos de estudiantes bilingües el aprendizaje de la lectura y la escritura? Existe un cierto consenso sobre los problemas fundamentales que presentan los textos que tradicionalmente se usan para enseñar español a los estudiantes de habla inglesa y sobre las razones por las cuales no conviene utilizar dichos textos en la enseñanza de bilingües. Del mismo modo, los materiales preparados en España o en Hispanoamérica para estudiantes monolingües de habla hispana (libros de gramática y de lectura) presentan su serie particular de dificultades.

¿En qué consisten las innovaciones metodológicas y tecnológicas en este campo especializado de la enseñanza del español en Estados Unidos (lecciones por computadoras, películas o videos que se dirijan a las culturas hispanas)? Cuestionémonos qué adelantos nos ofrecen los libros que sí se han publicado en los últimos años, que se han redactado específicamente para los estudiantes bilingües, y cuáles son las mejoras que se les pudiera hacer todavía. ¿Qué tipo de materiales audiovisuales y programas de computadoras se pudieran desarrollar para estos estudiantes, de la misma alta calidad de los que las grandes editoriales proporcionan ya para cursos de español como lengua extranjera de primer nivel?

Ya se ha planteado cómo las actitudes hacia la lengua (por ejemplo, hacia el cambio de código y hacia variedades que no se consideran normativas) por parte del estudiante, del profesorado o de la comunidad pueden afectar la enseñanza y el aprendizaje del español (Aparicio 1993: 186). ¿Cómo es que estas nociones de lo que se considera y no se considera español estándar o formal afectan el mantenimiento, el cambio o la pérdida de la lengua? Igualmente pertinente es la pregunta de cómo esas variedades del español llegan a impedir la comunicación oral entre hispanohablantes de diferentes culturas. Establezcamos cómo se parece y se distingue la situación en Estados Unidos de otros casos en los cuales el español también compite con otras lenguas, fenómeno que se da en Hispanoamérica.[1] Aún si fuera posible ponernos de acuerdo sobre qué constituye el español normativo, ¿sería posible enseñarlo con éxito en tan corto tiempo (uno, dos o incluso tres semestres universitarios) a estudiantes ya adultos que han recibido poco o ningún entrenamiento formal en el idioma durante su niñez?

Es notoria la frustración que muestran muchos colegas en relación con el pobre, ocasionalmente pésimo, aprovechamiento que los estudiantes pueden manifestar luego de la conclusión de las clases de español para hispanos. Algunos profesores, desde otra perspectiva, abrigan expectativas que pecan de irreales respecto a estos grupos de estudiantes; esto sucede especialmente con aquellos maestros que inconscientemente se refugian en la enseñanza de la literatura, porque la consideran más prestigiosa y útil, ocultando la falta de suficiente experiencia en el ramo de la lengua. Es así como se crea un prejuicio contra el hablante nativo en comparación con el estudiante angloparlante, puesto que se le exige mucha más corrección y fluidez por su misma naturaleza lingüística presupuesta. De resultas sucede que el profesor muestra una parcialidad hacia la enseñanza del español a este último tipo de estudiante: se le prefiere porque representa, aparentemente, *materia prima* para un hipotético aprendizaje óptimo del lenguaje. Este estudiante normalmente no usa los mismos anglicismos que escuchamos en comunidades bilingües (el dolor de cabeza común de los profesores que insisten en borrar el «Spanglish» en vez de señalar otras formas que el estudiante bilingüe debe aprender para ampliar las posibilidades comunicativas); el estudiante que no es de habla hispana se familiariza gradualmente con la ortografía normativa, adquiere más experiencia con la lectura a medida que continúa sus clases y no ha experimentado conflictos lingüísticos o culturales entre la familia y la sociedad. Al estudiante nativo del español se le ve entonces como un hablante defectuoso, a veces hasta poseedor de una inteligencia mediocre, con un poder de expresión y comunicación inseguro, corrupto (sobre todo para los puristas), casi decadente. Con frecuencia, desafortunadamente, incluso se le revelan estas actitudes al estudiante nativo del español, que, con toda razón, puede llegar a sentirse impotente en relación con su progreso en la clase y acabar perdiendo la confianza en su capacidad comunicativa general en español, sobre todo en el ambiente académico.

El factor cultural es una cuestión que debemos de tener en cuenta al preparar los textos. En *Life with Two Languages*, François Grosjean nos informa de que un 61% de los hispanos en Estados Unidos son méxicoamericanos, el 14% son puertorriqueños de la isla, el 7% proviene de Sudamérica, el 6% son cubanoamericanos, y el resto proviene de otras naciones (1982: 96). Estos variados grupos de ascendencia múltiple tienen también diversos niveles de competencias lingüísticas en lo que se refiere a la lectura y la escritura en español, factores que hacen aún más difícil la clasificación y la colocación de estudiantes por niveles, el diseño del programa de clase, el desarrollo de los materiales, el currículum o programa de estudio, el enfoque pedagógico y las técnicas usadas en la enseñanza.

Los profesores universitarios de español, entonces, frecuentemente se encuentran ante clases de estudiantes bilingües de extracción cultural de amplia categorización, con muy diversos niveles de desarrollo lingüísticos —informal y formal, rural y urbano— del español hablado, de comprensión oral, de lectura y de escritura. Los estudiantes que hayan obtenido algún entrenamiento formal en la lengua durante los años de secundaria básica comienzan la clase de español de nivel superior con cierta ventaja, ya que, por lo general, pueden leer más fácilmente y expresarse por escrito con más soltura que los que nunca han tomado clases especializadas para estudiantes bilingües. Por otra parte, a veces encontramos estudiantes de segunda o tercera generación, que, incluso pudiendo comprender relativamente bien el español, se cohiben, por lo que raramente se expresan oralmente delante de sus compañeros de clase. Sus inhibiciones lingüísticas o timidez son, sin embargo, barreras comprensibles. Las actitudes negativas hacia la lengua española por parte de los estudiantes desempeñan un papel importante tanto en su desarrollo de las destrezas lingüísticas como en el desarrollo del concepto que estos estudiantes tienen de sí mismos. Por consiguiente, sería constructivo determinar cómo el maestro puede auxiliar a dichos estudiantes adultos que prefieren el mutismo en la clase y, por ende, desarrollan una escasa participación.[2]

Interpreto que, por una parte, el comportamiento de una de mis estudiantes (ver la nota anterior) es el resultado de complicados factores socioeducacionales. No importa su ascendencia mexicana, puertorriqueña, o cubana, nicaragüense, salvadoreña o lo que fuere; uno de los factores significativos puede ser el hecho de que algunos estudiantes hayan sido castigados por hablar español o que se les haya prohibido comunicarse en esta lengua en la escuela primaria y secundaria o en el preuniversitario. Aunque esto pareciera algo del pasado, no es un pasado tan remoto; movimientos actuales como el del *English Only*, leyes nuevas ("Proposition 187", aprobada como ley por el electorado en California) y lo que se ha llegado a describir por muchos como un sentimiento antihispano a nivel nacional pueden llegar a afectar el desarrollo de los cursos de español para estudiantes bilingües y las actitudes de los administradores y profesores de éstos y de los mismos estudiantes.

Sabemos lo que ocurría hace años y lo que no debe ocurrir de nuevo. Por ejemplo, en un estudio hecho por la Asociación Nacional de Educación (*National Education Association–Tucson Survey Group on the Teaching of Spanish to the Spanish-Speaking* 1966), se determinó que era aún corriente en las escuelas del país la imposición de castigos a los estudiantes por hablar español y se les advirtió a los docentes de las posibles consecuencias de esta norma. Se dice en el informe emitido por este grupo:

> . . . que al indicársele al alumno que no debe hablar su lengua nativa, estamos diciéndole sobre la implicación de que el español y la cultura que el mismo representa no representan ningún valor. Por consiguiente (se deduce de ello) este niño en particular tampoco presenta algún mérito. No debe sorprender entonces que... [el muchacho] desarrolle un concepto negativo de sí mismo—un complejo de inferioridad. (NEA-Tucson Survey Group 1966: 11)

Grosjean, que se ha dedicado a estudiar el campo del bilingüismo, explica claramente la dinámica y las consecuencias del negativismo hacia cualquier lengua minoritaria en un ambiente bilingüe:

> El lenguaje de las minorías en naciones bilingües o multilingües ha sido objeto de ataque por parte del grupo mayoritario. Una táctica muy común es la de llamar el lenguaje un dialecto o un «patois» y así achacarle todas las connotaciones negativas asociadas con los dialectos, por parte de aquéllos que no son lingüistas— o sea, que son lenguajes menos ricos que los estándar, menos correctos gramaticalmente, y que se hablan de una manera más burda, menos refinada. (Grosjean 1982: 122)

Grosjean señala, como ejemplo, la manera negativa en la que a veces se refieren los suizos francófonos a los suizos de habla alemana y los canadienses de habla inglesa a sus compatriotas del área lingüística gala; y yo añadiría la manera en que muchos norteamericanos monolingües de habla inglesa, al igual que muchos hispanohablantes del resto del mundo y de Estados Unidos, perciben de forma negativa las variedades del español que se escuchan en la unión norteamericana. Estas actitudes negativas, según Grosjean, «comienzan dentro del grupo mayoritario, pero se adoptan gradualmente por la minoría, hasta el punto de que, como consecuencia, los miembros del grupo minoritario lleguen a sentir que hablan un lenguaje empobrecido» (1982: 122).

En los Estados Unidos, por lo común, se han apoyado y fomentado los objetivos del «crisol americano» (*melting pot*) y se ha rechazado la imagen de una nación multilingüe y multicultural. A pesar de todos los fondos federales, estatales y locales que se han invertido en programas bilingües, el país —a diferencia de muchas naciones europeas— nunca ha llegado a aceptar el bilingüismo. El etnocentrismo, la xenofobia y un ambiente político que jamás ha apoyado lo suficiente o favorecido una sociedad bilingüe o plural, se pudieran considerar, en parte, como algunos de los factores responsables por las actitudes negativas hacia las lenguas extranjeras. Guadalupe Valdés, entre otros, ha señalado que el bilingüismo en los Estados Unidos nunca ha disfrutado del prestigio social que se comprueba tiene en otros países y, según ella, mientras que en el extranjero una persona se considera verdaderamente instruida si muestra ser bilingüe, en los Estados Unidos se asocia de forma automática al hablante bilingüe con una escolaridad deficiente (Valdés et al. 1981: ix) o incluso con el analfabetismo.

Continuamente, ponencia tras ponencia, los profesores que les enseñan el español a estudiantes bilingües han reiterado la necesidad de desarrollar más textos especializados que satisfagan los requerimientos lingüísticos, culturales y pedagógicos de los estudiantes. Esta carencia relativa de textos con una base pedagógica sólida y eficaz ha sido un problema fundamental que, no obstante las más recientes publicaciones, persiste en todos los niveles de este campo de la enseñanza. Aunque algunas editoriales han comenzado a publicar dichos textos para estudiantes universitarios, tanto las reseñas de libros como mi propia encuesta (Roca 1990) e investigación del tema (Roca 1987) muestran que sólo contamos hasta la fecha con pocos textos entre los cuales pudiéramos escoger. Por consiguiente, tanto la enseñanza como el aprendizaje se tornan más dificultosos para profesores y estudiantes.[3]

Hay un florecimiento abrumador en la investigación relacionada con las teorías sobre los procesos de adquisición de un segundo idioma y de la metodología de la enseñanza (sobre todo en la rama de *ESL*). Se reconoce la presencia apremiante de tópicos que parecen estar pidiendo a gritos el estudio y la investigación. Múltiples artículos y libros eruditos acerca de teorías de aprendizaje de un primer o segundo idioma surgen a la luz. No sucede lo mismo en el campo de la enseñanza del español para los estudiantes hispanos bilingües en los Estados Unidos. La agenda sólo se ha estado desarrollando recientemente y los temas relacionados con el fenómeno del bilingüismo son numerosos. El último libro editado por Barbara Merino, Henry T. Trueba y Fabián A. Samaniego, titulado *Language and Culture in Learning: Teaching Spanish to Native Speakers of Spanish* (1993), es una recopilación bienvenida, al lado de la pionera colección de Valdés et al. (1981), en un espacio intelectual donde, adentrado el siglo XXI, podremos incluso añadir aquello que queda por explorar en los niveles de primaria, secundaria y universitario. Me refiero, por ejemplo, a la necesidad de estudiar algunas de las ideas más recientes e innovadoras de Stephen Krashen, que tienen que ver con la lectura libre y voluntaria (*free voluntary reading/FVR*) (1992), y de elaborar la manera de aplicar la teoría de *input hypothesis* (Krashen 1984) y todas sus ramificaciones.

Es el momento de continuar la labor profesional con pautas y objetivos concretos (el desarrollo de exámenes de colocación docente que sean justos y prácticos, por ejemplo) y con talleres para el desarrollo profesional de los profesores que enseñarán estas clases en una nación cuya población se hace más hispanohablante y multicultural a medida que nos acercamos al próximo milenio.

NOTAS

* Este trabajo es una revisión y ampliación de mi artículo "El español y los estudiantes hispanos en los Estados Unidos: Puntos de partida" (1988). Las traducciones del inglés al español de los textos citados son mías. Agradezco las sugerencias de Eloy Merino, estudiante graduado de la Universidad de Miami, de Coral Gables, Florida. Igualmente se agradece a los editores del libro donde apareció el artículo original, el permiso de publicar la nueva versión.

1. Me refiero a la situación que existe en países como Paraguay (español/guaraní), Bolivia (español/aymará y quechua), Perú (español/quechua), etc.

2. Basándome en mi propia experiencia, puedo traer a colación un caso de este tipo de estudiantes. Una alumna, en particular, parecía comprender todas las instrucciones y las explicaciones dadas en clase. Preparaba sus tareas regularmente y obtenía buenas calificaciones en los exámenes escritos. Sin embargo, evitaba utilizar el español durante la clase; siempre contestaba todas las preguntas en inglés. Al terminar la clase, cuando ya sus compañeros se habían

alejado del aula, decidía entonces hablarme en español, a solas. Su temor era comprobar que su dominio del español no estaría a la par del resto de la clase.

Reconozco que esta experiencia es harto común en todo el país, pero en Miami sólo ahora nos empezamos a topar con este fenómeno, porque han pasado treinta y cinco años desde el primer influjo importante de cubanos y los estudiantes actuales ya pertenecen a una nueva generación, más joven y más americanizada.

3. En general, los textos de español para hispanohablantes no han incluido material suplementario en coordinación con el texto principal, a diferencia de los textos de primer y segundo año redactados para la enseñanza del español como lengua extranjera. Éstos, típicamente, incluyen toda una serie de textos anejos tales como un manual para el profesor, videos, otros medios audiovisuales, muestras de exámenes y de programas de clase y *software* de autoaprendizaje para computadoras.

OBRAS CITADAS/CONSULTADAS _____

Aparicio, F. 1983. "Teaching Spanish to the Native Speaker at the College Level." *Hispania* 66(2): 232–38.

———. 1993. "Diversification and Pan-Latinity: Projections for the Teaching of Spanish to Bilinguals." *Spanish in the United States. Linguistic Contact and Diversity.* Eds. A. Roca y J. M. Lipski. Berlín: Mouton de Gruyter. 183–98.

Barkin, F. 1981. "Establishing Criteria for Bilingual Literacy: The Case of Bilingual University Students." *The Bilingual Review* 8(1): 1–13.

Cortina, Rodolfo y Alberto Moncada, eds. 1988. *Hispanos en los Estados Unidos.* Madrid: Ediciones de Cultura Hispánica, ICI. 265–272.

Elías-Olivares, L. y G. Valdés-Fallis. 1979. *Language Diversity in Chicano Speech Communities: Implications for Language Teaching.* Austin, TX: Southwest Educational Development Lab.

Faltis, C. J. 1984. "Reading and Writing in Spanish for Bilingual College Students: What's Taught at School and What's Used in the Community." *The Bilingual Review* 11(1) (enero–abril): 21–31.

Grosjean, F. 1982. *Life with Two Languages. An Introduction to Bilingualism.* Cambridge: Harvard UP.

Krashen, S. D. 1984. *Principles and Practice in Second Language Acquisition.* Oxford: Pergamon.

———. 1992. *Fundamentals of Language Education.* Torrance, CA: Laredo Publishing Co.

Merino, B. J. , H. T. Trueba y F. A. Samaniego, eds. 1993. *Language and Culture in Learning: Teaching Spanish to Native Speakers of Spanish.* Londres: Falmer.

Roca, A. 1986. "Issues in the Case of Spanish for Native Speakers Instruction at the University Level." Un breve trabajo presentado como respuesta a la ponencia del profesor Jorge Guitart: "The Future of Cuban Spanish in the United States," ante el Symposium on a Quarter Century of Cuban Exile Culture, Florida International U, septiembre.

———. 1987. "A Critical Assessment of College-level Spanish Texts for Hispanic Bilingual Students in the United States." Ponencia ante la VIII Conference on Spanish in the United States/Octavo Congreso sobre el Español en los Estados Unidos, U of Iowa, Iowa City, octubre 15–17.

———. 1988. "El español y los estudiantes hispanos en los Estados Unidos: puntos de partida". *Hispanos en los Estados Unidos*. Eds. R. Cortina y A. Moncada. Madrid: Ediciones de Cultura Hispánica/Instituto de Cooperación Iberoamericana. 265–72.

———. 1990. "Teaching Spanish to the Hispanic Bilingual College Student in Miami." *Spanish in the United States: Sociolinguistic Issues*. Ed. J. J. Bergen. Washington, D.C.: Georgetown UP. 127–36.

———. 1991. "Assessment, Instruction, and Teacher Training: Teaching Spanish to U.S. Hispanic Bilingual Students in the 1990s." Trabajo basado en una ponencia ante la Conference on Second Language Acquisition, U of Florida, Tampa, febrero. (Adaptado de una versión anterior presentada en la U of Arizona, Tucson, 1989, ante el Congreso sobre El Español en los Estados Unidos, X.)

Sánchez, R. 1981. "Spanish for Native Speakers at the University: Suggestions." *Teaching Spanish to the Native Speaker: Theory and Practice*. Eds. G. Valdés, A. G. Lozano y R. García-Moya. San Antonio, TX: Trinity UP. 91–99.

———. 1983. *Chicano Discourse: Socio-Historic Perspectives*. Rowley, MA: Newbury House.

Teschner, R. 1981. "Spanish for Native Speakers: Evaluating Twenty-five Chicano Compositions in a First-Year Course." *Teaching Spanish to the Hispanic Bilingual: Issues, Aims, and Methods*. Eds. G. Valdés, A. G. Lozano y R. García-Moya, Nueva York: Teachers College Press. 115–39.

———. 1983. "Spanish Placement for Native Speakers, Non-native Speakers, and Others." *ADFL Bulletin* 14(3): 37–42.

Valdés, G., A. G. Lozano y R. García-Moya, eds. 1981. *Teaching Spanish to the Hispanic Bilingual: Issues, Aims, and Methods*. Nueva York: Teachers College Press.

Valdés-Fallis, G. 1978. "A Comprehensive Approach to the Teaching of Spanish to Bilingual Spanish-Speaking Students." *Modern Language Journal* 43(3): 101–10.

APÉNDICE

Lista seleccionada de textos de español para estudiantes hispanos bilingües: nivel universitario

Blanco, G., V. Contreras y J. Márquez. 1995. *¡Ahora sí!* Boston, MA: Heinle & Heinle.

Burunat, S. y E. Starcevic. 1983. *El español y su estructura: Lectura y escritura para bilingües.* Nueva York: Holt, Rinehart and Winston.

De la Portilla, M. y B. Varela. 1979. *Mejore su español. Lectura y redacción para bilingües.* Nueva York: Regents.

Lequerica de la Vega, S. y C. Salazar Parr. 1978. *Avanzando: Gramática española y lectura. Cuaderno B.* Nueva York: Wiley.

Marqués, S. 1992. *La lengua que heredamos: Curso de español para bilingües.* Nueva York: Wiley.

Mejías, H. A. y G. Garza-Swan. 1981. *Nuestro español: Curso para estudiantes bilingües.* Nueva York: Macmillan.

Miguélez, A. y M. Sandoval. 1987. *Jauja: Método integral de español para bilingües.* Englewood Cliffs, N.J.: Prentice Hall.

Roca, A. *Nuevos mundos* (título tentativo). En colaboración con E. Merino. Boston, MA: Houghton-Mifflin. En preparación.

Samaniego, F. A., F. X. Alarcón y N. Rojas. 1995. *Mundo 21.* Lexington, MA: D.C. Heath and Company.

Valdés, G. y R. V. Teschner. 1993. *Español escrito: Curso para hispanohablantes bilingües,* 3.ª ed. Englewood Cliffs, N.J.: Prentice-Hall.

Capítulo 4

La reconceptualización del programa de español para hispanohablantes: estrategias que reflejan la realidad sociolingüística de la clase

Cecilia Rodríguez Pino

New Mexico State University, Las Cruces

INTRODUCCIÓN

Históricamente, cada diez años la profesión se detiene a reflexionar sobre los desarrollos teóricos y prácticos que han tenido un impacto en la enseñanza de lenguas. En las últimas dos décadas hemos visto en la profesión una división que ha definido claramente dos puntos de vista con respecto a las necesidades de instrucción académica para los hispanohablantes bilingües. Este trabajo provee una breve panorámica de dos enfoques pedagógicos que, según Faltis (1990), se han implementado en los programas de *Spanish for Native Speakers* (SNS) en los Estados Unidos para promover el aprendizaje del espanol antes de usarlo para propósitos auténticos. Faltis hace hincapié en el hecho de que dichos enfoques han dejado de lado las necesidades afectivas y las voces individuales de la población estudiantil de hispanohablantes. No ha sido el estudiante, sino el maestro quien ha asumido la posición central en el proceso de aprendizaje.

En la década de los noventa se reconoce por fin que para el proceso de mantenimiento de la lengua materna las necesidades afectivas no se pueden dejar de lado en el diseño del currículum para los hispanohablantes. Por lo tanto, en este trabajo también se describirán varias actividades alternativas basadas en los nuevos avances teóricos en la enseñanza del español a hispanohablantes. Dichas actividades, que les dan a los estudiantes una voz activa y oportunidades de ofrecer retroalimentación (*feedback*), se presentaron a veintinueve maestros de los estados del Suroeste en julio de 1993 en el Instituto de Verano «Teaching Spanish to Southwest Hispanic Students» auspiciado por el National Endowment for the Humanities (NEH).

HISTORIA PANORÁMICA DE
LOS ENFOQUES PEDAGÓGICOS

En la década de los setenta, los investigadores y maestros se preocupaban mayormente por averiguar hasta qué punto el lenguaje de los hispanos residentes en los Estados Unidos se desviaba de la norma aceptada para entonces diseñar materiales de instrucción para remediar su español. Como estudiante en un programa de español para hispanohablantes al principio de los setenta, yo recuerdo la imposición de la norma «ideal» o el estándar que ahora, como profesora de español, sé que no encaja con la realidad de la comunidad. Ya muchos críticos se han reducido a describir el proceso y no el coeficiente afectivo que describe lo que experimenté en clase.

La meta de la metodología de los años setenta llamada el *limited normative approach*, era borrar los anglicismos, barbarismos y arcaísmos por medio de ejercicios mecánicos de vocabulario y gramática. Recuerdo la cantidad de tiempo que dedicaba el maestro a actividades aplicadas exclusivamente para corregir supuestos errores lingüísticos, remediar la mala pronunciación, eliminar las formas viciosas y enfrentar otros problemas lingüísticos que, según Barker (1972), «se han pasado por alto en los hispanos de los Estados Unidos». En el prefacio de su texto, *Español para el bilingüe* (1972), Barker menciona que «los ejercicios y actividades de tipo correctivo nos llevarán a una meta con noble fin que puede ser de enormes y felices consecuencias para nuestro país en esta época en que existe una lamentable falta de recursos bilingües».

Faltis (1984, 1990) menciona que el *limited normative approach* posiblemente ha perjudicado a los estudiantes y causado la enajenación de un pueblo que ha sostenido y desarrollado su dialecto por generaciones. ¿Qué le habrá pasado al autoconcepto y la autoestima de mis compañeros antiguos de clase? ¿Quiénes habrán terminado el curso creyendo que sus variantes lingüísticas y su cultura no tenían valor y que era mejor dejar de usar su lengua materna? No sé. No hubo entonces la interacción activa en grupos para compartir nuestras experiencias lingüísticas y culturales que ahora se nos recomienda como educadores e investigadores que hagamos en clase en reconocimiento de las necesidades de la dimensión afectiva (Valdés 1992; Merino y Samaniego 1993). Tampoco se documentaron entonces las variantes que perdimos o cambiamos y mucho menos las emociones que sentíamos en ese ambiente de aislamiento limitado al texto y a los ejercicios sintéticos modelados al estilo *lock-step* por el maestro, que le pedía al estudiante que respondiera con la respuesta correcta. El patrón de interacción en clase se limitaba a la relación maestro–estudiante de preguntas y respuestas (ver la figura 1). El maestro abogaba por el uso de técnicas directas para corregir errores —o sea, variantes dialectales— en la clase; dichas variantes eran, según Barker, el resultado de la influencia del inglés en el Suroeste. Por dichas técnicas dejé de tomar el segundo semestre de español por dos años.

Para beneficio de la documentación de datos, yo personalmente dejé de usar el verbo «haiga» para siempre, pero no el verbo *parquear*. Quizás eliminé «haiga» porque he enseñado el verbo *haya* en el texto de español como lengua extranjera por quince años. Tocante a *parquear*, el verbo se refuerza en mi repertorio porque a veces oigo a mis colegas decir que no pueden encontrar dónde parquear el carro. Recientemente, me dio mucha alegría ver una fotografía de un letrero en España

— *Figura 1* _____

Patrones de interacción en clase según el *limited normative approach.*[1]

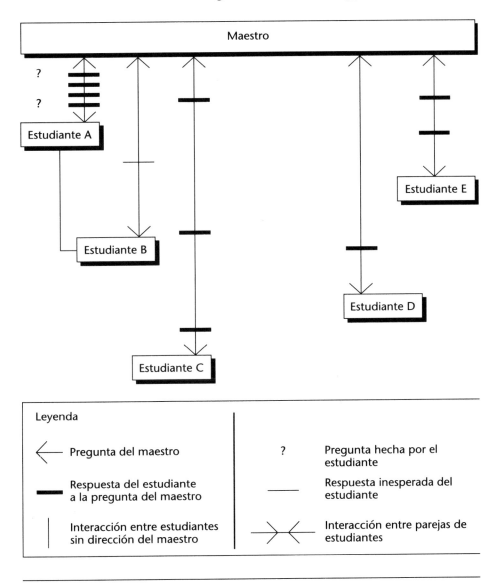

que decía *Parqueo*. Pero no cabe duda que todavía hay maestros discípulos del *limited normative approach* que insisten en que se diga *estacionamiento*.

En 1974 el *limited normative approach* fue puesto en tela de juicio por Guadalupe Valdés y cedió ante el *comprehensive approach*. Según esta metodología, el estudiante debe desarrollar la proficiencia mediante actividades provistas para permitirle que practique sus destrezas discutiendo una variedad de temas dentro de un contexto en clase, donde se modela un español estándar escrito y hablado. Como estudiante de Guadalupe Valdés en 1974, recuerdo la multitud de oportunidades para desarrollar la competencia comunicativa por medio de actividades contextualizadas y no limitadas al nivel de la oración. Valdés diseñaba actividades basadas en una serie de textos escogidos para la lectura y el comentario en pares o grupos pequeños; el objeto era dar opiniones, reflejar, escribir y reportar datos sobre los temas de la lectura. No dominaba la clase ni la profesora ni el texto, sino los estudiantes, que trataban de usar la lengua estándar en una manera funcional.

El enfoque de cada actividad era el mensaje comunicado y no las formas gramaticales; la ventaja principal de este enfoque era la extensión de nuestras destrezas lingüísticas como resultado de habernos expuesto a las variedades de lo que se nombraba estándar por medio de la lectura. Se terminó la corrección directa del método antiguo que nos dañaba la autoestima. En su lugar se sustituyó la actividad de *peer editing*. Por medio de esta actividad nos dimos cuenta de que varios cometíamos los mismos errores y que a todos se nos pasaban los acentos en la escritura. Esta revelación nos levantó el ánimo. Se estableció un ambiente de compañerismo en clase que no existía bajo el enfoque previo. Pero según Faltis (1990), en el método comprensivo, igual que en el *limited normative approach,* se pone énfasis en el desarrollo de destrezas, y no en el uso auténtico de la lengua. En ambos métodos, el maestro se percibe como «the holder of knowledge who presents information in forms of bits and pieces». El rol del estudiante es sólo reportar *al maestro* los resultados de la actividad determinada *por el maestro.* No se le ha asignado valor, en ninguno de los dos métodos, a las ideas generadas *por el estudiante* para educar *al maestro,* pues ninguno de los dos ofrece actividades que le den al estudiante la oportunidad individual de usar la lengua y, en particular, sus variantes dialectales por medio de interacción social en clase y en sus relaciones con la comunidad.

NUEVAS PERSPECTIVAS Y AVANCES EN LA ENSEÑANZA DE ESPAÑOL A BILINGÜES

Varios educadores en la década de los noventa abogan por el uso de nuevas alternativas basadas en las teorías de Freire y Vygotsky, en las cuales cada estudiante asume una posición central en el proceso del aprendizaje, convirtiéndose en maestro e investigador sin dejar de ser estudiante y conectando las lecciones de la clase con la vida en la comunidad. Rodríguez Pino y Villa (1994), Merino y Samaniego (1993) y Faltis (1990) abogan por esta nueva perspectiva, que le da al estudiante la oportunidad de descubrir que, en efecto, sí puede educar al maestro. Antes el maestro era el que dictaba el proceso. Ahora los dos, maestro y estudiante, son responsables de un proceso en el cual ambos aprenden juntos a percibir la realidad de la comunidad hispana.

Existen varias actividades de alta interacción entre los estudiantes, el maestro y la comunidad, las cuales se dirigen a los múltiples niveles de proficiencia y destrezas y ofrecen desafíos interesantes para mantener o recuperar la lengua materna. Dichas actividades fueron presentadas a veintinueve maestros participantes de los estados del Suroeste en el instituto del NEH «Teaching Spanish to Southwest Hispanic Students». Se le pidió a cada maestro que diera sus opiniones o retroalimentación después de las actividades y en la evaluación final.

Breve descripción y datos de los participantes en el Instituto del NEH

Es importante mencionar la siguiente pregunta en el cuestionario que completaron los participantes sobre sus necesidades.

Pregunta #4: ¿Cuáles son sus necesidades más importantes como educador en la enseñanza del español a los hispanohablantes?

La falta más crítica que citaron los maestros era la de materiales y actividades. Las estadísticas preliminares resultantes de las respuestas y mostradas en la tabla 1 indican que el 41,2% de los maestros necesita materiales generales. Sólo el 7,8% quiere un texto nuevo. Algunos participantes especificaron su necesidad de materiales que respondan no sólo a lo cognoscitivo, sino también a lo afectivo; el 3,9% quiere materiales para estudiantes a diversos niveles; el 7,8% desea actividades

── Tabla 1 ────────────────

Respuestas de 29 participantes en el Instituto de Verano «Teaching Spanish to Southwestern Hispanic Students» (National Endowment for the Humanities)

Necesidad	Frecuencia de necesidades	
	Frecuencia	Porcentaje
textos	4	7,8
métodos	1	2,0
evaluación/criterio	1	2,0
currículum	3	5,9
materiales	21	41,2
actividades	2	3,9
materiales auxiliares	1	2,0
actividades de autoestima	1	2,0
materiales para diversos niveles	2	3,9
materiales para estudiantes de diversos orígenes	1	2,0
actividades para motivación	4	7,8
actividades para conservar la cultura local	1	2,0
pericia profesional	2	3,9
una red profesional	1	2,0
mejorar mi propio español	3	5,9
recursos hispanohablantes	1	2,0
participación de los padres	2	3,9

para elevar la motivación; y el 2% tiene necesidad de materiales para estudiantes de diversos orígenes, para conservar la cultura local o para elevar la autoestima del estudiantado. Un 5,9% de los maestros desea mejorar su propio español; sólo el 3.9% pide entrenamiento profesional y el 2% desea formar una red profesional.

Es importante mencionar además que veinticinco de los participantes eran mujeres y cuatro eran hombres. Por lo menos el 80% de ellos nació en los Estados Unidos y el otro 20% en países hispanos. De los nacidos en Estados Unidos, el 75% era de descendencia hispana y un 25% no. Durante el instituto estos docentes participaron en diferentes actividades con diferentes propósitos. En este trabajo se describirán sólo las actividades que procuran despertar más el componente afectivo del estudiante en la enseñanza o el reaprendizaje del español y de la cultura.

1. Actividad de etnografía El estudio etnográfico, el tipo de investigación que se usa para describir una cultura desde el punto de vista del nativo, se ha usado para obtener información cultural en las ciencias sociales y las disciplinas aplicadas. Según Trueba (1993), su implementación en las clases de lenguas es lógica porque la lengua y la cultura son inseparables y están entrelazadas; no se puede adquirir la una sin la otra. La actividad de etnografía es, pues, un buen punto de partida en la clase de español para explorar la diversidad de experiencias culturales de los hispanohablantes. Produce interacción inmediata y enseña a los estudiantes cómo diseñar sus propias preguntas etnográficas en la sala de clase para conocerse unos a otros desde el principio del semestre. En «Ethnographic Interview Protocol», Merino (1992b) sugiere hacer entrevistas en clase para obtener datos de todos los estudiantes. Divide los temas de éstas entre cuatro categorías: la comunidad, el hogar, la escuela y uno mismo.

Por su parte, Robinson (1988) observa que la etnografía ocurre en un ambiente real, no artificial. Considera esta actividad sumamente valiosa para los estudios culturales porque la mayoría de los etnógrafos han hecho investigaciones de culturas exóticas, en vez de atender a las comunidades y culturas locales relevantes a nuestra población de estudiantes.

Antes de empezar esta actividad, es esencial definir la etnografía y colaborar con los estudiantes para formular los diferentes tipos de preguntas sugeridos por Spradley (1979) en su taxonomía de preguntas etnográficas. Finalmente, la clase puede participar en una actividad de «lluvia de ideas» sobre el tema que se va a discutir, usando las categorías principales que recomienda Merino.

Un tema popular que ha sido explorado por varios maestros del instituto este año académico es la genealogía. Para trazar las raíces, Ávila, uno de los maestros del Instituto NEH, diseñó su estudio con una pregunta básica para que sus alumnos de séptimo año preguntaran a sus padres y abuelos de dónde vinieron sus antepasados. Luego dibujaron un mapa mundial, nombrando los continentes y países hispanos y trazaron sus raíces familiares después de conseguir los datos. Además de aprender sobre su descendencia, los estudiantes adquirieron conocimiento de la geografía mundial, descubrieron los países y estados de su descendencia en español, y lograron la participación de sus padres, lo cual supuestamente garantiza la identificación afectiva.

2. Actividad para la expansión de vocabulario El desarrollo y expansión de vocabulario siempre han sido metas clave de los programas de español para hispanohablantes. Mientras unos programas implementan métodos tradicionales, otros han abogado por ampliar el vocabulario del estudiante a través de las diversas materias académicas (Merino 1989; Faltis 1984). Además, existen actividades que desarrollan el conocimiento de la variación léxica (Merino 1989; Merino y Samaniego 1993). Los asistentes al instituto participaron en el juego de los diccionarios en grupos. Cada grupo tenía un diccionario regional del Suroeste, tal como *Glosario del caló de Ciudad Juárez* (Aguilar Melantzón 1989) ó *El diccionario del español chicano* (Galván 1995). En sus grupos respectivos, todos los miembros identificaban una palabra distinta y luego le daban dos definiciones falsas y la verdadera a la clase entera. Después, la clase de maestros/estudiantes tomaron un examen, escuchando las tres opciones para cada palabra. Al final se dieron las definiciones reales y se le preguntó a la clase quién tenía más respuestas acertadas. Esta actividad hace que el estudiante se identifique con la lengua y amplíe su vocabulario; naturalmente, la palabra escogida por cada estudiante es una de las que se encuentran en el examen. No existe una jerarquía de vocabulario, sino una nivelización. Este juego le da valor a las variaciones léxicas publicadas en diccionarios regionales, que incluyen palabras que traen los estudiantes chicanos a la clase según su experiencia.

3. El diario interactivo: estrategias para desarrollar varias destrezas El método de función y noción, recomendado por Blanco (1987) para diseñar actividades que incorporan los recursos lingüísticos de la comunidad, es de gran aprovechamiento académico para los estudiantes. Se han usado con éxito los recursos que representan la familia, los amigos, los periódicos locales, los anuncios comerciales, los espectáculos, las exposiciones, la televisión, la radio y las personas eminentes del sector profesional, comercial o académico para inculcar en los alumnos el orgullo de su propia cultura. La lista de funciones lingüísticas de Van Ek (1975) fue traducida al español por Blanco (1987) en «Español para el hispanohablante: función y noción». Dichas funciones son valiosas para diseñar actividades que permitan que los estudiantes expresen opiniones, analicen, narren, describan hechos, etc., incorporando las siguientes nociones y subtemas: el futuro, la cultura, la sociedad, la literatura, los vicios y virtudes, los valores, las relaciones sociales y las bellas artes.

El diario interactivo es una actividad que se presta al método de función y noción, permitiéndole al estudiante usar la totalidad del idioma y de sus conocimientos para expresar ideas, impresiones y descripciones y demostrar otras destrezas en una especie de conversación escrita entre dos personas o más. Durante los cinco días del Instituto NEH, los participantes escribían diariamente para comunicarse con sus colegas/consultores, compartir ideas, impresiones, experiencias profesionales y observaciones sobre la lectura y ofrecer retroalimentación sobre las actividades e ideas presentadas en el instituto.

Para establecer la interacción natural entre maestro y estudiante, el diario ofrece un medio de comunicación para expresar los intereses y experiencias personales. La meta del diario es básicamente la comunicación en contexto y el enfoque está en el mensaje, y no en la forma. Esto inspira en el estudiante la confianza de que puede escribir sin que se le corrija directamente cada error. A su vez, el maestro corresponde con los estudiantes, comentando sobre sus propias experiencias y opiniones tocantes al tema y usando correctamente en su propia aportación al diario las formas que el estudiante aún no domina bien. Según Blanco (1987), el estudiante, al leer las respuestas de su maestro, aprenderá de este modo en la práctica las fórmulas del idioma.

La comunidad bilingüe también se puede incorporar a las actividades del diario pues ofrece una gran variedad de recursos, funciones y otras oportunidades para que el estudiante participe activamente en situaciones formales e informales. Entre las situaciones que he creado para que los estudiantes tengan oportunidades de usar la lengua en niveles múltiples están las siguientes:

EXHIBICIÓN DE UNA PELÍCULA Y DISCUSIÓN

Instrucciones: Vea una de las películas en español que ofrece el Cine Club de la universidad los viernes. Escuche la discusión dirigida por el maestro y haga preguntas si gusta. Busque la oportunidad de platicar más con otros estudiantes después que terminen la película y la discusión. Entre todos, opinen sobre los actores, los personajes, el escenario, la trama, el diálogo, el problema del personaje principal, el vocabulario nuevo que aprendieron de la película, su experiencia en la discusión, etc.

Escritura: Escriba en su diario acerca de su experiencia con la película, su participación en la discusión formal y la conversación con los compañeros de clase, comentando lo que les gustó de la película y de la discusión.

EXPERIENCIAS ESCOLARES

Instrucciones: Hable con dos o tres parientes (preferiblemente, su/s abuelo/s, si es posible) y pregúnteles sobre sus experiencias en la escuela. Pregunte sobre las materias, los maestros, la descripción de la escuela y de la sala de clase, los juegos de recreo, sus experiencias con la primera y segunda lengua, las aventuras después de clase, etc.

Escritura: En su diario compare sus propias experiencias con las de sus parientes. ¿En qué se parecen o difieren? ¿Cómo han cambiado las cosas/situaciones escolares? Mencione una o dos cosas del pasado que le hubiera gustado experimentar en la escuela.

4. La encuesta sociolingüística como técnica de enseñanza Varias estrategias y actividades se han recomendado para crear una apreciación y conocimiento de la multitud de variaciones lingüísticas que se encuentran en la comunidad. Muchas estrategias sociolingüísticas se han aplicado en las clases de español para hispanohablantes, pero no han sido publicadas en los textos ni han sido elaboradas sistemáticamente. En el Instituto de Verano, los participantes fueron expuestos a varias técnicas por la consultora Merino (1992a, 1992b). El propósito de las encuestas es desarrollar una conciencia sociolingüística de la variedad de antecedentes étnicos, geográficos y sociales que se representan dentro de un grupo. Además, según Quintanar-Sarellana, Huebner y Jensen (1993), cada persona en el grupo aprende a apreciar las diferencias entre los dialectos representados en clase.

Para el programa de SNS en New Mexico State University he diseñado un cuestionario similar al de Merino, pero de formato más parecido al *Data Collection Handbook for the Linguistic Atlas of the Spanish of New Mexico and Southern Colorado* de Bills y Vigil (1992) (ver la figura 2). El enfoque de una encuesta de-

─ *Figura 2* ─────────────────────────────────

Cuestionario sobre el léxico por categorías semánticas.

Instrucciones: Mire la fotografía (o dibujo) de cada ave y diga cómo se llama en español. Hable directamente en la grabadora.

Categoría	Respuestas
1. *roadrunner* (foto)	correcaminos, paisán, paisano, chaparral
2. *crow* (foto)	
3. *owl* (foto)	
4. *dove* (foto)	
5. *hummingbird* (foto)	
6. *turkey* (foto)	cócono, guajalote, guajolote, güíjalo torque, pavo, gallina de tierra, ganso
7. *buzzard* (foto)	

(Se puede dar la definición para ayudar a elicitar una respuesta (p. ej., para *buzzard*: «ave grande de color negro o café que se come los animales muertos en el campo»).)

Otros ejemplos de categorías para diseñar cuestionarios:		
Aves	Juguetes	Flores/Plantas
Animales domésticos	Insectos	Cuartos/Muebles
Animales del campo	Herramientas	Profesiones
Aparatos	Joyas	Vehículos/Partes

sarrollada en la Universidad de Nuevo México se convierte en un instrumento para la recolección de vocabulario a partir de la identificación de diversas materias gráficas, fotografías y materiales auténticos. El instrumento fue diseñado para estimularles a los entrevistados a recordar todos los términos léxicos que se usan en una variedad de dominios. El estudiante graba todos los datos en una cinta que analiza después y en la que incluirá también la conversación mantenida con el entrevistado. Así el estudiante no sólo colecciona una lista de términos, sino que también interactúa con el consultante de una manera personal. Este trabajo investigativo le ayuda a desarrollar sus destrezas comunicativas y de interacción social. La meta de este proyecto es establecer la variedad estándar que corresponde a la de los estudiantes participantes.

Esta actividad sociolingüística establece las normas de la comunidad en una variedad de dominios, a la vez que le anima al estudiante a que analice los términos léxicos que pertenecen a la región (Rodríguez Pino y Villa 1994). Por ejemplo, muchas variantes léxicas de Nuevo México referidas a la flora y la fauna no se encuentran en textos publicados. Al «descubrir» estas palabras nuevas, el estudiante enriquece su vocabulario, amplía su conocimiento de las normas de la comunidad y quizás de su propia familia y reconoce la importancia de poder usar el vocabulario de las categorías semánticas en su contexto cuando sea necesario.

5. El rol de la literatura en el programa de SNS

La literatura chicana nunca se ha considerado literatura *mainstream*, según el autor Ricardo Aguilar Melantzón. No se han diseñado muchas actividades en torno a textos literarios considerados *non-mainstream* por el canon literario. Como resultado, los estudiantes en los programas de español para hispanohablantes no han tenido mucho acceso a una variedad de textos literarios, ni mucho menos contacto personal con un autor chicano. Como consultor en el Instituto de Verano, Aguilar, en colaboración con Rodríguez Pino, la directora del instituto, diseñó una serie de actividades de pre-lectura, lectura y pos-lectura para que cada participante, en el rol de estudiante en la clase, pudiera experimentar la literatura chicana.

En la primera actividad, el profesor Aguilar comentó sobre un segmento de su novela *Madreselvas en flor,* reconocida con el prestigioso Premio Fuentes Mares. El propósito de la actividad de pre-lectura, «La perspectiva del autor», era darle oportunidad al autor para que hablara de su novela, de sus propias experiencias y las de otros chicanos según aparecen en la novela y de cualquier otra cosa que ayude a darle sentido a la experiencia literaria.

Para la actividad de lectura, el autor leyó un segmento de la novela que contiene detalles descriptivos de sus experiencias como estudiante en la escuela en Juárez, las materias y el recreo con sus amigos (cinta disponible).

Ya terminada la lectura, la actividad de pos-lectura era «La entrevista al autor». Los participantes formaron grupos de tres personas para discutir qué preguntas hacerle al autor. Después, se le entrevistó al autor durante quince minutos.

Finalmente, para concluir y concretar esta experiencia literaria, los participantes tenían que meditar acerca de su conocimiento personal del tema. La tarea para el siguiente día era reflexionar sobre sus propias experiencias, las vidas de otros conocidos o la condición humana en general. En esta actividad, los participantes se alejaban del mundo textual, para reflexionar y reaccionar ante el contenido y la experiencia. Consideraban objetivamente el texto y lo juzgaban. Esta evaluación y generalización partían de sus conceptos particulares acerca de los géneros, así como del contenido que ya se había asimilado o de las experiencias literarias vividas o no vividas por medio de la lectura. Como parte de la tarea de poslectura, los participantes tenían que completar las siguientes oraciones sobre la selección del autor:

1. Cuando el autor leyó sobre _____ me sentí _____ .

2. Me gustó la manera en que el autor _____ .

3. No me gustó _____ .

4. No entendí _____ .

5. Las experiencias de este autor me recuerdan _____

_____ .

Estas actividades en torno a la lectura demuestran cómo puede haber retroalimentación por parte del autor así como de los estudiantes. De este modo, todos intervienen en las actividades. Para concluir, el profesor Aguilar animó a los maestros a que escribieran sobre sus propias experiencias y desarrollaran cuentos breves sobre las cosas y los sucesos que afectan sus vidas personales y las de otros.

LA REALIDAD EN LA CLASE: ¿QUÉ TENEMOS Y QUÉ FALTA?

Acabo de describir cinco actividades o estrategias particulares que se supone ayudan a influir en el dominio afectivo del estudiante hispanohablante. Parte del enfoque de este trabajo ha sido formar una base conceptual para la reconceptualización de los programas de español para bilingües. Un resultado positivo de haber implementado estas actividades en la clase son las evaluaciones finales de los estudiantes al terminar el año académico. Particularmente, expresan un gran orgullo y aceptación de todas las variantes lingüísticas y experiencias culturales de sus compañeros de clase y de la maestra después de haber participado en las actividades. Varios desean continuar estudiando español y graduarse por lo menos con una subespecialización en esta lengua.

Por otra parte, después de haber leído y analizado las evaluaciones de los maestros que participaron en el Instituto del Verano de 1993, lamento decir que tengo ahora aun más preguntas que antes. Aparecieron varios comentarios positivos que muestran un cambio de actitud hacia el español y la metodología tradicional. Pero a la vez aparecieron varias opiniones negativas que indicaban la persistencia de intolerancia hacia los dialectos, falta de aprecio y aceptación de las variantes e inseguridad con respecto a sus propias habilidades lingüísticas (ver la figura 3).

— Figura 3 —————————————————————————————

Comentarios y percepciones hacia el español y la cultura: respuestas de los maestros participantes en el instituto del NEH

Impresiones positivas	Impresiones negativas
Hay riqueza en la lengua.	Tengo una actitud negativa.
He redescubierto mi dialecto.	Muchas palabras no son aceptables.
Voy a reconocer todos los dialectos.	Soy intolerable a los dialectos.
Tengo nueva aceptación.	Las palabras no están en el diccionario.
He abierto los ojos a los dialectos.	Es difícil entender la jerga.
Mi español sí tiene valor.	Mi español no es muy bueno.
Había puesto antes los dialectos del Suroeste a un nivel más bajo, pero ya no.	Algunos dialectos son incomprensibles.

Como educadores, ¿no debemos ser maestros que reflejen en sus propias experiencias con la lengua y la cultura lo que estamos enseñando a los estudiantes? ¿Por qué no parece ser el caso que las mismas actividades que supuestamente le confieren *empowerment* al estudiante y confirman el valor de la cultura de éste no han influido en el dominio afectivo del maestro? Si creemos que los estudiantes tienen un dominio afectivo, también lo debemos tener nosotros los educadores. Y cuando vamos a clase, además de libros, actividades y materiales auxiliares, llevamos nuestro equipaje conceptual (*conceptual baggage*) personal. Somos productos de sistemas y programas que tratamos de cambiar. Hemos sido víctimas de un sistema educativo que nos ha oprimido. No hay nada innatamente malo en nosotros. Los comentarios y opiniones no reflejan toda la realidad del maestro. Hay que empezar a soltar el *conceptual baggage* que traemos, verlo como tal, reflexionar sobre esta carga muy pesada y dejar de lado las actitudes puristas y los marcos educativos inadecuados para que, con un nuevo nivel de conciencia, podamos contribuir a la profesión del español para hispanohablantes.

Los comentarios negativos de los maestros con respecto al el español, los dialectos y la cultura hispana demuestran que falta información sobre lo siguiente:

1. Conocimiento de las experiencias lingüísticas y culturales de los maestros y cómo éstas afectan su práctica en la clase. No hay *feedback* sobre esas experiencias.

2. ¿Qué ocurre en las clases de *teacher education*, en los *field practicuums* y durante el *student teaching* en las clases de español tanto para hispanohablantes como para los que no lo son?

3. *Feedback* de los maestros sobre sus diversas experiencias en la enseñanza a varios niveles lingüísticos.

Las reacciones negativas hacia el español que aparecen en la figura 3 tal vez reflejen mitos erróneos y concepciones equivocadas que recibimos durante la preparación académica, la cual no nos preparó para la realidad diversa del mundo hispano, sino para una norma académica limitada. Según Zentella (1990), nos falta refinar la metodología para incluir nuevas actitudes que aprecien y reconozcan la creatividad lingüística de todos los grupos que han sido atacados por su forma de hablar. Es necesario colocar el estudio del idioma en su marco sociolingüístico porque «los idiomas son una creación humana que reflejan las culturas de los grupos». Zentella comenta que «algunos departamentos de lenguas siguen ignorando estas verdades y enseñan y analizan el habla y la literatura de una minoría élite».

Cuando los estudiantes de idiomas se embarcan en su carrera de maestros, no se sienten preparados académicamente para la variedad de todos los grupos diversos con la cual todos nos topamos diariamente. Por eso, muchos aceptan la manera prescriptiva de enseñanza y no aceptan ni aprecian la realidad sociolingüística que encuentran en clase. Les es más fácil volver a un *comfort zone* en el cual ya tienen experiencia y que ya conocen —la metodología tradicional. Algunos maestros no han vivido la realidad sociolingüística del estudiante y, en su primer encuentro con ésta, por falta de experiencia, quieren encontrar maneras de imponer el estándar que se les impuso a ellos. No se les ha pedido en su preparación académica que reflejen sobre la práctica en clase.

Según Barrera, una especialista en la lectura, cuando alguna persona decide ser maestro, «se compromete a enseñar a todos los estudiantes, no a un grupo selecto. Por consiguiente, todos los maestros deben estar informados sobre los estudiantes como seres culturales y usuarios de la lengua». Debemos aceptar y reconocer todas sus experiencias sociolingüísticas. Esto no implica que cada uno deba convertirse en sociolingüista o antropólogo, pero el maestro debe estar adecuadamente informado sobre la relación entre la lengua y la cultura e incluirse en el proceso, porque éstas forman la base, no las deficiencias, para el aprendizaje de cada persona.

En realidad, claramente existe un hueco cultural en la base del conocimiento profesional y se necesita llenarlo con datos y analizarlos sistemáticamente, incluyendo en el proceso los datos personales del profesor. Barrera sugiere que el entrenamiento en un programa de educación debe requerir que todos los estudiantes compartan sus experiencias con la lengua (en su caso, la lectura) porque hasta cierto punto esas experiencias influyen en la manera en que van a enseñar las destrezas. Una actividad que implementa Barrera es completar inventarios de las creencias y las experiencias literarias de los futuros maestros. Los resultados se ponen en la pizarra para analizarlos sistemáticamente. Todos los estudiantes, estadounidenses y extranjeros, se consideran fuentes de conocimiento desde el principio del curso. Esta actividad invita a aquéllos cuya lengua materna no sea el inglés o cuyas experiencias hayan sido *non-mainstream,* incluyendo Barrera, a que le demuestren a la clase que este proceso es necesario para diseñar un currículum con objetivos diversos y pluralistas (ver Cuestionarios 1 y 2 en el Apéndice).

También les incita a que participen en una jornada de regreso a su pasado y recuerden sus primeras memorias del español (ver Cuestionario 1) al contestar preguntas como las siguientes. ¿Cuántos años tienes en esa escena? ¿Dónde toma lugar esa escena? ¿Qué estás haciendo? ¿Quién(es) está(n) contigo? ¿Qué están haciendo esas personas? ¿Qué tipo de emociones asocias tú con la experiencia que acabas de recordar? Describe otras experiencias con el español. ¿Recuerdas haber perdido en parte tu lengua materna, haber cambiado cierto vocabulario o haberte sentido mal por tu manera de hablar? ¿Cuándo ocurrió eso? Describe la experiencia. Este proceso y estas preguntas u otras que tratan con las experiencias ayudan a tratar con el *excess teacher baggage* de actitudes y prejuicios que cargamos a diario en clase. Todos traemos una herencia de experiencias con el aprendizaje y como educadores necesitamos comprometernos a invertir tiempo y energía para desarrollar e implementar actividades y materiales en los cuales el maestro sea parte del proceso, confiriéndole así *empowerment* a todos los presentes en la clase.

FUTURAS DIRECCIONES

Estamos en el punto hoy de saber que debemos ser mejores educadores, romper con las teorías y técnicas antiguas de aprendizaje, definir nuevas teorías que acepten el gran valor de las variedades sociolingüísticas que representan los hispanos, rechazar todo intento de eliminar esas variedades y, por supuesto, tomar una parte esencial en el proceso de aprendizaje. Deseamos crear y enseñar un currículum más renacentista que el del pasado. Si no, continuaremos siendo parte de los problemas educativos de aquellos diversos grupos culturales y lingüísticos que han sufrido históricamente, entre los cuales muchos de nosotros, con nuestros antedentes diversos, podemos contarnos, pues hemos vivido experiencias similares. Como educadores en la enseñanza de español confrontémonos con la realidad: el currículum tradicional y adaptado ya no tienen sentido pedagógico ni para los maestros ni para los futuros estudiantes que vamos a enseñar en las clases para hispanohablantes bilingües.

NOTAS

1. Adaptado de Prosper Sanou (1994).

OBRAS CITADAS/CONSULTADAS

Aguilar, R. M. 1987. *Madreselvas en flor*. Xalapa, México: Universidad Veracruzana Editorial.

Aguilar, R. M., y C. Rodríguez Pino. 1993. "Entrar y experimentar la realidad del texto literario: Salir y objetivar la experiencia". Actividades presentadas en el Instituto de Verano del National Endowment for the Humanities: Teaching Spanish to Southwest Hispanic Students. New Mexico State University, Las Cruces.

Aguilar Melantzón, R. 1989. *Glosario del caló de Ciudad Juárez.* New Mexico State University, Las Cruces: Joint Border Research Institute.

Avila, F. 1993. "Trazando las raíces familiares". Actividad genealógica diseñada para el Instituto de Verano del National Endowment for the Humanities: Teaching Spanish to Southwest Hispanic Students. New Mexico State University, Las Cruces.

Barker, M. E. 1972. *Español para el bilingüe.* Skokie, IL: National Textbook Company.

Barnwell, D. 1989. "Proficiency and the Native Speaker." *Hispania* 10: 42–46.

Barrera, R. B. 1993. "Reconceptualizing the Undergraduate Reading Education Curriculum: Toward a Pluralistic Model." Ponencia ante la Bilingual/Multicultural Personnel Training Alliance. Houston, TX.

———. 1994. "A Trip Down Memory Lane." Actividad introductoria para maestros en la clase de Pedagogía de la lectura. New Mexico State University, Las Cruces.

Barrera, R. B., C. Rodríguez Pino, et al. 1995. (En preparación). "Caught between Two Canons: Rethinking Language and Literacy Instruction for SNS Students."

Bills, G. D. y N. A. Vigil. 1992. *Data Collection Handbook for the Linguistic Atlas of the Spanish of New Mexico and Southern Colorado.* Albuquerque, NM: Department of Linguistics, U of New Mexico.

Blanco, G. 1987. *Español para el hispanohablante: función y noción.* Harlandale, TX: Harlandale Unified School District, Ed. 194432.

Faltis, C. J. 1984. "Reading and Writing in Spanish for Bilingual College Students: What's Taught at School and What's Used in the Community." *The Bilingual Review/La revista bilingüe* 11: 21–32.

———. 1990. "Spanish for Native Speakers: Freirian and Vygotskian Perspectives." *Foreign Language Annals* 23(2): 117–26.

Faltis, C. J., y R. A. De Villar. 1993. "Effective Computer Uses for Teaching Spanish to Bilingual Native Speakers: A Socioacademic Perspective." *Language and Culture in Learning: Teaching Spanish to Native Speakers of Spanish.* Eds. B. J. Merino, H. T. Trueba y F. A. Samaniego. Londres: Falmer. 160–99.

Galván, R. A. 1995. *El diccionario del español chicano.* 2.ª edición. Lincolnwood, IL: National Textbook Company.

Merino, B. J. 1989. "Techniques for Teaching Spanish to Native Spanish Speakers." Davis, CA: Español para Triunfar/Spanish for Success: A Summer Institute for High School Spanish Teachers of NSS Students at the University of California, Davis.

————. 1992a. "El juego de los diccionarios". Actividad para la expansión de vocabulario presentada al Instituto de Verano del National Endowment for the Humanities: Teaching Spanish to Southwest Hispanic Students. New Mexico State University, Las Cruces.

————. 1992b. "Ethnographic Interview Protocol." Actividad para entrevistas en clase presentada al Instituto de Verano del National Endowment for Humanities: Teaching Spanish to Southwestern Hispanic Students, New Mexico State University, Las Cruces.

Merino, B. J. y F. A. Samaniego. 1993. "Language Acquisition Theory and Classroom Practices in the Teaching of Spanish to Native Spanish Speakers." *Language and Culture in Learning: Teaching Spanish to Native Speakers of Spanish*. Eds. B. J. Merino, H. T. Trueba y F. A. Samaniego. Londres: Falmer. 115–21.

Prosper Sanou, S. 1994. "The Social Reality of the Foreign Language Classroom: A Study of Gat Epistemologies and Classroom Practices." Ponencia ante la Southwest Conference on Language Teaching (SWCOLT). Phoenix, AZ.

Quintanar-Sarellana, R., T. Huebner y A. Jensen. 1993. "Tapping a Natural Resource: Language Minority Students as Foreign Language Tutors." *Language and Culture in Learning: Teaching Spanish to Native Speakers of Spanish*. Eds. B. J. Merino, H. T. Trueba y F. A. Samaniego. Londres: Falmer. 208–21.

Robinson, G. L. 1988. *Crosscultural Understanding*. Nueva York: Prentice-Hall.

Roca, A. 1990. "Teaching Spanish to the Bilingual College Student in Miami." *Spanish in the United States: Sociolinguistic Issues*. Ed. J. Bergen. Washington, D. C.: Georgetown UP. 127–36.

Rodríguez Pino, C. 1992. "Teaching Spanish to Southwest Hispanic Students." Instituto de verano del National Endowment for the Humanities. New Mexico State University, Las Cruces.

————. 1994. "Ethnographic Studies in the SNS Classes." *Teaching Spanish to Southwest Hispanic Students*. Boletín patrocinado por el National Endowment for the Humanities. Eds. C. Rodríguez Pino y F. Ronquillo. New Mexico State University. 1: 1–5.

Rodríguez Pino, C. y D. Villa. 1994. "A Student-Centered Spanish for Native Speakers Program: Theory, Curriculum and Outcome Assessment." *Faces in a Crowd: Individual Learners in Multisection Programs*. AAUSC Issues in Language Program Direction. Ed. C. Klee. Boston: Heinle & Heinle: 355–73.

Spradley, J. P. 1979. *The Ethnographic Interview*. Nueva York: Holt, Rinehart, and Winston.

Trueba, H. T. 1981. "Pedagogical Implications of Teaching Spanish to the Spanish-Speaking in the United States." *Teaching Spanish to the Hispanic Bilingual*.

Eds. G. Valdés, A. G. Lozano y R. García-Moya. Nueva York: Teachers College Press. 3–20.

————. 1993. "Culture and Language: The Ethnographic Approach to the Study of Learning Environments." *Language and Culture in Learning: Teaching Spanish to Native Speakers of Spanish*. Eds. B. J. Merino, H. T. Trueba y F. A. Samaniego. Londres: Falmer. 16–39.

Valdés, G. 1981. "Pedagogical Implications of Teaching Spanish to the Spanish-Speaking in the United States." Eds. G. Valdés, A. G. Lozano y R. García-Moya. *Teaching Spanish to the Hispanic Bilingual*. Nueva York: Teachers College Press. 3–20.

————. 1992. "The Role of the Foreign Language Teaching Profession in Maintaining Non-English Languages in the United States." *Northeast Conference Reports*. Lincoln, IL: National Textbook Company. 29–71.

Valdés-Fallis, G. 1978. "A Comprehensive Approach to the Teaching of Spanish to Bilingual Spanish-speaking Students." *Modern Language Journal* 62: 102–10.

Van Ek, J. A. 1975. *The Threshold Level in a European Unit/Credit System for Modern Language Learning for Adults*. Strasbourg: Consejo de Europa.

Zentella, A. C. 1990. "El impacto de la realidad socio-económica en las comunidades hispanoparlantes de los Estados Unidos: reto a la teoría y metodología lingüística". *Spanish in the United States: Sociolinguistic Issues*. Ed. J. Bergen. Washington, D. C.: Georgetown UP. 152–66.

APÉNDICE

Cuestionario 1: Regreso a mi pasado (Adaptado de Barrera 1994).

Direcciones: Regresa a los tiempos de tu niñez y recuerda tus primeras memorias de tu lengua materna (ejemplo: tus primeras palabras en español). Por favor, mira ese retrato mental mientras contestes las siguientes preguntas.

1. ¿Cuántos años tienes en esa escena?
2. ¿Dónde tiene lugar esa escena? Describe el lugar.
3. ¿Qué estás haciendo?
4. ¿En qué lengua/s estás conversando?
5. ¿Hay alguna/s persona/s contigo? ¿Quiénes son?
6. ¿Qué están haciendo esas personas?
7. ¿Qué tipo de emociones asocias tú con la experiencia que acabas de recordar?

Cuestionario 2: Mis experiencias con la lectura en la primaria

Direcciones: Por favor, piensa en tus años escolares en la primaria. Entonces, apunta una (1) cosa positiva/negativa que recuerdas de:

1. Tu experiencia educativa con la lectura en primer año
2. Tu experiencia educativa con la lectura en segundo año
3. Tu experiencia educativa con la lectura en tercer año
4. Tu experiencia educativa con la lectura en cuarto año
5. Tu experiencia educativa con la lectura en quinto año
6. Tu experiencia educativa con la lectura en sexto año
7. Tu experiencia educativa con la lectura en séptimo año
8. Tu experiencia educativa con la lectura en octavo año
9. ¿Cuáles tres palabras usarías para describir en general, todas esas experiencias con la lectura desde primero hasta octavo año?

   1. _____ 2. _____ 3. _____

10. ¿Cuáles eran tus materias favoritas para leer en la primaria?

Capítulo 5

Tutorías de estudiante a estudiante: un modelo que funciona para los estudiantes hispanohablantes

Gueli Ugarte

University of California, Davis

La población de origen hispano está creciendo en los Estados Unidos a un paso acelerado. Hernández-Chávez, Bills y Hudson (1993) analizaron los recientes cambios demográficos experimentados por esta población en una ponencia titulada «El desplazamiento del español en el Suroeste de Estados Unidos según el censo de 1990». Este censo concluyó que en 1990 en los Estados Unidos había 22.354.059 personas de origen hispano y que la mayoría se concentraba en el Suroeste. Sólo en el estado de California, había 1.842.385 latinos entre 5–17 años de edad y, entre ellos, 1.350.598 eran hispanohablantes. El porcentaje de la población que era de origen hispano en 1990, en comparación con el porcentaje de hispanos en 1980, había aumentado en un 67,8% en California. Por otro lado, el censo también comprobaba que, en este estado, la lealtad lingüística por parte de hispanohablantes dentro de esta población había aumentado, pasando del 78,4% en 1980 al 81,7% en 1990; o sea, en una década se dio un crecimiento del 4,2% debido principalmente al flujo migratorio proveniente de Latinoamérica. Esta situación nos muestra que en la actualidad existe una gran demanda por emplear a personas que sean bilingües y puedan hablar español y que los jóvenes hispanohablantes que ahora están en la secundaria van a poder utilizar su español en muchos contextos, pudiendo así retener su lengua en los años venideros.

Esto nos indica que muchos de estos jóvenes estudiantes mantendrán el español como lengua materna. Los jóvenes forman un gran porcentaje de la población total de hispanos y muchos de ellos van a continuar su educación y asistirán a la universidad. Entonces, para los jóvenes hispanohablantes bilingües es esencial mantener los dos idiomas: el inglés y el español. Sin duda que con el Tratado de Libre Comercio que entró en vigor en 1994 entre Canadá, Estados Unidos y México aumentará la necesidad de profesionales bilingües y, con ello, se incrementará la demanda por la enseñanza del español. Hoy en día, el español se enseña en las escuelas primarias y secundarias y en la universidad. Guadalupe Valdés (1981) menciona tres modelos de enseñanza del español que se usan en Estados Unidos para enseñar el español a hispanohablantes: la enseñanza del español como lengua extranjera, la enseñanza del español como segundo dialecto y, por último, la enseñanza de español como lengua nativa.

El último modelo de Valdés es el que debe enseñarse al hispanohablante, pues al utilizar el español como lengua materna, se ayuda al estudiante a desarrollar de manera íntegra su lenguaje y se facilita su crecimiento personal. Es necesario incorporar la realidad de los estudiantes latinos a la clase para que éstos se identifiquen con sus estudios. Este modelo ayuda a los estudiantes en múltiples maneras. Para empezar, se mejoran las habilidades de escuchar, hablar, leer y escribir el español. También se amplía el marco cultural de los estudiantes mediante la lectura de textos escritos por autores latinos de los Estados Unidos y de otras partes del mundo hispano. Esencialmente, se aumentan la competencia comunicativa y la creatividad oral y escrita ya existentes para comunicarse en español. Pero, principalmente, se incorpora el idioma de una manera efectiva para que los estudiantes puedan usarlo en sus vidas diarias.

Es preciso que a los hablantes nativos se les enseñe según el último método propuesto por Valdés porque, para que ellos puedan retener su lengua materna, tienen que usarla y practicarla de una manera más intensiva de lo que comúnmente se hace en los cursos tradicionales de español como lengua extranjera. Para implementar este modelo, Sánchez (1981) sugiere varias actividades que hacen más interesante la clase de español para hispanohablantes al nivel universitario y que promueven la interacción entre estos estudiantes. Sánchez explica el uso intensivo de microlecciones, minipresentaciones, lecturas, traducciones, etc., para así desarrollar cursos que respondan verdaderamente a las necesidades lingüísticas y académicas de los estudiantes.

Es importante añadir a estas recomendaciones de Sánchez un modelo de enseñanza que actualmente se usa de una manera efectiva en la Universidad de California, Davis (UCD) y sobre el cual casi no hay información: la incorporación de tutorías de estudiante a estudiante como componente integral de la enseñanza de español a hispanohablantes. En estas tutorías, los estudiantes hispanohablantes más avanzados ayudan a los estudiantes matriculados en los cursos de español para hispanohablantes durante una hora a la semana. Las tutorías forman parte de los requisitos del curso y se han convertido en la clave principal del éxito de estos cursos de español porque ayudan a los estudiantes hispanohablantes a desarrollarse académica y socialmente.

El director del Programa de Español para Hispanohablantes en UCD, Francisco X. Alarcón, ha implementado este sistema de tutorías en nuestra universidad durante los últimos dos años después de experimentar con este modelo en la Universidad de California, Santa Cruz, por varios años junto con su colega, Elba R. Sánchez. Las tutorías son parte integral de la secuencia de tres cursos de español para hispanohablantes a nivel intermedio, que dura tres trimestres (Español 31, 32 y 33). Cada semana, los estudiantes se reúnen individualmente con sus tutores por cincuenta minutos. Durante estas sesiones de tutoría, se ponen en práctica diferentes estrategias pedagógicas para responder a las necesidades de los estudiantes. Por ejemplo, los tutores discuten con los estudiantes las lecturas sociohistóricas presentadas a cada nivel y que incluyen ensayos de análisis histórico, cuentos, artículos periodísticos, poemas, entrevistas, reseñas críticas, etc. Los tutores también repasan con los estudiantes su composición semanal y otras tareas escritas. Igualmente, los tutores escriben una breve evaluación semanal del progreso observado en los estudiantes.

DISTRIBUCIÓN DE LA HORA DE TUTORÍA

El tiempo asignado para las tutorías individuales es una hora semanal y las actividades se van transformando conforme se avanza en la secuencia de los tres cursos. Por lo general, el tiempo de la tutoría se distribuye de la siguiente manera:

1. **Conversación casual (5–10 minutos)** Esto es importante principalmente al comienzo del trimestre para que se establezcan un conocimiento personal entre tutor y estudiante y un ambiente de confianza durante la hora de tutoría. Al principio del trimestre, pueden hacer preguntas tanto el tutor como el estudiante para propiciar un intercambio interpersonal: ¿Qué estudias? ¿De dónde eres? ¿Qué te gusta hacer? ¿Qué planes tienes para el futuro? ¿Por qué te interesa el español?

2. **Enfocar el objetivo para la hora de tutoría (5 minutos)** Es importante que, al iniciarse la tutoría, el tutor y el estudiante identifiquen por mutuo acuerdo los objetivos específicos para esa hora particular. Para ello se podría responder a las siguientes preguntas: ¿Cuál es el objetivo de esta tutoría? ¿Qué es lo que quieres repasar en esta hora?

3. **Repaso gramatical (10–15 minutos)** Esta parte de la hora puede usarse para revisar los puntos gramaticales que se presentan en clase, pero que necesitan más explicación. Aquí, es buena idea repasar los ejercicios del *Cuaderno de actividades para hispanohablantes* (Samaniego, Alarcón, Sánchez y Rojas 1995) que el estudiante ya ha hecho y encontrar nuevos ejercicios para practicar algunos de estos puntos gramaticales: las reglas de acentuación, los tiempos verbales, el vocabulario, las variedades coloquiales, etc.

4. **Ejercicio de lectura (15 minutos)** En este tiempo se puede hacer que el estudiante practique la lectura en voz alta, si necesita de este ejercicio, o se puede dedicar este tiempo a discutir algunas de las lecturas incluidas en el curso.

5. **Revisión de la redacción (15–20 minutos)** Durante este tiempo, los tutores pueden repasar la composición semanal escrita por los estudiantes. También se puede dedicar este tiempo a ayudar a los estudiantes a enfocar la tesis central y desarrollar los argumentos que la apoyan en una composición

específica. Debe ponerse el énfasis no en corregir las composiciones, sino en ayudar a los estudiantes a reconocer ellos mismos sus propias fallas y, de esta manera, desarrollar un instrumento crítico.

6. **Evaluar la tutoría y hacer planes para la próxima ocasión (3–5 minutos)** Es importante hacer una breve evaluación de lo logrado durante la tutoría. Asimismo se recomienda que se hagan planes para la próxima tutoría. Por su parte, los tutores escriben una breve evaluación del progreso del estudiante y de las dificultades específicas en la lengua que han identificado junto con el estudiante. Esto ayuda al instructor a calibrar el contenido de sus cursos para así responder a las necesidades reales de los estudiantes.

LA COMPOSICIÓN DE LOS TUTORES

Durante el año académico 1993–1994, en el Programa de Español para Hispanohablantes de UCD había nueve tutores, todos ellos estudiantes a nivel subgraduado. Seis de estos estudiantes son ellos mismos inmigrantes provenientes de países latinoamericanos, pero que cursaron la escuela primaria en los Estados Unidos porque vinieron a este país durante su niñez. Otros dos tutores habían nacido en los Estados Unidos, pero sus padres son inmigrantes. Los tutores son, en su mayoría, de origen mexicano, pero también hay una tutora de origen centroamericano (guatemalteca) y yo, de origen sudamericano (boliviana). A estos tutores les di un cuestionario que la profesora de la Universidad de California, Davis, Cecilia Colombi, desarrolló para su estudio «Actitudes hacia la escritura en español de los estudiantes hispanohablantes a nivel universitario». Una de las preguntas en este cuestionario era: «¿Qué beneficios y qué importancia tiene el español en tu vida personal y profesional?» (Colombi 1995). La tutora Luz María Rodríguez opinó que «es muy importante para mí saber el español, ya que es parte de mi cultura y ha afectado mi manera de ser y actuar y me será muy útil en mi futuro como periodista . . .» Otra tutora, Peggy Solís, escribió: «. . . saber otro idioma le abre a uno otro mundo, otra cultura. Enriquece [mi vida personal]». Antonio García, otro de nuestros tutores, afirmó que «el idioma es muy importante en mi vida entera, significa mi valor cultural». Para estos tutores, la lengua era su cultura y formaba una parte fundamental de su modo de ser. También opinaban que el estudio del español les ayudaba en su vida personal y profesional al poder dominar y tener más confianza en su propio idioma.

REQUISITOS PARA SER TUTOR(A)

Existen ciertos requisitos para llegar a ser tutor(a) en el programa. Los tutores son estudiantes hispanohablantes bilingües. Se da preferencia a los que ya han tomado la serie de los cursos de español para hispanohablantes. Los tutores deben tener el entendimiento cultural que se necesita para esta clase. Deben escribir en español e inglés y deben tener una base sólida en la gramática del español. Igualmente, deben haber completado el requisito del curso de composición en inglés. Al mismo tiempo, es necesario que estas personas tengan la habilidad de responder a las necesidades lingüísticas y culturales de estos estudiantes hispanohablantes bilingües. También tienen que estar dispuestos a recibir entrenamiento como tutores y tienen que recibir ayuda financiera del gobierno (*work-study*). Es decir que la mitad del sueldo del tutor lo paga el gobierno federal y la otra mitad, el Departamento de Español de la Universidad de California, Davis. Finalmente, los tutores siempre tienen que venir preparados a la tutoría. Los tutores tienen que leer el material asignado y explicar lo que no entienden los estudiantes.

LOS ESTUDIANTES QUE TOMAN LOS CURSOS DE ESPAÑOL PARA HISPANOHABLANTES

La mayoría de los estudiantes que tomaban el primer curso de español para hispanohablantes (Español 31) durante el trimestre del otoño de 1993 estaban en su primer año de la universidad. La tabla 1 del estudio realizado por Colombi (1995) describe el origen nacional de estos estudiantes:

— Tabla 1 ————————————————————————

Origen nacional de los estudiantes en las dos secciones de Español 31 en UCD durante el otoño de 1993.

Primera generación de inmigrantes latinos: 19 estudiantes, o sea, el 45% del total

País de origen	
México	8 = 19%
Centroamérica	8 = 19%
Sudamérica	3 = 7%

Segunda generación (hijos de inmigrantes): 15 estudiantes nacidos en California, 1 en Nueva York y 1 en Tennessee, o sea, el 40% del total

País de origen de los padres	
México	12 = 28%
Centroamérica	1 = 2%
Sudamérica	4 = 10%

Tercera u otra generación (de padres hispanohablantes nacidos en los Estados Unidos) (Colorado, Arizona, Texas, Nueva York/Puerto Rico): 6 estudiantes, o sea, el 13% del total

Esta tabla nos muestra la variedad demográfica que ahora existe en California. La mayoría de los estudiantes que toman estos cursos son de origen mexicano, pero hay estudiantes de Centroamérica y de Sudamérica. Para estos estudiantes es importante retener su lengua materna, que aprendieron en la casa o que trajeron a este país. Algunos de ellos tomaron el español en la escuela secundaria, pero tienen la intención de retenerlo y de aprender más de lo que ya saben de su idioma. Ellos expresan su deseo de dominar su idioma como dominan el inglés. Es importante mencionar que los tutores también reflejan esta variedad demográfica y que pueden identificarse con los estudiantes para crear un sentido de comunidad.

La tutoría es una estrategia pedagógica para responder a las diferentes necesidades de los estudiantes que toman estos cursos, ya que ellos demuestran muy diversos niveles de competencia lingüística. Por ejemplo, hay algunos estudiantes que han tomado cursos de español en la secundaria, pero que todavía sienten mucha vergüenza al hablarlo en público, principalmente porque no han tenido la oportunidad de desarrollar confianza en su propia habla. Otros se expresan muy bien oralmente, pero no han tenido mucha práctica en desarrollar sus destrezas en la lectura y la escritura en español. Frente a esta gran variedad de competencias lingüísticas, las tutorías de estudiante a estudiante pueden responder individualmente a cada una de las necesidades que tienen los estudiantes. Cada estudiante desarrolla los puntos en que necesita más ayuda. Todos logran también desarrollar su capacidad crítica y de expresión oral y escrita en español.

LA TUTORÍA COMO ESTRATEGIA PEDAGÓGICA

La tutoría de estudiante a estudiante es una educación personalizada porque los tutores se reúnen individualmente con los estudiantes durante una hora cada semana. En esa hora la comunicación tiene lugar en español en forma de un diálogo entre iguales que no es jerárquico (en realidad, esta comunicación no puede darse entre instructor y estudiante por su posición asimétrica en la clase). En las tutorías, los estudiantes tienen libertad para preguntar lo que quieran porque los tutores están presentes físicamente por una hora para contestar o aclarar cualquier pregunta que tengan. Por ejemplo, hay estudiantes que desconocen el significado de «chicano», por ser la primera vez que oyen ese término. Entonces, en muchas ocasiones, esto conduce a una discusión fructífera sobre la identidad étnica entre tutor y estudiante. Otro ejemplo es el tema que los estudiantes desarrollan en la primera composición, o sea, sus propias experiencias en la universidad. Muchas veces, este tema es difícil de desarrollar porque algunos de ellos constituyen la primera generación de sus familias que asiste a la universidad.

Por otro lado, los tutores sirven como modelos y las tutorías constituyen una estrategia de socialización al mismo tiempo porque los tutores comparten con los estudiantes principiantes sus propias experiencias, lo que les ayuda a éstos a sobrevivir en la universidad. Esta comunicación es importante porque algunos estudiantes de pronto se encuentran en un ambiente que les es ajeno y precisan de personas que les brinden amistad y apoyo. La hora de tutoría semanal ayuda en muchos aspectos a los estudiantes hispanohablantes, ya que se enfoca principalmente en la retención del idioma y le ofrece al estudiante hispanohablante la oportunidad de sentirse orgulloso al hablar español. Esta hora crea también hábitos de estudio que el estudiante puede aplicar a otras áreas académicas. Sin duda que el (la) tutor(a) ayuda al estudiante en su crecimiento personal y cultural, puesto que ambos se entienden mutuamente.

Es importante mencionar la teoría de Pablo Freire (1983), que afirma que la enseñanza tiene que entusiasmar al estudiante y los temas tienen que estar relacionados con sus propias vidas. Las tutorías de estudiante a estudiante llevan a cabo esta función porque el tutor es otro estudiante nativo como ellos y pueden entenderse a un mismo nivel. Además, entablan discusiones de temas relevantes a la vida del estudiante. Los tutores facilitan esta enseñanza al compartir sus propias experiencias de cuando ellos mismos pasaron por el proceso de aprendizaje en los cursos que incluían puntos gramaticales, la lectura, la escritura y la conversación.

Un tema esencial es que los tutores entienden a los estudiantes desde un punto de vista cultural, ya que para ambos el estar en la universidad es una nueva experiencia en su vida. Al mismo tiempo, se da importancia a la retención del idioma en el ambiente universitario. El mismo hecho de que los tutores mismos tengan un salario bastante alto dentro de los empleos en el campus universitario ($9,87 por hora) da reconocimiento y prestigio a las habilidades lingüísticas de los hispanohablantes bilingües. Todo lo anterior sin duda contribuye a la retención de estudiantes hispanohablantes, que logran sentirse a gusto y en casa, al menos en una de sus clases, en una institución donde tienen la presión de ser la minoría.

Por su parte, los estudiantes evalúan a los tutores (ver el Apéndice) y el 99% de las evaluaciones son positivas, con comentarios como: «Durante las tutorías es cuando ponemos en práctica todo lo que aprendemos en la clase»; «La tutoría me facilitó de poder hablar de otras cosas como la cultura de otro país sudamericano . . . y me ayudó a entender Sudamérica» o «[Mi tutora] . . . me ayuda demasiado, más que todo en la gramática y en mis composiciones». Las evaluaciones demuestran que, para los estudiantes hispanohablantes, las tutorías son componentes imprescindibles de su experiencia académica, que les han facilitado el aprendizaje del español a muchos niveles. El poder expresarse libremente con otros estudiantes como tutores les ha ayudado a lograr una concientización social tal como lo propone Freire.

Mi experiencia como tutora ha hecho que vea que la enseñanza para los nativos no funcionaría tan eficazmente sin la tutoría, porque los estudiantes sacan más provecho con tutores en comparación con otros que asisten a este mismo tipo de clases sin beneficio de los tutores. He sido tutora por dos años y mis estudiantes han sido treinta alumnos en los cuales he observado un cambio eficaz y enérgico, porque se sienten orgullosos de su progreso al poder escribir un ensayo de investigación en español y hacer una presentación oral al final del trimestre en el último curso de esta serie. Pero lo que sobresale más que nada es que se sienten orgullosos de poder escribir y hablar con más confianza en español.

Para terminar, los tutores brindan el apoyo cultural al estudiante, le ayudan a practicar el español en un contexto real de comunicación humana. Las tutorías van más allá de lo académico, porque ayudan al estudiante en su formación personal y facilitan la enseñanza del español para el nativo. Este modelo debería ser adoptado en todas las universidades que tienen un programa de español para hispanohablantes.

Colombi, M. C. 1995. "Actitudes hacia la escritura en español de los estudiantes hispanohablantes a nivel universitario". *Revista de estudios de adquisición de la lengua española* 3: 19–32.

Freire, P. 1983. *Pedagogy of the Oppressed*. Nueva York: Herder & Herder.

Hernández-Chávez, E., G. Bills y A. Hudson. 1993. "El desplazamiento del español en el Suroeste de EE. UU. según el censo de l990". Ponencia presentada en el X Congreso Internacional de la Asociación de Lingüística y Filología de la América Latina, Veracruz, México.

Roca, A. 1990. "Teaching Spanish to Hispanic Bilingual College Students in Miami". *Spanish in the United States: Sociolinguistic Issues*. Ed. J. Bergen. Washington, D. C.: Georgetown UP. 127–136.

Samaniego, F. A., F. X. Alarcón, E. R. Sánchez y N. Rojas. 1995. *Cuaderno de actividades para hispanohablantes*. Lexington, MA: D.C. Heath and Company.

Sánchez, R. 1981. "Spanish for Native Speakers at the University: Suggestions". *Teaching Spanish to the Hispanic Bilingual: Issues, Aims, and Methods*. Eds. G. Valdés, G. D. Lozano y R. García-Moya. Nueva York: Teachers College Press. 91–9.

Valdés, G. 1981. "Pedagogical Implications of Teaching Spanish to the Spanish-Speaking in the United States". *Teaching Spanish to the Hispanic Bilingual: Issues, Aims, and Methods*. Eds. G. Valdés, A. G. Lozano y R. García-Moya. Nueva York: Teachers College Press. 3–20.

APÉNDICE

Spanish for Native Speakers Tutor Evaluation

Mid-Quarter Evaluation

The following evaluation will be read by instructors in the Spanish for Spanish Speakers Program. At the end of each quarter, the program coordinator will share this, as well as other student evaluations, with the tutor. It will become part of an evaluation process for the tutor as well as a valuable help to the program overall. Use Spanish or English, and thank you for your cooperation.

Course:	Spa 31		Spa 32		Spa 33
Class:	Fr	Soph	Jr	Sr	Other

Name of tutor:

Was your tutor absent? (number of absences?)

Did your tutor replace hour(s) missed?

How many tutorials did you miss?

I. Circle the appropriate rating.

5 = excellent   4 = very good   3 = good   2 = needs some improvement
1 = needs much improvement

1. The tutor's general preparation for tutorials	5 4 3 2 1
2. The tutor's effective use of time during tutorials	5 4 3 2 1
3. The conduciveness of the tutor's use of Spanish to your use of Spanish during tutorials	5 4 3 2 1
4. The helpfulness of the tutor's feedback regarding compositions	5 4 3 2 1
5. The clarity, accuracy, and effectiveness of the tutor's explanations	5 4 3 2 1
6. The tutor's overall willingness to help you understand appropriate grammar points	5 4 3 2 1
7. The rapport between you and the tutor	5 4 3 2 1
8. The tutor's awareness of and sensitivity toward your distinct language and culture	5 4 3 2 1
9. The punctuality of the tutor's arrival for tutorials	5 4 3 2 1
10. Overall rating of the tutor's effectiveness during the quarter	5 4 3 2 1

II. Circula una de las opciones que se aplique a tu situación. Por favor, escribe un breve comentario en cada una de las preguntas.

1. Mi tutor(a) presta atención a los comentarios orales que yo hago.

   Siempre (1)   Usualmente (2)   A veces (3)   Casi nunca (4)   Nunca (5)

   Comentarios:

2. Mi tutor(a) presta atención a los puntos válidos que hago en mis composiciones y me ayuda a desarrollarlas y a revisarlas.

   Siempre (1)   Usualmente (2)   A veces (3)   Casi nunca (4)   Nunca (5)

   Comentarios:

3. Mi tutor(a) viene entusiasmado(a) a las reuniones y me anima a estar motivado(a) para las tutorías.

Siempre (1)   Usualmente (2)   A veces (3)   Casi nunca (4)   Nunca (5)

Comentarios:

4. Mi tutor(a) me ayuda a entender el material presentado en clase.

Siempre (1)   Usualmente (2)   A veces (3)   Casi nunca (4)   Nunca (5)

Comentarios:

5. Mi tutor(a) presenta mis errores de una manera positiva.

Siempre (1)   Usualmente (2)   A veces (3)   Casi nunca (4)   Nunca (5)

Comentarios:

III. General remarks

1. What are the tutor's strong points?

2. What suggestions would you make for his/her improvement?

Capítulo 6

Theory, Design, and Content for a "Grammar" Class for Native Speakers of Spanish

Daniel Villa

New Mexico State University, Las Cruces

INTRODUCTION

The acceptance of the notion that Spanish language instruction for native speakers of Spanish must differ from that for non-native speakers is evidenced by the growing number of Spanish for Native Speaker (SNS) programs across the nation. However, the establishing of SNS programs is but the first step in addressing the instructional needs of native speakers of Spanish. At New Mexico State University (NMSU), for example, the SNS program consisted of a two-semester sequence. After reviewing the students' diverse instructional needs, it was decided that the two-semester program was insufficient, and the sequence was expanded to four courses (Rodríguez Pino and Villa 1994). The last course of the expanded program corresponds to what has traditionally been called a "grammar" class. As with other SNS courses, the approach and philosophy of this grammar class differ from those for non-native speakers. This article describes the theory, methodology, and content for this class and provides a brief profile of the students who participate in it.

Briefly, the course is designed to examine closely the metalanguage introduced informally in the second and third semesters of the program while presenting it formally for the first time to students who have had no prior exposure to the formal study of Spanish grammar. A traditional component of prescriptive grammar, contextualized in written exercises, is intended to focus students' attention on skills needed to employ Spanish in formal written contexts. At the same time, the metalanguage is studied as a linguistic tool that can be used to understand better the language variety used in the community. Additionally, such concepts as the dynamics of lexical borrowing and code-switching are introduced, so that students are given the opportunity to recognize that what they have often heard labeled as "Spanglish," "slang," *pocho,* or *mocho* forms part of the dynamic that occurs whenever two (or more) languages come into contact. A historical component illustrates that even "correct" Spanish is a product of certain developmental tendencies and that what is observed in the heritage language community in fact represents the evolution of the Spanish language in general. Spanish varieties spoken in the United States are analyzed from a sociolinguistic perspective in order to develop an awareness of the societal attitudes towards "high" and "low" languages.

STUDENT PROFILE

Currently, at NMSU a placement evaluation is given to all students who enter the Spanish program. Students are identified as either native or non-native speakers of Spanish and are placed into first-, second-, or third-year classes depending on their language skills. This procedure results in two groups of students who enter the fourth class in the SNS program. The first consists of those who were placed into one of the first three courses of the sequence and progress to the fourth, and the second of those who are placed directly into this fourth course.

Those who have previously studied in the program have experienced some degree of mother tongue loss and tend to be English-dominant. The first three courses in the program are therefore designed to strengthen their communicative skills in Spanish, as well as to introduce a grammatical metalanguage. These students tend to be third- and fourth-generation descendants of Mexican immigrants who settled in southern New Mexico and western Texas, with a limited number of students coming from the traditional Spanish-speaking communities of northern New Mexico.

The second group consists of students who place directly into the class, bypassing all first- and second-year Spanish classes. These students tend to be immigrants from Mexico who arrived in the United States at an early age or second-generation descendants of immigrants who settled in southern New Mexico and western Texas. They generally learned Spanish before English and possess strong communicative skills in the mother tongue, using it daily in interactions with parents, other family members, friends, and at work as well as in other domains. Most attended primary and secondary schools in the United States, and thus their academic training tends to have been entirely in English. If they participated in a bilingual program in primary school, it was of the "mainstream" type and did not offer them any Spanish-language content instruction. Thus these students have had no formal academic training in Spanish, many not having taken high school Spanish courses.

Common characteristics of the students in the class are that they are at some point on a bilingual continuum, tend to come from similar socio-economic backgrounds, share cultures that have strong ties to rural Mexico or northern New Mexico, and have been exposed to a form of Spanish with roots in rural varieties, either of northern New Mexico or Greater Mexico.

THEORY AND METHODOLOGY

The theory that underlies the structure of the class draws from Freirian and Vygotskyan constructs of learning, especially as synthesized by Faltis (1990). Following these concepts, the instructor is not a bank of knowledge who dispenses pat explanations of grammatical structures that students are expected to memorize and regurgitate, but rather is a more capable peer who acts as a guide in language study. Emphasis is placed on engaging instructor and students in a critical dialogue that serves to identify and discuss problems that confront the students in the study of formal written Spanish.

Following Freire's concept of authentic communication, the language variety used in the class is that of the instructor and the students; there is no attempt to impose any other so-called "standard" variety on classroom conversation (Villa in press). Emphasis is on the exchange of ideas, not on some prescriptive form of oral communication. Topics for in-class dialogue and for compositions are "problem-oriented," as suggested by Freire. For example, students are asked to write about the fact that there are those who consider their heritage language variety as a deficient, "child" language that must be "corrected" in order to be acceptable. Students are expected to examine critically the study of grammar, analyzing how its study will aid them (or not!) in achieving their career goals.

Course materials support classroom dialogue. A traditional prescriptive grammar is used, as are selected articles and realia, such as newspaper articles, political debates, advertisements, music, etc. All materials other than the grammar text are authentic, in the sense that they have not been prepared specifically for academic use. Again, there is no emphasis on rote memorization; all materials, including students' notes, are available for consultation during exams. Following Freire's notion of participation in the learning process, students are encouraged to communicate among themselves in dealing with issues discussed in class, acting as teachers as well as students. Collaboration on all assignments is encouraged. Specific implementation of these concepts follows.

COMPONENTS OF THE COURSE

Broadly speaking, there are three components of the course: history of the language, linguistics, and prescriptive grammar. These components are not presented in a sequential manner, but rather integrated into each class session. The need for this integration is based on the attitudes that the students bring with them into the class about the Spanish language in general. Grosjean (1982) points out that minority language speakers internalize negative attitudes of majority language speakers towards the heritage language. This tends to be the case with many students in the class. For example, while quite proud of their heritage language, a majority judge the variety spoken in the region as "Spanglish," some "broken" version of "correct" Spanish. Questioned as to why they enrolled in the class, many say that they want to "speak it better." It is therefore important that students develop or continue to develop an awareness of the value of their native variety of Spanish, as it not only is a valid means of oral communication but also forms a solid base for the study of formal uses of the language in written contexts.

Hence, a discussion of the historical fact that Spanish is as much an "imported" language in Spain as it is in the Americas aims to develop an awareness that there is nothing "purer" about Peninsular or Latin American Spanish varieties. A presentation of the historical development of grammar (e.g., the appearance of the analytic phrase infinitive + present indicative of *haber* which develops into the synthetic *-ré* paradigms) intends to show that language is in a state of flux that results in differences between prescriptive and descriptive grammars. A discussion of the appearance of Nebrija's grammar and the establishment of the *Real Academia Española* strives to demonstrate that grammar itself can be political in nature, designed to establish certain spoken and written language varieties as the most "correct." With this integration in mind, the components of the course are described separately in the following sections.

The Historical Component

This component aims to place grammar within a historical context. Many linguistic theories of the twentieth century have been strongly impacted by Saussure's dichotomy of the synchronic and diachronic study of language; a prescriptive grammar represents a largely synchronic language analysis. While such a grammar is extremely useful within a narrowly defined exercise—employing a formal written style of language—it can serve as no more than a sort of base point in the study of the variation of spoken language.

Therefore, this component strives to erase the dichotomy between grammar and the history of the language. Many students who enter this class view grammar as some static form of language disassociated from their experiences with the mother tongue. Approaching the development of the language as a result of conquest, emigration, political domination, and repression helps them to understand differences among languages and among varieties of a given language. For example, the diglossia between Spanish and English in the United States, reflected in certain negative attitudes towards U.S. Spanish, results in part from the war between Mexico and the United States.

Such conflicts have influenced Spanish for millennia: Romance is spoken in much of Western Europe as a result of the expansion of the Roman Empire; the invasion of the Moors is noted in lexical borrowings distributed throughout the Spanish speaking world; and the *conquistadores* established the dominance of their language, suppressing indigenous languages, among other historical developments. A discussion of Nebrija's grammar demonstrates that such a text can be used for political purposes—in this case, to consolidate a national identity through one particular variety of a language. This consolidation can result not only in the positive outcome of creating national unity, but also in the negative outcome of excluding certain sectors of society because of differences in language use.

After discussing these topics, students are asked to relate them to their own experiences. This dialogue has resulted in some students observing that they have suffered physical punishment in the public school system for speaking Spanish. Others relate instances of language discrimination due to their use of the mother tongue, e.g.: "You're in America now, speak English." Still others note negative attitudes on the part of teachers, both Anglo and Latin American, due to usages particular to the region. Conversely, some students mention positive factors, such as a strong insistence on the part of older family members that Spanish be maintained for cultural identity. Others note the feeling of community created by their language variety and the fact that other Spanish speakers are included or excluded depending on the variety of Spanish they speak.

Whatever observations may come out of a discussion of the history of the language, an important aspect of this component is that students relate the historical concepts studied to their real-world experience. Testing in this section focuses on the elaboration of observations about the dynamics of the students' Spanish-speaking environment as it relates to the history of the Spanish language. The manner of eliciting this information is based on asking students what types of problems they have observed with regard to their language usage and why it is that certain syntactic structures or lexemes are accepted as "standard," while others are not. In sum, students must come to grips with the differences they encounter between their variety of Spanish and the variety encountered in the grammar, why those varieties exist, and how historical developments impact attitudes toward both.

The Linguistic Component

This component serves to introduce concepts such as code-switching, verb morphology, diglossia, lexical borrowing, and discourse analysis, among others. It is not designed as an introduction to linguistics; technical terminology is kept to a minimum. Instead, the goal is to create tools to be used in understanding spoken and written language. For example, the concept and definitions of the study of morphology are not discussed in depth, whereas the fact that a verb consists of various components that interact in a patterned manner for a variety of functions is. This tool is then applied to the study of formal written grammar, which includes verb paradigms that do not exist or are used differently in the students' language variety. It is also applied to the analysis of spoken language; for example, the concept of person and number markers is used to analyze the second-person singular variants -*tes* or -*stes* (e.g., *hablates* or *hablastes*) in the preterite. The concept of semantic content helps in understanding how verbs such as *puchar, overjolear, monquear* and *tichear* form a legitimate part of the community's spoken language variety. A study of diglossia then underscores why such verbs tend to be denigrated by certain groups, either in academia or in society.

Concise articles on certain topics are utilized to promote better understanding of certain phenomena in the community language variety. For example, Timm's 1993 article on code-switching is read and discussed, and comparisons are drawn between prescriptive grammar rules and rules for code-switching. The problem that Timm presents at the end of the article, whether or not to use code-switching in a classroom, is presented to the students, many of whom code-switch in class. They are asked to justify or reject this usage in a classroom setting and are challenged to abide by their decisions, whatever these may be. Students are given transcriptions of dialogues between native speakers of U.S. Spanish and asked to analyze the differences between these dialogues and a written text.

Most importantly, the linguistic component seeks to establish a clear and concise distinction between spoken and written language. The study of the history of the language and linguistic concepts serves to underscore the communicative validity of the heritage language. When formal written varieties are discussed, the emphasis is on the fundamental differences between this form of language and spoken varieties and the fact that these differences do not mean that the written variety is somehow better but rather that it simply serves a different purpose. Together, the historical and linguistic components are designed to share these concepts with students, so that whatever decision they subsequently make regarding the validity of their spoken variety of Spanish will be an informed one.

The Grammar Component

As mentioned earlier, this component contains traditional elements of grammar such as use of the orthographic accent, verb paradigms, pronouns, adverbs, adjectives, and syntax, among others. However, these topics are not studied out of context; that is to say, students are not asked to write a sentence using the subjunctive, preterite, or imperfect, but rather to identify such elements within some authentic text. For example, they are given the *Corrido de Cananea* and asked to identify various verb tenses, pronouns, adjectives, and other elements. After having completed this analysis, the *corrido* is studied with regard to its historical context to underscore its relationship to events during the Mexican Revolution that shaped the form of language usage and determined the loan words that occur as a result.

As for the "problematizing" of grammar, current popular notions about Spanish are discussed. For example, students were asked to read a local newspaper article about a high-ranking member of New Mexico's state government who openly criticized the Spanish translation of an information brochure as "something between Spanglish and garbage" (Whelpley 1994). Copies of the offending brochure were then given to the students to analyze. This work results in finding one neologism and three missing accents in the document, hardly enough to justify the vitriolic comments of the critic. Students are then asked to explore the "real" reasons for the attack, employing concepts such as diglossia, politics, and grammar in the discussion.

Ultimately, this dialogue leads in to the use of a formal written variety of Spanish. With the idea in mind that there are those who use grammar as an "attack weapon," students are assigned to write a two-page composition that adheres very closely to formal written norms. In all discussions of the differences between the formal, written language and spoken language, the distinction between a prescriptive grammar and descriptive grammar is carefully maintained. Stress is placed on the notion that "standard," formal, written language needs to be manipulated within a very closely bounded context, i.e.: "a closely edited composition that satisfies one requirement for a third-year grammar class." The goal of this distinction is to avoid scrupulously the implication that the students' spoken variety is somehow "poorer" or "broken" Spanish.

As noted earlier, the topics of the compositions are problematic. For example, students are asked to read a current academic article that points out that some consider their language variety to be "child-talk" and then to write a paper on the validity of that viewpoint. Draft copies are handed in to the instructor, who points out orthographic and other difficulties by simply circling words or underlining sentences. At the end of the editing process, the instructor grades the paper based on the number of deviations from standard written usage; papers with 0–4 errors receive an A, those with 5–8 errors a B, and those with 9 or more a C. Papers that do not comply with specifications of length, margin, font size, and other format requirements are not accepted until they are revised to meet those standards.

In the grammar class offered in the Spring semester of 1994, this approach to writing yielded the following results for the first composition. The average number of nonstandard usage errors in the compositions was 4.3, with a minimum of 0 errors on one composition and a maximum of 16 on another, for a standard deviation of 4.9 from the mean. The majority of difficulties were orthographic irregularities and lack or misplacement of the orthographic accent. There was one instance of "*a ser*" for *hacer*, one of "*a ver*" for *haber*, and three instances of feminine gender articles with *idioma*. In other words, an average composition of about 450 words with 4 "errors" indicated successful usage of the "standard" at a rate of about 99%. Only issues of orthography and syntax were addressed; stylistic issues were not.

Much work remains to be done on the acquisition of Spanish language writing skills by native speakers of U.S. Spanish. Although many writing skills acquired by students in English evidently transfer into Spanish, I am aware of no research that closely analyzes that transference. The only observation I will hazard at this point is that students can develop a close control of formal written Spanish in a university context over a four-semester course sequence.

Finally, a central question that must be addressed is the value of the study of grammar. As Faltis (1990) notes, SNS instruction has moved away from the use of prescriptive grammar as an instructional tool. Others have observed that the study of grammar does not apparently lead native speakers to acquire key skills; for example, Weaver (1979) examines the relationship between grammar and the instruction of native speakers of English. She notes that "as long ago as 1950, the Encyclopedia of Educational Research summarized the available research (392–96), concluding that the study of grammar has a negligible effect in helping people think more clearly" (4). To date, there are no definitive studies that correlate positively the study of grammar with the acquisition of writing skills or the expansion of oral skills by native speakers of U.S. varieties of Spanish. Why, then, include a section of prescriptive grammar?

I believe a possible answer may be found in the affective dimension of grammar study. When students are asked at the beginning of the semester to write a couple of informal paragraphs discussing why they elected to take a grammar class, they respond, among other comments, that studying grammar will help them sound more educated and write better, that it is a necessary part of a university education, or that their parents said it would be good for them. That is, many students enter the class with a rather deeply entrenched notion that grammar study has an almost mystical quality. Hence, learning the phrase *pluscuamperfecto de subjuntivo* can serve to satisfy an affective dimension of the students' Spanish language skills; this dimension acquires even more importance when students become aware that the *pocho, mocho,* or "Spanglish" that they speak is chock-full of adverbs, adjectives, pronouns, complex verb tenses, and the like, emphasizing the validity of the grammatical structure of their spoken variety.

At this time I do not have specific data that supports this hypothesis; I base it on the fact that students seem able to reconcile their heritage variety with the formal written language that they encounter. They perform quite well on tests focused on prescriptive grammar and do not appear to exhibit an inordinate amount of anxiety in performing such tasks. Although much research remains to be done on this particular facet of grammar study, at any rate, I believe it worthwhile at this time to include a prescriptive grammar component in SNS programs at the university level.

CONCLUSIONS

Following Shor's (1987) suggestion, a basic task of the instructor in this "capstone" SNS course is to withdraw from the traditional instructor role and instead help the student become a teacher as well, prepared to pursue further studies in Spanish language and literature or to attain career goals outside the university environment. The grammar course is a critical opportunity for introducing or reinforcing the fact that the students' heritage variety is a valid means of communication and serves as a very solid foundation for developing skills in the formal, written variety.

Finally, the course should strive to relate the formal study of Spanish with the students' experiences with the heritage language and thus to demonstrate that the study of Spanish literature or language structure is not separate from the language spoken at home or in the community. As Fishman (1991) points out, many majors enrolled in university level Spanish language programs have a Spanish language heritage; this is certainly the case at NMSU. Thus, striving to connect the heritage language with formal language studies benefits our language program by increasing the enrollment of Spanish majors as well as broadening students' heritage language skills. I point this out in order to underscore the Freirian concept that, in situations where students are expected to be teachers as well, benefits flow in both directions.

REFERENCES

Faltis, C. 1990. "Spanish for Native Speakers: Freirian and Vygotskian Perspectives." *Foreign Language Annals* 23(2): 117–26.

Fishman, J. 1991. *Reversing Language Shift: Theoretical and Empirical Foundations of Assistance to Threatened Languages.* Clevedon, U.K.: Multilingual Matters.

Grosjean, F. 1982. *Life with Two Languages: An Introduction to Bilingualism.* Cambridge: Harvard UP.

Monroe, W. S. 1950. *Encyclopedia of Educational Research.* New York: Macmillan.

Rodríguez Pino, C., and D. Villa. 1994. "A Student-Centered Spanish for Native Speakers Program: Theory, Curriculum Design, and Outcome Assessment." *Faces in a Crowd: Individual Learners in Multisection Programs.* AAUSC Issues in Language Program Direction. Ed. C. Klee. Boston: Heinle & Heinle.

Shor, I. 1987. *Critical Teaching and Everyday Life.* Chicago: U of Chicago Press.

Timm, L. A. 1993. "Bilingual Code Switching: An Overview of Research." *Language and Culture in Learning: Teaching Spanish to Native Speakers of Spanish.* Eds. B. J. Merino, H. T. Trueba, and F. A. Samaniego. London: Falmer. 94–112.

Villa, D. In press. "Choosing a 'Standard' Variety of Spanish for the Instruction of Native Spanish Speakers in the U.S." *Foreign Language Annals.*

Weaver, C. 1979. *Grammar for Teachers.* Urbana, IL.: National Council of Teachers of English.

Whelpley, K. 1994. "Criticism Has Scholar Fuming in Two Languages." *Las Cruces Sun News* 2 Mar: A1.

La variedad estándar

La vida relatada en este libro fue vivida en español, pero fue inicialmente escrita en inglés. Muchas veces, al escribir, me sorprendí al oírme hablar en español mientras mis dedos tecleaban la misma frase en inglés. Entonces se me trababa la lengua y perdía el sentido de lo que estaba diciendo y escribiendo, como si el observar que estaba traduciendo de un idioma a otro me hiciera perder los dos.

Me gustaría decir que esta situación sólo ocurre cuando estoy escribiendo, pero la verdad es que muchas veces, al conversar con amigos o familiares, me encuentro en el limbo entre español e inglés, queriendo decir algo que no me sale, envuelta en una tiniebla idiomática frustrante. Para salir de ella, tengo que decidir en cuál idioma voy a formular mis palabras y confiar en que ellas, ya sean en español o en inglés, tendrán sentido y en que la persona con quien estoy hablando me comprenderá.

Cuando era puertorriqueña
Esmeralda Santiago
(traducido del inglés por la autora, 1994)

Introducción

M. Cecilia Colombi

University of California, Davis

Actualmente, el español constituye el nexo lingüístico de un importante sector de la población de los Estados Unidos; al mismo tiempo, refleja las características regionales y sociales de las distintas comunidades hispanas: méxicoamericana en el Suroeste; puertorriqueña en el Noreste, Nueva York y Puerto Rico y cubano-americana en Florida. Existen otros grandes grupos nacionales de inmigrantes hispanohablantes que también aportan su riqueza lingüística al español hablado en los Estados Unidos. Entre ellos se encuentran dominicanos, que se han establecido principalmente en el área de Nueva York, y centroamericanos: salvadoreños, nicaragüenses y guatemaltecos, que se han incorporado a muchos centros urbanos del país. Al mismo tiempo, la situación sociolingüística de los Estados Unidos está determinada por la predominancia del inglés y esto crea una relación de dualidad en la cual funcionan las lenguas minoritarias. Ante este panorama lingüístico, muy diverso dentro del marco del español y en un ambiente social bilingüe, nos preguntamos cuál es la variedad «estándar» más apropiada para la enseñanza y cómo reconocer y utilizar esa pluralidad lingüística en los salones de español para hispanohablantes.

En esta segunda sección, lingüistas, profesores y expertos en dialectología hispana estudian diferentes aspectos relacionados a la variedad estándar del español en los Estados Unidos. En el capítulo 7, Margarita Hidalgo presenta los siguientes criterios normativos para la elección de un código español en los distintos ámbitos estadounidenses: la lengua literaria hispanoamericana, la de los medios de comunicación, el purismo nacionalista y el pragmatismo comunicativo. Considerándolos dentro de la ideología dominante de los Estados Unidos — o sea, el predominio del inglés en todas las áreas de la vida pública y privada, con el apoyo institucional basado en razones primer-mundistas, internacionalistas y puramente raciales— Hidalgo opta por el criterio normativo pragmático comunicativo como el más viable y propone la compilación de un *Diccionario básico del español en los Estados Unidos* para elevar el prestigio del español dentro de este país.

John Lipski, en el capítulo 8, demuestra la importancia que le damos al acento en nuestra percepción del lenguaje de nuestros interlocutores. Pero a pesar de la relevancia que los estudios fonéticos han tenido en la lingüística hispánica, es evidente la falta de atención que han recibido en los salones de clase, tanto en los del español como segunda lengua como en los de hispanohablantes. Lipski destaca la necesidad de que el estudiante disponga de la información necesaria sobre las actitudes y variantes sociolingüísticas para su mejor realización personal. Con este propósito presenta cuatro postulados didácticos y sus implicaciones para la enseñanza. Señala la importancia para los profesores de conocer los parámetros de la variación dialectal, especialmente los regionales y sociales de los estudiantes. Sugiere que la enseñanza debe reflejar las variables sociolingüísticas de las respectivas comunidades, poniendo énfasis en las variantes marcadas en el habla rápida y coloquial y en los registros más formales orales y escritos. También puede ser provechosa una comparación entre la variedad dialectal del español y los fenómenos variables que afectan al inglés. En conclusión, la idea de una pronunciación «estándar» sólo puede ser planteada dentro de un marco teórico que reconozca varios epicentros regionales y sociales, cada uno de los cuales define intervalos de aceptabilidad para las comunidades lingüísticas respectivas.

En el capítulo 9, Máximo Torreblanca caracteriza las variedades fonológicas, léxicas y sintácticas del español de acuerdo con cuatro criterios: rasgos lingüísticos comunes a todos los hispanohablantes; a los hablantes de varias regiones; a los hablantes de una región determinada y una variación lingüística determinada por factores sociales. Torreblanca ejemplifica estas cuatro situaciones en el Suroeste de los Estados Unidos, ubicándolas dentro de un marco histórico y social. Señala así también la necesidad de conocer las diferencias dialectales para lograr la mejor comunicación posible de acuerdo con las circunstancias. Finalmente, sugiere la variedad dialectal hablada en la Ciudad de México como modelo para ampliar la capacidad comunicativa en español, a nivel tanto escrito como oral, de los hispanohablantes procedentes del Suroeste de los Estados Unidos, por ser dicha variedad el sistema fonológico, morfológico y sintáctico más frecuentemente usado.

En el capítulo 10, Carmen Silva-Corvalán presenta algunos datos históricos y demográficos relevantes al uso del español en los Estados Unidos. Silva-Corvalán describe las características de las variedades del español desde la llegada de Juan Ponce de León a Florida en 1513 hasta la de nuestros días, concentrándose en la gran urbe de Los Ángeles. Considera algunos de los efectos lingüísticos que la situación de bilingüismo de la sociedad ha tenido sobre el español hablado por tres generaciones de méxicoamericanos en Los Ángeles. Según Silva-Corvalán, la segunda generación por lo general pierde en buena parte la habilidad de hablar con fluidez el español, aunque retiene un nivel bastante alto de comprensión y en la tercera generación se acentúa aún más este patrón. Luego describe y ejemplifica en detalle las características relevantes a la variedad del español hablada en Los Ángeles, llegando a la conclusión de que es una lengua natural que responde a las posibilidades de la gramática universal. En la última parte, Silva-Corvalán presenta algunas actitudes hacia el uso y el mantenimiento del español a nivel social y particular en los Estados Unidos.

Ofelia García y Ricardo Otheguy, en el capítulo 11, nos presentan un perfil sociolingüístico del español hablado en Nueva York desde los años de la posguerra hasta el presente, teniendo en cuenta cuatro dimensiones: la variedad de los países de origen entre los latinos; la variedad en la estratificación lingüística que aportan los hispanohablantes en sus normas tanto cultas como populares; el multilingüismo de los hispanohablantes y la heterogeneidad de las variantes del inglés que entran en contacto con el español. El español neoyorquino se distingue por su variedad de orígenes nacionales y por las muchas normas a las que se adhieren sus muy heterogéneos hablantes. Si bien la mayoría étnica es puertorriqueña, no existe un dialecto dominante del español, una norma culta o popular puertorriqueña que pueda proporcionar una base para la formación del estándar neoyorquino, puesto que muchos de los puertorriqueños son de segunda o tercera generación y mayormente predominantes en inglés.

Luego García y Otheguy examinan cómo las características del español neoyorquino se manejan en la educación bilingüe y pueden servir de modelo en cuanto al estándar para aquéllos que se dedican a la enseñanza del español para hispanohablantes. Se refieren en especial al manejo del español en el salón de clases, al uso de una pedagogía interactiva que acepta más rápidamente la gran heterogeneidad lingüística, producto de los participantes en el proceso educativo (padres, maestros, alumnos y la comunidad en general) y que sitúa a los estudiantes en el centro de la experiencia educativa. Esta pedagogía permite una mayor valorización de las variantes del español que, junto con materiales docentes auténticos y prácticas educativas con énfasis en la comunicación y el mensaje, hacen que la lengua que se utilice en el salón bilingüe refleje con mayor fidelidad el español de la comunidad latina neoyorquina en su uso natural dentro del proceso comunicativo.

En el capítulo 12, Cecilia Colombi realiza un estudio textual a nivel morfosintáctico, léxico y discursivo de ensayos de estudiantes universitarios hispanohablantes. Un análisis detallado de la escritura de estudiantes nativos del español examina las características que acercan estos textos a las narrativas orales y explica por qué justamente estas cualidades los alejan de los registros académicos formales. Colombi presenta algunas implicaciones para la enseñanza como resultado del análisis discursivo. Existe una gran diferencia entre la competencia interpersonal de la lengua y el desarrollo académico; la conversación diaria se encuentra inmersa dentro de un contexto de situaciones conocidas o familiares, mientras que el lenguaje académico le hace al individuo demandas cognitivas enteramente diferentes. Consecuentemente, si el objetivo de la instrucción es desarrollar la habilidad de los estudiantes para manipular, interpretar y producir textos que se consideran cognitivamente exigentes, se puede establecer los fundamentos para un programa de cursos que haga evidentes esos tipos de discursos. Los estudiantes hispanohablantes bilingües ya poseen un alto nivel de competencia oral y, partiendo de esa base de lo que conocen y a través de un proceso de concientización de sus propias capacidades, pueden desarrollar sus habilidades académicas de forma efectiva y apropiada.

En el capítulo 13, Jorge E. Porras delínea los criterios y estrategias para el diseño de un currículum con un enfoque bidialectal para la enseñanza funcional del español a estudiantes hispanohablantes en los Estados Unidos, comenzando desde la escuela primaria. El propósito de un currículum bidialectal reside en que el estudiante pueda manejar, además de su dialecto local, la modalidad lingüística estándar del español para fines más formales. Porras describe los componentes de este programa, aclarando que no existe un patrón o norma general del español en el mundo hispánico, aunque sí hay patrones preferidos sobre otros. Existe un afán conservador dentro de la lengua que se basa en el uso culto. Este programa bidialectal se puede desarrollar conjuntamente con programas de educación bilingüe y con programas de español de orientación chicana, cubana y puertorriqueña en las instituciones de enseñanza superior; en cada caso la norma culta se adaptará al dialecto nacional o regional. Finalmente, propone una serie de estrategias para el desarrollo de este programa a nivel nacional a corto plazo.

PREGUNTAS PARA DISCUTIR

1. **Norma lingüística** ¿Podemos plantear, sobre la base de los estudios del español en los Estados Unidos, que hay una norma lingüística para el español estadounidense? Si la hay, ¿cuáles son las implicaciones para la enseñanza del español a los latinos bilingües?

2. **Estigmatización** ¿Estamos en condiciones de decidir cuáles rasgos estructurales del español de los Estados Unidos son más o menos estigmatizados? ¿Quién determina cuáles son y a qué se debe la estigmatización? ¿Cómo influye el nivel de estigmatización de ciertas formas lingüísticas en la planificación educacional? ¿Cuál es el efecto que tiene sobre el maestro la variedad del español que habla su estudiante?

3. **Lengua escrita** ¿Hasta qué punto determina la lengua escrita nuestras actitudes con respecto a lo que consideramos «correcto» en el lenguaje oral?

4. **Variedad de registros** ¿Existe o debe existir una relación entre la norma «culta» y el lenguaje empleado en la enseñanza de los hispanohablantes? ¿Se debe enseñar una variedad de registros? ¿Cuáles y por qué?

Capítulo 7

Criterios normativos e ideología lingüística: aceptación y rechazo del español de los Estados Unidos

Margarita Hidalgo
San Diego State University

INTRODUCCIÓN

El español hablado en los Estados Unidos vive una interesante dialéctica vinculada a su posición de lengua minoritaria en desventajosa competencia con el idioma oficial de hecho en el país. En este trabajo me propongo presentar las contradicciones que se hacen patentes en la sociedad hispano-estadounidense. Las mismas giran en torno a los criterios normativos y en torno a la ideología lingüística que domina el país. El principio ideológico de mayor envergadura es el principio de superioridad del idioma inglés, principio que no sólo domina en los Estados Unidos sino en una buena parte del mundo occidental y recientemente, en algunos países del mundo no occidental. Ante esta premisa, el español queda supeditado a fuerzas socioeconómicas e ideológicas de gran peso.

LA NORMA LINGÜÍSTICA Y LA IDEOLOGÍA LINGÜÍSTICA

Los criterios de normatividad lingüística generalmente se asocian con la variedad estándar, la cual equivale a la norma superimpuesta en un país o región. Según la tipología propuesta por Stewart (1962), la variedad estándar es aquélla que provoca las actitudes más positivas de parte de los hablantes. La variedad estándar es respaldada por una serie de convenciones orales y escritas que se reconocen por consenso común. En un momento histórico anterior, la variedad estándar pudo haber sido un dialecto regional de mayor prestigio. En opinión de Escobar (1976), la variedad estándar se define como la norma lingüística ideal, que resulta ser más bien una abstracción o una representación promedio cuya variabilidad es incuestionable. Desde el punto de vista histórico-sociolingüístico, se considera que la variedad estándar es el dialecto social o regional que se elevó en prestigio por razones económicas o políticas y, por tanto, se convirtió en el instrumento de la administración central, del sistema educativo y de la literatura nacional (Fishman 1972; Giles y Powesland 1975).

La variedad estándar puede implementarse por medio de la planificación lingüística. Los esfuerzos de planificación lingüística pueden incorporar a su vez una ideología purista o nacionalista. El purismo lingüístico es en sí un fenómeno que suele despreciarse por ser acientífico y, aunque lo es, tiene gran importancia en las decisiones que se toman en el proceso de planificación lingüística. Otro fenómeno mal comprendido es el papel que juega la ideología lingüística en la selección de la variedad estándar. La ideología lingüística se puede definir como la serie de creencias que se diseminan a través de un aparato ideológico. Ese aparato podría ser el sistema educativo, los medios de comunicación masiva o las instituciones religiosas o políticas. La ideología es, pues, una superestructura que domina la forma de pensar y de sentir de una comunidad; es de hecho una de las fuerzas más poderosas de la sociedad humana, pues forma y transforma las creencias religiosas, políticas y culturales y, supuestamente, induce a la acción. El término ideología en sí mismo tiene algunas connotaciones negativas, pues tiende a asociarse a movimientos políticos que en determinado momento histórico se han desprestigiado. En el mundo occidental, por ejemplo, los movimientos más desprestigiados son el nazismo y el comunismo. El imperialismo y el colonialismo se basan también en ideologías de origen occidental, pero como surgen en esta parte del mundo, no han perdido totalmente su prestigio.

Los criterios normativos que definen las características de una variedad estándar también pueden estar vinculados a una ideología. En ocasiones la ideología no es necesariamente universal sino meramente nacional. Podemos también hablar de criterios regionales o locales que no se convierten en ideologías. La mayor diferencia entre una ideología y un criterio reside en que la primera mueve a la acción, mientras el segundo se disemina sin provocar el cambio. Los criterios son más particulares y las ideologías más generales. Los criterios normativos pueden depender de una ideología, mientras que la ideología puede ser independiente de los criterios. La ideología puede tener un efecto de duración a largo plazo en una amplia esfera de acción, mientras que el criterio puede quedar circunscrito a una región y puede además tener un efecto a corto plazo. La perdurabilidad de la ideología y la transitoriedad de los criterios obligan a discutir los últimos en este trabajo. Sin embargo, hay que tener presente que los criterios palidecen frente al poder de persuasión de la ideología. La perdurabilidad de la ideología, la fuerza de persuasión de la misma y su diseminación transnacional hace que una ideología determinada se sienta como algo natural (ver Crowley 1989). Y precisamente como parece tan natural es tan difícil combatirla. Por tanto, hay que recordar que el imperialismo lingüístico inglés, la ideología dominante en los Estados Unidos y en una buena parte del mundo (Phillipson 1992), seguirá vigente por muchas décadas, ya que se asocia con actitudes primermundistas e internacionalistas, derivadas a su vez del triunfo de los aliados (países predominantemente anglófonos [Estados Unidos, Inglaterra y Canadá]) en la Segunda Guerra Mundial.

Los criterios de normatividad: ¿Modelos a seguir?

1. El criterio de la lengua literaria El criterio de corrección lingüística puede estar basado en la estructura de la lengua literaria. En el pasado, tal criterio lo definían las obras de los grandes escritores y el mismo podía ser tácito y no necesariamente implícito. Las generaciones anteriores tenían mayor proclividad por la lectura y la escritura, y en los círculos selectos de las sociedades occidentales, se cultivaba la lengua literaria en los concursos de poesía, tertulias, obras de teatro, conferencias públicas y diversas actividades culturales. El cultivo de la lengua literaria como actividad de prestigio social tendría su origen en el Renacimiento y se extendería hasta principios del siglo XX, antes del advenimiento de los medios de comunicación. En la actualidad, el criterio de corrección puede identificarse en los medios de comunicación masiva, ya que estos últimos alcanzan a mayor número de personas. A su vez, los medios de comunicación masiva, en un esfuerzo por atraer una mayor audiencia, recogen formas lingüísticas no literarias y las incorporan al vocabulario de los medios. Pero los medios, que son supuestamente emuladores de las «buenas» normas de hablar, recurren a la lengua literaria para presentar la comunicación. Así, los medios tienen una función de dialéctica sociolingüística, pues aglutinan tanto formas literarias como populares, tanto cultas como coloquiales, y contribuyen con esta dinámica a dar mayor flexibilidad a las formas que se identifican como correctas.

El criterio de corrección es más o menos uniforme y homogéneo, sobre todo cuando el criterio circula en una sociedad monolingüe o en una sociedad multilingüe donde hay una lengua oficial, ya sea *oficial de hecho u oficial de derecho*. Éste parece ser el caso de los Estados Unidos, donde la lengua inglesa es de hecho oficial y el español no es oficial de hecho ni de derecho, ni siquiera tiene una posición de co-oficialidad o semi-oficialidad. Definir entonces los criterios de corrección en el caso del español de los Estados Unidos resulta una tarea más compleja, puesto que no se puede recurrir arbitrariamente a modelos literarios. Pero el dilema que se presenta a las comunidades de hispanohablantes en los Estados Unidos es mayor, pues son varios los dialectos regionales que se hablan en el país. Si se quisiera justificar un modelo literario hispano-estadounidense, se tendría que considerar entonces la existencia de las literaturas chicana, cubanoamericana y puertorriqueña producidas en español en los Estados Unidos. De todos modos, esto no parecería práctico, pues la literatura hispano-estadounidense no circula masivamente ni se enseña en los niveles primario y secundario.

Otro modelo de corrección se podría buscar en las literaturas de Hispanoamérica, de donde procede la mayoría de los hispanos de los Estados Unidos. Pero tal modelo ocasionaría más rechazo que aceptación, dado que se sentiría como un modelo colonial, un modelo de importación de una supuesta Madre Patria fragmentada en una veintena de naciones, una Madre Patria de la que no se quiere depender. Un modelo de dependencia lingüística sería inaceptable, pues es sabido que los idiomas en contacto tienden a cambiar y que en menos de una generación presentan rasgos criollos o acriollados que reflejan las tendencias del país de adopción.

2. La lengua de la educación formal Podríamos aducir que el modelo a seguir lo tomaríamos de las instituciones educativas. Sin embargo, las instituciones educativas se han resistido a ofrecer enseñanza en la lengua materna. El español no es el vehículo de instrucción en la mayoría de los programas de educación pública, sino sólo una materia más que se imparte como lengua extranjera y que, en contados casos, se usa como medio de instrucción en programas de educación bilingüe. La calidad y la cantidad del español que se usa en los programas de educación bilingüe son dos problemas que no se han estudiado con profundidad. La enseñanza de materias académicas en español en los programas de educación pública podría ayudar a establecer los criterios que tanto se necesitan, pero es improbable que la lengua de los hispanos se utilice masivamente en este contexto en un futuro cercano. La política educativa podría cambiar si hubiese una movilización por parte de los grupos de hispanoparlantes, pero esto requeriría que presentaran una agenda de corte partidista.

El criterio de correción basado en la lengua literaria cultivada en los círculos selectos como las universidades puede ser también una alternativa, pero no parece una alternativa muy democrática, dado que los programas de español en las universidades americanas, aunque numerosos, no alcanzan a la mayoría de los educados. En los últimos años, la calidad del español universitario en los Estados Unidos ha decaído, ya que las generaciones de los grandes maestros que exponían sus cátedras en español tradicional se han jubilado, en el mejor de los casos, o han pasado a mejor vida. Este juicio de valor cualitativo lo he recogido de profesores de literatura española que lamentan la escasez de maestros como Américo Castro, Amado Alonso, Luis Leal, Jorge Rufinelli o Ana María Barrenechea.

3. El criterio estético Es el más subjetivo de todos los criterios normativos, pues lo feo y lo bonito se definen en torno al gusto de una persona o de un grupo de personas. La estética de la lengua (en el sentido saussuriano) se puede estudiar en la literatura, pero el mismo principio es difícilmente aplicable al habla (en el sentido saussuriano). Por otra parte, el criterio estético puede ser un criterio clasista, y lo feo se puede asociar con los usos lingüísticos frecuentados por la clase trabajadora. En ocasiones, el criterio estético también se aplica a los neologismos, por ejemplo, aquéllos que expresan el género en los sustantivos que se refieren a las profesiones. Los hispanohablantes, por ejemplo, pueden rechazar neologismos tales como *abogada, médica, ingeniera, arquitecta, química, presidenta, ministra, diputada*, etc., pero aceptan otros como *profesora, escritora, senadora, gobernadora*. Los hablantes perciben los primeros como si fueran palabras intrusas, ajenas al vocabulario de uso común. Cuando se cuestiona al hablante sobre la razón del rechazo, él mismo argumenta que la palabra le suena fea y no puede explicar por qué. La razón que justifica el rechazo podría ser, por un lado, la novedad del neologismo con terminación femenina y, por otro, posiblemente la asociación inconsciente con nombres ambivalentes que en el habla coloquial se hacen femeninos. Tres claros ejemplos de estos nombres ambivalentes son *estudiante, cliente y testigo,* que en la variedad tradicional tienen terminaciones invariables, pero que en las variedades coloquiales de los Estados Unidos pueden tener una terminación femenina: *estudianta, clienta, testiga.*

4. El criterio nacional y étnico Uno de los casos en los cuales se puede rastrear el origen del criterio normativo en las naciones de la América española es el de México. A partir de la conquista y la colonización de Mesoamérica, el español vino a complicar el mosaico lingüístico de la extensa región. A lo largo de los trescientos años de la epoca colonial, el español se diseminó rápidamente por todos los confines de la Nueva España. Al inicio de su independencia, México se enfrentó a un dilema sin precedentes: la selección de un código para una nación con una faz nueva y única. El momento histórico coincidió con corrientes lingüísticas europeas que exaltaban el sentimiento nacional de los pueblos. En efecto, la ideología decimonónica es determinante en la formación de ese nuevo código. Al mismo tiempo, los filólogos del siglo pasado se dedicaron a estudiar las lenguas indígenas y a rescatar de las mismas los elementos que pudieran servir en la nueva tarea. Tres estudiosos mexicanos dejan un legado de valor incalculable. Con los métodos de lingüística comparativa de los neogramáticos, que son los que tienen entonces a su disposición, Francisco Pimentel y Manuel Orozco y Berra estudian las características de las lenguas indígenas y los nexos genéticos de las mismas. Sus estudios se llevan a cabo en el seno de la Sociedad Nacional de Geografía y Estadística, en el de la Academia Mexicana de la Lengua, y en el de asociaciones literarias menores como el Liceo Hidalgo. La lengua más exaltada en estas asociaciones fue el náhuatl, ya que siempre gozó de gran prestigio político y cultural (Cifuentes 1994).

En el siglo XIX se buscaba un código independiente, pero éste no podía ser el español peninsular, que era reconocido como el código metropolitano. La otra alternativa era adoptar una de las muchas lenguas indígenas de México. La segunda alternativa no era transitable, pues las lenguas indígenas, aunque ricas y sofisticadas en léxico y estructuras, carecían de un sistema original de escritura. Las lenguas ágrafas, como despectivamente se les empezó a denominar, quedaron en clara desventaja ante el español, lengua escrita que se perfilaba como uno de los grandes instrumentos de unificación nacional y de productividad literaria. La tercera alternativa era implementar una nueva norma nacional que incorporase el léxico, la ortografía y la pronunciación de la lengua indígena de más prestigio, el náhuatl. Para tal efecto, a un tercer filólogo-sociolingüista decimonónico le toca hacer la reflexión sobre el nuevo código. Joaquín García Icazbalceta, el connotado historiador mexicano, contribuye con dos artículos indispensables para entender la ideología que prevalece en el seno de la Academia Mexicana de la

Lengua, fundada en 1875. Para el siglo XIX, era evidente que el náhuatl había dejado una huella imborrable en el español que se hablaba en México. Dos artículos de Joaquín García Icazbalceta dan la clave para entender los criterios que sirvieron en la formación del español mexicano. El primero se conoce como «La academia mexicana correspondiente a la española», y apareció publicado al frente del Tomo VI de las *Memorias* de la misma Academia en 1876. En esta comunicación, García Icazbalceta aboga por un Diccionario de la Lengua para perfeccionar el que ya existe en España. Un diccionario criollo contribuiría con

1. la adición de voces, acepciones o frases de uso común en México, tomadas unas de la misma lengua castellana y otras «no pocas, de las lenguas usadas en el país a la llegada de los españoles, en especial de la mexicana, señora de las demás» (121)

2. una investigación «del origen de las diferencias que se notan entre la lengua hablada o escrita en México y la pura castellana», hecha por los miembros de la Academia de la Lengua, que se proponían «patentizar el incremento y decadencia de ésta [la pura castellana] entre nosotros; atestiguar con ejemplos de nuestros buenos escritores los diversos significados que muchas voces han adquirido en México, así como la introducción de algunas nuevas» (121).

El siglo XIX en México presencia gran actividad científica y literaria, pero incluso la ciencia, si bien se usa para estudiar «lo mexicano» (ver Cifuentes 1994), depende de teorías y modelos europeos. La literatura, por otro lado, trata de recrear temas «nacionales» y da los primeros pasos en la formación de obras independientes de la ideología colonial y la metropolitana. No se puede hablar de grandes literaturas hispanoamericanas. En el siglo XIX, todavía no existe el *boom* ni nada que se le parezca. Y como las literaturas hispanoamericanas son obscuras, los hispanos recientemente independizados no se sienten muy orgullosos de ellas.

En este aspecto, Joaquín García Icazbalceta aboga por no despreciar «lo que es nuestro» aunque lo nuestro «no siempre sea de aguas puras» (125). A través de una literatura criolla es que un país independiente mantiene los lazos con los demás y se solidariza en creencias religiosas, sociales y políticas. La lengua queda para todos «como testimonio indeleble de la antigua unidad» (128). Hace cien años, Joaquín García Icazbalceta observaba que el español ya era el objeto de erudición de extranjeros radicados en Londres o en Berlín. Para ellos estaba bien que el idioma español fuera objeto de estudio de sabios y literatos, pero para los pueblos de América era «objeto forzoso de enseñanza» (129). Por medio de la enseñanza formal se puede evitar el riesgo de la vernacularización. La defensa de la lengua no tiene que hacerse a través del dogma, pues a raíz de la escisión política con España, el principio de autoridad está muy debilitado, si no es que ha desaparecido totalmente. Es cierto que la Academia triunfa en materia literaria porque sus fallos están fundamentados en el uso (133). Pero a pesar de que la Academia sucumbe al uso, la misma mantiene lo que se reconoce como la variedad culta, procurando salvar al idioma de los extranjerismos, sobre todo de los de origen inglés, a los que hay que poner un dique, «más poderoso ... que las bayonetas mismas, al espíritu invasor de la raza anglo-sajona en el mundo por Colón descubierto» (125).

El ánimo nacionalista que rechaza voces extranjeras se inclina, por otro lado, a incorporar las voces de origen mexicano, no castellano. Con tal propósito, en el mismo artículo se documenta que la Academia decide elaborar el *Diccionario de Provincialismos de México;* y por los esfuerzos de los miembros de la Academia logran llegar hasta la letra G (Santamaría 1954, 1974, 1978, 1983: xi). Sin embargo, esta obra precede el *Diccionario de mejicanismos* de Francisco Santamaría, que es el que todos conocemos.

En el segundo artículo, titulado «Provincialismos mexicanos», con fecha aproximada de 1890, Joaquín García Icazbalceta desbroza los criterios que justifican esta obra trascendental. El español mexicano adquiere carta de naturalización a través de las obras de autores nacionales. En Colombia, Perú y Chile, autoridades en asuntos de la lengua ya habían acopiado material de sus países con numerosos ejemplos de autores y se habían dedicado a enmendar «los defectos del habla de sus compatriotas» (74). En ocasiones pensamos que los «provincialismos» son sólo nuestros, cuando en realidad los comparten muchas naciones de la América española. Muchos de ellos, caídos en desuso en la Península, persisten en las Américas por la incomunicación en la que vivieron nuestros abuelos. Pero es en nuestro lenguaje donde se puede ver la luz que nos niegan los diccionarios para comprender y comprobar vocablos y pasajes de obras antiguas (78–79).

El componer un diccionario de mexicanismos se complica porque la misma España carecía de un diccionario al momento de la Conquista. No fue hasta el siglo XVIII, el siglo de las luces, que la Academia Española dio comienzo a sus tareas con la publicación del *Gran diccionario de autoridades* (1726–1739) que, aunque incompleto, sirvió de pauta y de autoridad para recomendar el uso «correcto». En la América española, podría lograrse lo mismo si los eruditos se dieran a la tarea de hacer un diccionario de americanismos. Pero los diccionarios y las academias no pueden inventar en materia de lenguaje; sólo pueden seguir los pasos del uso, «y cuando lo ven generalizado, examinan si es bueno, para rechazar novedades inútiles o infundadas, apartar lo bárbaro o mal formado, y acoger con criterio lo que realmente sirve para aumentar el caudal legítimo de la lengua» (85–86). Y continúa diciendo el artículo, «¿Por qué . . . hemos de calificar rotundamente de *disparate* cuanto se usa en América, sólo porque no lo hallamos en el Diccionario?» (86). García Icazbalceta propone desechar lo superfluo, lo absurdo, lo contrario a las reglas filológicas, pero al mismo tiempo no quiere dejarse llevar por el ciego purismo. Finalmente, si se quiere conservar la riqueza de la lengua, deben respetarse los dialectos geográficos que ya empiezan a perfilarse en algunos países como México (93).

5. El criterio purista El criterio purista se basa en el principio de los vínculos genéticos, los que supuestamente coadyuvan a un mayor grado de inteligibilidad. Las historias de los idiomas están repletas de ejemplos de elementos lingüísticos «extranjeros» que fueron rechazados para dar cabida a los más autóctonos o nacionalistas (Thomas 1991). El argumento de la inteligibilidad generalmente se aplica a la formación de palabras «nativas», las cuales se consideran más comprensibles que las de base extranjera. Hay quienes aducen que la conexión etimológica en la formación de palabras conduce a la transparencia y a la lógica.

La ininteligibilidad, por el contrario, puede considerarse como el antídoto necesario para la subyugación económica y política. Pero el principio de la inteligibilidad es una actitud velada que envuelve el deseo de solidaridad nacional. Y el nacionalismo no es otra cosa que una crisis de la intelligentsia, «la clase enajenada de la sociedad debido meramente al nivel de instrucción que tiene» (Thomas 1991: 43). La restauración de la inter-comprensibilidad entre los grupos selectos y las masas ignorantes puede eliminar el sentimiento de enajenación de los intelectuales, quienes promueven en numerosos casos la política lingüística y educativa. En ocasiones se propone un neologismo cercano a la etimología original.

Desde el punto de vista sociolingüístico, el purismo tiene dos funciones sociales:

1. Hacer posible la comunicación entre los miembros de un grupo (función de la solidaridad). Si se da mucho apoyo a los elementos extranjeros, éstos pueden dividir a la comunidad lingüística, mientras que las palabras «nativas» supuestamente le darán unidad. Los usos dialectales se excluyen porque también pueden resultar divisorios. El glorioso pasado de un pueblo puede incluso resultar importante, puesto que el mismo sirve para consolidar el vínculo con las tradiciones, sobre todo si éstas son literarias.

2. Excluir a los no miembros de la comunicación (función separatista). Para protegerse de la dependencia y la dominación, un idioma tiene que tener prestigio en la conciencia de los mismos hablantes nativos. El objetivo de la función separatista es la diferenciación. Y si un grupo es incapaz de mantener la diferenciación, entonces se condena a sí mismo a perder su identidad.

El prestigio también se asocia a las dos funciones anteriores. Mientras menor sea el prestigio, mayor será el riesgo de dominación. El prestigio de un idioma también se ve amenazado por la introducción de elementos subestándar. Esencialmente, esto requiere una redefinición de las normas de la lengua en cuestión. Al respecto, se puede traer a colación el problema de la legitimidad de la presencia de ciertos elementos que son o dejan de ser apropiados a un registro estilístico en particular. Cuando el idioma o la variedad pierde el prestigio, las funciones sociocomunicativas tienden a ser usurpadas por formas lingüísticas de mayor prestigio. La lengua de prestigio usualmente se ampara detrás de un código basado en la escritura (Thomas 1991: 53–56). El principio de la codificación para un dialecto sin prestigio puede ser su tabla de salvación, pues la escritura lo legitima y eleva su función socio-comunicativa y, por tanto, su prestigio.

6. *El criterio del valor comunicativo y pragmático* Cuando se trata del español de los Estados Unidos, es difícil recurrir a los criterios propuestos anteriormente. El criterio nacionalista del México independiente está fundamentado en un prurito de diferenciación. El motivo de la diferenciación es la formación de una nacionalidad. Nacionalidad e independencia forman entonces una unidad indisoluble. En el caso de los Estados Unidos, no podemos recurrir al criterio de unidad nacionalista, pues corremos el riesgo de ofender los múltiples orígenes nacionales de los hispanos de este país, que no usan una variedad única y homogénea sino que disponen de varias. Hay quienes afirman que el español de los Estados Unidos está tan fragmentado como lo estuvo el latín vulgar en la Edad Media. Los detractores de nuestro español estadounidense también se atreven a divulgar la idea de que los que procedemos de diversas regiones del mundo hispanohablante no nos entendemos. Éstos son algunos de los juicios más osados que personalmente he escuchado y que he tenido que rebatir en numerosas ocasiones. La falta de unidad de las subnacionalidades hispanas ocasiona, según algunos, un problema de inteligibilidad y, por tanto, cualquier esfuerzo encaminado a la unidad lingüística es inútil.

En este punto es que el criterio comunicativo nos ayudaría a resolver nuestras diferencias. Si empezamos por reconocer lo que el uso corriente nos indica, empezaríamos a difundir la aceptación de lo hispanoestadounidense. Algunos ejemplos nos ayudan a ilustrar este asunto. En el español del Suroeste, por ejemplo, se ha acuñado un nuevo vocablo para el significado de «seguro» (inglés: *insurance*). Al principio, los hablantes usaban «aseguranza» (del verbo español asegurar) para referirse al seguro automovilístico. Es probable que el sufijo -*anza* haya surgido por analogía con mudanza, crianza y venganza y, en ocasiones, los usuarios lo escriben con zeta. Sin embargo, no tienen manera de corroborar la ortografía, pues tal palabra no se encuentra en ningún diccionario. Los estudiantes matriculados en cursos de español para hispanohablantes tienden a escribir «segúransa» o «segudanza». A pesar de que los usuarios no están seguros de cómo se escribe, el significado de este vocablo se ha extendido a otras áreas semánticas y «aseguranza» también se usa para referirse al seguro de salud, de modo que los hablantes distinguen ahora entre «aseguranza de auto» y «aseguranza médica».

Otro sustantivo que ha incursionado ampliamente en el vocabulario de uso diario es «aplicación», con la acepción que tiene su cognado inglés; solicitud de trabajo. Por extensión semántica, también el verbo «aplicar» ha llegado a significar «solicitar trabajo». En lo que se refiere a la política y a las actitudes hacia la moralidad, el adjetivo español «conservador» ha caído en desuso en el español del Suroeste y ha sido sustituido por «*conservativo*». En todos estos ejemplos, se puede observar que los hablantes optaron por neologismos de raíz latina, dando paso a la función de solidaridad con la lengua española.

Los cambios sintácticos son más sutiles que los léxicos y el esfuerzo del hablante por reconocer la construcción original es mayor. La interrogación coloquial del inglés, *How do you like it...?*, se ha calcado en «¿Cómo te gusta...?» en lugar de «¿Qué te parece...?», comúnmente usada en países que no han tenido contacto con el inglés. Un caso más radical es el uso de la voz pasiva con el verbo «*ser*», que frecuentemente sustituye a la voz pasiva con «se», fenómeno que más salta a la vista en el lenguaje periodístico, donde oraciones tales como «En México se vendieron diez mil barriles de petróleo» pueden verse reemplazadas por oraciones sin agente activo: «En México fueron vendidos diez mil barriles de petróleo», cuando no existe agente activo.

Los ejemplos sintácticos escapan al juicio de corrección de los hablantes más quisquillosos; por lo mismo, ejemplos como los anteriores proliferan en los países hispanohablantes. Un estudio piloto que compara el lenguaje periodístico de España, México y Argentina propone que la mayor incidencia de oraciones pasivas (con el verbo ser) sin agente ocurre en México, después en Argentina y finalmente en España.

UNA PROPUESTA SOCIOLINGÜÍSTICA

Una de las estrategias que puede servir para normalizar un idioma o un dialecto es la codificación a través de la lexicografía y, concretamente, a través de la creación de diccionarios. Los mismos elevan el prestigio del código vituperado o desacreditado por los mismos usuarios o por hablantes que supuestamente hablan idiomas o dialectos de mayor prestigio. Pero un diccionario también puede servir como paliativo a las ansiedades de quienes se enfrentan al proceso de la educación formal. Los antecedentes del México decimonónico ilustran de nuevo este caso. En esa tradición de dar albergue formal a los mexicanismos, el Estado mexicano ha patrocinado la elaboración del *Diccionario básico del español de México* con el propósito de conjuntar en una sola obra de consulta las palabras que representan los diferentes aspectos de la realidad mexicana. Los encargados de tal empresa se han dedicado a espigar los textos de enseñanza primaria y secundaria, buscando palabras de las ciencias sociales, las ciencias naturales, las matemáticas, etc., que requieren explicación (Lara 1986:12). Para llevar a cabo esta tarea, se tuvo que hacer una seria investigación y recopilación de materiales escritos y hablados en una enorme cantidad de contextos de uso de cada palabra, documentados en novelas, periódicos, libros de texto, trabajos científicos, cancioneros, manuales de mecánica y artesanías, historietas, fotonovelas, telenovelas y grabaciones de conversaciones con personas de todo México (Lara 1986: 14). Finalmente, se han incluido, como si fueran acepciones, las locuciones más usuales en el español mexicano y general, es decir, composiciones de palabras y construcciones sintácticas con un significado diferente al de la simple suma de los significados de los vocablos que la componen, como, por ejemplo: baño maría, irse de boca y cantarle a alguien el gallo (Lara 1986: 16).

Una labor lexicográfica como la que se hizo en México podría ser útil en los Estados Unidos para ofrecer alternativas a los usuarios del español, quienes se sienten confundidos y, en ocasiones, hasta avergonzados por las selecciones léxicas que han adquirido en su hogar o en su comunidad. La lengua oral, más que la lengua escrita, puede servir en un principio para legitimar el español de los Estados Unidos. Tal estado de legitimidad es necesario para que los usuarios empiecen a superar las actitudes de inseguridad lingüística que campean en nuestras comunidades y que fácilmente se transmiten de hablante a hablante y de generación en generación.

Los primeros beneficiados por semejante obra lexicográfica serían los estudiantes hispanos matriculados en los cursos de español para hispanohablantes, que vacilan angustiosamente al usar en la lengua escrita los vocablos aprendidos en sus propias comunidades. Tanto en los centros de enseñanza formal como en las comunidades, un *Diccionario básico del español de los Estados Unidos* rescataría al español estadounidense de la mera vernacularización. Las actitudes hacia las novedades introducidas en la lengua española no son tan inflexibles como cree la mayoría. El español ha pasado por varias etapas de reforma, modernización y normalización y el éxito o el fracaso de tal empresa ha dependido del momento histórico en que se han planteado los cambios y las personas o instituciones que han tomado la iniciativa en dichas tareas (ver Marcos Marín 1979: cap. 3). El idioma español es más hospitalario de lo que creen los usuarios del mismo.

Finalmente, además del diccionario, deberíamos iniciar una campaña de relegitimación y respeto al idioma de los hispanos. Para nuestros estudiantes y para el público en general, sería muy reconfortante saber que en los siglos de oro de las letras españolas, las imprentas de Venecia, Milán, Amberes, Bruselas, París y Lyon publicaban constantemente las obras de autores españoles. Una campaña en pro del español ayudaría a difundir la historia de la lengua española en los momentos históricos en que ésta alcanzó extraordinaria difusión. En Italia, en Francia y en Flandes eran muchos los que aprendían el español. Los clásicos franceses Corneille, Lesage y Molière se inspiraron con avidez en fuentes españolas (Lapesa 1982: 292–293).

Una campaña en pro del idioma español podría tener efectos positivos sobre todo en los jóvenes que quieren dedicarse a la enseñanza del idioma o a la educación bilingüe. Para atraer a las nuevas generaciones a la profesión de la enseñanza del español, es preciso cuestionar con firmeza los principios del imperialismo lingüístico inglés tal como los presenta la obra de Phillipson (1992). Los principios del imperialismo lingüístico inglés *(English Linguistic Imperialism)* se podrían interpretar en los Estados Unidos como una variante del colonialismo interno. Por tanto, si se cuestiona la ideología lingüística en lugar de aceptarla a priori, se puede postular un principio de relativismo lingüístico. El principio del relativismo lingüístico serviría de auxilio en la tarea de comparar las posiciones de los idiomas en la historia de los pueblos. El español también fue lengua imperial en los tiempos de la rivalidad anglo-hispana, una rivalidad basada en las guerras dinásticas y religiosas. La rivalidad persiste hasta nuestros días, pero tiene hoy matices económicos y políticos que complican el mosaico multilingüe y multicultural de los Estados Unidos. La ideología lingüística que respalda al inglés como lengua «superior» se debe cuestionar, si es que la tarea de los educadores es mantener el idioma español para darle un lugar relativamente decoroso en la sociedad norteamericana.

OBRAS CITADAS

Cifuentes, B. 1994. "Las lenguas amerindias y la formación de una lengua nacional en México en el siglo XIX". *Mexico's Language Policy and Diversity*. Ed. M. Hidalgo. (Language Problems and Language Planning) 18(3): 208–222.

Crowley, T. 1989. *Standard English and the Politics of Language*. Urbana and Chicago: University of Illinois.

Escobar, A. 1976. *Lenguaje*. Lima: Instituto de Investigaciones.

Fishman, J. A. 1972. *The Sociology of Language: An Interdisciplinary Social Science Approach to Language in Society*. Rowley, MA.: Newbury House.

García Icazbalceta, J. 1965a (1876). "La academia mexicana correspondiente a la española". *Obras*. Tomo VI: 116–151.

———. 1965b (1890). "Provincialismos mexicanos". *Obras*. Tomo IV: 68–97.

Giles, H. y P. T. Powesland. 1975. *Speech Style and Social Evaluation*. (European Monographs in Social Psychology). Londres: Academic Press.

Lapesa, R. 1982. *Historia de la lengua española*. Madrid: Gredos.

Lara, F. 1986. *Diccionario básico del español de México*. México: El Colegio de México.

Marcos Marín, F. 1979. *Reforma y modernización del español: ensayo de socio-lingüística histórica*. Madrid: Cátedra.

Phillipson, R. 1992. *Linguistic Imperialism*. Oxford: Oxford Press.

Santamaría, F. J. 1954, 1974, 1978, 1983. *Diccionario de Mejicanismos: Razonado, comprobado, con citas de autoridades; comparado con el de americanismos y con los vocabularios provinciales de los más distinguidos diccionaristas hispanoamericanos. Basado en el Vocabulario de Mexicanismos, de Joaquín García Icazbalceta, publicado en 1899 hasta la letra G*. México: Editorial Porrúa.

Stewart, W. 1962. "An Outline of Linguistic Typology for Describing Multilingualism." *Study of the Role of Second Languages in Asia, Africa and Latin America*. Ed. F. Rice. Washington, D.C.: Center for Applied Linguistics. 14–25.

Thomas, G. 1991. *Linguistic Purism*. Londres: Longman.

— Capítulo *8*

En busca de las normas fonéticas del español

John M. Lipski
University of New Mexico, Albuquerque

INTRODUCCIÓN

Al presentársenos un interlocutor que nos habla en español, lo primero que notamos es la pronunciación: todas las características segmentales y suprasegmentales que se ubican bajo la rúbrica del acento. Antes de que unos vocablos claves delaten el origen regional del interlocutor, antes de que las configuraciones sintácticas revelen su procedencia socioeconómica y el registro estilístico, antes aún de que la selección de marcadores discursivos establezca definitivamente las bases de la conversación, formamos una imagen mental del locutor, basada en los rasgos fonéticos. Las pruebas de laboratorio indican que un individuo normal requiere sólo un par de segundos para identificar positivamente un fragmento de su lengua nativa; los procesadores electrónicos todavía precisan de más tiempo para efectuar la misma identificación. Este reconocimiento de similitud se lleva a cabo en menos tiempo que lo requerido para identificar un pariente inesperadamente despeinado o maquillado; a veces inclusive lleva más tiempo combatir la traición del espejo y reconocernos a nosotros mismos. En unos segundos más, el hablante nativo puede determinar si su interlocutor habla español como lengua nativa (o si tiene proficiencia «casi-nativa», según la jerga de los servicios diplomáticos). Inclusive el hablante que ignora la gama de variación dialectal que caracteriza el mosaico del español mundial suele diferenciar sin dificultad la pronunciación nativa de la no-nativa.

La importancia primordial de la dimensión fonética se patentiza también al efectuar un rastreo bibliográfico de la lingüística hispánica. La lingüística histórica, ejemplificada por los muchos manuales de «historia de la lengua española», dedica una atención desmesurada a la evolución del sistema fónico, dejando con frecuencia que la sintaxis y el léxico no tengan sino carta de observador. Es igualmente frecuente que las monografías dedicadas a dialectos específicos, así como los tratados de dialectología comparativa, no sean sino recopilaciones de datos fonéticos y fonológicos. El volumen combinado de tales estudios tal vez alcance la totalidad de los glosarios de regionalismos; éstos a su vez pueden comentar las idiosincrasias de los dialectos respectivos.

No deja de ser paradójico, pues, que la cuestión de variación fonética apenas se asome en las aulas de español, tanto en la enseñanza del español como segunda lengua como en los programas destinados al perfeccionamiento lingüístico del hispanoparlante. En un principio, las clases de español para estudiantes de habla inglesa presentan algunos datos de índole comparativa, con el fin de disminuir la interferencia fonética de la lengua nativa. En la práctica, muchos profesores, abrumados por los múltiples quehaceres pedagógicos y burocráticos, hacen caso omiso de la superación fonética, con los tristes resultados que ya conocemos. Curiosamente, en las clases de español orientadas hacia estudiantes de habla española, la variación fonética rara vez surge como tema de discusión, ni mucho menos figura como materia nuclear. Es legítimo investigar esta notable discrepancia entre el aspecto más llamativo del lenguaje hablado y la casi invisibilidad de una orientación fonética en el ambiente didáctico.

A pesar de todo, es posible que no exista tal paradoja. Al fin y al cabo, la adquisición de una pronunciación adecuada, sobre todo en cuanto a los elementos prosódicos suprasegmentales, representa una tarea casi insuperable para la mayoría de las personas que aprenden una segunda lengua después de la adolescencia. Es usual que ni siquiera los estudiantes más sobresalientes lleguen a alcanzar una pronunciación comparable a la del hablante nativo, aunque hacen maravillas con la gramática y disponen de un extraordinario repertorio léxico. A la vez, es igualmente difícil imitar a la perfección un dialecto que no sea el propio, si el período de aprendizaje empieza después de la adolescencia. Esta dificultad también se extiende a los diversos sociolectos de una sola comunidad lingüística, lo cual puede ocasionar una gran frustración a los individuos de origen humilde que pretenden lograr una movilidad socioeconómica. «El acento» los delata, aun cuando manejan los registros sociolingüísticos más eruditos. Debido a estos factores, es posible que los profesores de español para hispanoparlantes den por sentada la inutilidad de la modificación fonética, y opten por el silencio decoroso, en vez de la batalla perdida de antemano.

Puesto que las configuraciones fonéticas son adquiridas a una edad muy temprana, es igualmente posible que rija la idea de que a los estudiantes mayores ya no les hace falta un programa de superación fonética. ¿Para qué, se preguntarán muchos profesores, quitarle tiempo a las materias «nuevas», para analizar una faceta del comportamiento humano que ya marcha perfectamente a un nivel inconsciente? Además, en los Estados Unidos, la mayoría de los programas académicos destinados a la enseñanza del español a los hispanohablantes, sobre todo al nivel universitario, se llevan a cabo en un entorno demográfico donde predomina una sola variedad dialectal del español, razón por la cual los profesores no ven la importancia de un enfoque comparativo en la dimensión fonética.

En los comentarios que ofrezco a continuación, me propongo cuestionar la ausencia de datos fonéticos en la mayoría de los programas de español para hispanohablantes. En gran medida, las características fonéticas nos representan ante nuestros interlocutores, despertando imágenes vívidas y connotaciones inapelables. Es, por lo tanto, importante que el estudiante disponga de información sobre actitudes y variantes sociolingüísticas para lograr la realización personal. No importa que el propósito de tal orientación pedagógica sea la modificación consciente o la tenaz retención de la pronunciación corriente; las decisiones resultantes se basarán en conclusiones razonadas en vez de reacciones motivadas por la ignorancia.

En lo que queda de esta intervención, me permitiré plantear unos postulados, acompañado cada uno de ejemplos y contraejemplos. No pretendo que los postulados conduzcan a una conclusión definitiva; los ofrezco con el único fin de estimular el diálogo fructífero. Es evidente que las actitudes y connotaciones ocasionadas por la variación fonética surgen de una base sistemática; es imposible atribuir a la simple xenofobia o a la ignorancia agresiva la totalidad de las reacciones emotivas condicionadas por las variantes fonéticas. La búsqueda de los principios que canalizan nuestras reacciones emotivas hacia la variación fonética dialectal ha de tener consecuencias positivas para la docencia.

POSTULADOS

1. Pronunciar cada letra de la representación ortográfica; cualquier desviación de esta práctica será estigmatizada en cierta medida.

Este postulado le concede a la lengua escrita una prioridad obvia que no se debe a la casualidad, ya que los que fabrican las actitudes lingüísticas normativas pertenecen exclusivamente a las capas intelectuales más elitistas. Esto no quiere decir que un grupo con poco conocimiento de la lengua escrita no pueda manifestar actitudes y opiniones basadas en la variación fonética. En este caso, la única base empírica será una comparación con otros dialectos en que los sonidos claves en palabras equivalentes se realizan de una manera sistemáticamente diferente.

Para citar un ejemplo de las actitudes populares, al nicaragüense se le llama familiarmente «muco» en los países vecinos, sobre todo para referirse al campesino semialfabeto. Este vocablo, que en su acepción usual se aplica a la vaca que carece de un cuerno, se extiende metafóricamente a la eliminación de toda /s/ final de sílaba en el español de Nicaragua, rasgo notable en comparación con el habla de Costa Rica, que suele retener la /s/ como sibilante, y aun con el español de Honduras, donde la reducción de la /s/ no alcanza proporciones semejantes. Los vecinos observadores del español nicaragüense han reparado en una diferencia fonética sistemática que distingue el habla de las diversas repúblicas centroamericanas y, en conformidad con la tradición folklórica popular, la han bautizado con un nombre extraído del idioma vernáculo.

Dejando de lado la letra h, cada letra de cada palabra española tiene una realización fonética, por lo menos en alguna región del mundo hispanoparlante. En los grandes centros urbanos, todas las variantes posibles suelen producirse en un momento u otro, aunque sea en el seno de un grupo minoritario que responde a la noción del prestigio extraterritorial. Según la lógica popular, si una letra se escribe, es para que se pronuncie. Este razonamiento refleja una ignorancia, a nivel del pueblo no especializado, del cambio lingüístico; al mismo tiempo, representa la fascinación hipnótica ejercida por la palabra escrita, englobada en los muchos tomos eruditos que ostentan títulos autoritarios como diccionario, gramática, ortología, etc.

Este postulado, entonces, aunque no es del todo aceptable, tiene algún mérito; basta considerar la inseguridad lingüística que rige en los dialectos que prefieren la reducción consonántica, por ejemplo, en el área caribeña. A la supresión de la /s/ final, fenómeno que dominó la historia de muchos idiomas ilustres (el francés, el griego, el sánscrito, etc.), se llama antropófago de comerse las eses; abundan las ultracorrecciones, especialmente en lo que concierne a la /s/, aun entre los individuos más preparados. Yo he observado combinaciones tales como «catorces año», «tengo un sijo», «un relós», etc. incluso entre individuos de formación universitaria. El propio pueblo caribeño reconoce este dilema y al lenguaje presumido lleno de ultracorrecciones fonéticas le dice «hablar fisno».

En Colombia, los residentes de las tierras altas del interior suelen burlarse del habla de los «costeños», que eliminan sistemáticamente toda consonante final. En España existe una tradición multisecular de burlarse del habla de los andaluces, para quienes la consonante final es un concepto inexistente. Esta misma manera de hablar, apreciada por los aficionados de la tauromaquia y el cante flamenco, es víctima de un menosprecio cruel e hipócrita al postularse como candidato para vehículo lingüístico culto. Desde que el sevillano Felipe González ocupa el cargo de primer ministro de España y los partidos políticos andaluces se han fortalecido en la España democrática, el habla andaluza marcha paulatinamente hacia la legitimidad sociolingüística.

Aunque dotado de una sencillez muy atractiva, el postulado de que el prestigio lingüístico presupone la pronunciación de toda letra escrita tiene unas excepciones notables. Por ejemplo, la /d/, tanto en contextos intervocálicos como al final de la palabra, suele desaparecer aun en los estratos más cultos. En Andalucía, huelga decir que la /d/ se elide en los dos contextos; en Castilla, aunque la /d/ final de palabra puede realizarse como [ø], la elisión de la /d/ intervocálica es práctica común, sobre todo en la desinencia -ado. Es más; esta pronunciación no sólo es aceptada, es aun preferida, hasta tal punto que el nativo de Castilla que pronuncia toda /d/ intervocálica provoca una reacción que oscila entre asombro y hostilidad. En América Latina, el asunto es igualmente complejo. Pocas son las naciones en que la norma lingüística culta insiste en la realización fonética de toda /d/ final de palabra y los ciudadanos más preparados pueden hasta olvidarse de su existencia. La realización de la /d/ intervocálica presenta un panorama muy variado en Hispanoamérica; para citar un solo ejemplo, en Chile el índice de elisión de la /d/ intervocálica es comparable a las cifras castellanas y andaluzas y esta pronunciación es totalmente aceptable. La misma realización efímera de la /d/ sería muy indeseable, por ejemplo, en México. Los colombianos del interior, al mismo tiempo que estigmatizan la pérdida de consonantes entre sus compatriotas del litoral, a veces omiten la /g/ de la querida ciudad de Bogotá; la /b/ y /d/ intervocálicas pueden sufrir el mismo destino. Un hablante de Nicaragua o del norte de México, por ejemplo, no titubea ante la eliminación de la /y/ intervocálica en gallina, silla y sello; tal pronunciación sería impensable en Cuba, Argentina o Bolivia. En suma, si en efecto existe una preferencia por que cada letra se realice fonéticamente, la aplicación de esta política sociolingüística es muy selectiva.

2. Concederle a cada fonema una sola realización básica, cualquiera que sea su naturaleza fonética. Las variantes que se alejen de la pronunciación uniforme serán estigmatizadas; la neutralización de fonemas será igualmente estigmatizada.

Dejando entre paréntesis la elisión de segmentos, el español «estándar» de cada región, tal como figura en los muchos «manuales de pronunciación», reconoce implícitamente una sola variante alofónica para cada contexto fónico. Cualquier variación o desviación produce una inquietud general, situación conocida como polimorfismo entre lingüistas especialistas, pero tildada de dejadez, vicio o incorrección por los guardianes de la pureza lingüística. Así sucede que el nativo de las tierras andinas se siente incómodo ante la posibilidad de realizar la /rr/ como fricativa en vez de vibrante; el puertorriqueño manifiesta su ambivalencia hacia la posible realización velarizada de /rr/, la cual, desde una perspectiva objetiva, representa el rasgo más notable del patrimonio lingüístico borinqueño. El panameño y el nuevomexicano prefieren no reconocer la frecuente oscilación entre alófonos africados y fricativos de /ch/, y los sevillanos se fastidian cuando sus conciudadanos realizan la /y/ como fricativa rehilada, pronunciación por otra parte normal en Buenos Aires y Montevideo.

Por razones que se ubican más allá del pensamiento racional, según la opinión popular, la neutralización de una oposición fonológica siempre conduce al pecado mortal. Cuando en efecto se produce una confusión ocasional, los puristas aumentan sus críticas vociferantes. En términos generales, la neutralización que con mayor frecuencia se produce y que menos prestigio refleja es la erosión de la oposición /l/ y /r/ al final de la sílaba. Aunque el contexto general casi siempre es suficiente como para evitar la confusión, la existencia nominal de pares de palabras tales como *casar/casal, arma/alma, harto/alto*, etc., se erigen en advertencias de la destrucción idiomática que tendría lugar si se permitiera esta promiscuidad lingüística. En la práctica, es casi inexistente el hablante que confunda toda ocasión de /l/ y /r/ o que varíe caóticamente entre las dos líquidas. Al contrario, los alófonos triunfantes tienen una clara distribución regional (por ejemplo, en Andalucía, el cambio /l/ > [r] es mucho más frecuente que el cambio /r/ > [l], mientras que en Puerto Rico y Cuba la situación es completamente opuesta). La mayoría de los hablantes que neutralizan los reflejos etimológicos de /l/ y /r/ sólo efectúa este proceso en una fracción de los contextos posibles. Sin embargo, al oído que no espera estos cambios, basta una sola ocurrencia de «trabajal» por *trabajar* o «er niño» por *el niño* para producir escalofríos. La situación es aún peor en las regiones donde se producen neutralizaciones tridimensionales. Por ejemplo, el habla vernacular de la región septentrional dominicana llamada El Cibao neutraliza /l/, /r/ e /i/ finales de sílaba, siendo [i] semivocálica el resultado preferido: *mujer* >«mujei», *alto* >«aito», etc. Por supuesto, las ultracorrecciones correspondientes son igualmente extravagantes, siendo Artís por Haití el caso más extraordinario que me ha tocado escuchar.

A pesar de lo antedicho, la neutralización fonológica puede ser aceptable o aun pasar desapercibida. Es corriente la inestabilidad de /p/, /t/ y /k/ al final de la sílaba, sin que esta neutralización provoque un rechazo comparable a la reacción ante la confusión de /l/ y /r/; no es difícil oír «esapto» por *exacto*, «Peksi-Cola» por *Pepsi-Cola* o «ecsétera» por *etcétera*. Estas consonantes ya están en una situación precaria en el español moderno, siendo imposibles al final de la palabra. Las combinaciones correspondientes se conocen como grupos cultos y, al neutralizarse las oclusivas sordas implosivas, no suena tan estruendosamente la alarma lingüística.

El postulado que acabamos de enunciar también tiene sus excepciones diacrónicas. El español antiguo sufrió neutralizaciones masivas, dando como resultado cumulativo la pérdida de por lo menos seis oposiciones fonológicas, y la posible homofonía de centenares de palabras, sin que el pueblo hispanoparlante haya reaccionado de una manera negativa. En la época contemporánea, el fonema lateral palatal ll casi desaparece, lo cual hace que el yeísmo ya sea la pronunciación definitiva y no la excepcional. Las áreas españolas en que la ll aún persiste son más bien zonas aisladas o marginadas: unos pequeños enclaves rurales de la Península Ibérica e Islas Canarias. En Hispanoamérica, la ll perdura todavía por toda el área andina, en el Paraguay y en una zona cada vez más estrecha del territorio colombiano. Aun en estos países, el yeísmo está ganando terreno, sin despertar la protesta popular. Irónicamente, la retención de la ll «etimológicamente correcta» no representa un indicador de prestigio, aun en las naciones en que la ll todavía tiene vigencia; en España y Canarias, hasta se da el fenómeno contrario de que el uso de ll provea un sabor rústico, poco deseable en los medios urbanos sofisticados. En las regiones, tanto de España como de Latinoamérica, en que la ll no ocurre, el hecho de que uno que otro forastero la produzca apenas despierta la curiosidad. Por otro lado, en las aulas de español en los Estados Unidos, perdura ocasionalmente el mito de que la ll lateral es un componente esencial del «castellano correcto». Promulgan esta idea equivocada los cuadros de profesores bien intencionados que han aprendido el español como segunda lengua, además de unos cuantos profesores que hablan el español como lengua nativa y, aunque no emplean la ll en su propia producción lingüística, se sienten obligados a presentar este fonema a sus alumnos. Lo mismo vale, dicho sea de paso, en el caso del fonema interdental ll, que se encuentra legítimamente sólo en algunas regiones de la España peninsular y que nunca llegó a establecerse en América Latina (pero véanse las observaciones de Guitarte (1973)). Muchos profesores que ni siquiera conocen España insisten en el aprendizaje y el uso del fonema ll en las aulas de español, afirmando que representa la manera «castellana» y, por lo tanto, «correcta» de hablar. Esta actitud representa lo peor del eurocentrismo neocolonial, una sumisión cobarde ante la noción de que los productos importados de la tierra de nuestros antepasados distantes valen más que los frutos de la producción nacional. Esta orientación pedagógica es aun más nociva cuando se vincula a los pensamientos semicultos de «subdesarrollo», «lenguaje del tercer mundo» y otras formas de represión lingüística.

3. Escoger los denominadores comunes; para cada fonema, escoger la variante alofónica de mayor alcance geográfico. Evitar las variantes con claras restricciones regionales y, para resolver las dudas, optar siempre por la variante que sea estadísticamente más frecuente.

En cierta medida, este postulado informa la mayoría de los programas didácticos de español en los Estados Unidos, tanto para principiantes como para hispanoparlantes. Dejando de lado los últimos estertores eurocéntricos, que al parecer van en declive, tanto los libros de texto como los profesores de idiomas suelen preferir las variantes fonéticas comunes a todos los dialectos del español (aun cuando no sean las variantes más frecuentes en determinadas zonas). Las personas preparadas, al encontrarse con interlocutores de otras zonas dialectales, pueden manifestar una inseguridad lingüística en cuanto a los marcadores fonéticos altamente regionalizados (p. ej: la /y/ rehilada, la /rr/ fricativa o velarizada, el desdoblamiento consonántico *puerta* >«puetta», la glotalización consonántica *Cartagena* >«Cagtagena»). Naturalmente, los que no conocen la totalidad de la variación regional no alteran su producción fonética tan drásticamente, pero aun los residentes analfabetos de zonas rurales son capaces de ubicar su propia habla dentro de un marco comparativo más amplio de lo que se cree popularmente.

4. Las hablas de las ciudades capitales constituyen las variantes más prestigiadas dentro de las fronteras nacionales; a nivel internacional, las características fonéticas de los países poderosos gozarán de más prestigio que la pronunciación típica de los países más pobres.

En casi todos los países de habla española, existe una preferencia general por el lenguaje de la ciudad capital, la cual a la vez puede ser el centro urbano de mayor empuje económico. A veces, la ciudad favorecida no es la capital actual, sino una ciudad relativamente pequeña y lingüísticamente conservadora, que en épocas pasadas servía como capital. Es así, pues, que el habla de Madrid no disfruta de un prestigio extraordinario dentro de España; si tuvieran que indicar su preferencia, muchos españoles señalarían a Burgos o aun Toledo como los receptáculos del español «más puro». En Centroamérica, la antigua capital colonial hondureña de Comayagua tiene más prestigio lingüístico que Tegucigalpa, donde pululan personas desplazadas de todas partes de la república. En Nicaragua, los sentimientos populares apuntan hacia las dos ciudades que competían por ser capital en el período colonial: León y Granada.

Uno de los ejemplos más claros de la fuerza normalizadora ejercida por las ciudades capitales y la potencia económica es la reducción de las consonantes finales de sílaba, especialmente /s/, en Colombia y Venezuela, respectivamente. En Colombia, la reducción consonántica se considera una característica «costeña»; en el interior del país, esta pronunciación despierta la risa y provoca imágenes de un pueblo bullanguero, de dejadez articulatoria, música escandalosa e imprecisión gramatical. Los costeños, a su vez, aunque se resienten de las actitudes intolerantes de los «cachacos», sienten la presión de imitar por lo menos algunos de los rasgos consonánticos del interior. El resultado es una ambivalencia sociolingüística que se traduce en una multitud de ultracorrecciones e inconsistencias (p. ej.: Lafford 1982). En el país vecino, existe el mismo contraste, pero a la inversa. La pequeña zona andina de Venezuela, que limita con Colombia, retiene las consonantes finales igual que los dialectos colombianos del interior; de hecho es muy difícil distinguir el habla andina venezolana de la colombiana. En Venezuela, sin embargo, el habla de las principales ciudades, entre ellas la capital administrativa (Caracas) y la capital petrolera (Maracaibo), reduce la /s/ final de sílaba, igual que las otras variedades del español caribeño. La atracción lingüística ejercida por los grandes centros urbanos produce el efecto contrario a lo que se observa en Colombia; el dialecto gocho de la región andina venezolana, que gozaría de un gran prestigio si se ubicara en suelo colombiano, está en vías de desaparición, ya que los venezolanos andinos imitan cada vez más la pronunciación de sus compatriotas del litoral (Longmire 1976).

Una situación comparable gira alrededor de la /y/ rehilada, fenómeno típico del área de Río de la Plata. En efecto, la /y/ rehilada abarca la totalidad del territorio uruguayo, pero en épocas pasadas se limitaba al litoral argentino. En las últimas décadas, la /y/ rehilada «porteña» ha llegado a las zonas más remotas de la Argentina, desplazando la /y/ no rehilada aún en las regiones donde la /rr/ recibía (y recibe aún) una realización similar o idéntica. Como resultado, los argentinos de las provincias periféricas manifiestan una variación considerable en la realización de /y/. La misma /y/ rehilada, tan apreciada como componente esencial del puchero criollo del habla bonaerense, lleva un estigma social en otros países, por ejemplo, en Sevilla, donde se limita a las capas socioculturales inferiores.

En México, el habla de la ciudad capital ejerce una gran fascinación sobre la población provinciana. A la vez que la gente de provincias se ríe de la melódica entonación «chilanga», basta una visita breve al D. F. para que el viajero se lleve de recuerdo el mismo contorno suprasegmental, indudable señal de prestigio calculado en términos de la movilidad geográfica.

IMPLICACIONES PARA LA ENSEÑANZA

¿Es posible, pues, llegar a la conclusión de que las actitudes hacia la variación fonética provienen de una combinación de actitudes neocoloniales y presiones económicas? Y en el caso de una respuesta afirmativa, ¿deben los profesores y alumnos (1) doblarse bajo las fuerzas del mercado, (2) asumir una postura de desafío nacionalista, o (3) sencillamente no hacer caso a las circunstancias externas, para seguir hablando como siempre? Una respuesta completa no cabría dentro de los parámetros de este trabajo, así que nos limitaremos a una sugerencia muy general: que se enfoque principalmente la variación fonética dentro de cada comunidad lingüística, sin manifestar tanta inquietud por los detalles que caracterizan los dialectos ajenos en otros países y otros continentes.

Para un mexicano, el hecho de que un nativo de Castilla pronuncie *zapato* con una fricativa interdental o que un boliviano utilice una lateral palatal en *caballo* no pasa de ser una curiosidad aislada, sin mayores implicaciones para el mexicano que se queda en casa. Por otro lado, dentro de la comunidad lingüística en que vive dicho ciudadano mexicano, se le atribuye un valor negativo a la realización de *policía* como «polecía», de *advertir* como «alvertir», de *jaula* como «jabla», de *pues* como «pos», o de *mucho* como «muncho». Para el mexicano, pues, éstos son los verdaderos datos importantes, cuyo manejo tiene consecuencias reales para la vida cotidiana.

De igual manera, al cubano le es indiferente la /y/ rehilada argentina o la elisión vocálica de la sierra ecuatoriana (*todos los estudiantes* >«tods los studiants»). Para el cubano, viene más al caso la pronunciación de *puerta* como «puetta» o «puelta», siendo las dos variantes socialmente marcadas. El puertorriqueño, a su vez, no se deja conmover ante la perspectiva de un «castellano mundial», pero sí afina el oído y la mandíbula al tratarse de la realización de /r/ y /rr/, las dos variables claves del ámbito lingüístico boricua. Como consecuencia, los profesores de español para hispanohablantes en los Estados Unidos deben conocer los parámetros de la variación dialectal, sobre todo las variedades regionales y sociales representadas entre los estudiantes. Las presentaciones didácticas deben reflejar las variables sociolingüísticas en las respectivas comunidades, enfocando las variantes marcadas y dejando al margen los detalles fonéticos que no tienen relevancia directa. En la mayoría de los casos, una clase de español para hispanoparlantes no incluye más de dos o tres zonas dialectales, lo cual hace factible una pedagogía individualizada, siempre que los profesores dispongan de materiales de referencia, para complementar sus propias experiencias e intuiciones.

Cuando los estudiantes ya están conscientes de la variación regional y social del inglés, pueden ser provechosas algunas comparaciones entre la variación dialectal del español y los fenómenos variables que afectan al inglés. La mayoría de los angloparlantes puede distinguir entre un acento regional de connotación neutral y una variante fonética que lleva un estigma social dentro de la misma comunidad lingüística. Es importante diferenciar (1) las variantes fonéticas características del habla rápida; (2) las variantes fonéticas que ocurren en el habla coloquial, cualquiera que sea la velocidad de producción; y (3) las variantes que se limitan a un estrato sociocultural, independientemente de los factores de estilo, registro y velocidad. Es frecuente que el hispanoparlante que vive en los Estados Unidos resida en una comunidad donde no se manifiesta la misma gama de variación estilística, registral y sociolingüística de los respectivos dialectos de origen. Aún cuando se encuentra una variedad representativa de registros y estilos, la presión para una adquisición rápida y eficaz del inglés puede reducir la fuerza correctiva de la comunidad sobre la producción lingüística en español. Como resultado, la juventud criada en este ambiente bilingüe transicional no recibirá una orientación adecuada en cuanto a las variantes socialmente más aceptables del español y, por lo tanto, ignorará las posibles consecuencias negativas de ciertas configuraciones lingüísticas. Muchos padres de familia, así como los dirigentes comunitarios, comparten la idea equivocada de que una proficiencia mayor en inglés implica y aún requiere una proficiencia reducida en español; basta una ojeada a las comunidades bilingües alrededor del mundo para rechazar esta implicación. Los padres que adoptan esta postura derrotista de «¿qué se le puede hacer?» dejarán de prestar una atención adecuada a la adquisición del español por parte de sus hijos, con tal que éstos lleguen a dominar el inglés. Por supuesto, se produce un círculo vicioso; como resultado, el habla de la juventud puede contener una cantidad desproporcionada de elementos de marca negativa, en comparación con los dialectos de origen.

En toda comunidad lingüística, existe una amplia gama de modificaciones fonéticas propias del habla rápida. Una articulación relajada, contracciones segmentales y elisión masiva de consonantes y vocales serían completamente inaceptables en un estilo más lento y esmerado. El habla rápida presenta unos denominadores comunes, que ocurren en casi todas las variedades del español. Entre ellos figuran la elisión de /d/ intervocálica, final e inicial de palabra (*una taza (d)e café, uste(d) sabe, no tiene na(d)a que ver*); la pérdida ocasional de /s/ final de palabra ante consonante (sobre todo /rr/) y en las combinaciones *todos los, todas las);* y la pérdida de consonantes obstruyentes al final de la sílaba en palabras como *exacto, examen, octubre*, etc.

Es sumamente difícil trazar una línea divisoria entre los fenómenos del habla rápida y el lenguaje propiamente coloquial, ya que los registros más formales suelen mantener una mayor precisión articulatoria aun cuando se habla a alta velocidad. Cuando una configuración típica del habla rápida o coloquial se cuela a un discurso más estructurado, puede producirse una valoración negativa. Por ejemplo, la realización de *para* como «pa», que se da por todo el mundo de habla española, pertenece netamente al habla rápida y coloquial. En las circunstancias apropiadas, esta pronunciación alcanza el nivel de los hablantes más preparados. Al mismo tiempo, la pronunciación de *para* como «pa» dentro del marco de un discurso formal o a velocidad lenta conlleva una connotación de incultura y baja condición socioeconómica, por lo menos en las comunidades en que es viable una educación formal en español. Un caso comparable en inglés sería la pronunciación de *for* como «fer». El hispanohablante que utiliza «pa» indiscriminadamente puede provocar una reacción indeseada entre sus interlocutores; el hablante preparado que produce tal variante en contextos inverosímiles puede ser tomado por hipócrita o embustero. Aun cuando se acepte la legitimidad articulatoria de la reducción para > pa, es importante reconocer las consecuencias sociales de emplear esta pronunciación. Al profesor de español le corresponde la advertencia sociolingüística, no con el fin de menospreciar la pronunciación de los alumnos, sino para proporcionarles la información adecuada para que hagan sus propias decisiones fónicas.

Por fin, dentro de cada comunidad lingüística existen variantes fonéticas que llevan una marca sociolingüística indeleble; en la mayoría de los casos, se trata de una valoración negativa. Los detalles específicos varían según el dialecto y hay más variabilidad que en cuanto a los fenómenos del habla coloquial y rápida. Por lo tanto, urge el estudio pormenorizado de las variedades dialectales representadas entre los alumnos. En la región dominicana del Cibao, por ejemplo, la vocalización de /l/ y /r/ finales de palabra ha llevado siempre un reconocido estigma social, ampliamente representado en la literatura costumbrista dominicana. Esta articulación provenía de campesinos y otros elementos marginados de la sociedad dominicana. En Puerto Rico, la /rr/ velarizada ha provocado reacciones igualmente fuertes. Curiosamente, en tiempos recientes, las variantes estigmatizadas han sido adoptadas (especialmente entre los intelectuales progresistas) como símbolos positivos de orgullo regional en las dos comunidades, una reacción contra el imperialismo lingüístico extraterritorial (ver Alba 1988, 1990; Coupal et al. 1988; López Morales 1979, 1983; Pérez Guerra 1991).

En casi todos los dialectos del español caribeño, el desdoblamiento consonántico o la glotalización, como consecuencia de la neutralización de /l/ y /r/ finales de sílaba lleva un fuerte estigma sociolingüístico (p. ej.: *algo* >«aggo», *Cartagena* > «Cagtagena»/«Cattagena»). La lateralización de /r/ final de sílaba (*puerta* >«puelta», *trabajar* > «trabajal») tiene connotaciones ligeramente menos negativas, ya que traza un perímetro socioeconómico más amplio en la zona caribeña, mientras que los fenómenos antes mencionadas se limitan a las capas sociales más marginadas. Aun siendo así, la lateralización de /r/ produce resultados diferentes en cada región; esta pronunciación es a la vez más frecuente y menos llamativa, por ejemplo, en Puerto Rico y grandes extensiones de la República Dominicana. En Cuba y Venezuela, la lateralización de /r/ conlleva connotaciones más negativas, mientras que en Panamá y la costa caribeña de Colombia el proceso apenas se verifica.

En los dialectos mexicanos, pocos son los rasgos fonéticos universalmente estigmatizados o prestigiados. Una posible excepción es la transposición/metátesis de consonantes líquidas (*pobre* >«probe», *Gabriel* >«grabiel») o de la /s/ del pretérito («dijites»<*dijiste*, «hablates» <*hablaste*), combinaciones poco apreciadas por todo el mundo hispanohablante. La mayoría de las combinaciones estigmatizadas en el habla mexicana resulta de una combinación de procesos fonéticos y modificaciones morfológicas: «semos» por *somos*, «muncho» por *mucho*, «estábanos» por *estábamos*, «ha visto» por *he visto*, etc.

CONCLUSIÓN

Para concluir estos comentarios preliminares y muy provisionales, la cuestión de una pronunciación «estándar» sólo puede plantearse dentro de un marco teórico que reconozca varios epicentros regionales y sociales, cada uno de los cuales define intervalos de aceptabilidad para las comunidades lingüísticas respectivas. No existe una regla fácil que explique la totalidad de las reacciones, actitudes y connotaciones ocasionadas por la variación fonética, aunque sí se manifiestan unas correlaciones aproximadas entre la pronunciación favorecida y el conservadorismo etimológico y ortográfico. También hay que tener en cuenta las fuerzas normalizadoras ejercidas por las ciudades y naciones económicamente potentes. La verdadera conclusión, que debe informar las clases de español para hispanoparlantes, es que puede existir la unión en medio de la diversidad y también puede existir la diversidad sin una jerarquía universal de lo correcto y lo incorrecto.

OBRAS CITADAS

Alba, O. 1988. "Estudio sociolingüístico de la variación de las líquidas finales de palabra en el español cibaeño". *Studies in Caribbean Spanish Dialectology*. Eds. R. Hammond y M. Resnick. Washington, D.C.: Georgetown UP. 1–12.

———. 1990. *Variación fonética y diversidad social en el español dominicano de Santiago*. Santiago de los Caballeros: Universidad Católica Madre y Maestra.

Coupal, L., P. I. Germosen y M. Jiménez Sabater. 1988. "La /-r/ y la /-l/ en la costa norte dominicana: nuevos aportes para la delimitación del subdialecto cibaeño". *Anuario de Lingüística Hispánica (Valladolid)* 4: 43–79.

Guitarte, G. 1973. "Seseo y distinción s-z en América durante el siglo XIX". *Romanica* 6: 59–76.

Hernández, C., G. de Granda, C. Hoyos, V. Fernández, D. Dietrick y Y. Carballera, eds. 1991. "El español de América". *Actas del III Congreso Internacional del Español de América*. Salamanca: Junta de Castilla y León.

Lafford, B. 1982. "Dynamic Structuring in the Spanish of Cartagena, Colombia: The Influences of Linguistic, Stylistic and Social Factors on the Retention, Aspiration and Deletion of Syllable- and Word-Final /s/." Tesis. Cornell University.

Longmire, B. 1976. "The Relationship of Variables in Venezuelan Spanish to Historical Sound Changes in Latin and the Romance Languages." Tesis. Georgetown University.

López Morales, H. 1979. "Velarización de /rr/ en el español de Puerto Rico: índices de actitud y creencias". *Homenaje a Fernando Antonio Martínez*. Bogotá: Instituto Caro y Cuervo. 193–214.

———. 1983. *Estratificación social del español de San Juan de Puerto Rico*. México D. F.: Universidad Nacional Autónoma.

Pérez Guerra, I. 1991. "Un caso de prestigio encubierto en el español dominicano: la 'vocalización cibaeña'". *Actas del III Congreso Internacional del Español de América*. Eds. C. Hernández, G. de Granda, C. Hoyos, V. Fernández, D. Dietrick Y. Carballera. Salamanca: Junta de Castilla y León. III: 1185–1191.

Capítulo 9

El español hablado en el Suroeste de los Estados Unidos y las normas lingüísticas españolas

Máximo Torreblanca

University of California, Davis

En cualquier lugar del mundo hispanohablante podemos encontrar cuatro situaciones lingüísticamente distintas.

1. Rasgos lingüísticos comunes a todos los hispanohablantes
2. Rasgos comunes a todos los hablantes de varias regiones, pero inexistentes en otras
3. Rasgos exclusivos de todos los hablantes de una región determinada
4. Variación lingüística condicionada por diversos factores sociales.

Estas cuatro situaciones pueden ilustrarse con los pronombres personales. Las formas *yo, él, nosotros* y *ellos* son comunes a todos los hispanohablantes. Para la segunda persona del plural, predomina grandemente *ustedes*, pero existe la forma *vosotros* en el español europeo. Para la segunda persona del singular, predomina la forma *tú*, pero también existe *vos* en varias regiones de Centroamérica y Suramérica, aunque su uso varía en frecuencia. En Argentina y en Uruguay, el uso de *vos* se extiende a toda la comunidad lingüística, mientras que en Chile, Colombia y Centroamérica, su uso es más restringido y suele limitarse a la población rural; las personas llamadas cultas prefieren la forma *tú*. Para los pronombres objeto del verbo, el sistema predominante en Latinoamérica presenta la forma *le(s)* para el objeto indirecto y *lo(s)* y *la(s)* para el directo. Pero en el español europeo puede usarse la forma *le* para el objeto directo masculino, con referencia a una persona.

1. *Le* vi ayer. Asimismo puede encontrarse la forma *la* como objeto indirecto.
2. *La* mandé saludos. (Le mandé saludos a ella.)
3. ¿Qué *la doy?* (¿Qué le doy a Ud.?)

El uso de *la* como objeto indirecto es general en Castilla la Vieja y existe también en el habla popular madrileña. Este uso ya se daba en la literatura española del Siglo de Oro (en Quevedo, por ejemplo) e inicialmente fue aceptado por la Real Academia de la Lengua Española (en el siglo XVIII), aunque fue rechazado posteriormente (Lapesa 1980: 405–406 y 471–72). Hoy en día, en el habla culta de Madrid se evita el uso de *la* como objeto indirecto, pero en cambio está plenamente aceptada la forma *le* como objeto directo de persona masculina. La lengua española es, indudablemente, un complejo dialectal y las normas o usos predominantes varían de unas regiones a otras y de unos grupos de hablantes a otros dentro de una misma región.

En el español del Suroeste de los Estados Unidos también existen las cuatro situaciones lingüísticas ya mencionadas. Con relación a la primera y la segunda, por razones históricas, hay coincidencia general entre el español de México y el del Suroeste de los Estados Unidos: el sistema pronominal y el verbal son fundamentalmente los mismos al uno y al otro lado del Río Grande. La tercera situación lingüística, que distingue el español del Suroeste de los Estados Unidos del hablado en México, consiste o se debe fundamentalmente al influjo del inglés. Siempre que en un territorio convivan lenguas distintas, unas van a influir sobre otras. Por ejemplo, en el oeste de los Estados Unidos existe la cultura tradicional del *rodeo*. Varias de las palabras inglesas relativas a esta cultura tienen procedencia española.

4. *buckaroo* (< vaquero); *rodeo* (< rodeo); *ranch* (< rancho); *corral* (< corral); *lariat* (< la reata); *lasso* (< lazo); *bronco* (< wild horse) (< bronco); *mustang* (< mestengo).

Al llegar los anglosajones al oeste de los Estados Unidos, encontraron un tipo de economía ganadera inicialmente introducida por los españoles y luego desarrollada por los mexicanos. Los angloamericanos adoptaron totalmente esta actividad económica, con las mismas palabras empleadas por la población mexicana. Inversamente, la población hispanohablante del oeste de los Estados Unidos ha tomado de la lengua inglesa numerosas palabras:

5. «daime» (< dime), «troca» (< truck), «lonche» (< lunch), «grábel» (< gravel), «carpeta» (< carpet), «guachar» (< to watch), «liquear» (< to lick), «trimear» (< to trim).

En realidad, el influjo de la lengua inglesa ha operado no sólo en el léxico, sino también, a veces, en la gramática:

6. «[El] *Capitalismo* es un sistema económico.» (Omisión del artículo con nombres usados en sentido genérico)

7. «Las personas gordas son muy *alegre*.» (Falta de concordancia entre el adjetivo y el nombre al cual se refiere).

En el español hablado en el Suroeste de los Estados Unidos existen también rasgos lingüísticos más o menos generales o populares. Mencionaré cuatro ejemplos de diversa índole. Excepto en el norte de España y la región suramericana de los Andes, las letras *ll* e *y* iniciales de sílaba representan generalmente el mismo fonema en español. Su realización fonética más frecuente es una consonante fricativa palatal sonora, que en algunas regiones tiende a asibilarse. Pero en el Suroeste de los Estados Unidos, su realización fonética suele ser la semiconsonante [j], el mismo sonido que encontramos en inglés en la palabra *yes*. Este fonema suele perderse cuando sigue la vocal /i/. En la frase **8a**, «Le di una flor amarilla a María», el adjetivo *amarilla* y el sintagma preposicional *a María* se pronuncian exactamente de la misma manera, **8b** [amaría]. Los adverbios **9a** *ahí* y **9b** *allí* no sólo se pronuncian igualmente, sino que, por desplazamiento del lugar del acento de intensidad a la vocal más abierta, una tendencia popular mexicana y méxicoamericana, se confunden fonéticamente con la forma verbal **9c** *hay*, como en la expresión méxicoamericana **9d** «Ai te *guacho*». («Allí te *guacho*», o sea, «veo»). La caída de /j/ también puede ocurrir tras la vocal /e/. Consecuentemente, el sustantivo **10a** *ley* y la forma verbal **10b** *lee* se pronuncian ambos **10c** [lé:]. El adjetivo **11a** *aquella* es, fonéticamente, **11b** [akéa]. Aunque estas pronunciaciones se encuentran también en los nativos de la lengua inglesa que estudian español, su existencia en el español del Suroeste de los Estados Unidos no se debe al influjo de la lengua inglesa. La pronunciación /j/ se da también en el norte de México y se ha registrado en el dialecto judeoespañol de los Balcanes, donde se pronuncia o se pronunciaba **11c** [éa] (*ella*) (Lapesa 1980: 528). En realidad, la /j/ semiconsonántica inicial de sílaba, propia del portugués contemporáneo, era la norma española del siglo XVI y este rasgo se ha conservado en el Suroeste de los Estados Unidos.

En la mayoría de los dialectos españoles, el morfema verbal que indica la primera persona del plural es /mos/: **12a** *vamos, íbamos, hablábamos, cantábamos, iríamos, comiéramos, comamos*. Pero en el español popular del Suroeste de los Estados Unidos, encontramos en su lugar /-nos/ en formas proparoxítonas (Cotton y Sharp 1988: 281): **12b** *íbanos, hablábanos, cantábanos, iríanos, cómanos* (*comamos*, con cambio de lugar del acento de intensidad). El paso de *-mos* a *-nos* se debe, seguramente, al influjo del pronombre *nos*. Este fenómeno no es exclusivo del español del Suroeste de los Estados Unidos, pues se da también en México y en el Caribe (Cotton y Sharp 1988: 157).

En español, el morfema indicador de la segunda persona del singular es /-s/. Según los manuales de gramática, este morfema está presente en todos los tiempos, excepto en el pretérito: **13a** *hablas, hablabas, hablarás, hablarías, hables, hablaras*; **13b** *hablaste, comiste, viniste*. No obstante, en el español popular general, el morfema /-s/ se ha extendido analógicamente al pretérito: **13c** *hablastes, comistes, vinistes*. En el Suroeste de los Estados Unidos y en el norte de México, existen las formas **13d** *hablates, comites* y *vinites*, en las que aparentemente se perdió la primera /s/ implosiva por disimilación (Cotton y Sharp 1988: 157 y 280). Estas mismas formas son o eran generales en el dialecto judeoespañol de los Balcanes (Zamora Vicente 1967: 360).

En el español hablado en el Suroeste de los Estados Unidos se han encontrado varios ejemplos del uso del modo indicativo, en vez del subjuntivo, en contra de las reglas dadas en los manuales de gramática española (Hensey 1973: 8–9; Sánchez 1972: 57; Solé 1977: 196–97; Floyd 1983; Ocampo 1990).

14. No encontró nada que le *gusta* (guste).

15. No hay nadie que le *ayuda* (ayude).

16. Es posible que *vuelve* (vuelva).

17. Nos buscará cuando *termina* (termine).

18. No es posible dar una explicación que no *es* (sea) cierta.

19. No creo que *tiene* (tenga) muchas ganas.

20. Ojalá *puedo* (pueda) registrarlo este fin de semana.

21. No hay seguridad que *hallas* (halles) trabajo.

22. Hizo que *abandonaban* (abandonaran) el pueblo.

23. Quería que la mujer les *hacía* (hiciera) la cena.

24. Es mejor que *fumamos* (fumemos).

25. Si yo *era* (fuera) papá, yo le *decía* (diría) de la vida.

26. Te *decía* (diría) si *sabía* (supiera).

Algunos investigadores, entre ellos Solé (1977: 194–98) y Floyd (1983), atribuyen el uso del indicativo en éstos y otros ejemplos similares al influjo de la lengua inglesa. En realidad, tales construcciones sintácticas no son exclusivas del español hablado en los Estados Unidos, ni son tampoco recientes.

El uso del modo indicativo donde hoy deberíamos usar el subjuntivo, según los manuales de gramática, ya se da en el Cantar de Mío Cid, la gran obra de la épica medieval española. Menéndez Pidal (1964: 1 y 344–45) observó este hecho en su estudio del Cantar, añadiendo otros ejemplos sacados de la lengua medieval y del siglo XVI. Asimismo, otros investigadores (Tarr 1922: 137–38, 157–59 y 210; Kenniston 1937: 347–62; Bolinger 1953; Lope Blanch 1958; Jensen y Lathrop 1973; Blake 1987) han recogido más casos del uso del indicativo por el subjuntivo procedentes de la Edad Media, de la Moderna y de la Contemporánea (fuera de los Estados Unidos). Mencionaré unos pocos ejemplos procedentes de distintas épocas.

26. «me plaze que *fizo*» (me place que haya hecho) (*Cid:* s. XII–XIV)

27. «quien *quiere* (quiera) ir conmigo çercar a Valençia» (*Cid:* s. XII–XIV).

28. «*temien* que *era* muerto» (temían que estuviera muerto) (Fernán González: s. XIII)

29. «Recelava que *avia* (hubiera) perdido el seso.» (Juan Manuel: s. XIV)

30. «Plázeme que assí lo *siente*.» (Me place que así lo sienta) (*Celestina:* s. XVI)

31. «No espero que lo *has* (hayas) de hazer.» (*Celestina:* s. XVI)

32. «No creo que *hay* (haya) caballero en el mundo...» (Timoneda: s. XVI)

33. «Me maravillo que agora ya lo *usamos* (usemos) poco.» (Valdés: s. XVI)

34. «Mas no pienso que *da* (dé) muchos gustos.» (Santa Teresa: s. XVI)

35. «Y deseemos ir adonde *naide* (nadie) nos *menosprecia* (menosprecie).» (Santa Teresa: s. XVI)

36. «Por Dios, mucho siento que no *son* (sean) monstruos.» (Lope de Vega: s. XVI–XVII)

37. «Remordiéndole la conciencia de que *dejaba* (dejara) al jumento solo...» (Cervantes: s. XVI–XVII)

38. «Dice que no hay justicia y se conduele de que la probidad *es* (sea) nombre vano.» (Moreto: s. XVII).

39. «¿Es posible que en España *hemos* (hayamos) de ser tan desgraciados o, por mejor decir, tan brutos?» (Larra: s. XIX).

40. «¡Lástima que se *acaba* (acabe) ya!» (Casona: s. XX).

41. «Es muy probable que el crimen *fue* (fuera) cometido dos horas después de que...» (*La Prensa:* 1952).

42. «No creo que lo *saben* (sepan).» (*La Prensa:* 1953).

43. «Mucho me alegra que no *ha caído* (haya caído) en el vacío mi escrito.» (*ABC:* 1955).

44. «...y aunque no hay noticias concretas, lo probable es que *murió* (muriera) en Alcalá de Henares.» (J. Rogerio Sánchez, prólogo de su edición de la *Gramática castellana de Nebrija.* Madrid: 1931).

De los ejemplos anteriores quisiera destacar algunos. El 33 procede del *Diálogo de la lengua*, de Juan Valdés, el gran gramático castellano del siglo XVI. El 35 aparece en las *Moradas*, de Santa Teresa. A pesar de haber usado el vulgarismo *naide* (nadie) y la forma de indicativo *menosprecia*, donde las gramáticas actuales exigen «menosprecie», Teresa de Cepeda y Ahumada, una monja castellana del siglo XVI, fue beatificada en 1614 y declarada Santa en 1662. Los ejemplos 41 y 42 proceden de un periódico de la Ciudad de México; el 43 de un periódico de la capital de España; la frase 44 fue escrita por un gramático contemporáneo (nadie es perfecto). Con estos ejemplos no pretendo demostrar, en absoluto, que el uso del indicativo en lugar del subjuntivo, según los manuales de gramática, sea un buen comienzo para alcanzar la santidad, como en el caso de Santa Teresa, o para conseguir un empleo en un periódico de la Ciudad de México o de Madrid, o para convertirse en un gramático profesional. Solamente quisiera llamar la atención sobre el hecho de que, al decir «No hay nadie que lo *ayuda*» o «es posible que *vuelve*», un hispanohablante nacido en los Estados Unidos está utilizando un español popular. Al igual de lo ocurrido en otras lenguas románicas, en español ha habido una batalla continua entre el modo indicativo y el subjuntivo en ciertas estructuras sintácticas; ha existido una tendencia popular a la simplificación de la gramática mediante la eliminación del modo subjuntivo (Manczack 1984). El español hablado en los Estados Unidos es un fiel reflejo de esta tendencia popular, aunque cabe la posibilidad de que en hablantes bilingües el inglés sea un factor coadyuvante en el uso del indicativo por el subjuntivo.

La función de la lengua es la comunicación. Idealmente, cualquier hispanohablante debería poder comunicarse, sin problema o dificultad alguna, con otro hispanohablante de cualquier lugar del mundo. Pero la gran variación dialectal española puede presentar, inicialmente al menos, ciertas dificultades. No obstante, el ideal lingüístico debería ser la máxima comunicación posible. Esto no quiere decir, en absoluto, que uno deba de abandonar su propio dialecto para adquirir otro, sino más bien que uno debería ser consciente de las diferencias dialectales, para acomodarse a ellas según las circunstancias.[1] Supongamos que un hispano-hablante procedente del Suroeste de los Estados Unidos desee ampliar su capacidad comunicativa en español. Para ello tiene que aprender parcialmente, por así decirlo, un nuevo código. Dada la gran variedad dialectal existente en español, ¿qué dialecto debería aprender? La respuesta es muy sencilla. La lengua inglesa nació en Europa, pero su centro actual se encuentra en América. La lengua española también nació en Europa, pero su centro actual, donde vive la mayoría de los hispanohablantes, está en América. Es cierto que la lengua española hablada en América no es homogénea, como tampoco lo es la hablada en Europa. De todos modos, el sistema fonológico, morfológico y sintáctico más frecuentemente usado en español es el existente en México. Cualquier anglohablante de los Estados Unidos, en cualquier parte del país, que quiera aprender español, debería elegir la variante de la lengua española hablada en México, en la Ciudad de México, pues esta variante le permitirá comunicarse, sin dificultad alguna excepto ocasionalmente en el léxico (este problema es insoluble), con el mayor número de personas en el mundo hispánico. Un hispanohablante nacido en San Antonio de Texas o en Los Ángeles de California, debería también elegir el español corriente de la Ciudad de México si quiere engrandecer sus habilidades comunicativas en español. Esto debería hacerse tanto en la expresión oral como en la escrita, lo cual requiere una clara distinción entre los rasgos lingüísticos exclusivos del español hablado en los Estados Unidos y los pertenecientes al español popular o no literario.

NOTAS

1. A este respecto, puedo hablar de mi propia experiencia. Aprendí primeramente una variante española de base castellana, aunque muy influida por el valenciano, un dialecto catalán. Al mismo tiempo, en la escuela, me enseñaron o trataron de enseñarme un español escrito que utilizaba, no siempre con mucho éxito, solamente al escribir. Luego fui a Madrid, donde descubrí que a veces nadie podía entender mi español oral; inversamente, a veces oía palabras, expresiones y usos gramaticales nuevos para mí. Aprendí todos ellos. Luego vine a los Estados Unidos, a California exactamente, donde utilizo general y fundamentalmente la gramática característica del español mexicano. También he modificado bastante mi léxico. Pero mi pronunciación no ha cambiado en absoluto. La distinción fonológica entre /ø/ y /s/, propia del español europeo, no ocasiona problema alguno de comunicación para un hispanoamericano. Debo de añadir que el código lingüístico que utilizo depende de donde me encuentre. Cuando voy a España de vacaciones y me encuentro en el pueblo donde nací y me crié, me sirvo entonces del habla española que aprendí en mi niñez.

OBRAS CITADAS/CONSULTADAS

Blake, R. 1987. "El uso del subjuntivo con cláusulas nominales: regla obligatoria o variable". *Actas del I Congreso internacional sobre el español de América*. Eds. H. López Morales y M. Vaquero. San Juan: Academia Puertorriqueña de la Lengua Española. 351–60.

Bolinger, D. L. 1953. "Verbs of Motion." *Hispania* 36: 459–61.

Cotton, E. G., y J. M. Sharp. 1988. *Spanish in the Americas*. Washington, D.C.: Georgetown UP.

Floyd, M. B. 1983. "Language Acquisition and Use of the Subjunctive in Southwest Spanish." *Spanish and Portuguese in Social Context*. Eds. J. J. Bergen y G.D. Bills. Washington, D.C.: Georgetown UP. 31–41.

Hensey, F. 1973. "Grammatical Variables in Southwestern American Spanish." *Linguistics* 108: 5–26.

Jensen, F. y T. Lathrop. 1973. *The Syntax of the Old Spanish Subjunctive*. La Haya: Mouton.

Kenniston, H. 1937. *The Syntax of Castilian Prose. The Sixteenth Century*. Chicago: Chicago UP.

Lapesa, R. 1980. *Historia de la lengua española*, 8.ª ed. Madrid: Gredos.

Lope Blanch, J. M. 1958. "Algunos usos del indicativo por subjuntivo en oraciones subordinadas". *Nueva Revista de Filología Hispánica* 12: 383-85.

Manczack, W. 1984. "*If I was* instead of If I were." *Historical Syntax*. Ed. J. Filiak. Berlín: Mouton. 237–46.

Menéndez Pidal, R., ed. 1964. *Cantar de Mío Cid*. 3 vols. 4.ª ed. Madrid: Espasa Calpe.

Ocampo, F. 1990. "El subjuntivo en tres generaciones de hablantes bilingües". *Spanish in the United States: Sociolinguistic Issues*. Ed. J. J. Bergen. Washington, D.C.: Georgetown UP. 39–48.

Sánchez, R. 1972. "Nuestra circunstancia lingüística". *El Grito* 6(1): 45–74.

Solé, Y. 1977. "Continuidad/discontinuidad idiomática en el español tejano". *The Bilingual Review/La revista bilingüe* 4: 188–99.

Tarr, F. C. 1922. "Prepositional Complementary Clauses in Spanish, with Special Reference to the Works of Pérez Galdós." *Revue Hispanique* 56: 1–264.

Zamora Vicente, A. 1967. *Dialectología española*, 2.ª ed. Madrid: Gredos.

Capítulo 10

El español hablado en Los Ángeles: aspectos sociolingüísticos

Carmen Silva-Corvalán

University of Southern California, Los Angeles

INTRODUCCIÓN

Este artículo trata tres aspectos relacionados con la situación del español en Los Ángeles: datos históricos y demográficos relevantes al uso de esta lengua en Estados Unidos; algunos de los efectos lingüísticos que la situación de bilingüismo de sociedad ha tenido sobre el español hablado por tres generaciones de méxicoamericanos en Los Ángeles; y un tercer aspecto, que se refiere a las actitudes hacia el uso y el mantenimiento del español en los Estados Unidos.

DATOS HISTÓRICOS Y DEMOGRÁFICOS RELEVANTES AL USO DEL ESPAÑOL EN LOS ESTADOS UNIDOS

Describir los aspectos sociolingüísticos del español en los Estados Unidos no es tarea fácil, dado el gran número de variedades o dialectos del español que se hablan en este país. Hasta la primera mitad del siglo XX, se podría afirmar quizá que eran dos las variedades principales del español en Estados Unidos: un dialecto de tipo puertorriqueño hablado en la costa del este (principalmente en Nueva York y Nuevo Jersey) y otro dialecto con rasgos compartidos con la variedad del norte de México, hablado esencialmente en los estados del Suroeste: Nuevo México, Arizona, Colorado, California y Texas.

A partir de la segunda mitad de este siglo, sin embargo, frecuentes y masivas olas de inmigración desde países hispanohablantes, motivadas por factores políticos o económicos, han resultado, por una parte, en un aumento considerable del uso del español en Estados Unidos y, por otra, en la introducción de nuevas variedades del español, especialmente en los grandes centros urbanos, tales como Los Ángeles, Nueva York, Miami y Chicago. Dichas variedades presentan sus propias peculiaridades fonéticas, morfológicas, léxicas y sintácticas. La complejidad de las variables demográficas y sociales que caracterizan a la población latina nos permite apreciar la difícil tarea del lingüista y del educador. En verdad, si a los cambios demográficos añadimos la ausencia de un proceso de normalización del español en Estados Unidos, donde nuestra lengua no goza de status oficial, se comprenderá fácilmente que se caracterice precisamente por su gran variabilidad sociolingüística y por los continuos procesos de cambio y acomodación a nuevos contextos físicos y socioculturales. En Estados Unidos nos encontramos con una situación de bilingüismo español-inglés de sociedad; es decir, grupos numerosos de individuos hablan las dos lenguas.

A la variación inherente a un sistema lingüístico, digamos, monolingüe, hay que agregar, en el caso de las comunidades bilingües, la enorme variación causada, entre otros factores, por los diferentes grados de intensidad del contacto. Así pues, la complejidad de la comunidad explica la existencia de un continuo de proficiencia bilingüe (Elías-Olivares 1979) que va desde un español estándar o «completo» a uno emblemático y viceversa, desde un inglés estándar o completo a uno emblemático, dependiendo del mayor o menor conocimiento que el bilingüe tiene de las dos lenguas. En el nivel individual, estos estadíos representan una amplia gama de niveles dinámicos de competencia en la lengua subordinada; es decir, es en principio posible que un individuo se mueva o esté moviéndose hacia uno u otro extremo del continuo en cualquier momento sincrónico de su vida. El término *bilingüismo cíclico* se ha usado para describir esta situación de pérdida y recuperación cíclica de una segunda lengua, en este caso, el español.

Así como en lo lingüístico nos encontramos con el típico continuo bilingüe, en lo social es evidente también una amplia gama de niveles socioeconómicos. Esta gama se extiende desde el nivel de trabajador indocumentado hasta las esferas más altas, donde encontramos hispanos desempeñando cargos de importancia en círculos políticos, educacionales, comerciales, industriales, artísticos, etc. Así y todo, veremos más adelante que, comparados con otros grupos minoritarios en Estados Unidos, los hispanos en general parecen experimentar mayores problemas de aculturación, los que repercuten en lo educacional.

No existen, que yo sepa, estudios científicos que apoyen una relación entre estas condiciones adversas y factores tales como diferencias culturales o bajo nivel de ingresos; pero sí se culpa a menudo, sin apoyo empírico confiable, al bilingüismo, con o sin dominio completo del inglés. Sin embargo, las dificultades que enfrentan muchos hispanos afectan no sólo a los nuevos inmigrantes, adultos, jóvenes y niños, sino también a aquéllos de segunda y tercera generación cuya lengua nativa es el inglés, lo que indica que el conocimiento de una segunda lengua no puede ser el factor determinante de este tipo de problemas.

Según Craddock (1992), en los territorios que hoy constituyen los Estados Unidos, el español llegó primero a Florida en 1513, con Juan Ponce de León. Paulatinamente, toda la faja meridional y occidental de los futuros Estados Unidos se convirtió en imperio español. Estas tierras, a las que se denominó *Spanish Borderlands*, pueden dividirse en tres regiones: la Florida, Luisiana y el Suroeste. En cada región, el predominio español correspondió a diferentes períodos: (1) en la Florida, desde 1513 hasta 1816; (2) en Luisiana, desde 1763 hasta 1800; y (3) en el Suroeste, incluyendo los estados de Texas, Nuevo México, Arizona y California, desde 1540 hasta la primera mitad del siglo XIX. Es en la región del Suroeste, pues, donde se extendió por más tiempo el predominio español.

Durante más de doscientos años, la lengua de prestigio en las *Spanish Borderlands* fue, por supuesto, el español. Pero como resultado de las condiciones sociopolíticas e históricas imperantes a mediados del siglo XIX, el español se convirtió en idioma subordinado al inglés, lengua ésta que por razones prácticas ha ido paulatinamente reemplazando al español tanto en zonas urbanas como rurales. Sin embargo, la lengua española ha dejado y sigue dejando huellas importantes en el inglés. Incorporados ya a esta lengua y de uso corriente, por ejemplo, son tales hispanismos como: *sierra, burro, mesa, plaza, fiesta, patio, rodeo, adiós,* junto a los nombres de numerosos alimentos: *enchilada, tortilla, tostada, guacamole,* etc. *Enchilada* ha extendido su significado en inglés al de «un número de cosas variadas».

Durante la primera mitad del siglo XX, las tierras antiguamente denominadas *Spanish Borderlands* se rehispanizaron debido a las inmigraciones motivadas por factores políticos y económicos que afectaron especialmente a Puerto Rico, Cuba y México. A partir de la segunda mitad de este siglo, se han venido introduciendo nuevas variedades del español, dando lugar al carácter altamente heterogéneo de la variedad estadounidense de español, si es que podemos hablar de la existencia de tal variedad.

Tomemos, por ejemplo, el caso de Los Ángeles. Esta ciudad fue fundada en 1777 por el primer gobernador español de Alta California. La primera escuela pública, sin embargo, no se abrió sino hasta ochenta años más tarde, en 1855, siete años después del final de la guerra méxicoamericana. El rápido cambio de una estructura política, económica y cultural mexicano-española a una dominada por anglos se refleja en el hecho de que, en esta escuela pública, sólo se permitía el uso del inglés como medio de instrucción (Romo 1983: 25). Durante la segunda mitad del siglo XIX, Los Ángeles atrajo una variedad de grupos de inmigrantes: anglos, negros, judíos, chinos y alemanes, además de nueva gente de México. Cien años más tarde, Los Ángeles se ha convertido en el destino preferido de inmigrantes de México, Centroamérica y Sudamérica.

Aunque los hispanos de Los Ángeles constituyen en general una comunidad urbana geográficamente estable, unida por factores históricos, sociales, lingüísticos y culturales que los distinguen de otras comunidades bilingües o monolingües (por ejemplo, de origen oriental o europeo), el trasplante geográfico y cultural provoca a veces no sólo la desmembración de la comunidad hispana, sino también conflictos interétnicos e incluso intraétnicos, por ejemplo, entre méxicoamericanos nacidos en Estados Unidos e inmigrantes recientes o entre latinos de diferentes países de origen. El censo de 1990 señala que un 8,9% de la población de Estados Unidos es hispano, lo que corresponde a un total de aproximadamente veintidós millones y medio de personas. Más de doce millones de éstos residen en California, Nuevo México y Texas, que son los estados que presentan el mayor porcentaje de hispanos por la población total de cada estado.

La tabla 1 resume las cifras correspondientes a los ocho estados con el mayor porcentaje de población hispana. Arizona, California, Colorado, Nuevo México y

Texas conforman el Suroeste hispano, con una población de más de 13 millones; es decir, más del 50% del total de hispanos vive en esta región. En segundo lugar, después del Suroeste, los estados de Nueva York y Florida tienen poblaciones hispanas de poco más de dos millones y un millón y medio, respectivamente. Les sigue el estado de Illinois, con cerca de un millón de hispanos. La tabla 1 incluye, además, el número de personas mayores de cinco años que declaran hablar español en casa, según el censo de 1990.

━ Tabla 1 _____

Porcentajes de la población hispana en ocho estados y número de personas mayores de cinco años que hablan español en casa (_Censo de 1990_)

	Población total	Población hispana	Porcentaje	Número de hispano-hablantes
Estados Unidos	248.709.873	22.354.059	8,9	11.117.606
Arizona	3.665.228	688.338	18,8	478.234
California	29.760.021	7.557.550	25,4	5.478.712
Colorado	3.294.394	424.302	12,8	203.896
Nuevo México	1.515.069	579.224	38,2	388.186
Texas	16.986.510	4.339.905	25,5	3.443.106
Nueva York	17.990.455	2.214.026	12,3	1.848.825
Florida	12.937.926	1.574.143	12,1	1.447.747
Illinois	11.430.602	904.446	7,9	728.380

Los resultados de los dos últimos censos oficiales presentados en la tabla 2 concuerdan en indicar que, después del inglés, la lengua hablada por el mayor número de personas residentes en Estados Unidos es el español. En 1980, ocho millones y tantos de personas (5,0% de la población total) declararon hablar español en casa. Este número aumenta a más de once millones de hispanohablantes en 1990 (5,3% de la población total).

━ Tabla 2 _____

Porcentaje de la población de mayores de 5 años que declara hablar español en casa

	Hablan español en casa	Porcentaje de la población total
Censo de 1980	8.170.555	5,0%
Censo de 1990	11.117.606	5,3%

No queda claro, sin embargo, si el incremento que muestra la tabla 2 es resultado del mantenimiento y transmisión del español a las nuevas generaciones nacidas en Estados Unidos o reflejo de la llegada de nuevos grupos de inmigrantes, especialmente mexicanos y centroamericanos, durante la década de los ochenta. Esta última interpretación es la que parece sustentar un detallado análisis estadístico realizado por Bills en 1989, es decir, sin considerar aún el censo de 1990.

Los resultados del censo indican que, en general, los niveles promedios de escolaridad y de ingresos de los latinos continúan siendo más bajos que los de los americanos de origen nordeuropeo y asiático.

En los estados con mayor población hispana, la matrícula escolar en el año 1989 incluye porcentajes de hispanos que van desde 9,3% en Illinois hasta un máximo de 44,7% en Nuevo México. Entre los 5 a 6 años y los 15, edades en las que se impone la educación obligatoria, en cuanto a los porcentajes de alumnos matriculados, no hay casi diferencias entre los hispanos y otros grupos. Sin embargo, se produce un descenso a partir de los 16 a 17 años, lo que parece indicar que más hispanos tienden a abandonar la escuela antes de terminar la enseñanza secundaria. Esta posible interpretación es apoyada por los resultados ofrecidos por el Departamento de Educación de los Estados Unidos, los que presento en la tabla 3.

— Tabla 3 —

Porcentaje de la población entre 16 y 24 años que abandona la escuela secundaria, por grupo étnico y sexo (U.S. Department of Education, National Center for Education Statistics)

	1980	1990
Otros grupos	14,1	12,1
Hispanos	35,2	32,4
Hombres	37,2	34,3
Mujeres	33,2	30,3

La tabla 3 da el porcentaje de hispanos y del resto de la población entre 16 y 24 años que abandona la escuela secundaria. Es doloroso observar que los hispanos superan por 20 ó más puntos al resto de la población, aunque se observa una baja alentadora en 1990 en todos los grupos.

Por otra parte, el español es la lengua extranjera más estudiada en las escuelas. De acuerdo con las estadísticas proporcionadas por el Departamento de Educación para el año 1985, más del 50% de los estudiantes matriculados en una lengua extranjera en los niveles 9 al 12 está matriculado en español. No he encontrado, sin embargo, información sobre qué porcentaje de estos estudiantes es hispanohablante de segunda o tercera generación. En lo que sigue, me referiré a la primera generación de inmigrantes como «grupo 1», a sus hijos como «grupo 2» y a sus nietos como «grupo 3».

EFECTOS LINGÜÍSTICOS QUE LA SITUACIÓN DE BILINGÜISMO DE SOCIEDAD HA TENIDO SOBRE EL ESPAÑOL HABLADO

Veamos cuáles son algunos de los efectos lingüísticos del bilingüismo de sociedad en las diferentes generaciones. Aunque muchos de los hijos del grupo 1 pierden en buena parte la habilidad para hablar español con fluidez, retienen un nivel bastante más alto de comprensión de esta lengua. Este patrón se acentúa entre los hablantes del grupo 3, los que con frecuencia pueden comprender lo que se les dice en español, pero no pueden responder en esta lengua. El ejemplo 1, tomado de una conversación con José R., de 17 años, ilustra esta situación.

1. Investigadora (I), José (J, Grupo 3)

   I: ... ¿Tu abuelito? ¿Y tu abuelita dónde está?

   J: 'stá a la casa 'orita. No, 'stá, mmhm, ella, ella no la, la, o, yo vive con mi, mmhm. *Well, see. I, I want to speak Spanish, but like I don't know everything to, you know, speak it, but I understand it.*

   [Bueno, ¿ve? Yo, yo quiero hablar español, pero no sé todo, ¿sabe?, pa' hablarlo, pero lo entiendo.]

   I: ... ¿Pero con quién hablas en español tú, a veces, digamos?

   J: Hable yo — yo, a ver — yo hable con mi a, abue, abuela — más de mi a, abuelo, porque cuando yo hable con mi abuelo él no entende, él tiene uno problema — eso — *ears. So whenever I have a chance to speak, I speak to my grandparents. So, I don't speak, I just — listen to what they're saying, and then I, I — hear it in my brain and, and — and try to understand instead of speaking back at them because I, — they understand English as much.*

   [— oídos. Así que cuando tengo la oportunidad de hablar, hablo con mis abuelos. Así, no hablo, sólo — escucho lo que están diciendo, y entonces lo — oigo en mi cerebro y, y — y trato de entender en vez de contestarles porque yo, — ellos entienden inglés.]

El ejemplo 1 constituye un caso extremo de olvido o aprendizaje incompleto. Es obvio que José está haciendo un esfuerzo que no corresponde a su uso espontáneo del español. El ejemplo 2, por otra parte, refleja más adecuadamente un uso más espontáneo por un hablante del grupo 2.

2. Investigador (H), Robert (R, Grupo 2)

   H: Y tu tortuga, ¿cómo la conseguiste?

   R: Un día yo y mi papá estábamos regresando de, de, de un parque con, con un troque de mi tío. Y estábamos cruzando la calle. Y nos paramos porque estaba un *stop sign*. Y mi papá dijo: «Ey, Roberto. Quita esa tortuga que está en la calle.» Y no le creí, *you know.* Y miré. Y creí que era **un** piedra, pero grande. Y no le hice caso. Entonces me dijo: «Apúrele. Quita esa tortuga», *you know.*

Y me asomé otra vez. Y sí era tortuga. ¡Estaba caminando **ese** piedra grande! [*risa*] Pues me salí del carro, del troque. Y fui y conseguí **el** tortuga. Y me **lo** llevé pa' mi casa.

En el ejemplo 2, un hablante del grupo 2 usa las expresiones *you know* y *stop sign* en inglés; no establece la concordancia de género femenino en algunas frases nominales ni en un pronombre clítico (en negritas en el ejemplo 2) y usa sólo *estar* como auxiliar en todas las construcciones progresivas en las que hablantes nacidos en México usarían con mayor probabilidad formas con semiauxiliares (por ejemplo: venir, ir). A pesar de estas desviaciones de las normas del grupo 1, su español sólo parece ligeramente no-nativo y es perfectamente comprensible. Yo diría que ésta es la variedad de español que podría más apropiadamente considerarse «el español de Los Ángeles»: una variedad que incorpora anglicismos y *code-switching*, que evidencia algunos fenómenos de simplificación y que es hablada con fluidez en un número relativamente reducido de situaciones comunicativas por individuos llegados a Estados Unidos antes de los 8 años o nacidos en este país.

Recordemos que es ampliamente aceptado que, en situaciones de bilingüismo intenso y extenso, los bilingües desarrollan estrategias cuya finalidad es simplificar o alivianar la tarea cognitiva que implica recordar y usar continuamente dos sistemas lingüísticos diferentes. En el uso de la lengua minoritaria (en nuestro caso, el español), estas estrategias incluyen (1) la simplificación de categorías gramaticales; (2) la hipergeneralización de formas lingüísticas; (3) el desarrollo de construcciones perifrásticas; (4) la transferencia de formas pertenecientes a la lengua mayoritaria; y (5) el intercambio de códigos. Estos procesos resultan en cambios más o menos masivos que tienen correlación con factores externos a la estructura de las lenguas (Silva-Corvalán 1994).

Sin embargo, mis estudios y otros similares de contacto en progreso indican que aún en condiciones de intenso contacto y fuertes presiones culturales e ideológicas, los hablantes de español simplifican o generalizan ciertas reglas gramaticales, pero no introducen elementos que causen cambios radicales en la estructura de esta lengua.

Además de los rasgos brevemente mencionados en relación con el ejemplo 2, los datos que he recogido en Los Ángeles indican que hay procesos de simplificación, por ejemplo, en el sistema verbal.

El continuo de proficiencia queda representado en varios sistemas, que van desde un sistema verbal estándar hasta un sistema (que he resumido en el ejemplo 3) en el que sólo se mantienen el infinitivo y el gerundio, junto al presente, pretérito, e imperfecto del indicativo, más dos tiempos perifrásticos: futuro (*Dice que va a venir*) y condicional (*Dijo que iba a venir*).

3. Sistema verbal reducido

Infinitivo	Indicativo: Presente	Futuro Perifrástico (va a venir)
Gerundio	Pretérito Imperfecto	Condicional Perifrástico (iba a venir)

Los cambios o procesos de simplificación más drásticos empiezan a darse en los niveles medios del continuo bilingüe. El sistema del grupo 1 no se diferencia del que se describe generalmente para algunas variedades del español hablado en Hispanoamérica. Los bilingües nacidos en Estados Unidos presentan ausencia del futuro morfológico y pérdida temprana del condicional y del pluscuamperfecto de indicativo; ninguno de los tiempos compuestos aparece en el habla de un gran número de hablantes del grupo 3. Se manifiesta una preferencia progresiva por el uso del indicativo en vez del subjuntivo, una neutralización de la oposición pretérito-imperfecto con cierto número de verbos estativos en favor del imperfecto (*era, estaba, tenía, había, podía, quería* por *fue, estuvo, tuvo, hubo, pudo, quiso*) y, con verbos dinámicos, una preferencia por el uso del pretérito en vez del imperfecto (*fue, corrió, habló* por *iba, corría, hablaba*) (Silva-Corvalán 1994).

Los ejemplos 4 al 9 ilustran usos del sistema verbal que se diferencian de las normas del grupo 1 y que pueden considerarse, sin embargo, la norma del español de Los Ángeles.

4. Ésta fue la primera casa que compramos. **Estamos** (hemos estado) como *fifteen years* aquí. (Grupo 3)

5. Iba a ser profesional, pero creo que **tenía** (tuvo) un accidente. (Grupo 2)

6. Y estábamos esperando a mi 'amá—porque ella **fue a llevar** (había llevado) mi hermano a la dentista. (Grupo 2)

7. A: ¿Y qué me dices de tu educación si tus padres se hubieran quedado en México?

   B: No **estudiaba** (habría/hubiera estudiado) mucho, yo creo. (Grupo 2)

8. Era antes que **compraron** (compraran) el *trailer*. (Grupo 3)

9. A: Ahm, no sé—no he hablado con ellos—no más leí un papelito y, la Ana puso en un papelito en la hielera «*Gloria is having twins*». [*se ríen*] ... todavía tiene allí el papel, ¿verdad?

   AM: *Yeah*, porque no lo he quitado yo porque como está tan bonito. Ahí ['ai] lo voy a dejar hasta que **se cae** (I). (Grupo 3)

La simplificación del subjuntivo en favor del indicativo se puede observar en la tabla 4, que muestra que el presente de subjuntivo se mantiene aun en muchos de los hablantes del grupo 3. El imperfecto de subjuntivo y los tiempos compuestos de este modo, en cambio, han prácticamente desaparecido en este grupo y en muchos de los hablantes del grupo 2.

Numerosos procesos morfofonológicos afectan además esporádicamente a las formas verbales de los bilingües con niveles medio o bajo de competencia en español. Por ejemplo, ausencia variable de diptongación en formas como «tenen» por *tienen*, «moven» por *mueven*; diptongación donde no la hay, como en «sientí» por *sentí*; regularización de la inflexión en «pudió» (que replica el patrón general de *comió, movió*, etc.) por *pudó*.

Como es de esperar, se dan también de manera esporádica faltas de concordancia de persona y número entre el sujeto y el verbo. Otros fenómenos citados

— **Tabla 4**

Simplificación y pérdida gradual del subjuntivo en Los Ángeles
(Grupos 2 y 3)

	Grupo 2											
---	E30	M26	B27	L28	L19	A29	A20	R17	H22	V21	E18	M25
PS	+	+	+	+	+	+	+	o	x	o	o	+
IS	+	+	+	+	x	x	x	o	o	o	o	o
PluS	+	+	+	+	x	+	x	-	-	-	o	-
PPS	-	-	-	-	+	+	-	n	-	n	n	n

	Grupo 3														
---	R35	A37	B33	A34	R50	R49	M47	H48	S38	D39	J43	M41	D36	A46	N40
PS	+	+	+	+	+	o	o	-	o	o	x	x	o	o	-
IS	+	o	+	+	x	+	o	-	-	-	x	-	-	-	-
PluS	o	+	-	-	-	-	-	-	-	-	n	n	-	n	n
PPS	+	-	-	-	-	n	n	n	-	-	n	n	n	n	n

en la literatura (Hidalgo 1990; Sánchez 1983) son más bien característicos de variedades populares del español en general y no específicos del de Estados Unidos: retención de ciertos arcaísmos como *truje* y *haiga*; regularización de la raíz de *haber* («ha», «hamos»); elisión o adición de s en la segunda persona singular del pretérito («comites»/«comistes»); epéntesis de consonantes («cayí», «traiba»), el desplazamiento del acento en la primera persona plural del presente de subjuntivo y la sustitución de /m/ por /n/, como en «vuélvanos», «íbanos», «andábanos», etc.

La pregunta que surge naturalmente es: ¿Qué tipo de lengua es ésta que llamamos «el español de Los Ángeles»? Desde una perspectiva lingüística, es una lengua natural que responde a las posibilidades tipológicas de la Gramática Universal. Así pues, muchísimas lenguas no tienen modo subjuntivo, no marcan género en la frase nominal, no marcan persona y número en el verbo y tienen sólo dos o tres tiempos verbales marcados morfológicamente.

Además, algunas características del español de Los Ángeles parecen representar etapas más avanzadas en el desarrollo histórico del español general. Me refiero aquí a la extensión de la cópula verbal *estar* a expensas de *ser* en predicados adjetivales (Silva-Corvalán 1994), ilustrada en los ejemplos 10 y 11.

10. C: ¿Y sus colores [de la novia] así?
    R: (d) Está muy clara, como mi papá.   (Grupo 2)

11. Una de esas recá-, recámaras es el master bedroom, el más grande. Y el otro está pequeñito.   (Grupo 2)

Fuera de Estados Unidos, es en México donde la extensión de *estar* parece más avanzada, como ilustra el ejemplo 12, tomado del estudio hecho por Gutiérrez

(1994) en Michoacán. Esto indica que el avance observado en Estados Unidos tiene como punto de partida las variedades ancestrales de México.

12. — y ahora vivimos allí en Prados Verdes en las casas de Infonavit, están chiquitas, pero están bonitas.

Incluso muchos de los usos innovadores de pronombres clíticos verbales se constatan también en variedades funcionalmente completas del español en España y América Latina, tales como modificaciones en la marca de caso (ejemplo 13), género (ejemplo 14), número (ejemplo 15) y ausencia del clítico (ejemplo 16).

13. Yo lo doy dinero (a él), pero él me paga p'atrás.   (Grupo 3)

14. La policía dice que la [al hombre] mataron ahí.   (Grupo 3)

15. Yo creo que no lo [los libros] usan.   (Grupo 2)

16. Tengo bicicleta pero no quiero llevar.   (Grupo 3)

El bajo porcentaje de usos no normativos registrados en mis datos es prueba de la resistencia del sistema de clíticos (ver Gutiérrez y Silva-Corvalán 1993). Con frecuencia, estos usos no corresponden a desviaciones sintácticas, sino léxicas, por ejemplo: el uso nor eflexivo de ciertos verbos como «rebelar» por *rebelarse* (*to rebel*). En verdad, en otros trabajos he argumentado que lo que parecen cambios sintácticos corresponden más bien a la generalización o pérdida de restricciones semántico-pragmáticas en español. Así pues, notamos un «acento extranjero» en ciertos órdenes de palabras y en el uso de ciertos pronombres sujetos, pero no constatamos falta de gramaticalidad sintáctica.

Por otra parte, me parece a mí que es el empleo o no empleo de preposiciones, ya inestable en variedades monolingües, y el sistema verbal reducido lo que le da al español de los grupos 2 y 3 un caracter de «español muy cambiado». Este caracter se acentúa como consecuencia de la penetración de anglicismos léxicos, fenómeno que se inicia ya en el grupo 1. Demasiado citados quizá son los préstamos de una palabra: «puchar», «mapear», «fensa», etc.; los calcos de una palabra, como «moverse», que incorpora el significado de *mudarse de casa* o «papel», que incorpora uno de los significados de *paper* (ensayo académico). Se constatan también calcos complejos, que involucran más de una palabra; dos ejemplos son «máquina de contestar» de *answering machine* (contestador automático) y «patio de juegos» de *playground* (patio).

Estos calcos y préstamos no alteran la gramática del español. Hay otros, los que llamo calcos léxico-sintácticos, que por definición tienen consecuencias en la sintaxis y la semántica de la lengua. Veamos un ejemplo. El calco léxico-sintáctico puede afectar el significado de una palabra gramatical o relacional, como en los ejemplos 17 y 18, en los que «cómo» calca el uso inglés.

17. A: Y tu carro que compraste, ¿**cómo** te gusta?   (Grupo 2)
    [inglés: *And the car you bought, how do you like it?*]
    [español general: ..., ¿te gusta?]
    B. Mi carro me encanta.   (Grupo 2)

18. A: ¿**Cómo** te gustó [la película]?   (Grupo 2)
[inglés: *How did you like it* [*the movie*]*?*]
[español general: ¿Te gusta[...]?]
B: Me encantó.   (Grupo 2)

En español, la palabra interrogativa de modo *cómo* no tiene el significado de «hasta qué punto, cantidad o grado», como lo puede tener *how* en inglés. Así, las preguntas en 17 y 18 no necesitan la palabra interrogativa *cómo* en español. Las preguntas con *cómo* deben ser contestadas, por el contrario, con una descripción del modo en que la situación se desarrolló. Esta diferencia interlingüística de significado da cuenta de la inaceptabilidad de 19b (*) y de la aceptabilidad de 19c en respuesta a 19a en español, mientras que en inglés las dos respuestas correspondientes, b' y c', son correctas.

19. a. ¿Cómo te gusta la sopa?   a'. How do you like the soup?
    b. *Me gusta, está buena.   b'. I like it, it's good.
    c. Me gusta bien caliente.   c'. I like it very hot.

Es claro, entonces, que la estructura *cómo X gustar Y* existe en español. Así, ejemplos como 17 y 18 presentan una innovación semántica, y no sintáctica. El significado más restringido de *cómo* en español, comparado con el inglés *how,* impone ciertas restricciones a la semántica del sujeto, que debe ser inespecífico, y al aspecto del verbo, que debe ser imperfectivo, como en 19a. Aparentemente, ni en inglés ni en español se puede preguntar por la manera cómo ha gustado una entidad específica. El significado menos restringido de *cómo* en el español de Los Ángeles resulta en una sintaxis menos restringida, pero las respuestas apropiadas refieren a cuánto, y no a la manera de gustar.

El orden de las palabras también sufre algunas modificaciones, aunque esporádicamente y casi exclusivamente en el español del grupo 3. Los ejemplos 20 y 21 ilustran cómo un orden de palabras pragmáticamente marcado en español se vuelve no marcado al reproducir el correspondiente orden neutral de palabras en inglés. En el contexto donde ocurre el calco, no hay indicación de condiciones pragmáticas marcadas.

20. Ella hablaba como yo más o menos, machucado español, mitad las palabras inglés y mitad, palabras español.   (Grupo 3)

21. ...ésa es una diferente generación...   (Grupo 3)

Los ejemplos 22 y 23 ilustran el único tipo de calco léxico-sintáctico que quizá pueda llamarse *préstamo*, pues se ha creado una estructura sintáctica inexistente en español: el calco de la secuencia *that is why*. Nótese que este calco se constata sólo en hablantes del grupo 3.

22. **Eso es por qué** yo quiero un hijo.   (Grupo 3)
[inglés: *That is why I want a child.*]
[español general: Por eso es que yo quiero un hijo.]

23. Y **eso es por qué** nosotros fuimos p'allá.   (Grupo 3)
   [inglés: And that is why we went there.]
   [español general: Y por eso es que nosotros fuimos p'allá.]

ACTITUDES HACIA EL USO Y MANTENIMIENTO DEL ESPAÑOL EN LOS ESTADOS UNIDOS

Nos preguntamos si el desarrollo de estas variedades con diferentes grados de reducción apunta hacia la desaparición del español en Estados Unidos. En verdad, la situación del español como lengua materna refleja tanto mantenimiento como desplazamiento hacia el inglés. El mantenimiento se observa en el nivel nacional y de la comunidad. Por ejemplo, aparecen más publicaciones en español; aumenta el público de los programas de televisión en español; numerosas empresas dan publicidad a sus productos en español; y diversos centros (teléfonos, oficinas de abogados, hospitales, centros de salud, grandes tiendas) ofrecen servicios especiales en esta lengua.

Por otra parte, es bien sabido de todos nosotros que la situación familiar típica es tal que los hijos mayores de una pareja de inmigrantes por lo general aprenden sólo español en casa y mantienen un buen nivel de competencia comunicativa a lo largo de su vida. Los menores, en cambio, por lo general aprenden español e inglés en casa y es más probable que mantengan una variedad de contacto diferente de las normas lingüísticas del primer grupo. Finalmente, los nietos de los primeros inmigrantes pueden adquirir español, pero esta situación no es común en centros urbanos como Los Ángeles.

A menudo se pregunta y se especula sobre la posibilidad que el español tiene de sobrevivir en un país donde la lengua oficial y mayoritaria es el inglés. Entre otros factores, se citan las actitudes, abiertas o encubiertas, hacia una lengua minoritaria como indicador importante del futuro de esta lengua. En este sentido, puedo afirmar, basada tanto en mis estudios como en los de otros investigadores, que en general, las actitudes de los hispanos hacia el mantenimiento del español y la cultura hispana son positivas. Estos actos de lealtad entran en conflicto, sin embargo, con la falta de compromiso demostrado cuando se trata de hacer *algo concreto* por la lengua y la cultura ancestrales.

En el hogar mismo, ya me he referido al hecho de que son los hijos mayores los que tienen una mejor posibilidad de adquirir un buen nivel de competencia en español. Los padres con frecuencia se proponen mantener el español al menos como la lengua de comunicación en casa, pero con mucha frecuencia también estos buenos propósitos fallan. El ejemplo 24 retrata esta situación en las palabras de Ali, del grupo 1, y de su hijo menor Eno, del grupo 2. Aunque Ali se había propuesto y quería que todos sus hijos hablaran español, sólo el mayor lo habla; los demás lo entienden, pero contestan siempre en inglés. Noten, además, que la madre dice que ella siempre les habla a sus hijos en español, pero en verdad también les habla en inglés.

24. Investigadora (C), Ali (A, Grupo 1, mujer, 62 años), Eno (E, Grupo 2, hijo de A, 32 años)

C: Entonces, digo yo: Si yo no les entendiera [a mis hijos cuando hablan en inglés], no me podría comunicar con mis hijos así íntimamente. Todo sería una comunicación, así como de…

A: Fría.

C: …fría, como de extranjeros casi, ¿verdad?, extraños, ¿no?

E: *If I talked Spanish to my mom, she'd probably think I'm sick.* [risas] [Si yo le hablara en español a mi mamá, a lo mejor ella pensaría que estoy enfermo.]

A: *I wish you would.* [Ojalá que me hablaras en español.]

E: *I'd shock her. I'd shock her. I, I really would.* [La sorprendería muchísimo. La sorprendería. Seguro que yo la sorprendería.]

A: *I wish you would* [Ojalá que me hablaras en español.], porque, mira… Hay una cosa, mi hijito, muy importante, ¿verdad? Yo todo el tiempo he querido que ustedes hablen, hablen bien los dos idiomas. Siempre. Por eso yo siempre les he hablado en español. Y ahora, es tu reponsabilidad, muy grande tu responsabilidad, de que tú hables español para que el niño [*hijo de E*] aprenda a hablar—el español.

E: *But, xxx I'm way ahead of you.* [Pero, xxx yo te llevo la delantera.]

C: O, o llevarlo tra-traerlo para acá más seguido, o llevarlo a México.

A: Yo quería, yo deseaba toda mi vida haberlos llevado… a ellos a México, pero no pude…

El estudio de actitudes ha constituido el objeto de muchas investigaciones que intentan predecir el futuro de una lengua minoritaria en un contexto bilingüe. En estas situaciones, no es infrecuente que un grupo monolingüe mayoritario desarrolle actitudes negativas hacia la o las lenguas minoritarias. En relación con el español, por ejemplo, algunos hispanos mayores de 60 años afirman que, cuando ellos eran jóvenes, se les prohíbía hablar español en la escuela y en el trabajo. Por el contrario, en la actualidad los hispanos aseguran que cuando hablan español frente a un anglohablante, la reacción no es hostil. Cuando lo es, los hispanos parecen sentirse más seguros y reafirman su derecho a comunicarse en español. Ésta es la situación que ilustra el ejemplo 25.

25. Investigador (C), R (Grupo 3, hombre de 46 años)

C: Fíjate. Tú poco a poco has ido viendo que ha llegado más y más gente a la policía que son latinos.

R: Latinos. Como ahora, estaba en el *catering wagon* [vehículo donde se compran alimentos] y, y, y estaba hablando… Un mecánico mexicano le dijo una a la… al que está cocinando en el *catering wagon*, le dijo una de doble sentido, una palabra de doble sentido nomás. *Nothing serious, nothing serious, you know, just a . . .* [Nada serio, nada serio, ¿sabes?, sólo…] No me acuerdo qué era ni nada. *So* le hablé yo p'atrás en español. «Ya te agarré la movida», le dije. «Ya te, ya te estoy escuchando». Y luego este gringo estaba a un lado y luego, «Eh, dice», «*don't speak that foreign language around here* [No hablen esa lengua extranjera aquí.] Es lo que me dice a mí, *you know*. «*What do you mean «foreign language»? That sucker was around here before the English were!* [¿Cómo que lengua extranjera? ¡La «cosa esa» llegó aquí antes que los ingleses!] [*R se ríe.*] *And he says, «Man, you're right!», he says, «You're right!»* [Y me contesta, «¡Hombre, tienes razón!», dice «¡Tienes razón!»] [*R y C se ríen.*]

A pesar de las actitudes positivas, en los grupos 2 y 3 es evidente el uso cada vez menos frecuente del español, incluso en el dominio familiar. Esta condición más o menos general queda reflejada en la evaluación espontánea de la situación lingüística familiar hecha por una hablante del grupo 2, Rina, de 21 años de edad, que presento en el ejemplo 26. Rina ha explicado antes que sus padres le exigían a ella, la mayor de los hijos, que hablara español en casa, pero con los hermanos menores no tuvieron la misma exigencia.

26. R: ...y mi hermanita chiquita sí habla español, pero no creo que tiene la voca, el voca, ¿el vocabulario?

    Investigadora: Sí, el vocabulario.

    R: Sí, no tiene mucha vocabulario para, para estar en una conversación. Y, y yo estaba diciendo: «Pos otra vez necesitamos de esa regla».

En el trabajo, el uso del español solía ser mínimo. Sin embargo, las inmigraciones recientes han estimulado un uso más frecuente, que motiva incluso a hablantes de la segunda y tercera generación a reaprenderlo. Una situación de este tipo es la que describe espontáneamente L (mujer de 37 años, Grupo 2) en relación con su esposo, de tercera generación. El esposo de L es hijo del dueño de la imprenta a la que se refiere L en el ejemplo 27.

27. Y digo yo que este señor [su esposo], su español era horrible, ¿verdad?, porque lo había perdido cuando se mudaron a ese vecindad. Sí, pero cuando nos casamos entonces ya no era el estudiante, ya se puso a trabajar en la planta. Y en la planta, los hombres que trabajan las imprentas casi todos son hispanoamericanos. Vienen de distintos países, pero todos hablan español. Entonces, por su amistad, en la imprenta él pudo aprender español.

Son escasas las actividades de lectura y escritura en español; se limitan casi exclusivamente a escribir cartas y a leer algunos diarios o revistas de vez en cuando. Obviamente, estas actividades disminuyen considerablemente en los grupos 2 y 3.

Varias de las preguntas que hice a un grupo de méxicoamericanos en Los Ángeles trataban de averiguar las razones principales y las menos importantes por las cuales mantenían el español o lo volverían a aprender en caso de estarlo perdiendo o haberlo olvidado. Hablantes de los tres grupos concuerdan en señalar razones instrumentales como las más importantes, por ejemplo: «poder hablar con gente de países hispanos», «mejorar el salario». El valor intelectual que tiene el hablar una segunda lengua también es apreciado, pero el español no se considera crucial como factor de identidad con la comunidad hispana.

Las actitudes hacia el español son siempre positivas, sin mayores diferencias entre los grupos 1, 2 y 3, ni tampoco según sexo ni edad. Por otra parte, los resultados de un estudio del grado de compromiso hacia el *actuar* por mantener o aprender el español y la cultura hispana muestran que los hablantes del grupo 1 están dispuestos a participar activamente en programas educativos, mientras que el compromiso se debilita gradualmente en los grupos 2 y 3. Este debilitamiento gradual tiene correlaciones más o menos directas con la reducción de los dominios de uso del español y la pérdida de competencia para comunicarse en esta lengua (Silva-Corvalán 1994).

CONCLUSIÓN

Resumiendo, entonces, en el caso del español en Los Ángeles, vemos que una primera generación de inmigrantes mantiene su lengua y enriquece el léxico con préstamos de palabras y frases fijas del inglés. En la segunda generación, en cambio, se observa una avanzada reducción de los dominios de uso del español, la lengua minoritaria, y falta de escolaridad completa en ella. Esto conduce al desarrollo de una variedad en la que se constatan procesos de simplificación y pérdida (por ejemplo, en el sistema verbal, las preposiciones y el léxico), un cierto grado de confusión en la marcación de género y número, la aceleración de la difusión de fenómenos de cambio ya presentes en la variedad ancestral, la incorporación de préstamos y calcos léxicos y léxico-sintácticos del inglés y la alternancia más o menos frecuente entre esta lengua y el español. Más allá de esta segunda generación, la situación sociolingüística se torna más compleja y difícil de describir de manera general.

Es de esperar que la inmigración continuada de grupos de diferentes países hispanoamericanos, la entrada de trabajadores temporales y la enseñanza del español a nativo-hablantes sigan contribuyendo al mantenimiento estabilizado del español en Estados Unidos.

OBRAS CITADAS/CONSULTADAS _____

Bills, G. 1989. "The U.S. Census of 1980 and Spanish in the Southwest." *U.S. Spanish: The Language of Latinos.* Eds. I. Wherritt y O. García. (International Journal of the Sociology of Language) 79: 11–28.

Craddock, J. R. 1992. "Historia del español en los Estados Unidos". *Historia del español de América.* Ed. C. Hernández Alonso. Valladolid: Junta de Castilla y León. 803–26.

Elías-Olivares, L. 1979. "Language Use in a Chicano Community: A Sociolinguistic Approach." *Sociolinguistic Aspects of Language Learning and Teaching*. Ed. J. B. Pride. Oxford: Oxford UP. 120–34.

Gutiérrez, M. 1994. *Ser y estar en el habla de Michoacán, México*. México: Universidad Nacional Autónoma de México.

Gutiérrez, M. y C. Silva-Corvalán. 1993. "Clíticos del español en una situación de contacto". *Revista Española de Lingüística* 23: 207–20.

Hidalgo, M. 1990. "On the Question of 'Standard' Versus 'Dialect': Implications for Teaching Hispanic College Students." *Spanish in the United States: Sociolinguistic Issues*. Ed. J. J. Bergen. Washington, D.C.: Georgetown UP. 110–26.

Romo, R. 1983. *East Los Angeles: History of a Barrio*. Austin: U of Texas Press.

Sánchez, R. 1983. *Chicano Discourse: Socio-Historic Perspectives*. Rowley, MA: Newbury House.

Silva-Corvalán, C. 1994. *Language Contact and Change: Spanish in Los Angeles*. Oxford: Clarendon.

No sólo de estándar vive el aula: lo que nos enseñó la educación bilingüe sobre el español de Nueva York

Ofelia García   *Ricardo Otheguy*

City College of New York   City University of New York

NUEVA YORK Y SU CONTEXTO SOCIOLINGÜÍSTICO

Se cuenta que Luis Palés Matos, el gran poeta puertorriqueño, al regreso a su isla natal tras un viaje a Nueva York, declaró que la gran urbe del norte no le había agradado en lo más mínimo. Cuando le preguntaron a don Luis, que por qué no le había gustado Nueva York, el poeta respondió simplemente: «Demasiado inglés». La fina ironía del poeta capta elocuentemente la gran importancia del español en la Babel de Hierro, en donde a partir de la década del cuarenta, cuando se intensifica la inmigración puertorriqueña, y hasta el presente, el índice de hispanohablantes no ha dejado de alcanzar cifras muy elevadas.

Pero si bien es cierto que el gran volumen cuantitativo del español no se ha alterado durante los cincuenta años de la posguerra, también es de notar que el perfil sociolingüístico del español neoyorquino sí ha sufrido hondas transformaciones. Muy distinto al de otras ciudades estadounidenses —y muy distinto, sobre todo, al del Suroeste estadounidense— es este perfil sociolingüístico, el que tiene que deslindarse con cierta precisión, si se pretende ubicar en su contexto correcto el tema de lo que es el español estándar en las instituciones docentes de Nueva York. (Para un tratamiento más completo sobre la enseñanza del español estándar, véase sobre todo Hidalgo 1990; Lipski 1986; Valdés 1976, 1981.)

Al establecer la comparación entre el complejo sociolingüístico de Nueva York y el de otras comunidades hispanohablantes de los Estados Unidos, sobre todo las del Suroeste, resulta importante resaltar cuatro dimensiones:

1. La mayor variedad de países de origen entre los latinos de Nueva York, y por ende, la ausencia de una norma que pudiera servir de base para la formación de un estándar neoyorquino (como sería, por ejemplo, la mexicana en el Suroeste).

2. La gran variedad en cuanto a estratificación lingüística de cada una de las variantes nacionales presentes en Nueva York, cada una de las cuales aporta a Nueva York sus normas cultas y populares, imposibilitando así la creación de un estándar social o regional que pudiera servir de base a un estándar neoyorquino.

3. El multilingüismo de muchos de los hispanohablantes, muchos de ellos conocedores del inglés y de otras lenguas aun antes de llegar a Nueva York, y por ende la ausencia de un estándar monolingüe.

4. La heterogeneidad de las variantes del inglés que entran en contacto con el español en Nueva York, y por ende la ausencia de un estándar bilingüe.

Analizaremos cada una de estas dimensiones del perfil sociolingüístico neoyorquino por separado, para luego examinar cómo estas características del español neoyorquino se manejan en la educación bilingüe, a diferencia de las clases de español para hispanohablantes. Ofrecemos la descripción de las prácticas comunicativas y educativas en los salones bilingües porque pensamos que contienen hondas lecciones en cuanto al estándar para aquellos que se dedican a la enseñanza del español para hispanohablantes.

Heterogeneidad de origen de los hispanohablantes

Los latinos de Nueva York proceden de muchas partes y hablan, por lo tanto, de muchas maneras diferentes. Están hoy, por un lado, los nacidos en Latinoamérica, mayormente en la República Dominicana, Colombia y Ecuador. Por otro lado, están los latinos nacidos en Nueva York, en su mayoría de ascendencia puertorriqueña. A estos dos grandes grupos de dominicanos, colombianos y ecuatorianos de allí y de puertorriqueños de aquí, se unen millares de personas de todos los demás países latinoamericanos, sobre todo de Honduras, El Salvador, Perú, Panamá, Cuba, Guatemala, México, Argentina, Nicaragua, Costa Rica y Chile (véase, entre otros, De Camp 1991; Zentella por publicarse). La tabla 1 muestra el número de inmigrantes que llegaron a la ciudad de Nueva York directamente de Latinoamérica entre 1982 y 1989. El lector debe tomar en cuenta que estas cifras no informan sobre los puertorriqueños, que por su condición de ciudadanos norteamericanos no cuentan como inmigrantes, ni reflejan tampoco el gran número de latinos indocumentados ni los que han inmigrado a Nueva York procedentes de otras partes de los Estados Unidos.

— *Tabla 1*

Inmigración a Nueva York entre 1982 y 1989

República Dominicana	115.759
Colombia	22.805
Ecuador	17.930
Honduras	8.593
El Salvador	8.171
Perú	7.329
Panamá	5.933
Cuba	5.434
Guatemala	4.811
México	3.144
Argentina	2.840
Nicaragua	2.001
Chile	1.986
Costa Rica	1.556

Si en lugar de las cifras de inmigración reciente, miramos las que constatan el número actual de personas de origen latinoamericano en la ciudad, vemos que la mayoría numérica pertenece todavía al grupo de mayor antigüedad, o sea, a los puertorriqueños, aunque notamos que en los años recientes su proporción, con respecto a otros grupos, ha venido decayendo.

Por ejemplo, en 1980, el 60 por ciento de la población latina de Nueva York era de ascendencia puertorriqueña; pero diez años después, para 1990, la proporción de puertorriqueños ya había disminuido al 50 por ciento. Entre 1985 y 1990, el número de puertorriqueños que llegó a Nueva York ascendió a 51.402 personas. Sin embargo, en el mismo período, 138.089 puertorriqueños abandonaron la ciudad, ya sea para regresar a la isla o para trasladarse a otras partes de Estados Unidos. Durante esta última década, la población puertorriqueña de la ciudad de Nueva York ha disminuido en el conteo de todas las categorías, ya sea de edad, nivel educativo o profesión (*Puerto Rican New Yorkers in 1990* 1994: 9).

Los latinos de Nueva York son actualmente, entonces, la mitad de origen puertorriqueño y la otra mitad provenientes de una gran variedad de países latinoamericanos. La sorprendente variedad nacional latina de Nueva York queda resumida en la tabla 2.

Los datos de la tabla 2 son datos étnico-nacionales, no lingüísticos. El hecho de que el 50 por ciento de los latinos de Nueva York sean de origen puertorriqueño no indica que exista hoy día un dialecto dominante del español, una norma culta o popular puertorriqueña que pudiera proporcionar una base para la formación de un estándar neoyorquino. La razón es, sencillamente, que muchos de estos casi 900.000 puertorriqueños son de segunda y tercera generación y, en muchos casos, son predominantemente anglohablantes que utilizan el español ya con relativamente poca frecuencia y en entornos muy restringidos a la vida de la familia y al hogar.

— **Tabla 2** ──────────────────────────

Distribución de la población de descendencia latina en Nueva York: 1990[2]

Puertorriqueños	896.763	50,3%
Dominicanos	332.713	18,7%
Colombianos	84.454	4,7%
Ecuatorianos	78.444	4,4%
Mexicanos	61.722	3,5%
Cubanos	56.041	3,1%
Salvadoreños	23.926	1,3%
Peruanos	23.257	1,3%
Panameños	22.707	1,3%
Hondureños	22.167	1,2%
Españoles	20.148	1,1%
Guatemaltecos	15.765	0,9%
Argentinos	13.934	0,8%
Nicaragüenses	9.660	0,8%
Costarricenses	6.920	0,4%
Chilenos	6.721	0,4%
Venezolanos	4.172	0,2%
Bolivianos	3.465	0,2%
Uruguayos	3.233	0,2%
POBLACIÓN LATINA TOTAL	1.783.511	100,0%

A diferencia de los estados del Suroeste, en donde las personas de origen mexicano constituyen la gran mayoría de los hispanohablantes y en los que, por lo tanto, pudiéramos hablar de la posible cristalización de un estándar basado en normas mexicanas, los latinos de Nueva York se distinguen por su variedad de orígenes nacionales y por las muchas normas a las que se adhieren estos muy heterogéneos hablantes.

Heterogeneidad interna de las variantes nacionales

A Nueva York, centro del mundo industrial y cultural, acuden personas no sólo de todas partes del mundo, sino también de todos los estratos sociales. Esto, que es cierto en cuanto a los que llegan de Europa, Asia y África, es muy cierto también en cuanto a Latinoamérica. Nueva York recibe de Latinoamérica tanto a banqueros y diplomáticos como a obreros y a porteros, tanto a cocineros y dependientes como a pintores y artistas, tanto a turistas como a personas indocumentadas. Y éstos proceden tanto de centros urbanos como de áreas rurales. Se oye, pues, en Nueva York, tanto el español hablado por gente culta y educada, que hacen turismo en la ciudad o que trabajan en un consulado, un banco o un negocio internacional, como aquél hablado por gente humilde procedente de los barrios, arrabales y campos de la América hispanohablante.

Dentro de esta mezcla social neoyorquina, son vecinos en Washington Heights tanto el ingeniero dominicano procedente de la ciudad de Santo Domingo, con su español más conservador, como el campesino cibaeño, con su español radical. Y no sólo son vecinos, sino que se comunican mucho más de lo que harían en su país de origen. Hace poco oímos una conversación entre un académico mexicano, que trabaja para las Naciones Unidas, y un peón mexicano que laboraba en una obra de construcción. El académico, ansioso de establecer contacto con alguien de su propia nacionalidad adaptó su registro alto al del peón, haciendo uso de todos los giros mexicanos que lo solidarizaban a éste y lo alejaban de los académicos de otras nacionalidades que allí se encontraban. El encontrarse con alguien de su misma procedencia nacional crea frecuentemente el deseo de una verdadera comunicación, aun cuando los interlocutores tengan diferentes rasgos sociales. Y en esto, Nueva York, con su mayor diversidad de hispanohablantes de diferentes niveles sociales y zonas regionales, se distingue también de los estados del Suroeste, donde hay mayor homogeneidad social y regional.

Multilingüismo y ausencia de un estándar monolingüe

La tercera diferencia entre la ciudad de Nueva York y el Suroeste tiene que ver con la mayor flexibilidad y el menor apego a una visión exclusivista de la lengua española en la identidad sociolingüística de los hispanohablantes neoyorquinos. Muchos de los latinos de Nueva York han tenido experiencia previa con el bilingüismo en inglés, como es el caso entre puertorriqueños, panameños y hondureños, muchas veces hablantes nativos del inglés. Por lo tanto, éstos ven de una manera natural y común el contacto del inglés con el español y, antes de llegar a Nueva York, ya tenían, en muchos casos, experiencia práctica en la utilización de préstamos, calcos y hasta en la alternancia de códigos.

Esta mayor experiencia con el bilingüismo de los hispanohablantes neoyorquinos no sólo se da en cuanto al inglés, sino también en cuanto a otras lenguas que ellos mismos hablan, en algunos casos, o que en otros casos han influido hondamente en la variante nacional de su español. Por ejemplo, hoy día hay millares de hondureños en la ciudad de Nueva York que son hablantes de garífuna. Muchos, sobre todo las mujeres y los viejos que no han sido escolarizados, simplemente no hablan español. Otros hablan un español hondamente influido por su lengua materna. Es curioso, por ejemplo, que muchos hondureños garífunas sólo llegan a desarrollar el dominio del español en Nueva York, en donde, al ser identificados como hondureños, se les da servicio escolar y social en español.

En menor grado, éste también es el caso de muchos peruanos y ecuatorianos residentes en Nueva York. Aunque en su mayoría estos peruanos y ecuatorianos son hispanohablantes monolingües, su español muestra algunas influencias del quechua/quichua. Y parece que, lejos de desaparecer, éstas se afianzan en Nueva

York, para mostrar identidad nacional y diferenciarse de los hablantes del español caribeño.

Es posible que sea la mayor experiencia con un uso lingüístico bilingüe, ya desde el país de origen, lo que ocasiona el uso natural de la alternancia de códigos entre los hispanohablantes neoyorquinos, característica que ha sido identificada en la investigación del Centro de Estudios Puertorriqueños (Language Policy Task Force 1980, 1982). Y es también por esto que el español neoyorquino tampoco se puede comparar con un estándar monolingüe, ya que muchas de las variantes que se hablan en la ciudad son producto de un bilingüismo que ya era dinámico también en el país de origen.

Heterogeneidad de las variantes del inglés

El español que se habla en Nueva York en un contexto sociolingüístico minoritario se caracteriza, como hemos visto, no sólo por el muy alto grado de variación que tiene de por sí, sino porque la lengua mayoritaria con la que entra en contacto, el inglés neoyorquino, es también muy variable. Los anglohablantes de Nueva York suelen ser hablantes nativos de una variante afro-americana del inglés norteamericano, hablantes nativos de un inglés no norteamericano (especialmente del inglés de Guyana, India y el Caribe anglófono) o inmigrantes o descendientes de inmigrantes que hablan variantes nativas del inglés que muestran influencia de sus lenguas de origen.

El español neoyorquino se ve entonces influido, no por un inglés monolítico, sino por uno hondamente variable. Por ejemplo, es común oír a hispanohablantes neoyorquinos decir: «Ése sí que tiene *jusba*» o «Para hacer eso hay que *shlep* hasta Brooklyn» o «Cuidado con eso, *brother, be cool*», frases en donde se pudiera pensar que se han importado elementos del inglés estadounidense estándar, cuando en realidad lo que se ha traído al español son elementos del judeoalemán o del vernáculo afro-americano del inglés estadounidense.

Las mismas razones que atraen a inmigrantes hispanohablantes a Nueva York atraen a muchos otros. El español, en Nueva York, es simplemente una lengua más, de las muchas que se oyen junto al inglés. Es decir, hay muchos barrios en que el español no compite directamente con el inglés, sino con el chino, el criollo haitiano, el coreano, el hindi, el urdu o el ruso. Por lo tanto, el español es una de las muchas lenguas que hablan los neoyorquinos, rica y variada no sólo en sí, sino matizada por el contexto multilingüe en que se usa. Las muchas variantes del español neoyorquino existen no en oposición a un inglés estándar y ni siquiera en oposición al inglés solamente. Este contexto sociolingüístico, de gran variabilidad, facilita el que sea imposible definir ni siquiera un estándar bilingüe para el inglés neoyorquino, ya que las influencias a que éste está expuesto en la ciudad son multilingües.

Para resumir, entonces, tenemos que notar que en el caso del español neoyorquino no podemos identificar ni un estándar nacional, ni uno social, ni uno monolingüe, ni siquiera uno bilingüe. El español neoyorquino es fruto de la comunicación, mayormente oral, entre más de un millón de personas diferentes, que conviven en un estrecho contexto urbano.

¿QUÉ LE PASA AL ESPAÑOL NEOYORQUINO EN EL AULA?

Actualmente, un 36 por ciento de los estudiantes en las escuelas públicas de Nueva York, aproximadamente, son de descendencia latinoamericana (Latino Commission on Educational Reform 1994: 3). Es decir que, en 1993, había en el sistema escolar público 367.309 estudiantes nacidos en Latinoamérica o nacidos en Estados Unidos de padres latinoamericanos. La tabla 3 muestra los diferentes países de origen de los inmigrantes hispanohablantes que se han matriculado en las escuelas públicas de la ciudad de Nueva York durante los dos últimos años.

— Tabla 3 ————————————————————————————

Inmigrantes matriculados en las escuelas públicas de Nueva York: septiembre 1991–marzo 1994

País de origen	Número
República Dominicana	26.500
México	5.103
Colombia	3.631
Ecuador	3.906
Honduras	2.057
El Salvador	1.270
Perú	1.224
Venezuela	851
Guatemala	819
Panamá	685
Nicaragua	353
Argentina	273
España	263
Chile	224
Bolivia	209
Costa Rica	190
Cuba	101
Uruguay	43

De esta tabla quedan excluidos los puertorriqueños, por su condición de ciudadanos. A pesar de que no hemos podido determinar la cifra exacta de estudiantes de procedencia puertorriqueña que han entrado en las escuelas neoyorquinas en los dos últimos años, estimamos que está un poco por debajo de la del dominicano, siendo así los niños puertorriqueños, junto a los dominicanos, los latinos más numerosos en las aulas de la ciudad de Nueva York. Esta tabla también confirma el gran aumento del número de estudiantes mexicanos, que no aparecían en la misma posición predominante en la investigación anterior.

Como es sabido, la ciudad de Nueva York tiene un sistema universitario municipal, la City University of New York. Allí también, un 28 por ciento de los estudiantes es de procedencia latina. De estos, aproximadamente un 45 por ciento es de procedencia puertorriqueña.

En Estados Unidos por lo general, la preocupación principal de las autoridades escolares en cuanto a la lengua del estudiante latino, tanto a nivel elemental y secundario como al universitario, es el grado de proficiencia en el inglés, haciéndosele caso omiso al español. Sin embargo, el mero hecho de la alta proporción de hispanohablantes entre el estudiantado ha alterado las reglas del juego en cuanto al rol del español en la educación neoyorquina.

Como remanente histórico de la situación existente antes de la llegada de estas grandes cantidades de estudiantes latinos, continúa existiendo el programa tradicional de enseñanza del español como materia académica, tanto a nivel secundario como universitario. Pero resulta que ahora, uno de cada tres estudiantes matriculados en estas clases habla español en su hogar o su barrio, haciendo totalmente inapropiada la concepción de enseñanza del español como lengua extranjera. Mientras tanto, el gran número de niños y adolescentes latinos que todavía no dominan el inglés ha hecho necesario que se utilice el español como lengua vehicular en la enseñanza primaria, secundaria y hasta universitaria.

De estas dos coyunturas han surgido, casi sin querer, los dos movimientos educativos que enmarcan el uso del español en la docencia neoyorquina. Primero, los programas de español para hispanohablantes, casi todos a nivel secundario o universitario, en los que el profesorado suele estar formado, en su mayor parte, por especialistas en lengua y literatura española y latinoamericana. Y segundo, los programas de educación bilingüe, a nivel primario, secundario y universitario, en los que el profesorado suele estar formado por especialistas en pedagogía o en una disciplina académica, como, por ejemplo, ciencia, matemáticas, sociología o historia.

A pesar del avance que estos dos programas representan en cuanto al español escolar, existen limitaciones serias en ambos. Por un lado, los programas de español para hispanohablantes intentan desarrollar, en 45 minutos diarios, destrezas de lectoescritura estándar, que muchas veces niegan las características del español de la comunidad. Mientras tanto, por otro lado, los programas de educación bilingüe, que sí usan la riqueza verbal y las variantes orales de los alumnos, rara vez persiguen como objetivo permanente el que todos los alumnos latinos hablen, lean o escriban una variante que esté lo suficientemente cerca del español general para mantener una continuidad sociohistórica con sus países de origen.

El problema de fondo, nos parece a nosotros, es que, en el sistema educativo norteamericano, aun en estos dos programas en que el español parece tener condición de lengua vernácula, el español se sigue viendo, en realidad, como una lengua extranjera. En los programas de español para hispanohablantes, se da la adaptación, a veces muy limitada, de la enseñanza de lengua extranjera a un estudiantado de origen latino. En los programas bilingües, el español es la lengua temporal de los inmigrantes recién llegados.

Sin embargo, en el corto período en que el español tiene cabida en los salones bilingües transicionales, es decir, mientras el alumno hispanohablante aprende inglés, el español se maneja en el salón bilingüe de modo muy diferente a como lo hacemos en el salón de español para hispanohablantes. Como veremos, el rico caudal lingüístico neoyorquino entra naturalmente en el salón bilingüe, consecuencia de la mayor heterogeneidad lingüística, que es producto de tres elementos:

1. Los participantes en el proceso educativo —no sólo los maestros, sino también los alumnos, los padres y la comunidad

2. La pedagogía interactiva

3. Los materiales docentes

Nos parece que la comprensión de cómo estos tres elementos afectan el manejo del español en el salón bilingüe podría ser de gran utilidad para los que nos preocupamos por el español para hispanohablantes. Pues aunque por muy poco tiempo y con carácter temporal, el español en el salón bilingüe alcanza una expansión que es reflejo del contexto sociolingüístico de la ciudad. Para lograr que todos los estudiantes latinos neoyorquinos puedan usar el español como instrumento, no sólo de comunicación, sino también de conocimiento y cultura, el español para hispanohablantes tendrá que nutrirse de prácticas comunicativas y educativas que son comunes en la educación bilingüe y que expanden el caudal lingüístico, sin dejar de ofrecer la dirección y depuración necesarias que a largo plazo lo unirá a un español general, creador de lazos panamericanos. Analizaremos por separado cada uno de los tres elementos de los salones bilingües identificados anteriormente y, además, las consecuencias sociolingüísticas de estos elementos en cuanto al español.

Los participantes en el proceso educativo

La relación maestro-estudiante que casi siempre existe en el programa de español para hispanohablantes, en la que el maestro tiene pleno dominio del español y el estudiante está allí para alcanzar ese dominio, se invierte muchas veces en el salón bilingüe. Es decir, encontramos muchas veces en los salones bilingües que el maestro habla una variante del español más influida por el inglés que la de sus propios alumnos. Éste es el caso, por ejemplo, de muchos salones de educación bilingüe transicionales, en que los estudiantes son recién llegados de Latinoamérica, mientras que el maestro lleva mucho más tiempo de residencia en Estados Unidos. El español de los alumnos tal vez se aleje más de alguna norma culta nacional en cuanto a la fonología y la morfología, pero el español del maestro se aleja más en cuanto al léxico. Es imposible entonces juzgar a uno como más estándar que el otro y, como veremos, en el contexto del aula bilingüe, las variantes de estudiante y maestro se enriquecen unas a otras.

Es importante también hacer notar que, en lo tocante a requisitos formales para certificar a maestros en la ciudad de Nueva York, las exigencias lingüísticas que se le hacen a un maestro bilingüe, tanto en español como en inglés, son menores que las que se le hacen a un maestro de español para hispanohablantes. A nivel secundario, es difícil encontrar un maestro de español para hispanohablante que haya estudiado en Latinoamérica, ya que el estado de Nueva York exige 36 créditos de asignaturas de español y esto queda definido en términos de estudios realizados en los Estados Unidos. Sin embargo, es muy común encontrar entre los maestros bilingües a ingenieros, abogados y médicos recién llegados, a quienes se les permite que utilicen el español que hablan en la docencia. Es por esto que la continuidad social, cultural y lingüística que existe entre estos maestros, sus alumnos, los padres y la comunidad es mucho más estrecha. A pesar de haber sido profesionales en su país de origen, estos maestros son ahora del mismo grupo social que llega a las escuelas de Nueva York y, como recién llegados, viven en los mismos barrios. Para ellos, las características sociolingüísticas de la comunidad urbana son hondamente conocidas, ya que las oyen fuera de las paredes de la escuela. Es por esto que los maestros bilingües reaccionan con naturalidad a la cantidad de variantes del español que entran en el aula, ya que pueden ver éstas como continuidad y reflejo de las que oyen en la comunidad. No es que haya coincidencia en todo momento entre el maestro bilingüe y sus alumnos, sino que el maestro bilingüe vive mucho más de cerca la comunidad bilingüe que le toca enseñar.

Ejemplo del enriquecimiento de variantes que ocurre en el salón bilingüe, dadas las características lingüísticas de maestro y alumno, es una lección que presenciamos recientemente. En esta clase, el maestro bilingüe enseñaba una lección de historia norteamericana a sus alumnos de sexto grado. Tratando de explicar el *Boston Tea Party*, el maestro hablaba de los «colonistas». Los alumnos, hablantes de un español todavía muy conservador de los rasgos típicos del país de origen, repetían «colonistas», convencidos, sin duda, de que ésta era una palabra del español nueva para ellos. El maestro, nacido en los Estados Unidos de padres puertorriqueños, había cursado estudios universitarios en Puerto Rico y hablaba un español puertorriqueño estándar en su interacción personal. Pero al enseñar, echaba mano a giros en inglés que le eran más familiares. Y a veces los nombres de los eventos históricos en inglés también sufrían del cambio fonológico cuando el maestro los decía en inglés al hablar español. Esto causa que el maestro se horrorice cuando, después de toda la explicación del comportamiento de los rebeldes, un alumno pregunta si la razón por la cual el *Boston Tea Party* se llama así, es porque los americanos llegaron y «they got busted, man».

La mayor flexibilidad del continuo entre el español y el inglés, la explota también tanto el maestro bilingüe como el alumno, para darle sentido al mundo. Es común tener, en los salones bilingües, estudiantes para quienes, en cierta forma, el bilingüismo es en sí su lengua materna. Este es el caso de una niñita de primer grado, a quien presenciamos haciendo la lectura de un Libro Grande en español, que trataba sobre un girasol. La maestra les pregunta a los niños por qué se le llama *girasol* a la flor. Y una niña inmediatamente responde: «porque es *heat* y hay sol» (o sea, *heat-a-sol*). La maestra, lejos de corregirla, se maravilla del potencial que tienen los estudiantes bilingües de darle sentido a lo que oyen. Los maestros bilingües no sólo saben dos lenguas, sino que han estudiado cursos sobre el bilingüismo y tienen pleno conocimiento de cómo utilizar dos sistemas lingüísticos en contacto. Los estudiantes, para quienes el bilingüismo es su primera lengua, simplemente lo usan como instrumento de conocimiento.

El continuo bilingüe de los interlocutores queda complicado también por el de variantes nacionales del español en los salones bilingües. En una clase bilingüe de escuela secundaria de matemáticas el maestro, un dominicano que había sido ingeniero en su país, le pide a los estudiantes que traduzcan un problema:

Each pump represents 100,000 liters of crude oil.

Uno de los estudiantes lo traduce diciendo:

Cada pompa representa 100.000 litros de aceite crudo.

Este maestro le dice al estudiante:

Pompa, no. Se dice *bomba. Pompa* es lo que sale del jabón, la bolita que sale del jabón.

En ese mismo momento, un estudiante puertorriqueño le dice:

Maestro, no, eso sí que es una bomba.

El maestro inmediatamente comprende la confusión lingüística que se ha producido y utiliza la ocasión para generar, con sus estudiantes, una lista de palabras que dicen de diferente manera sus estudiantes puertorriqueños y dominicanos en Nueva York. Esta lista, *copiada exactamente como aparece en la pizarra*, queda resumida en la tabla 4. Este maestro no sólo vive diariamente la riqueza lingüística de sus estudiantes fuera del salón de clase, sino que también muestra alguna sofisticación lingüística, adquirida durante un curso universitario de sociolingüística.

▬ Tabla 4 ▬

Variantes léxicas del español escolar neoyorquino

Dominicano en NY	Puertorriqueño en NY
la yerba	la grama
cinco cheles	el bellón, el níquel
¡Virgen de la Altagracia!	¡Ay, Bendito!
el aula	el salón
un tígere	un títere
esa tipa	esa jeba
una chepa	una casualidad
un chin	un poco
cuartos	chavos
una bejiga	una bomba

— **Tabla 4 continuación** ——————————————————————

Dominicano en NY	Puertorriqueño en NY
pastelitos	pastelillos
diez cohetes, toletes	diez dólares
la funda	la bolsa
la ega	la pega
la granpadora	la grapadora
quemarse	colgarse, quedarse
cobarde	pendejo
carajito, tiguerito	nene
niño(a)	nene(a)
los paquitos, muñequitos	los cartones
la fiesta, la chercha	el pari
esa vaina	esa jodienda
no jodas	no chaves
tú si jodes	tu si hinchas
apurarlo	ajorarlo
los tenis	los champions

Este maestro, que habla un español muy dominicano en su fonología radical, también utiliza, con espontaneidad y naturalidad, préstamos del inglés, que ha aprendido mayormente de sus alumnos puertorriqueños, y que ahora repiten, también con espontaneidad, los alumnos dominicanos, aun los más recientes. La tabla 5 presenta los préstamos del inglés, relacionados con el léxico escolar, que hemos oído con frecuencia, lo mismo de estudiantes que de maestros, en salones bilingües en Nueva York:

— **Tabla 5** ——————————————————————————————————

Prestamos léxicos estables del español escolar neoyorquino

1. **Personal:** el principal, el asistente al principal, la gaidans, la norsa, el super

2. **Lugares:** el bildin, el lonchrum, la cafetería, el jol, el yim, el rufo, la yarda, la librería, el toile, el artrum, el miusicrum, el beismen

3. **Cosas:** el lonche, el lonchbag, el sánwiche, el máicrowei, la boila, el jíter, el estín, el garbich, el fayeresquei, el cobi, el cou, el chárpener, la carpeta, la aplicación

4. **Eventos escolares:** el fayerdril, el apoinmen, el chou, el asembli, el lonch, el pleitain

5. **Acciones escolares:** janguear, rapear, chiriar, esquipiar, bipear, registrar, taipear, printear, estar estoquiao

Es importante también notar que estos préstamos del inglés, utilizados tanto en lo oral como en lo escrito, son producto no sólo del maestro y de los estudiantes, sino también de los muchos padres de familia que están presentes en los salones bilingües. Los padres no sólo visitan, sino que trabajan ahí, sea como asistentes de maestro, o sea como traductores, sirviendo así de enlace con el resto de la comunidad. El mayor contacto de la comunidad hispanohablante con los salones bilingües hace posible precisamente la difusión de todas estas variantes en el ámbito escolar.

Pero no son sólo las características lingüísticas de los interlocutores las que permiten la gran difusión de las variantes del español en los salones bilingües. El éxito de la educación bilingüe, en cuanto al uso y la difusión del español de la comunidad latina en Nueva York, se debe, como veremos en la próxima sección, a la pedagogía interactiva que se utiliza a mucho mayor grado allí que en los salones en que se enseña español para hispanohablantes.

La pedagogía interactiva

Mientras que la mayor parte de los maestros de español para hispanohablantes tiene salones tradicionales, en los que la enseñanza se centra en el maestro, la mayoría de los maestros bilingües estructura sus salones para que la enseñanza se centre en el alumno y para que haya participación e interacción entre todos. Esta diferencia se debe a dos factores. Primero, la preparación del maestro bilingüe requiere más cursos en pedagogía que la del maestro de lengua. Segundo, la mayor parte de los maestros bilingües enseña a nivel primario, donde la pedagogía interactiva es más común que a nivel secundario, donde encontramos el mayor número de maestros de lengua.

En el salón bilingüe es común la organización de grupos cooperativos de estudiantes, quienes trabajan en diferentes centros, bajo la dirección del maestro. En esta situación, las variantes del español se diseminan y extienden, al posibilitar la interacción entre estudiantes y disminuir el rol del maestro como autoridad académica. El proceso pedagógico de descubrimiento o de indagación, en el que la educación bilingüe se suele centrar, facilita el que los estudiantes se comuniquen entre sí, utilizando toda su capacidad expresiva y reflejando la riqueza lingüística que existe en el hogar y en la comunidad.

Muchas veces, el único momento en que podemos escuchar un diálogo entre alumno y maestro es cuando el maestro los agrupa para pasar lista, cantar una canción, narrar un cuento, compartir sus experiencias, o evaluar el aprendizaje. Pero aún en estos contextos, el maestro rara vez corrige el español de los estudiantes. Nos parece que, en una comunicación natural, es difícil determinar qué es un error lingüístico y qué es simplemente una estrategia comunicativa o un recurso del desarrollo cognoscitivo. Los maestros bilingües, con conocimiento de la psicología evolutiva y del desarrollo, están muy acostumbrados a llevar al niño hacia otro nivel, sin necesariamente ver el primer nivel como uno en que existen errores. Y los maestros están acostumbrados a hacer preguntas que amplíen el desarrollo del niño, en su aspecto tanto cognoscitivo como lingüístico.

Así, en la conversación siguiente entre una maestra dominicana de *kindergarten* y un niño nacido en los Estados Unidos, de padres dominicanos, la maestra le hace preguntas que aclaran lo que el niño quiere comunicar, sin considerar si el contenido presenta o no errores lingüísticos. La comunicación es lo esencial. El niño trata de explicar una experiencia que lo ha asustado durante una reciente nevada:

> Cuando mi mami me tiró, ella dijo, James, mi *brother* James me empujó en la nieve, okey, yo te voy a coger a ti y te voy a tirar *snow*, y él me tiró *snow* a mí y yo le doy para atrás.

La maestra tratando de dar sentido a lo que dice el niño, le pregunta:

> Y tú, ¿tienes miedo por la nieve?

El niño responde:

> Estaba un monstruo.

Otra vez, la maestra extiende lo que ha dicho el niño, piensa sobre su sentido, aclara y le pide confirmación al niño:

> Un monstruo de nieve… Ah …, cuando estaba nevando mucho. ¿Era eso?

El niño confirma y continúa:

> Sí, y también yo cogí eso, una pela, para matar al monstruo.

La maestra parafrasea y le pide al niño que extienda lo que dice:

> Tú mataste al monstruo, ¿con qué?

El niño responde:

> Con un bate, con un bate, eso que yo hacé.

Una vez que la maestra comprende lo que el niño quiere decir, y se asegura de que haya quedado claro al resto de sus alumnos, llama a otro niño. El proceso de expansión y aclaración comienza otra vez.

Rara vez oímos a una maestra corregir el español de un niño. La técnica más usada es, simplemente, volver a repetir lo que ha dicho el niño, esta vez con corrección. Este es el caso del siguiente diálogo. Pregunta la maestra (M):

> M: ¿Pensabas que podía pasar qué?
> N: Bajarse para abajo.
> M: ¿Pensaste que se podía caer?
> N: Ajá.

Pero, a veces, hemos observado la misma técnica utilizada por los estudiantes en relación con el maestro. En el próximo diálogo, una maestra de descendencia puertorriqueña dialoga con una niña puertorriqueña recién llegada de primer grado. La maestra (M) quiere ayudarla a la niña (N) a compartir con sus compañeros sus experiencias de la escuela en Puerto Rico:

M: ¿Qué es la diferencia de las escuelas allí y las de acá?
N: Que allí no hablan inglés y acá hablan inglés, pero aquí es mejor.
M: ¿Por qué es mejor? Acá hace frío y allí hace caliente.
N: Allí hace calor, pero a mí me gusta aquí.

En toda nuestra experiencia en salones bilingües, sólo hemos presenciado la corrección directa de errores morfológicos que han sido identificados como comunes al desarrollo lingüístico, más bien que asociados con una variante estigmatizada. Los más comunes son los siguientes:

haiga, cabo, no sabo, yo poní
está rompío, no me cabió
él dijió, él trajió, dijieron

Los maestros parecen tolerar todo lo otro, porque utilizan el español como medio de educación y desarrollo cognoscitivo. El énfasis se pone, entonces, en la comunicación y el mensaje.

A pesar de que nunca hemos presenciado la corrección, por un maestro, de una variante regional o nacional, así sea léxica, fonológica o morfológica, hemos oído a los niños reírse, sobre todo de la variante del español asociada con la región del Cibao en la República Dominicana. A pesar de que los niños toleran y hacen caso omiso de las variantes fonológicas, como son la ausencia de [s] final de sílaba de todo español caribeño y la sustitución de [l] por [r] final de sílaba, sobre todo en el español puertorriqueño, la sustitución de la [i] por la [r] causa la risa. Así hemos observado que los niños se ríen de aquéllos que dicen:

«caine» por *carne*
«poique» por *porque*
«capitai» por *capital*
«veide» por *verde*

Y esta mayor participación del alumno en el proceso de adopción o rechazo se debe también a una pedagogía más interactiva. El rasgo fonológico cibaeño desaparece rápidamente del español escolar. Sin embargo, no es ése el caso de otros giros léxicos propiamente dominicanos, que hoy día han sido adoptados por estudiantes puertorriqueños y mexicanos. En los «lonchrums» neoyorquinos, oímos a niños de todas partes pedir a otros un «chin de dulce». Sin embargo, hemos notado que es más difícil la adopción de giros dominicanos en los que hay cambios morfológicos. Así, estas dos frases las diría solamente un niño dominicano:

Tengo casimente cinco años en los Estados Unidos.
Yo oigo e disque como un monstruo disque haciendo ruido.

Volviendo a la pedagogía educativa de los salones bilingües, es importante hacer notar la mayor presencia de variantes del español, no sólo en la producción oral, sino también en la escrita. El método pedagógico llamado *Whole Language*, que ha transformado la enseñanza del lenguaje inglés a los niños anglohablantes de muchas escuelas primarias en los Estados Unidos, también ha hecho mella en la enseñanza del lenguaje español en salones bilingües.

El método de *Whole Language* utiliza la lengua oral como punto de partida para la enseñanza de todos los aspectos de la lectoescritura. Para enseñar a leer, desde el principio hace uso de material literario auténtico, y no de material de lectura escolar. La enseñanza de la escritura está hondamente conectada con lo que se denomina *writing process*, que permite que el niño produzca sus propios textos, utilizando cualquier forma escrita. Es así que se utilizan los diarios, en que los estudiantes escriben diariamente y que no son corregidos por la maestra. La idea es que el niño desarrolle fluidez y expresión lingüística, tanto oral como en la lectura y la escritura, sin sentirse restringido por la formalidad de la corrección. El niño comienza a escribir lo que dice, no lo que lee. Y poco a poco, a través de la participación activa en el proceso de la lectura, el niño va corrigiendo su propia producción escrita. Los diarios, en los salones bilingües, son una muestra activa de la apropiación de la lengua oral como expresión escrita. Así, en los diarios el niño extiende su expresión, usando tanto el intercalamiento como préstamos y regionalismos.

Por otra parte, la producción escrita en los salones bilingües va mucho más allá del ensayo académico en que se suele centrar la clase de español para hispanohablantes. Es decir, la escritura creativa y la producción tanto de poesía como de prosa, tanto de novela como de obra dramática, tanto de ensayo temático como de ensayo introspectivo, son cultivadas y desarrolladas en el salón bilingüe.

A pesar de que la cartilla fonética no ha desaparecido del salón bilingüe al alfabetizar en español, ahora el énfasis cae sobre el uso libre que los niños hacen de esa alfabetización. Así, desde el principio, los niños se convierten en autores de sus propios libros, proceso en que los niños utilizan el silabario sólo como instrumento para crear su propia voz. Esta propia voz incluye tanto los modelos externos (literarios, publicados y oídos en la comunidad) como los internos de su propia producción lingüística.

Los tableros y letreros en los salones bilingües son también una muestra viva de la mucha variedad lingüística que allí sobrevive. Algunos preparados por los estudiantes, otros por los maestros, y aún otros por los padres, contienen y reproducen tanto un español escrito, que podríamos denominar estándar, como otro con honda influencia del inglés o con las muchas variantes regionales del salón de clase. Así, es muy común leer en el salón bilingüe letreros como éstos que hemos encontrado:

Centro de librería
Centro de Media

Carpeta
Cuando suene la campana del fire drill, preste atención.
Ponga los headsets en su sitio.
No use el microwave sin permiso.
Cuelguen los coats en las perchas.
La registración es el día 9.
Puede buscar la aplicación en el sexto piso.

La pedagogía interactiva utilizada en el salón bilingüe tiene como consecuencia un mayor reflejo de las muchas variantes del español, tanto en lo oral como en los textos escritos. Permite entonces una mayor valorización de las variantes del niño, de sus padres y de la comunidad y pone todas estas variantes al mismo nivel que aquélla del maestro.

El material educativo

Por último, algo tenemos que decir sobre los materiales educativos en español utilizados en el salón bilingüe. Lejos de ser sobre lengua, los materiales comunican contenido, tanto académico como vital, tanto intelectual como creativo. Es por esto, también, que las variantes del español que reflejan son mucho más variadas y múltiples, permitiendo licencias tanto literarias como regionales cuando se enseña, por ejemplo, la ciencia.

Rara vez hemos encontrado textos escritos en que la variante nacional de sus autores sea motivo de falta de comunicación con alumnos, quienes, tal vez, no estén familiarizados con esa variante. Esto se debe a que el énfasis del libro sea la comunicación sobre algún tema, de tal modo que tanto el léxico como la morfología quedan siempre contextualizados con significado. Por lo tanto, naturalmente, el niño también queda expuesto a diferentes variantes, tanto las que hablan sus compañeros como la que habla la maestra, tanto las que escriben él y todos sus compañeros como las que escriben los diferentes autores de sus textos. La lengua se centra en su potencial comunicativo en el salón bilingüe, en vez de ser en sí objeto directo de estudio.

CONCLUSIONES

Es entonces importante concluir que el español del salón bilingüe refleja con mucha más fidelidad el español de la comunidad latina neoyorquina que lo que hace el programa de español para hispanohablantes. Lejos de restringir su uso y marcar uno de correcto y otro de incorrecto, el salón bilingüe se distingue por el uso natural del español en un proceso comunicativo.

Pero es importante también hacer notar que una de las razones por las cuales el español en el salón bilingüe se expande con tanta naturalidad es precisamente porque no se le valora como instrumento permanente de conocimiento cognoscitivo y sociohistórico. Para lograr que el español neoyorquino se reconozca como variante del español de América, no sólo es necesario que se difunda como lengua hablada por aquéllos que no hablan inglés, sino también que se le reconozca por su valor para todos los latinos de Nueva York. Para esto será necesario continuar los esfuerzos por unir las tendencias de la educación bilingüe y del español para hispanohablantes. Es decir, será necesario que entendamos que no sólo de estándar vive el español en el aula y que propaguemos su riqueza desde el nivel elemental hasta el nivel universitario. Es claro que, si el español para hispanohablantes se nutre de la heterogeneidad lingüística producida por la mayor participación de interlocutores en el aula, incluyendo a los estudiantes y a los padres, de una pedagogía más interactiva, centrada en la comunicación, y de materiales docentes más auténticos y con menos énfasis en la lengua en sí, podrá producirse un caudaloso torrente lingüístico que se pueda canalizar para unirlo al español panamericano. De no ser así, el español para hispanohablantes produce sólo un chorrito, incapaz de unirse jamás a las grandes corrientes latinoamericanas.

NOTAS

1. Fuente: Annual Immigrant Tape Files, 1982–1989, U.S. Immigration and Naturalization.
2. Fuente: 1990 Census Summary Tape File I and Summary Tape File. Para poblaciones menores de 20.000, la fuente es el 1990 Census Public Use Microdata Sample A.
3. Fuente: Emergency Immigrant Education Census, New York City Board of Education, Data Services.

OBRAS CITADAS

De Camp, S. 1991. *The Linguistic Minorities of New York City*. Nueva York: Community Service Society.

Hidalgo, M. 1990. "On the Question of 'Standard' Versus 'Dialect': Implications for Teaching Hispanic College Students." *Spanish in the United States: Sociolinguistic Issues*. Ed. J. J. Bergen. Washington, D.C.: Georgetown UP. 110–26.

Language Policy Task Force. 1980. "Social Dimensions of Language Use in East Harlem." *Working Paper No. 7*. Nueva York: Centro de Estudios Puertorriqueños, City University.

Language Policy Task Force. 1982. "Intergenerational Perspectives on Bilingualism: From Community to Classroom." Nueva York: Centro de Estudios Puertorriqueños, City University.

Latino Commission on Educational Reform. 1994. *Making the Vision a Reality: A Latino Action Agenda for Educational Reform*. Nueva York, 23 de marzo.

Lipski, J. 1986. "Principal Varieties of U.S. Spanish." Manuscrito inédito. U of Florida.

The Newest New Yorkers: A Statistical Portrait. Department of City Planning, Nueva York. Agosto de 1992.

Puerto Rican New Yorkers in 1990. Department of City Planning, Nueva York. Septiembre de 1994.

Valdés, G. 1976. "Language Development vs. the Teaching of the Standard Language." *Leikos.* Diciembre: 20–32.

———. 1981. "Pedagogical Implications of Teaching Spanish to the Spanish-Speaking in the U.S." *Teaching Spanish to the Hispanic Bilingual: Issues, Aims and Methods.* Eds. G. Valdés, A. G. Lozano y R. García-Moya. Nueva York: Teachers College Press. 3–20.

Zentella, A. C. Por publicarse. "Spanish in New York." *The Multilingual Apple: Languages in New York.* Eds. O. García y J. A. Fishman. Berlin: Mouton de Gruyter.

Capítulo 12

Perfil del discurso escrito en textos de hispanohablantes: teoría y práctica

M. Cecilia Colombi

University of California, Davis

___

INTRODUCCIÓN

En este trabajo se realiza un análisis textual a nivel morfosintáctico, léxico y discursivo del primer ensayo formal presentado en una clase universitaria del programa de español para hispanohablantes. Un perfil detallado de la escritura de los estudiantes nativos de español examina las características que acercan estos textos a las narrativas orales y explican por qué justamente estas cualidades los alejan de los registros escritos formales académicos.

Partiendo de las teorías de Vygotsky (1962: 98), se puede definir el lenguaje escrito como «a separate linguistic function, differing from oral speech in both structure and mode of functioning». Las diferencias primordiales entre estas dos formas de comunicación son el alto nivel de abstracción y elaboración requerido en la comprensión y producción del discurso escrito. La audiencia generalmente no comparte el contexto físico y emocional de la persona que escribe el mensaje y, consecuentemente, no puede darle ningún tipo de *feedback* acerca de la efectividad del proceso de comunicación. Asimismo, la comunicación escrita constituye un sistema de simbolismos de segundo grado de abstracción; los signos reemplazan los sonidos por palabras, las cuales, a su vez, representan objetos y relaciones que están presentes en el mundo real (Vygotsky 1978). En el lenguaje oral, cada enunciado está estimulado por un motivo inmediato; en el monólogo escrito, los motivos son más abstractos, más intelectualizados, más alejados de las necesidades inmediatas (Vygotsky [1934] 1962: 99). En la tabla 1 se han anotado las características más sobresalientes que separan la lengua escrita de la oral (Halliday y Hasan 1976; Chafe 1986; van Dijk 1986).

— *Tabla 1* _____

Comparación de la modalidad escrita y oral

Lengua oral	Lengua escrita
Recepción inmediata (audiencia presente)	Recepción mediata (audiencia ausente)
Sonidos: primer grado de abstracción	Letras: segundo grado de abstracción
Diálogo	Monólogo
Estímulos inmediatos	Mayor abstracción
Repetición	Síntesis
Lineal	Espacial

Estructuras frecuentes en cada modalidad	
Oral	*Escrita*
Complejidad gramatical	Densidad léxica
Adjetivos predicativos	Adjetivos atributivos
Frases verbales	Nominalizaciones
Conjunciones	Subordinación

EL ESTUDIO

Características del corpus de estudio

En este estudio se utilizaron 26 ensayos de estudiantes en el primer trimestre del Programa de Español para Hispanohablantes en la Universidad de California, Davis. Los ensayos que se analizan en este trabajo se escribieron fuera de clase, siguiendo una guía de redacción titulada «La universidad» (Apéndice). Las instrucciones para escribir esta composición y la posibilidad de disponer del tiempo que fuera necesario permiten definirla como un trabajo académico formal; la versión que se analiza es la primera. El enfoque del curso, asimismo, es trabajar con la escritura como proceso más que producto; o sea, que la posibilidad de reescribir los ensayos forma parte de la filosofía general del curso.

Composición sociodemográfica de los estudiantes

En un cuestionario diagnóstico que se les entregó a los estudiantes el primer día de clases, se les hicieron varias preguntas para obtener información acerca de su origen demográfico, variedad del español, especialización, etc. De los 26 estudiantes que participaron en este estudio, todos menos uno (cuyos padres son anglohablantes, pero vivieron en Sudamérica muchos años) son hispanohablantes nativos. Hay 10 hombres y 16 mujeres. El origen de los estudiantes refleja la población latina de California. El 50% es de origen mexicano: cinco de la primera generación y ocho de la segunda generación; 5 (19%) son de Centroamérica: El Salvador, Honduras, Guatemala y Nicaragua; 6 son de Sudamérica; y 2 de los Estados Unidos: uno de éstos es de Texas y sus padres también son hispanohablantes. La tabla 2 resume esta información.

▬ Tabla 2 ▬▬▬▬▬▬▬▬▬▬▬▬▬▬▬▬▬▬▬▬▬▬▬▬▬▬▬▬▬▬▬▬▬

Composición sociodemográfica de los estudiantes

Sexo	
Hombres	Mujeres
10	16

Origen	Generación		Total
	Primera	Segunda	
México	5	8	13 (50%)
América Central	5	–	5 (19%)
Sudamérica	3	3	6 (23%)
Estados Unidos	–	2	2 (8%)

Especializaciones	
Historia/ Desarrollo humano	2
Matemáticas/Ingeniería	4
Español	2
Biología/ Fisiología	5
Ciencias políticas/Sociología	7
Economía	1
Relaciones internacionales	1

Con respecto a qué lengua consideraban que dominaban mejor, 14 creían ser más competentes en inglés que en español, 9 se clasificaban como bilingües equilibrados y 3 se definían como más competentes en español[1] (ver la tabla 3). A excepción de dos, todas estas personas hablan español en la casa, con la familia y los amigos. Nuevamente, este marco refleja la situación del español en California, donde el mantenimiento de la primera lengua ha aumentado desde el censo de 1980. Este aumento se puede adjudicar a una inmigración continua de latinos en California y también a un cambio de actitud con respecto a las ventajas laborales y económicas que el poder hablar el español implica en una sociedad y una economía globales con contactos muy directos y estrechos con Latinoamérica (Hernández-Chávez et al. 1993). Por otra parte, es importante recordar que la población latina es la de crecimiento más rápido y tal vez la más diversa de los grupos minoritarios en los Estados Unidos; por lo tanto, toda generalización se debe entender dentro de este marco.

Teniendo en cuenta que la mayoría de los estudiantes ha adquirido el español en lo que Goffman (1981) llama *backstage activities* (familia, amigos) en contraste con *frontstage activities* (trabajo, estudios, etc.), es de esperar que su competencia oral esté más desarrollada que la escrita. Por consiguiente, resulta interesante que, de acuerdo con su propia evaluación, 6 estudiantes (24%) se consideran tan competentes en la lengua escrita como en la hablada e incluso una persona piensa que su lenguaje escrito es superior al oral. El resto, 19 estudiantes (73%), se caracteriza con un nivel de lengua hablada más alto que la escrita (ver la tabla 4).

— Tabla 3

Lengua dominante de los estudiantes

Lengua	Número de estudiantes	Porcentaje
Inglés	14	54%
Español	3	11%
Bilingües equilibrados	9	35%

— Tabla 4

Autoevaluación de los estudiantes de la superioridad de su competencia oral/escrita

Competencia	Número de estudiantes	Porcentaje
Oral	19	73%
Escrita	1	4%
Oral = escrita	6	24%

ANÁLISIS DISCURSIVO DE LOS ENSAYOS

Nivel gráfico-fónico (Ortografía)

El español es una lengua fonética y, como tal, las letras o grafemas que más dificultades pueden ocasionar, si se lo ha adquirido oralmente, son aquéllas que no representan ningún sonido o para las cuales no existe una identificación unívoca entre sonido y grafema. La figura 1 ejemplifica los casos más comunes de interferencia del lenguaje oral en la escritura.

— Figura 1 ──────────────────

Análisis gráfico-fónico

1. La letra hache (sin equivalente fónico)

habrir, ha echo, **ha apreciarnos** (01),[2] e estado, e realizado, a cambiado (02)
horguioso, más haya (por *allá*) (03), halgo (14), hambos (23), hojalamente (19),
...no sabía que era **hacer** mexicano (04)
La universidad **habre** las puertas de la sabiduría. (13)

2. Grupos de grafemas que responden al mismo fonema

<b/v>

al veso (02), ban, todabía (04), aprobechar (12), aviértamente, encontravamos (07), brebe (23)
Nunca nada ba hacer lo mismo,... (02)

<ll/y>

apollo (01), horguiosos (03), apollado (20), mas aya de la escuela (09)
LLa e pasado un año entero en Davis y... (08)

<c/s/z>

sercano (02), serca (07), nececite, detraz, traizonada (16), hiso (12), cituación (09), siertas, empesé (08), quedarce, conosí, especialisacion, esfuersaron (07), avansar, siertas (08), hacistia, desición (23)

<c/q>

quanto, esquela (14), qualquiera (13), frequentemente (21)

<j/g>

jente (08), lenguage (14), escojí (07), extrangera (14), colejio (25)

3. Transferencia del inglés[3]

Reduplicación de las consonantes

differente (02), preccion, naccion, occurriendo, intellectualmente, suffriendo, immigrantes (03), communicamos (16), assistiendo (14), communidad (11), assistiendo, occupan (14)

Grafemas que corresponden a diferentes fonemas, cuya distinción no es significativa en inglés

j > y

majoria (03), major (16)

r/rr

agaramos (03), tarreas (07), coresponde (14), careras (03)

4. Mayúsculas

jóvenes Latinos

5. Acentos

alentabán, apoyában, precío, híce, confie, creian (05), conciéncia, respéto (06)

Nivel léxico

El español y el inglés en los Estados Unidos son dos lenguas y culturas en contacto; es decir, existe un flujo de términos que se transmiten de una lengua a la otra. Para Bakhtin (1981) la palabra, en una sociedad compleja y heteroglósica, en un sentido general pertenece en parte al otro; nosotros nos apropiamos de esa palabra cuando la usamos adaptándola a nuestras intenciones semánticas y expresivas. Antes de ese momento de apropiación, la palabra existe en boca de los otros, sirviendo diferentes intenciones; desde allí uno la toma y la hace suya (no es, después de todo, de los diccionarios que el/la hablante obtiene sus palabras). Así la apropiación de conceptos nuevos de una lengua (y cultura) a otra se produce por medio de dos fenómenos: la extensión semántica y el préstamo lingüístico.

Por *extensión semántica* (Valdés 1988) se entiende el uso de palabras del español atribuyéndoles un significado de su cognado inglés dentro de la cultura angloamericana. El significado original de tales palabras está determinado por su uso en una cultura hispanohablante, pero estas palabras se han transformado, adquiriendo nuevos significados, como ilustran los siguientes ejemplos:

1. Mis padres nos hablaron de la importancia de la **escuela**. (01)

   En México se diría [...*de los estudios/ de continuar estudiando*].

   Real Academia (RA): **escuela**: Establecimiento público donde se da a los niños la instrucción primaria en todo o en parte

2. Yo fui la primera que me **retiré** lejos de mi casa. (01)

   [...*marché*...]

   RA: **retirar**: o separar una persona o cosa de otra o de un sitio

3. Yo recuerdo la primera vez que vine a la universidad, vive en los **dormitorios**. (03)

   [...*residencia estudiantil*]

   RA: **dormitorio**: pieza destinada para dormir en ella

4. Yo soy la primera en mi familia que a **atendido** una universidad. (04)

   [...*asistido a*]

   RA: **atender**: esperar o aguardar

5. ...e **realizado** que nada va a ser lo mismo que antes fue... (02)

   [*me…dado cuenta de*]

   RA: **realizar**: efectuar, hacer real y efectiva una cosa

6. Mucho es porque ha sido tanto cambio: **mover de casa**, limpiar, cocínar, y lavar por yo mismo. (08)

   [...*mudarme de casa*]

   RA: **mover**: hacer que un cuerpo deje un lugar o espacio que ocupa y pase a ocupar otro

Típicamente llamados «anglicismos», los *préstamos lingüísticos* son más evidentes, puesto que estas palabras se forman tomando como base el inglés, pero siguiendo la morfología del español en las inflecciones de género y número para los nombres y adjetivos o el complejo sistema de conjugación del español para las formas verbales. Generalmente, estos préstamos son el resultado de culturas en contacto; es un proceso natural de las lenguas que incorporan nuevos conceptos usando palabras de otras lenguas, pero tratándolas como propias. Equivocadamente, cuando esto ocurre con hablantes bilingües, generalmente se asume que ellos no usan el término «correcto» por ignorancia o pereza. Durante siglos, el español ha enriquecido su léxico de esta forma: *hamaca, canoa, acequia, film, güisqui, marquetin, computadoras,* etc., son tan sólo algunos ejemplos de palabras del español que provienen de otras lenguas. Algunos ejemplos de anglicismos son:

7. ...por la primera vez tuve que pagar mis propios **biles**, cocinar para mí misma... (03)

8. Por eso casi todos trabajan en **canerías** o en trabajo de mano. (11)

9. Todavía no había salido el sol cuando llegamos al los **files** de tomate. (14)

Norma rural Las características que se describen en los ejemplos 10 y 11 no son exclusivas de las comunidades latinas en los Estados Unidos, sino de la mayoría de los lugares donde se habla español[4]. El uso de arcaísmos en zonas rurales o entre personas de clases trabajadoras ha sido documentado por dialectólogos en varios países de Latinoamérica y en España (Zamora Vicente 1970; Oroz 1966; Escobar 1978; Lipski 1994).

10. **Pos** no esto seguro... (04)

11. «Que bonito **hablastes** en español cuando tenías cinco años»[5]. (04)

Nivel semántico

El rasgo más significativo en la sintaxis es la tendencia a la pérdida del subjuntivo. Esta característica ya ha sido estudiada por Gutiérrez y Silva-Corvalán (1993) y Ocampo (1990), entre otros investigadores. Ellos atribuyen el uso del indicativo en contextos que requieren el subjuntivo a la influencia del inglés; es decir, como consecuencia de la simplificación por estar las dos lenguas en contacto. Sin embargo, no se puede asumir que este fenómeno ocurre solamente cuando hay lenguas en contacto; M. Torreblanca (ver capítulo 9 de este volumen), entre otros lingüistas, documentan este fenómeno en México, España y otros lugares de habla hispana desde la Edad Media. Torreblanca explica este proceso como una tendencia popular hacia la simplificación de la gramática. En los ejemplos recogidos de estos ensayos, la disminución o pérdida del subjuntivo en contextos categóricos, sumada a una disminución del uso total, indica que las restricciones formales, a más de las opcionales, se están perdiendo.[6] Nuevamente, el discurso escrito de los hablantes nativos refleja la lengua hablada en esta tendencia popular del lenguaje hacia la simplificación. Algunos ejemplos de la pérdida del subjuntivo son:

12. Que se habria hecho de mí si no **había** seguido con mis estudios (01) (proposición subordinada condicional)

13. Ellos no tubieron la oportunidad de ir a la universidad y querían que yo **sea**

algo que ellos no pudieron ser. (05) (proposición subordinada sustantiva volitiva)

14. Yo no los quería decepcionar y quería que **estan** orgullosos, así es que decidí seguir adelante. (05) (proposición subordinada sustantiva volitiva)

Nivel sintáctico

Silva-Corvalán (1994) ha llamado *calcos sintácticos* a la tendencia a seguir el orden de palabras del inglés. Algunos ejemplos de calcos sintácticos son:

15. ...porque ven **a sus mayores** sobresalir. (01)

16. Vales ...la **más** educacion que tengas es lo que valdrás. (01)

17. Nunca nada ba hacer lo mismo, pero **tengo que hacer lo mejor de lo mejor** de lo que se presenta enfrente de mi. (02)

El uso de préstamos lingüísticos es más aceptado en el lenguaje oral que en la lengua escrita, puesto que ésta tiende a ser más conservadora. Lo mismo ocurre con algunas frases, enunciados, etc., propios de la conversación que generalmente no se registran en la lengua escrita formal, comúnmente llamados *coloquialismos*. Algunos ejemplos de coloquialismos son:

18. Mis padres siempre nos han animado a estudiar pero, no pienso que ellos sabian que llegariamos al nivel en que estamos **ahorita**. (11)

19. Era la razon por la cual tomé todas esas clases **imbancables**, y nunca pude tomar cerámica. Al mismo tiémpo, tambien fue la razón por la cual **aguanté** tres años en el equipo de natación, aunque lo odiaba. Y pensar que lo hize todo con una sonrisa en los labios, porque yo sabía que todos esos sacrificios y esfuerzos me acercaban cada diá un poquito más a esa «última frontera» que tanto anhelaba. (13)

20. Al empezar la escuela en el primer grado en el año 1978, las memorias mas vividas que tengo son de un maestro **pelon** al cual nunca le entendia lo que estaba diciendo.
....Todavia no habia salido el sol cuando llegamos al los **files** de tomate. Yo solo tenia once anos y solo beia a personas mayores. De pronto todos corrieron hacia los **files** y empezaron a llenar botes de tomate. Desafortunadamente, yo tambien tuve que entrarle, y que **friega me puse**.... (14)

Evidentemente los estudiantes parten de lo que conocen, de lo que usan, del lenguaje oral. Por lo tanto, un enfoque académico que les haga notar a los estudiantes la competencia comunicativa oral que ya poseen en español y las diferencias que existen entre los códigos escritos y orales les facilitará un acceso más efectivo y cercano al lenguaje académico.

Nivel discursivo

Es justamente a nivel discursivo donde más claramente se puede observar las características orales de las narrativas de los estudiantes hispanohablantes.

Alusión a un receptor inmediato

21. Primero les quiero **decir** que mis estudios... (03)

22. Mi familia, **como he dicho**, no podría estar más contenta. (06)

23. Despues de un tiempo **uno** se acostumbra a todo, pero al principio **que difícil es**. (03)

24. Mis padres me preguntaban; **Si no una educación universitaria, qué?** (06)

Dialogismo

25. Los estudios universitarios son muy importantes para mí porque no solo **vas** a encontrar un trabajo mejor pero **aprendes** a expresarte facilmente y completamente. (01) (En este caso, el uso de la segunda persona singular incluye al la receptora en la conversación.)

26. Ya no tengo mas a escribir **por que** ya es tiempo a ir a clase y si no termino estaré tarde. (04)

27. Alguien en una ocasion me dijo que las amistades de por vida se encuentran en la universidad. **Imposible!** Por nada en el mundo aceptaría yo perder a mis tres mejores amigas que he tenido en la vida. ¿**Como**? Dejar que el destino nos junte y luego nos separe tan drásticamente, **jamas. No permitiré que esto suceda.** Es muy posible que Sonia haya perdido mi direccion y séa por eso que no me ha escrito. (15)

Ejemplos como éstos nos demuestran que el/la hablante hace una referencia inmediata a una audiencia, como si estuviese presente. Es interesante notar el uso del marcador discursivo «por que» en el ejemplo 26. Nuevamente, esto responde a una de las características más aceptadas en un discurso oral que en uno escrito; no establece una relación de causa, sino más bien una relación de nexo o de adición.

Repetición

La repetición es un recurso muy efectivo del lenguaje oral que generalmente se usa para clarificar el significado (en respuesta al carácter lineal y temporal de los sonidos) y también para mantener la atención del oyente, al poner enfasis en el punto que se quiere destacar. En la lengua escrita, sin embargo, la repetición no solamente es innecesaria, por la permanencia en el tiempo y el espacio de la lengua escrita, sino que estilísticamente, en la mayoría de los casos, obstruye la comunicación. Algunos ejemplos de repetición son:

28. Y ahora que todos estamos separados **me di cuenta** que ya no es lo mismo. **Me di cuenta** que la distancia nos hizo **cambiar**. Ahora mis amigos(as) ni siquiera me escriben tampoco me llaman.

    La situación con mi familia también **cambio**. Mi mamá ni me llamó para mi cumpleanos. (02)

29. Las relaciones **cambiaron** mucho con los miembros de mi familia. Siempre que regreso a casa me estan esperando con ganas de verme. Me pongo a **pláticar** de muchas cosas con ellos y me siento muy a gusto cuando lo hago. En cambio, antes ni me prestaba para **pláticar** un rato con mi mama ni mis hermanas/os. Creo que mi familia se unió mas porque hemos aprendido ha apreciarnos unos a los otros. Las relaciones con mis amigos y amigas **cambiaron** mucho. Muchas amistades que tenia antes de irme a la universidad ya no las tengo pero si he encontrado muchos amigos y amigas aqui en la universidad que me respetan. (01)

30. Mis experiencias en la universidad de Davis me han hecho una persona mas madura. Siento que e **aprendido** mucho no tanto cosas intelectuales sino mas cosas de como es la vida. Creo que **aprendiendo** de nuevas experiencias es muy importante para crecer como una persona madura y yo pienso que estoy **aprendiendo** mucho de mis nuevas experiencias en Davis. (11)

Géneros textuales

El término *género* generalmente se asocia con las formas escritas del lenguaje. Muchos tipos de géneros, tales como cuentos, textos científicos y documentos, exhiben esquemas convencionales. Estos esquemas son importantes no sólo para la comprensión y memorización, sino también para el proceso de producción; cada esquema se encuentra gobernado por su propio sistema. Al igual que las estructuras sintácticas de las oraciones, las superestructuras del discurso se definen por medio de categorías formales y un conjunto de reglas. Así, por ejemplo, para un cuento (narración), el esquema canónico debe tener al menos las siguientes partes: un fondo, una complicación y una conclusión (van Dijk 1986). Del mismo modo, el discurso argumentativo consta de las premisas y la conclusión que sigue a las premisas.

Las estructuras canónicas se pueden transformar por medio de reglas de transformación específicas; en los textos literarios, por ejemplo, las historias comienzan *in media res,* es decir, con un fragmento de la complicación o de la resolución. Asimismo, en la argumentación oral, la conclusión puede preceder a las premisas que se dan para apoyarla. En los textos analizados, este tipo de fragmentación, común en el lenguaje oral, aparece frecuentemente. Por ejemplo, si analizamos el siguiente párrafo, se nota que el hablante comienza con una microproposición para saltar a otra que no está directamente relacionada. Estos cambios de tema son muy comunes en el lenguaje oral, puesto que la presencia de la receptora permite una respuesta inmediata. También reflejan el tipo de discurso interno que Vygotsky (1978) define como intrapersonal y autodirectivo, parte del proceso interior que caracteriza la producción de la escritura.

Mi familia, como he dicho, no podria estar mas contenta. (Microproposición n.1) (M1) Mi madre no entiende porqué no le llamo por telefono diariamente, como mi hermana quien tambien estudia en Davis. (M2) La verdad es que no sé como explicarle la necesidad que siento de madurár en mi soledad. (M2') En el último analisis es obvio que las relaciones de sangre son mucho más obligatorias que las de palabra. (M3) Mientras madure, espéro aprender y vivir asi como mis padres siempre han deseado. (M1') Esto es lo qué significan los estudios universitarios para mí; Una oportunidad para crearse una persona responsable, culta, y mas viva. (M1") (06)

Este tipo de trabajo académico sirve para corroborar la hipótesis de Cummins (1981) con respecto a la diferencia entre la competencia lingüística y el desarrollo académico: la conversación diaria se encuentra inmersa dentro de un patrón de hechos con objetivos inmediatos, intenciones y situaciones conocidas o familiares. Sin embargo, el lenguaje y el pensamiento que van más allá de los límites de las actividades interpersonales hacen demandas enteramente diferentes al individuo y en esos casos es necesario concentrarse en las formas lingüísticas en sí mismas para poder expresar el significado.[7]

IMPLICACIONES PEDAGÓGICAS

Es importante reafirmar que, a excepción del léxico (donde se puede observar directamente la influencia del inglés), todos los otros rasgos de los hispanohablantes bilingües se encuentran en forma muy semejante en hablantes monolingües del español que han adquirido su lenguaje de una manera primordialmente oral. Como conclusión, de este estudio se pueden inferir las siguientes implicaciones pedagógicas para la enseñanza del español a hispanohablantes:

1. Es necesario distinguir entre los aspectos conversacionales y académicos de la competencia comunicativa. Se requiere considerablemente menos conocimiento de la lengua para funcionar apropiadamente en contextos conversacionales que en contextos académicos, como resultado del mayor apoyo contextual presente cuando se comunica y se recibe directamente un mensaje.

2. Si el objetivo de la instrucción es desarrollar en los estudiantes la habilidad para manipular, interpretar y producir textos que se consideren cognitivamente exigentes y que respondan a un contexto reducido, entonces tanto las instrucciones iniciales sobre cómo escribir un ensayo como las lecturas de apoyo deben proveer un contexto significativo y comunicativo (por ejemplo: las experiencias personales, etc.) para que las actividades resulten más efectivas y comprensibles. Paradójicamente, el darles más contexto a través de instrucciones y materiales de consulta harán que los estudiantes desarrollen las habilidades cognitivas de contexto reducido.

3. Si se hacen explícitas las reglas, estrategias y categorías esquemáticas de la organización del texto (género), se puede establecer los fundamentos para un

programa de cursos que hagan evidentes esos tipos de discurso. Si el objetivo de nuestros cursos es que los estudiantes tengan éxito en sus carreras vocacionales y profesionales, es necesario que practiquen y conozcan los distintos géneros que se usan y se estiman valiosos en la educación. Fundamentalmente, es necesario recalcar que estos estudiantes ya poseen un alto nivel de competencia oral y que es partiendo desde la base de lo que conocen y a través de un proceso de concientización de sus propias capacidades que van a poder desarrollar sus habilidades académicas de forma efectiva y apropiada. En las palabras de Freire:

> Lo importante, desde el punto de vista de la educación, ... es que, ... los hombres se sientan sujetos de su pensar, discutiendo su pensar, su propia visión del mundo, manifestada, implícita o explícitamente, en sus sugerencias y en las de sus compañeros. (1970: 158)

NOTAS

1. A pesar de que la mitad de los estudiantes ha nacido en países de habla hispana, sólo una persona cursó parte de sus estudios en español. La mitad de los estudiantes también ha estudiado español de uno a tres años en el colegio secundario.

2. En las tablas y los ejemplos, los números (por ejemplo, 01, 14 y 23) corresponden al número del ensayo analizado.

3. M. J. Gutiérrez y C. Silva-Corvalán (1993: 75)

> The factors associated with transfer are also typical of situations characteristic of stable bilingualism. In such situations, where two languages are in contact, it is possible to find elements which one language has received from the other as a result of transfer. In cases where one of the languages is culturally dominant and the other subordinate, it is likely that the majority language will transfer forms to the minority language.

4. R. Lapesa (1988: 465–6)

> El uso culto elimina o reduce las particularidades locales para ajustarse a un modelo común, que dentro de España se ha venido identificando con el lenguaje de Castilla. Las diferencias aumentan conforme es más bajo el nivel cultural y menores las exigencias estéticas; entonces asoma el vulgarismo y se incrementan las notas regionales. Pero es hondamente significativo que los rasgos vulgares sean, en gran parte, análogos en todos los países de habla española, [....] Algunos gozaron de mayor aceptación en épocas pasadas, e incluso penetraron la literatura; otros, que nunca lo lograron, son desarrollo de tendencias espontáneas del idioma refrenadas por la cultura en el uso normal.

5. R. Lapesa (1988: 466)

> La /-s/ que es la desinencia característica de la persona tú (haces, hacías, harás, hicieras), se contagia al perfecto (hicistes, dijistes). Pueden haber influido los plurales antiguos «vos tuvistes», «vos salistes», dada la facilidad con que antes se pasaba del tratamiento *tú* al *vos*; pero esta explicación, satisfactoria para América, no lo es para España, donde *vos* ha desaparecido.

6. Ocampo (1990: 45)

> Se observa que la situación de lenguas en contacto inicia un proceso que comienza con la disminución del subjuntivo en los contextos en los que es posible la variación, con la siguiente pérdida de los matices semánticos, seguido de la eliminación de las restricciones formales y, por último, de la desaparición total de este modo.

7. Pertenece al cuarto cuadrante *(cognitively demanding and context reduced).*

OBRAS CITADAS

Bakhtin, M. 1981. *The Dialogic Imagination.* Ed. M. Holquist. Trans. M. Holquist y C. Emerson. Austin: U. of Texas Press.

Chafe, W. 1986. "Writing in the Perspective of Speaking." *Studying Writing: Linguistic Approaches.* Eds. C. Cooper y S. Greenbaum. Beverly Hills: Sage. 12–39.

Cisneros, R. y E. A. Leone. 1993. "Literacy Stories: Features of Unplanned Oral Discourse." *Spanish in the United States, Linguistic Contact and Diversity.* Eds. A. Roca y J. M. Lipski. Berlín: Mouton de Gruyter. 103–20.

Cummins, J. 1981. "Four Misconceptions about Language Proficiency in Bilingual Education." *NABE* 3: 31–45

———. 1992. "Language Proficiency, Bilingualism, and Academic Achievement." *Multicultural Classroom.* Eds. P.A. Richard-Amato y M. A. Snow. Nueva York: Longman. 16–25

Escobar, A. 1978. *Variaciones sociolingüísticas del castellano de Perú.* Lima: Instituto de Estudios Peruanos.

Freire, P. 1970. *Pedagogía del oprimido.* México: Siglo Veintiuno Editores.

Goffman, E. 1981. *Forms of Talk.* Filadelfía: U. of Pennsylvania Press.

Gutiérrez, M. J. y C. Silva-Corvalán. 1993. "Spanish Cities in a Contact Situation." *Spanish in the United States, Linguistic Contact and Diversity.* Eds. A. Roca y J. M. Lipski. Berlín: Mouton de Gruyter. 75–89.

Halliday, M. A. K. y R. Hasan. 1976. *Cohesion in English.* Londres: Longman.

Hernández-Chávez, E., G. D. Bills y A. Hudson. 1993. "El desplazamiento del español en el suroeste de EE.UU. según el censo de 1990". Ponencia ante el X Congreso Internacional de la Asociación Internacional de Lingüística y Filología de la América Latina (ALFAL). Veracruz, México, 11 al 16 de abril de 1993.

Lapesa, R. 1988. *Historia de la lengua española.* Madrid: Editorial Gredos.

Lipski, J. M. 1994. *Latin American Spanish.* Nueva York: Longman.

Muñoz Cortés, M. 1958. *El español vulgar.* Madrid: Ariel.

Ocampo, F. 1990. "El subjuntivo en tres generaciones de hablantes bilingües". *Spanish in the United States: Sociolinguistic Issues.* Ed. J. J. Bergen. Washington, D.C.: Georgetown UP. 39–48.

Oroz, R. 1966. *La lengua castellana en Chile.* Santiago: Universidad de Chile.

Silva-Corvalán, C. 1994. *Language Contact and Change: Spanish in Los Angeles.* Oxford: Clarendon.

Valdés, G. 1988. "The Language Situation of Mexican Americans." *Language Diversity: Problem or Resource?.* Eds. S. L. McKay y S. I. C. Wong. Nueva York: Newbury House. 111–39.

van Dijk, Teun A. 1986. "News Schemata." *Studying Writing: Linguistic Approaches.* Eds C. Cooper y S. Greenbaum. Beverly Hills: Sage. 155–85.

Vygotsky, L. S. 1962. *Language and Thought.* (1934). Cambridge: MIT Press.

———. 1978. *Mind in Society: The Development of Higher Psychological Processes.* Eds. M. Cole, V. John-Steiner, S. Scribner y E. Souberman. Cambridge: Harvard UP.

Zamora Vicente, A. 1970. *Dialectología española.* Madrid: Editorial Gredos.

APÉNDICE

Español para hispanohablantes 31
Universidad de California, Davis
Otoño de 1993
Profesor F. X. Alarcón
Ejercicio de redacción #1

La universidad

Escribe una composición de por lo menos dos páginas escritas a máquina. Intenta familiarizarte con el uso de computadoras, ya que esto te facilitará la elaboración y corrección de trabajos escritos en ésta y otras clases. Esta primera composición se entregará el lunes 11 de octubre y se reescribirá incorporando los comentarios y sugerencias de los instructores y tutores. Trata de poner en práctica lo aprendido en clase con respecto a los acentos ortográficos. Repasa cuidadosamente tu composición antes de entregarla y ponle acento escrito a las palabras que lo requieran.

El proceso de redacción

¿Por qué escribimos? En general escribimos para poder representar, clarificar y expresar nuestras ideas y sentimientos a nosotros mismos o a otros. La redacción es una manera de indagar, averiguar, buscar, investigar e inquirir sobre nuestros propios pensamientos y emociones. La redacción puede permitir la interacción entre esos pensamientos y esas emociones para así poder cuestionarlos.

Relacionar los pensamientos con los sentimientos, las ideas con las emociones

Al llevar nuestros estudios en la universidad, nos encontramos en el mundo de las ideas, en su mayoría, ideas nuevas y muy lejanas de nuestras experiencias anteriores. ¿Qué representa esta nueva experiencia para nosotros?

Muchas veces, al estar en este nuevo ambiente, vemos nuestro pasado desde otra perspectiva muy diferente a la anterior, por ejemplo, diferente a la manera en que mirábamos las cosas cuando estábamos en la escuela secundaria.

Para este primer ejercicio de redacción, escribe sobre tus pensamientos y sentimientos en cuanto a tu experiencia en la universidad y cómo esta experiencia ha cambiado tus relaciones personales. Enfoca tu discusión en una o varias de las siguientes preguntas.

1. ¿Qué significan para ti tus estudios universitarios?
2. ¿Qué significan tus estudios para tu familia? ¿para tu papá? ¿para tu mamá? ¿para tus hermanos? ¿y tus hermanas?
3. ¿Cómo han cambiado tus relaciones con los miembros de tu familia? ¿Y con tus amigos y amigas?

Capítulo 13

Uso local y uso estándar: un enfoque bidialectal a la enseñanza del español para nativos

Jorge E. Porras
Sonoma State University

INTRODUCCIÓN

El objetivo primordial de este trabajo es delinear criterios y estrategias para el diseño de un currículum con enfoque bidialectal para la enseñanza funcional del español a estudiantes hispanos nacidos en los Estados Unidos. Los derroteros del programa que se intenta proponer no se limitan a su implementación en la enseñanza superior. En una encuesta que se viene realizando con estudiantes hispanos de la Universidad Estatal de Sonoma y áreas circunvecinas, se sugiere la conveniencia de implantar este programa a partir de la escuela elemental.[1]

Para esta propuesta partimos del supuesto de que una parte considerable de la población hispanohablante de los Estados Unidos, en particular miembros de la comunidad méxicoamericana y puertorriqueña, en edad escolar, utilizan un tipo de español sobrecargado de elementos arcaicos y léxicamente empobrecido o, lo que es más típico, un español jergalizado, lleno de préstamos léxicos y expresiones foráneas, producto de su convivencia con la lengua dominante, el inglés.[2]

Y da la casualidad que los profesores de lengua española de enseñanza elemental y secundaria en este país no siempre se forman en los departamentos de español, sino en las facultades de educación o en los departamentos de estudios méxicoamericanos de las universidades estadounidenses, lo cual los priva muchas veces de una preparación lingüística y cultural a nivel panhispánico. Puesto que los tres estamentos académicos mencionados no tienen un currículum coordinado en lo tocante a la modalidad hispánica objeto de instrucción, el resultado es una modalidad subestándar emergente a nivel nacional que no se compara con el tipo de español que se utiliza funcionalmente en el mundo hispánico.[3]

Ésta es la cuestión que se quiere plantear en esta propuesta de programa, así sea esquemáticamente. No se puede ocultar la naturaleza polémica de este planteamiento, justamente propicio para ser ventilado y debatido en ambientes profesionales del presente calibre. Nada más estimulante y provechoso que tratar de llegar a conclusiones útiles respecto de puntos enconosos, dentro de un marco de mente amplia y desprejuiciada.

Pese a las obligadas limitaciones geográficas en la implementación de este programa, el radio de acción debe entenderse en forma nacional, ya que es un problema que atañe por igual a las tres grandes comunidades hispánicas de los Estados Unidos: la méxicoamericana, la cubanoamericana y la puertorriqueñoamericana. Las recomendaciones que se hagan en el presente trabajo tendrán, por lo tanto, este contexto amplio de aplicación.[4]

Esta propuesta de currículum bidialectal va dirigido, pues, tanto a profesores de español en todos los niveles de instrucción como a estudiantes de posgrado que busquen conseguir licencias para enseñar español en los distritos escolares, no sólo de California, sino del resto del país. No tiene carácter prescriptivo, sino educativo; no dictamina, sino que instruye; no prohibe, sino que facilita el acceso al uso estándar del español moderno.

ALGUNAS CONSIDERACIONES TEÓRICAS

Las denominaciones de «bilingüismo» y «biculturalismo» han coexistido por mucho tiempo, no solamente entre sociólogos, lingüistas, educadores y políticos, sino entre el público en general. De ahí la diversidad de interpretaciones. No es éste el lugar para dilucidar un tema tan complejo, pero unas pocas consideraciones nos pueden servir de punto de partida. Si bien se entiende que un bilingüe es una persona que puede hablar dos lenguas, no todos somos conscientes de la diversidad de grados y modalidades que tal capacidad supone. Existe desacuerdo entre los especialistas a este respecto, pero una categorización conocida es la de «bilingües compuestos», término que designa a aquellos hablantes monolingües que aprenden una lengua extranjera mediante instrucción formal (tomando cursos escolares, por ejemplo), versus la de «bilingües coordinados», término que designa a aquellos hablantes que adquieren dos o más lenguas en forma nativa como sistemas independientes en circunstancias diferentes (una en el hogar y otra en la calle, por ejemplo).[5] Nuestro objetivo apunta esencialmente a esta última categoría de bilingües, en donde la lengua materna es la del hogar y la de la calle es la segunda lengua (o la primera, si se trata de una suplantación de la lengua materna por la lengua dominante).[6]

Es en esta categoría donde el concepto de biculturalismo adquiere sentido; es decir, se puede hablar con más propiedad si decimos que los bilingües coordinados son a su vez biculturales, que si afirmamos lo mismo de los bilingües compuestos, puesto que mientras éstos aprenden la lengua extranjera en forma consciente y con dependencia sistemática de la nativa, aquéllos adquieren ambas de manera inconsciente e independiente. Esto no significa que no haya interferencias entre los dos sistemas. Todos sabemos de la existencia de subsistemas híbridos tales como el *Spanglish* y el *pachuco*. Y nada impide que tales interferencias se den también en lo cultural. De ahí la necesidad de adquirir un patrón dialectal homogéneo y funcional, sin pretensiones prescriptivistas.

Dejando de lado el análisis de los complejos problemas de orden sociocultural, sicológico, etc., suscitados entre hablantes de lenguas en contacto, nos concentraremos en analizar las modalidades de tipo intralingüístico del español hablado en los Estados Unidos, ya sea como primera o como segunda lengua. Es aquí donde entra en juego el concepto de *dialecto*. Los tres grandes grupos de hispanos ancestralmente radicados en este país —los cubanoamericanos, los puertorriqueñoamericanos y los méxicoamericanos— conforman dos modalidades lingüísticas generales, que coinciden con las zonas geográficas del litoral y del interior del territorio latinoamericano, respectivamente.[7] La primera modalidad, llamada español caribeño, comprende no sólo Cuba y Puerto Rico, sino también la República Dominicana, Panamá y la costa atlántica de Colombia y Venezuela. La segunda modalidad comprende todo el territorio no costero de México, Centroamérica y Suramérica.

Aunque cada una de estas modalidades posee rasgos propios diferenciados entre sí (especialmente en la fonología y el léxico), también se perciben diferencias en estos aspectos dentro de cada modalidad en particular; por ejemplo, el léxico y la fonología de los cubanos y los puertorriqueños, por un lado y, sobre todo, el de los mexicanos y los argentinos, por el otro, presentan también rasgos propios, razón por la cual se habla del dialecto cubano, puertorriqueño, etc. En este trabajo, sin embargo, no distinguimos entre modalidad y dialecto y preferimos hablar de modalidad caribeña, por ejemplo, en lugar de dialectos caribeños del español.

JUSTIFICACIÓN DE UN CURRÍCULUM BIDIALECTAL

Antes nos referimos a la necesidad que tienen los hispanohablantes estadounidenses de adquirir un dialecto homogéneo y funcional. Como se vio, no existe ningún dialecto regional homogéneo en el mundo hispánico. La homogeneidad se produce más bien en el plano sociocultural. Es decir, por encima de las diferencias en el plano diatópico o regional, existe una jerarquía pragmática en el plano diastrático o sociocultural, a todo lo largo y ancho del mundo hispánico, que parece pasar inadvertida para los hispanohablantes nativos de este país. Esta inadvertencia resulta funcionalmente desventajosa para quienes piensen utilizar el español como instrumento integral de su profesión u oficio o como medio de interacción comunicativa en circunstancias ajenas a su ámbito local.

Ambas situaciones se aplican a cualquier estudiante desde el nivel escolar hasta el universitario. La razón fundamental de esta necesidad bidialectal radica en que, así como un hablante bilingüe puede adquirir una mayor interacción sociocultural que un hablante monolingüe, el hispanohablante de este país que pueda manejar, además de su dialecto local, la modalidad lingüística estándar del español, tendrá un mayor radio de acción personal, profesional e intelectual, así como una mejor valoración de sus raíces lingüísticas y culturales, dentro y fuera de los Estados Unidos.

Hay que advertir que al hablar de educación bidialectal no nos referimos a un pulimento formal del dialecto local con base en la norma estándar culta, cuyo resultado final sería la sustitución de una modalidad lingüística por otra de mayor prestigio. Aquí se trata más bien de una operación de adición. El hablante bidialectal de español continúa utilizando su dialecto local para fines de comunicación informal (en el hogar, con los amigos, en su círculo social, etc.), sin detrimento siquiera de otros usos de orden folklórico o literario, según el caso. Como consecuencia, reservará el uso de la modalidad estándar para fines más formales (solicitudes escritas de trabajo, entrevistas profesionales, conferencias, reuniones especiales, congresos y presentaciones, redacción de trabajos escritos, comunicados de prensa nacional e internacional, etc.); también para entender mejor el español oral y escrito de la literatura y de los medios de comunicación; o sencillamente para comunicarse más efectivamente con hablantes latinoamericanos y peninsulares y con angloparlantes y extranjeros en general que hayan aprendido el español como segunda lengua.

El conocimiento de la modalidad estándar culta del español debe incluir la adquisición de un vocabulario más amplio y funcional, así como el conocimiento de la formación de palabras y oraciones en contextos representativos y el aprendizaje del sistema gráfico, de las normas epistolares y, en fin, de la comunicación escrita en general. Esta formación ayudaría a discriminar los límites lingüísticos entre el inglés y el español de manera más consciente y adecuada. Desde luego, esta formación integral de la lengua española ha de ser dosificada y escalonada progresivamente a partir de la educación primaria. La exposición frecuente y sistemática de los escolares hispanohablantes a textos auténticos en español estándar (telenoticieros, películas, artículos de prensa, obras de teatro, cuentos y novelas, entrevistas con personalidades del mundo hispánico, etc.) contribuirá no sólo a adquirir una mayor competencia lingüística, sino un mayor grado de información sobre y apreciación de la cultura y civilización hispánicas y favorecerá finalmente una reconstrucción ancestral y un encuentro con el meollo de sus raíces étnicas.

CRITERIOS DE IMPLEMENTACIÓN

Criterio lingüístico

Hay que responder a varias preguntas antes de pensar en implementar un programa bidialectal de tal naturaleza. ¿Qué se debe entender por «español estándar»? ¿Existen los medios materiales y humanos para emprender tal empresa? ¿Cómo y para qué se haría? Aunque cada uno de estos interrogantes requiere un análisis que sobrepasa los límites de este trabajo, podemos contestar el primer interrogante diciendo que no existe ningún patrón de norma general en el español del mundo hispánico. Sí existen patrones más extendidos o preferidos que otros. En la fonología, por ejemplo, hay una tendencia a conservar la pronunciación de la /s/ en el español de los medios de comunicación oral y en otros empleos formales, aunque la elisión y la aspiración son fenómenos muy extendidos. En la morfología, hay menos unidad en el uso pronominal e inflexivo en el uso coloquial que en el escrito, a excepción de normas nacionales como el voseo argentino. Aunque el vocabulario es pragmáticamente heterogéneo, responde en general a normas nacionales, como es el caso de voces tales como «pibe», «cholo», «platicar», etc. Pero la sintaxis es más uniforme, si nos olvidamos del leísmo y de la formación del interrogativo caribeño.

Criterio sociocultural

Sin embargo, dejando éstas y otras peculiaridades a un lado, parece posible deslindar una modalidad estándar de otra no estándar con base tanto en el uso como en la actitud de los hablantes. Por algo han existido y sobrevivido las academias de la lengua española y por algo también se emprenden empresas monumentales como la del Proyecto de estudio de la norma culta. Existe, quiérase o no, un afán conservador basado en el uso culto[8], más para bien que para mal, si pensamos en la unidad de la lengua. Este hecho es inocultable e ineludible en un programa de español para nativos en este país; y mientras más pronto se implante o se afiance, mucho mejor. Sí existen los medios humanos y materiales, pues no se requiere de grandes cambios ni inversiones. Es cuestión de enfoque: Si al mismo tiempo que le enseñamos al estudiante nativo (bilingüe o monolingüe) a conservar y valorar su dialecto local, lo entrenamos y lo habilitamos integralmente en el empleo de la modalidad estándar culta, el producto será un individuo bilingüe, bicultural y, además, bidialectal, plenamente capacitado para emplear la lengua española con orgullo, distinción y eficacia. Este programa bidialectal se puede desarrollar al unísono con programas de educación bilingüe en los distritos escolares y con programas de español de orientación chicana, cubana y puertorriqueña en las instituciones de enseñanza superior. En cada caso, la norma culta puede adaptarse al dialecto nacional o zonal. Por ejemplo, en los programas de orientación méxicoamericana, se adopta la norma culta urbana de la Ciudad de México; en los dos últimos se puede adoptar la variedad caribeña culta. En cualquier caso, la modalidad estándar será más homogénea que los dialectos populares y el producto será un hispanohablante alfabetizado y capacitado para utilizar su lengua en forma más eficiente y global.[9]

CONCLUSIONES Y RECOMENDACIONES

En este trabajo se ha enunciado una propuesta de programa de educación lingüística con enfoque bidialectal para estudiantes hispanohablantes nacidos en los

Estados Unidos. No se han esbozado hasta ahora las estrategias, pero sí se han formulado los criterios y objetivos. A continuación se enumera lo que podría ser parte del cuerpo de estrategias que se puede desarrollar a nivel nacional a corto o mediano plazo:

1. Establecer vínculos de colaboración recíproca entre las directivas y profesores de los centros educativos estadounidenses, tanto a nivel primario y secundario como superior, por ejemplo, entre los departamentos de español, de estudios méxicoamericanos y de pedagogía. Esta colaboración se puede establecer con base en coloquios, talleres y reuniones donde se debatan aspectos curriculares y contenidos comunes y se diseñe un plan de currículum con enfoque bidialectal.

2. Diseñar cursos y seminarios para hispanohablantes universitarios nativos que inicien carreras en la enseñanza del español a nivel primario y secundario. Estos cursos deben enfocarse en la formación lingüística y cultural del individuo en forma bilateral, es decir, promoviendo en el alumno una actitud positiva y receptiva hacia los valores y realidades tanto de lo autóctono local como de lo hispánico suprarregional, con una perspectiva hacia su desempeño individual y profesional, dentro y fuera de su país natal.

3. Enseñar el español en las aulas de clase de los distritos escolares de tal manera que el alumno, a la vez que utiliza su dialecto local sin restricciones, adquiera la modalidad estándar culta en forma natural e imparcial. Este ambiente, diaglósico en la práctica, restituye la confianza en su lengua y su cultura y, además, lo prepara para la instrucción formal universitaria, en cursos de conversación y composición.

4. Vincular al estudiante hispanohablante nativo más asiduamente con los centros, corporaciones e instituciones relacionados con la lengua y la cultura hispánicas: academias de la lengua, asociaciones y sociedades honoríficas, becas de estudio e intercambio educativo, concursos y pruebas académicas, etc.

Esta propuesta, ambiciosa e inalcanzable en apariencia, es quizás la única alternativa a la vertiginosa fragmentación y consecuente desaparición de la lengua española en los Estados Unidos. A falta de un programa de normalización sociolingüística nacional, prácticamente impensable y francamente utópica, semejante proyecto de currículum bidialectal es, por decir lo menos, una deuda de honor con las nuevas generaciones de hispanohablantes norteamericanos.

NOTAS

1. Esta encuesta, aún en proceso, busca examinar y tabular las actitudes de los estudiantes hispanohablantes nativos de algunas universidades del norte de California respecto de la adquisición de una modalidad estándar del español.

De un número aproximado de 50 encuestados hasta la fecha (todos estudiantes de Estudios Méxicoamericanos de la Universidad Estatal de Sonoma), el 90% recomienda que esta habilidad se desarrolle desde los primeros años de la escuela primaria.

2. Las estadísticas constatan el carácter rural y/o desescolarizado de los inmigrantes méxicoamericanos del Suroeste y de los puertorriqueños de Nueva York, por ejemplo.

3. Aquí nos referimos a la función formal de la lengua, no a la comunicativa, en especial las formas escrita y oral de la norma culta urbana. Véase al respecto especialmente a J. M. Lope Blanch (1985, 1986).

4. Mientras que el tipo de español hablado por las comunidades méxicoamericana y puertorriqueña se puede rotular *grosso modo* como rural inculto, el de la comunidad cubanoamericana, por razones históricas y sociopolíticas, es de un orden más estándar y culto. Sin embargo, este tipo de español no está exento de las influencias del mismo fenómeno de contacto lingüístico que caracteriza a las comunidades anteriores.

5. Véase especialmente Baetens Beardsmore (1986: 25–26).

6. En rigor, lengua nativa y lengua materna no son la misma cosa y estos conceptos interfieren además con los de primera y segunda lengua. En este trabajo, nos referimos a hispanos bilingües norteamericanos, es decir, hablantes que adquieren primero el español como lengua materna y después el inglés como segunda lengua, ambas en forma nativa. La jerarquía adquisitiva típica parece ser de primera lengua el español y de segunda el inglés, donde primera es igual a materna, aunque esto no está comprobado. De todos modos, en este estudio excluimos los casos de suplantación y pérdida del español; es decir, excluimos a los monolingües angloparlantes.

7. Esta clasificación no es muy exacta y vale sólo para los propósitos del presente trabajo. Para una clasificación dialectal más cuidadosa del español véanse, entre otros, Alvar (1990); Montes (1987); Sala (1988).

8. Es fácil observar la preferencia por la norma culta entre escritores y locutores de radio y televisión, profesores, conferenciantes y, en general, ciudadanos medios en la interacción formal. También es obvia la existencia de censura estigmática en el hablante común urbano respecto del uso popular inculto. Parece, pues, que existe en el hablante hispano una conciencia «normal». Véase especialmente Lipski (1983); Lope Blanch (1985). Hidalgo (1990) tiende un poco hacia la disidencia.

9. Aún en el caso de aceptar una objeción teórica en el sentido de que se carezca de pruebas de proficiencia bidialectal, no se puede olvidar que el hablante está en capacidad de discernir cognoscitivamente entre varios códigos lingüísticos (sean éstos intra- o interlingüísticos), sin detrimento alguno de sus facultades mentales modulares. Véase Vygotsky (1962).

OBRAS CITADAS

Alvar, M. 1990. *Norma lingüística sevillana y español de América*. Madrid: Ediciones de Cultura Hispánica.

Amastae, J. y L. Elías-Olivares, eds. 1982. *Spanish in the United States: Sociolinguistic Aspects*. Cambridge: Cambridge UP.

Baetens Beardsmore, H. 1986. *Bilingualism: Basic Principles*. 2.ª ed. Clevedon, U.K.: Multilingual Matters.

Bergen, J. J., ed. 1990. *Spanish in the United States: Sociolinguistic Issues*. Washington, D.C.: Georgetown UP.

Elías-Olivares, L., E. A. Leone, R. Cisneros y J. R. Gutiérrez, eds. 1985. *Spanish Language Use and Public Life in the USA*. Nueva York: Mouton.

Hidalgo, M. 1990. "The Emergence of Standard Spanish in the American Continent: Implications for Latin American Dialectology." *Language Problems and Language Planning* 14(1): 47–59.

Lipski, J. M. 1983. "La norma culta y la norma radiofónica: /s/ y /n/ en español". *Language Problems and Language Planning* 7(3): 239–62.

Lipski, J. M. y A. Roca, eds. 1993. *Spanish in the United States: Linguistic Contact and Diversity*. Nueva York: Mouton de Gruyter.

Lope Blanch, J. M. 1985. "La estructura del discurso en el habla de Madrid". *Anuario de lingüística hispánica* 1: 129–42.

———. 1986. *El estudio del español hablado culto: historia de un proyecto*. México: Universidad Nacional Autónoma de México.

Montes, J. J. 1987. *Dialectología general e hispanoamericana: orientación teórica, metodológica y bibliográfica*. 2.ª ed. Bogotá: Instituto Caro y Cuervo.

Sala, M. 1988. *El problema de las lenguas en contacto*. México: Universidad Nacional Autónoma.

Valdés, G. 1989. "Teaching Spanish to Hispanic Bilinguals: A Look at Oral Proficiency Testing and the Proficiency Movement." *Hispania* 72(2): 392–401.

Valdés, G., A. G. Lozano y R. García-Moya, eds. 1981. *Teaching Spanish to the Hispanic Bilingual: Issues, Aims, and Methods*. Nueva York: Teachers College Press.

Vygotsky, L. S. 1962. *Thought and Language*. Cambridge: MIT Press.

La enseñanza de la lengua a través de la cultura

A Gift of Tongues

…
this tongue of mine
invents the words
creating familiar signs
draws my days
in bold hues
celebrates
affirming
my world

this tongue of mine
opens wounds
heals the hurt
with warm breath
savors
the other
the you
that is me
this tongue of mine.

Tallos de Luna/Moon Shoots (1992)
Elba Rosario Sánchez

Introducción

Francisco X. Alarcón
University of California, Davis

Ante un mundo cada día más pequeño y accesible, gracias a las rápidas vías de comunicación que entrecruzan fronteras nacionales y los medios de comunicación masivos que ahora incluyen la supercarretera de información creada por la red de computadoras conectadas a nivel transnacional, la comunicación intercultural es una habilidad cada vez más imprescindible. Paradójicamente, el mantenimiento y el desarrollo de las habilidades bilingües e interculturales de los hispanohablantes en los Estados Unidos no han sido una prioridad del sistema educativo estadounidense. El papel de la cultura en la enseñanza de la lengua es un área académica que tampoco ha sido adecuadamente explorada y tal vez sea el campo que necesita más investigación para la implementación de cursos de español dirigidos a estudiantes hispanohablantes en los Estados Unidos. Es posible que la propia naturaleza multidisciplinaria de la cultura haya dificultado hasta ahora el desarrollo de una pedagogía multicultural efectiva. Los tres artículos que componen esta tercera sección intentan responder, cada uno a su manera, a la pregunta fundamental: ¿qué papel juega la cultura en la enseñanza de la lengua?

En el capítulo 14, Alvino E. Fantini comienza señalando cómo la enseñanza de lenguas ha mostrado poco interés en valorizar e incorporar en sus programas de estudio el bilingüismo y el biculturalismo del grupo minoritario compuesto por hispanohablantes en los Estados Unidos, a pesar de que estas habilidades representan un gran potencial humano para la educación intercultural y la enseñanza de la lengua. Por su parte, Fantini propone explorar tres áreas en su ensayo:

1. La reformulación de las metas para la enseñanza de la lengua
2. La definición y articulación de lo que constituye la «competencia comunicativa intercultural» (CCI)
3. Los retos que estas consideraciones implican para la formación de nuevos profesores de lenguas.

Al definir las metas de la profesión, Fantini menciona cómo las metas propuestas en 1995 por el *National Foreign Language Standards Committee* han confirmado la importancia de la «competencia comunicativa intercultural». Fantini define esta «competencia comunicativa intercultural» que abrevia como «competencia intercultural» y la distingue de la «competencia comunicativa» (CC). Según Fantini, la CCI ayuda a crear una «concientización cultural» que resulta de la suma C + ADC («concientización más actitud, destrezas, conocimiento»), en contraste con la educación basada sólo en la acumulación de datos y «conocimientos».

En la última parte del capítulo, Fantini identifica tres retos para la formación de profesores de lenguas:

1. La redefinición del área académica
2. La transformación del papel tradicional del profesor
3. El apoyo institucional y profesional para el desarrollo profesional continuo del profesor.

Fantini enumera las diferencias que existen entra la «educación tradicional», basada en una relación jerárquica entre el profesor y el alumno, y la «educación experimental», que hace hincapié en una relación más igualitaria en donde el objetivo principal es «aprender cómo aprender». Fantini también incluye las ocho etapas de un proceso de investigación basado en el autoaprendizaje propuesto por Richard Day. El desarrollo de la competencia comunicativa intercultural potencialmente puede causar una transformación profunda tanto de los alumnos como de los profesores, con la expansión de su propia cosmovisión. Un campo que aún queda por explorar es el impacto directo que esto puede tener entre los bilingües nativos en los Estados Unidos.

En el capítulo 15, Frances R. Aparicio explora la relación que existe entre la enseñanza del español para hispanohablantes y la pedagogía multicultural y antirracista que Giroux (1991) ha denominado *border pedagogy* o pedagogía fronteriza. Aparicio señala que la enseñanza del español para hispanohablantes anticipó lo que la pedagogía posmoderna después pregonaría en la década de 1990: «la descolonización de los grupos minoritarios» y «la reivindicación de las culturas silenciadas a través de la historia». Señala también que la mayoría de los estudios en este campo de la enseñanza del español para hispanohablante se ha concentrado en aspectos primordialmente lingüísticos y sociolingüísticos (el español estándar, las variedades dialectales, etc.), pero que ahora es preciso establecer una conexión explícita con el movimiento de la pedagogía multicultural que ha surgido en los últimos cinco años. Usando las investigaciones de Ngugi wa Thiong'o (1986) sobre la colonización cultural y sus mecanismos, Aparicio concluye que la enseñanza del español no puede separarse del proyecto descolonizador cultural. El desarrollo de la «competencia discursiva», aunque es central al proyecto de la pedagogía fronteriza, según Aparicio, tiene que ir acompañado de una continua concientización que convierta la lengua en instrumento descolonizador. De igual modo, señala que es preciso educar a los que no son hispanohablantes estadounidenses sobre la realidad lingüística y sociocultural de los latinos en Estados Unidos para que estos estudiantes desarrollen una «competencia cultural» dentro de un marco multicultural y posmoderno.

Para incrementar la competencia cultural de los estudiantes latinos, Aparicio sugiere tres niveles de conocimiento:

1. El *nivel autocultural,* o sea, el conocimiento sobre la propia cultura, grupo nacional o racial

2. El *nivel intracultural* o *panlatino,* o sea, el conocimiento sobre otros grupos latinos en Estados Unidos y Latinoamérica

3. El *nivel intercultural,* o sea, el conocimiento de las relaciones entre los grupos latinos y otros grupos raciales y culturales en Estados Unidos o Latinoamérica.

Esta competencia cultural surge de la obra *Postmodernism, Feminism, and Cultural Politics* (1991), de Giraux, y presenta una alternativa al modelo hegemónico de *cultural literacy* propuesto por Hirsch (1987). Para ilustrar cómo opera la pedagogía fronteriza, Aparicio sugiere diversas actividades que se pueden realizar utilizando una reciente antología de cuentos latinos. Otras actividades que propone Aparicio son la redacción de una *autobiografía lingüística,* mediante la cual los estudiantes pueden reconocer sus circunstancias lingüísticas y la traducción de anuncios comerciales del inglés, que les ayuda a reflexionar sobre los aspectos visuales de las culturas. Según Aparicio, la pedagogía multicultural presenta un desafío y una oportunidad a los departamentos de lenguas, que pueden contribuir al desarrollo de la competencia cultural de todos los estudiantes, inclusive los hispanohablantes, que entonces podrán servir de modelos a otros estudiantes.

En el capítulo 16, Francisco X. Alarcón se propone presentar varios modelos, actividades y programas que establecen una conexión eficaz entre la lengua y la cultura. Alarcón cita el lema feminista: «lo personal es lo político» antes de realizar un recorrido de su historia personal, que de varias maneras puede ejemplificar la experiencia y la cultura de un amplio sector de hispanohablantes en los Estados Unidos. Para Alarcón, es importante partir de las experiencias personales, que muchas veces ha marginado la sociedad dominante. Más adelante, Alarcón hace referencia a las recomendaciones propuestas en 1972 por la *American Association of Teachers of Spanish and Portuguese* para el establecimiento de programas para la enseñanza del español a estudiantes hispanohablantes a todos los niveles escolares. A pesar de que han pasado 23 años desde entonces, Alarcón señala que todavía no se ha documentado si estas recomendaciones se han implementado. Hasta hace pocos años, tampoco se habían editado muchos libros de texto u otros materiales dirigidos a la enseñanza del español para hispanohablantes.

Después de revisar diversas perspectivas de lo que constituye *cultura,* Alarcón la define como la relación dialéctica que existe entre el ser humano y el universo que lo rodea. Por lo tanto, la cultura constituye un proceso ideológico que condiciona esta relación múltiple. Alarcón critica como estático el modelo cultural propuesto por el historiador Juan Gómez-Quiñones (1977), que divide a las personas de origen mexicano en los Estados Unidos en tres «culturas» distintas. Por otro lado, Alarcón concuerda con la «conciencia mestiza» acuñada por Gloria Anzaldúa (1987) y el paradigma multicultural propuesto por Guillermo Gómez-Peña (1993). Haciendo referencia a diversas estadísticas demográficas, Alarcón confirma el crecimiento acelerado de la minoría de origen hispano y el proceso de «latinización» de los Estados Unidos. A las ocho metas propuestas por Guadalupe Valdez en 1981 para el desarrollo de cursos de español para hispanohablantes, Alarcón añade tres más:

1. Desarrollar en los hispanohablantes una imagen positiva de sí mismos como agentes transformadores de la sociedad
2. Desarrollar la capacidad cognoscitiva
3. Desarrollar la apreciación de las variedades del español y la diversidad multicultural de los Estados Unidos y del mundo hispano.

A continuación, Alarcón describe el Programa de Español para Hispanohablantes que actualmente coordina en la Universidad de California, Davis. Alarcón hace un breve repaso del contenido cultural de cada uno los tres cursos que componen la secuencia de tres trimestres. Igualmente, señala como componente fundamental de este programa a las tutorías semanales, que dan la oportunidad de ofrecer una educación personalizada, y a la evaluación de las necesidades de cada estudiante matriculado en el programa. Finalmente, Alarcón desarrolla dos microlecciones que ejemplifican la conexión que existe entre la lengua y la cultura. La primera microlección es sobre «la lectura en voz alta», en la que se practican diferentes procesos fonológicos de enlace utilizando dos textos literarios auténticos. La segunda microlección es sobre «la pronunciación y los acentos escritos», un área de la lengua que constituye una verdadera pesadilla para muchos estudiantes hispanohablantes. Como parte de estas microlecciones, Alarcón presenta indicaciones detalladas para su implementación en clase e incluye varios ejercicios prácticos y apéndices de utilidad.

PREGUNTAS PARA DISCUTIR

1. La diversidad cultural

¿Cómo podemos incorporar en los cursos de español para hispanohablante las manifestaciones culturales específicas de los diferentes grupos de hispanos que se concentran en diversas regiones de los Estados Unidos? ¿Qué criterios debemos seguir en la selección de materiales para que su contenido refleje la gran diversidad cultural de los estudiantes hispanos en este país?

2. Estereotipos y generalizaciones

¿Cómo podemos evitar las generalizaciones simplistas y los estereotipos al hablar de los patrones o las normas culturales de un grupo étnico o de un país en particular en una clase de español para hispanohablantes?

3. Actitudes

¿De qué maneras podemos desafiar y transformar las actitudes paternalistas que generalmente existen dentro de los departamentos de español para con los estudiantes hispanohablantes de los Estados Unidos y su cultura «étnica»? ¿Cómo podemos contribuir al reconocimiento general de los Estados Unidos como una sociedad multicultural y como el quinto país en número de hispanohablantes en el mundo?

4. Medios de comunicación masivos

¿Cuáles son los medios de comunicación masivos (periódicos, revistas, televisión, radio y cine) más efectivos para la enseñanza de la cultura de una manera auténtica? ¿Cuáles son las ventajas y las desventajas de cada uno de estos medios?

— Capítulo *14*

El desarrollo de la competencia intercultural: una meta para todos

Alvino E. Fantini

The School for International Training, Brattleboro, VT

INTRODUCCIÓN

Dada la diversidad cultural que aumenta cada vez más, no sólo en los Estados Unidos, sino en el mundo entero, es inevitable el contacto intercultural entre personas de diferentes grupos étnicos. Por lo tanto, no es de sorprenderse que la noción de «competencia (o sea, capacidad) intercultural» esté recibiendo mayor atención en los últimos años. Además, un acercamiento entre la enseñanza de lenguas y el campo intercultural está motivando una nueva conceptualización e implementación de programas para formar tal competencia —la cual necesitamos todos en el mundo de hoy— tanto en los profesores de lenguas como en sus eventuales alumnos.

Hasta ahora, la enseñanza de lenguas se ha orientado principalmente hacia estudiantes monolingües, que probablemente son a la vez monoculturales. Irónicamente, poco interés se ha dado al gran número de individuos en los Estados Unidos que nacen en familias donde se habla una lengua diferente al inglés y para quienes el inglés se ha convertido en segunda lengua. Por cierto, las poblaciones hispanas y la gente de habla española constituyen una parte significativa de estos grupos. Sin embargo, el contacto interétnico ha ocasionado el desarrollo de personas con diferentes niveles de bilingüismo y biculturalismo. Para muchos hispanos, el desarrollo de diferentes grados de competencia intercultural ha evolucionado en forma casi natural como consecuencia de sus experiencias diarias. Como bien lo sabe cualquier individuo de un grupo minoritario, esta competencia es indispensable para interactuar con el grupo mayoritario; de otra forma, uno se limita al propio grupo. Desgraciadamente, poco se ha valorizado este tipo de bilingüismo y biculturalismo, adquirido fuera de las aulas académicas. Ni siquiera los hispanoamericanos mismos han dado importancia a este aspecto de su propio desarrollo. En fin, poco se ha aprovechado de este potencial humano en el campo de la educación, especialmente en lo referente a la enseñanza de lenguas y a la educación intercultural.

Dado este fondo, este ensayo investiga tres áreas:

1. La reformulación de metas para la enseñanza de lenguas, ya sean lenguas extranjeras, inglés como segunda lengua u otras lenguas (tales como el español), además del inglés en los Estados Unidos

2. La competencia intercultural (definiciones, desarrollo, aspectos, etc.) como aspecto del desarrollo de todo ciudadano en los Estados Unidos

3. Los retos que nos ponen las anteriores consideraciones en cuanto a la formación de los profesores de idiomas.

Todo esto tiene implicaciones para los bilingües nativos, especialmente los hispanos de los Estados Unidos, con la esperanza de valorizar la competencia intercultural, ya sea adquirida en el aula o mediante experiencias personales, dada la necesidad de dicha competencia que existe en el mundo de hoy.

REFORMULANDO LAS METAS DE LA ENSEÑANZA DE LENGUAS

Cualquier profesor de idiomas que haya enseñado aun por poco tiempo habrá presenciado los cambios dramáticos que están ocurriendo en todas las áreas de nuestra profesión: en la pedagogía, en la relación entre profesor y alumno, en los objetivos del estudio de una segunda lengua o lengua extranjera (L2) y en la formación de los profesores. Tales cambios han sido provocados por factores tanto internos como externos. Los internos, o sea aquéllos originados dentro del mismo campo educativo, son impulsados por la investigación, que ha aportado nuevas perspectivas a la distinción entre la enseñanza y el aprendizaje, a la metodología, a los procesos adquisitivos del lenguaje, a las estrategias de aprendizaje, etc. Los cambios externos, por otro lado, o sea, aquéllos estimulados por cambios en nuestro medio (en las organizaciones políticas, en el mercado, en el turismo, en la tecnología, etc.) han orientado el estudio de lenguas hacia resultados más tangibles y más prácticos. No cabe duda de que éste es un momento estimulante en la historia de nuestra profesión.

Por estas razones, el campo educativo de lenguas —sea la enseñanza de lenguas extranjeras, la enseñanza del inglés como segundo idioma o la enseñanza del español a hispanohablantes en los Estados Unidos— está actualmente bajo una minuciosa revisión. Varias propuestas existen para una ampliación de sus metas que obligatoriamente resultará en una modificación de la enseñanza, transformando el estudio de lenguas de tal modo que ya no sea una materia puramente académica (lo cual seguramente ha sido la experiencia de los que hemos estudiado hace veinte años o más), sino un campo de estudio con finalidades mucho más amplias. Por ejemplo, un comité recientemente formado a nivel nacional, el *National Foreign Language Standards Committee* (Comité Nacional sobre normas para el estudio de lenguas extranjeras), de hecho, propone metas que incluyen las siguientes (Draft Report, National Standards, marzo de 1995):

1. La capacidad de comunicarse en lenguas no nativas (esto refiere tanto al aprendizaje de una lengua extranjera para los anglohablantes como al estudio del inglés para aquéllos que no lo saben)

2. El entendimiento de otras culturas además de la nativa

3. El acceso a información y conocimientos nuevos (a través de la segunda lengua)

4. El desarrollo de nuevas perspectivas sobre la lengua y la cultura nativas (lo cual es muy importante para los hispanos y demás grupos minoritarios en los Estados Unidos)

5. La oportunidad de participar en una sociedad multilingüe (la nuestra propia) y en una sociedad global.

Más alentador aún son los intentos recientes de combinar la enseñanza de idiomas (incluyendo el estudio de las llamadas *heritage languages,* o sea, las lenguas de grupos étnicos en los Estados Unidos) con el creciente campo de la comunicación intercultural. El resultado de estos esfuerzos es el enfoque sobre la competencia comunicativa, que hoy día se amplía a la noción de una competencia comunicativa intercultural (abreviada a competencia intercultural, ya que se sobreentiende que ésta es de por sí comunicativa).

Para entender lo que es la competencia comunicativa intercultural, miraremos primeramente la noción previa de *competencia comunicativa* (CC). Como es bien sabido entre profesores de lenguas, se puede caracterizar la competencia comunicativa en varias maneras. No obstante, la noción siempre incorpora al componente lingüístico los aspectos paralingüísticos, extralingüísticos (o sea, no verbales) y sociolingüísticos. Pero pese a este importante concepto reformulado y ampliado de «lengua como y para la comunicación», muchos educadores siguen el énfasis tradicional en la dimensión lingüística con sólo ocasionales, leves e insatisfactorias referencias a los demás componentes. De igual manera, aunque muchos textos comerciales han ampliado su contenido, incorporando algunos de los demás aspectos, el esquema predominante sigue enfocado en lo lingüístico, a pesar de la incorporación de temas situacionales, funcionales, culturales, etc., en los libros. A estas consideraciones, empero, complicamos la situación más, agregando otro aspecto importante: la dimensión intercultural, convirtiendo la CC ahora en CCI.

La competencia comunicativa intercultural

¿Qué es la *competencia comunicativa intercultural* (CCI)? ¿Cómo se define? ¿Es posible desarrollar en los individuos la CCI y así aumentar su efectividad intercultural cuando se encuentran en situaciones donde tienen que interactuar con personas de otros grupos lingüísticos y étnicos? Estas preguntas son importantes no sólo para la persona que piensa viajar al extranjero, sino también para la persona que no sale nunca del país, dada la gran diversidad de grupos étnicos que se encuentran en éste hoy. Tal es el caso común de los hispanohablantes en los Estados Unidos.

Una edición especial de la revista *International Journal of Intercultural Relations* recopiló estudios de varios investigadores con el propósito de buscar respuestas a estas preguntas (Martin 1989). Aunque los diferentes autores caracterizan de varias maneras la CCI, todos destacan tres dimensiones consistentes:

1. La habilidad de establecer y mantener relaciones positivas
2. La habilidad de comunicar en forma efectiva y con mínima distorsión
3. El logro de un nivel apropiado de colaboración y cooperación con los otros.

Estas tres dimensiones se manifiestan en ciertos rasgos de conducta, también citados en los estudios, tales como: la empatía, el respeto, la flexibilidad, la receptividad; el rechazo de prejuicios, tolerancia para situaciones ambiguas y el buen manejo de la interacción, entre otros (Kealey 1990).

A primera vista, la CCI no parece ser muy diferente de la competencia comunicativa. Sin embargo, cuando aplicamos esta reformulación del concepto al currículum de lenguas, surgen nuevas áreas de consideración. Las dimensiones 1 y 3, por ejemplo, realizan la importancia de las relaciones interpersonales y el logro de objetivos mutuos, mientras la dimensión 2 reconoce que no se puede cumplir estos dos objetivos sin conocimiento de la lengua o lenguas relevantes a la nueva situación cultural. Y pese a que estas tres dimensiones también forman parte de la competencia nativa, la participación en una segunda lengua-cultura obviamente requiere la presencia de una segunda lengua y cultura además de la propia. El desenvolvimiento del bilingüismo-biculturalismo también llama la atención a otra consideración: cómo los dos sistemas (el nativo y el segundo) se afectan mutuamente, otro aspecto de la CCI que no ocurre en la CC.

En cualquier institución académica, los profesores frecuentemente elaboran las metas de los programas educativos desde sus propias perspectivas y de acuerdo con sus necesidades. Sin embargo, la aceptación de la CCI vuelve la visión de la enseñanza de lenguas más amplia y conduce a una expansión de criterios que afectan el currículum. Esta visión ampliada considera la CCI imprescindible a una interacción efectiva entre individuos de dos culturas diferentes, noción que no formaba parte del estudio tradicional de lenguas. En algunos casos, el estudiante necesita adquirir competencia en una segunda lengua y la cultura de esa lengua; en otros, requiere adquirir competencia en una segunda lengua y *la cultura de los demás interlocutores* (en vez de la cultura inherente en la lengua que se está utilizando) cuando se comunica con personas para quienes la L2 tampoco es su lengua nativa; y aún en otros casos, requiere adquirir competencia para interactuar con otros hablantes que dominan la misma lengua, pero que provienen de diferentes grupos culturales. Un ejemplo del primer caso es el hispanohablante que utiliza el inglés para tratar a los anglohablantes; el segundo es el caso de un hispanohablante que habla inglés para tratar a los asiáticos en los Estados Unidos (para quienes el inglés es también su L2); y un ejemplo del último caso es el mexicano que interactúa con un cubano o puertorriqueño en los Estados Unidos. Aunque los mexicanos, cubanos, puertorriqueños y demás hispanos comparten el mismo idioma, sus culturas son muy diferentes. Por esto, tanto el estudiante de una L2 como el estudiante de su propia lengua nativa (L1), no importe su grupo étnico, tiene que estar consciente no sólo de cómo la L1 o L2 influye en la comunicación, sino también del papel que puede desempeñar la cultura de cada uno de los hablantes involucrados en la interacción. En cada caso, convergen al menos dos o tres y posiblemente más culturas, convirtiendo cada situación en una verdadera interacción intercultural.

La dimensión intercultural de la CCI subraya la importancia de atender al aspecto cultural tanto como a los estilos comunicativos e interactivos de todos los hablantes involucrados en el acto comunicativo. El desarrollo de la CCI ayuda a que el estudiante tome conciencia no sólo de la perspectiva inherente en la L2, sino también de la perspectiva inherente en su propia lengua nativa y de las perspectivas de los demás interlocutores. Al profesor de idiomas, pues, le corresponde la formidable e importante tarea de guiar a los alumnos en esta exploración del proceso de desarrollar la competencia intercultural.

La concientización cultural

La *concientización cultural* se agudiza a través de la comparación y el contraste de lenguas y culturas. Éste es el valor tan singular del contacto intercultural. La mayoría de las personas monolingües toma por dado su propia lengua y cultura, pero la persona culturalmente concientizada comprende que su lengua (y su cultura) nativa no es nunca neutral, sino que es un medio (o paradigma) específico que influye directamente en todo aspecto de su vida. Asimismo, la concientización le abre más posibilidades. Esta noción, propuesta hace años por el lingüista Whorf, conduce a una consideración de los aspectos determinista y relativista inherentes en todo idioma humano; es decir, el idioma adquirido en la infancia influye en la manera en que el ser humano conceptualiza su mundo (o sea, en su «cosmovisión») ejerciendo así su efecto determinista. De ahí que otras lenguas conducen a otras visiones diferentes del mundo, ejerciendo un efecto relativista (Whorf 1956). Es importante entender estos aspectos del idioma tanto al nivel afectivo como al nivel intelectual. La exploración intercultural ayuda a lograr este entendimiento, provocando a través del aprendizaje de una segunda lengua preguntas sobre la lengua y la cultura nativas y la cosmovisión que siempre ha prevalecido en el individuo.

Sin embargo, es difícil captar por completo todas las implicaciones de la hipótesis de Whorf. Revelamos nuestra ignorancia en la falta de comprensión e intolerancia que sentimos por aquéllos que son diferentes. También se nota en el hecho de que nuestra primera lengua o lengua materna constituye el mayor impedimento en la adquisición o el aprendizaje de una L2 y en la aceptación de otra cultura. A través del medio de la lengua-cultura nativa estamos «adoctrinados» a una edad muy temprana, lo cual resulta en una percepción selectiva del mundo y una cosmovisión reforzada por nuestra cultura. Difícilmente podemos alejarnos de esta cosmovisión para así darnos cuenta de cuán persuasivamente interviene el paradigma lengua-cultura en todo lo que pensamos, en todo lo que hacemos y en todo lo que somos.

¿Cuáles son los componentes de este paradigma tan poderoso? Los lingüistas los definen como la *forma,* o sea, la lengua; el *significado,* o la semántica; y *la función,* o aplicación de éstos por los hablantes en su contexto cultural. La figura 1 describe estos componentes e ilustra como están interrelacionados para así formar nuestra cosmovisión (CV). Ya que la índole de cada componente varía de cultura a cultura, la configuración de cada cosmovisión también varía de grupo a grupo. De igual forma, cada lengua (o sistema de símbolos) a la vez refleja y afecta la CV que representa. Es decir, la lengua no *constituye* la cosmovisión, sino que sirve para representarla. Por eso, cada paradigma de lengua-cultura, representado en la figura por un triángulo, presenta una cosmovisión diferente de todas las demás. Una concientización cultural involucra, entonces, una exploración explícita de los contrastes entre la CV1 y la CV2 (y posiblemente otras). Ya que la lengua figura como parte central de todo esto, al profesor de idiomas le toca desempeñar un papel importante en el desarrollo de la concientización cultural en sus alumnos.

▬ *Figura 1* ────────────────────────────

Los componentes de la concientización cultural

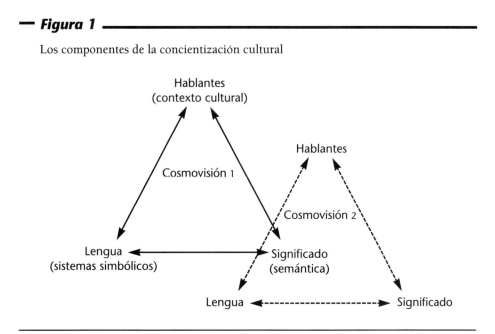

Por cierto, la *lengua* involucra no sólo la habilidad articulatoria, sino todo lo que hacemos cuando comunicamos. Es decir, los sistemas simbólicos en conjunto incluyen:

1. El componente lingüístico (sonidos, formas y sintaxis)
2. La dimensión paralingüística (tono, timbre, volumen, velocidad, aspectos afectivos, etc.)
3. El componente extralingüístico (formas no verbales de conducta, tales como gestos, movimientos, expresiones faciales, etc.)
4. La dimensión sociolingüística (la modificación de los símbolos conforme con el contexto cultural, resultando en varios estilos de habla y de expresión).

Dadas las diferencias que existen entre los varios aspectos de los sistemas simbólicos pertenecientes a dos lenguas diferentes, es fácil entender por qué surgen malentendidos y conflictos entre personas que hablan diferentes lenguas y que pertenecen a diferentes grupos étnicos. Estas diferencias también explican por qué el idioma frecuentemente aparece como factor primordial cuando surgen casos de conflicto étnico.

En su obra, *Teaching Culture,* Seeyle (1976) propone siete objetivos culturales para la enseñanza de una lengua extranjera. Resulta fácil ver cómo los mismos objetivos son aplicables a la enseñanza del español a hispanohablantes en los Estados Unidos. Estos objetivos incluyen un entendimiento de los siguientes hechos:

1. El comportamiento humano está condicionado por la cultura.
2. Existe una interacción entre la lengua y las variantes sociales.
3. Existe una norma de comportamiento convencional en situaciones comunes dentro de cada cultura.
4. Las palabras y frases de cada lengua están dotadas de connotaciones culturales.
5. Existen criterios para evaluar las observaciones sobre una sociedad.
6. Existen criterios para investigar y explorar otra cultura.
7. Las actitudes que formamos hacia otras culturas parten de la base de la propia cultura.

Varias otras publicaciones sobre la educación intercultural y multicultural sugieren otros objetivos parecidos a los anteriores, pero organizados en un esquema un poco diferente. Estos objetivos incluyen:

1. Reconocer y valorar la diversidad entre personas y culturas
2. Desarrollar una mayor comprensión de los patrones culturales
3. Respetar a los individuos de todas las culturas
4. Desarrollar una interacción positiva y productiva entre las personas, que involucre sus experiencias en diversos grupos culturales
5. Comprender las bases históricas, políticas y económicas de las actuales desigualdades culturales.

No importe cómo estén expresados los objetivos formulados para la educación intercultural o multicultural, sirven para guiar al profesor de idiomas que desea desarrollar la CCI como meta primordial del plan curricular.

TRES RETOS PARA LA FORMACIÓN DE PROFESORES

Al ampliarse las metas de la enseñanza de lenguas, se generan nuevos retos para los profesores en formación y para los mismos practicantes. A consecuencia, consideremos aquí tres implicaciones importantes:

1. La necesidad de reconceptualizar y redefinir nuestra materia
2. La necesidad de una formación adecuada y un desarrollo continuo para los docentes
3. La necesidad de apoyo institucional y profesional al docente.

Reto 1: Redefinición de nuestra materia

La gama de objetivos culturales citados arriba nos obliga a reconceptualizar nuestra materia, ya que el enfoque explícito es sobre el conjunto de lengua y cultura. A pesar de que todos concuerdan en que la cultura es intrínseca a todo idioma, tenemos que investigar exactamente cómo sucede este fenómeno, además de explorar el contexto cultural en el cual se emplea el idioma. Para que esto ocurra, los formadores de profesores deben encabezar el proceso, expandiendo el concepto de su propia materia al preparar a los profesores en formación. Las materias de los programas de formación de profesores influyen en forma directa en lo que después se convertirá en la materia que impartirán estos practicantes a su vez en los salones de clase.

Desgraciadamente, muchos programas de formación de profesores son deficientes en este sentido. Un análisis de los programas de formación para profesores de inglés para hablantes de otras lenguas (*Teachers of English to Speakers of Other Languages,* o TESOL) en los Estados Unidos, por ejemplo, revela que menos del 50% de los programas ofrece cursos que atañen a la comunicación intercultural (Nolan 1985). Otro estudio inédito más reciente informa que, de 178 programas de formación de profesores de TESOL, sólo 85 (o sea, menos de la mitad) incluyen el estudio de la comunicación intercultural (Nelson 1994). Esta comparación muestra que la situación ha cambiado poco en los diez últimos años. Aun cuando el estudio de la comunicación intercultural está citado, esta materia suele ser marginal en comparación con otros cursos del programa. Curiosamente, esto ocurre en una época cuando el campo intercultural mismo —representado principalmente por la organización SIETAR International (Sociedad para la Educación, Formación e Investigación Interculturales, el equivalente de la TESOL en el campo intercultural)— está contribuyendo una cantidad de teorías, investigación y métodos, ignorados por los profesores de idiomas, ya sean del inglés o de otras lenguas. Una reconceptualización, entonces, reconoce la CCI no sólo como el contexto para el estudio de lenguas, sino como un elemento que trasciende el currículum entero, formando parte de cada lección.

A primera vista, el concepto de la competencia intercultural «entre culturas» puede parecer algo abstracto; pero cuando se piensa en el contacto «entre personas», súbitamente se vuelve más concreto. Sin embargo, el trato individual es una extensión del mismo fenómeno, formando parte de un solo continuo:

Intrapersonal/interpersonal ◄────► Intracultural/intercultural

La clase de idiomas provee una excelente oportunidad para explorar todo el continuo, de un extremo a otro. Al comparar y contrastar las semejanzas y diferencias (el aspecto intercultural al lado derecho del continuo), el estudiante aprende que dentro de una misma cultura (en el contexto *intra*cultural), los individuos difieren entre sí; y al examinar las relaciones interpersonales (hacia la izquierda del continuo), el alumno está obligado a hacer una introspección (*intra*personal). Una exploración intercultural es provocativa precisamente porque enfrenta al alumno con nuevas e inusitadas posibilidades (ya sea de la lengua-cultura de los anglohablantes, o sea de las diferencias culturales entre los hispanohablantes de diversos grupos étnicos). La investigación de estas diferencias estimula una introspección siempre más profunda sobre la perspectiva nativa de parte del alumno. Un refrán que dice «si quieres saber de agua, no le preguntes a un pez» alude inversamente a las provocaciones ocasionadas por el contacto intercultural. Salirse de lo común —en el caso del pez, salirse del agua— permite reflexionar sobre lo nuevo y, a la vez, sobre todo lo que uno ha dado por sentado desde la infancia.

El campo de idiomas y lingüística proporciona una analogía a este continuo al unir la *lengua* con el *habla* individual (concepto ideado por el lingüista Saussure y luego revitalizado por Chomsky). Por un lado, por ejemplo, se reconoce el español como lengua por ser compartido por muchas personas dispersas a través de una gran área geográfica. Pero aunque el español parece ser una misma lengua, difiere entre los países y regiones donde se habla (al nivel de la pronunciación, del léxico, de la gramática, etc.). Esto resulta en zonas de dialectos, muchos de los cuales se encuentran en contacto directo en los Estados Unidos, donde los hispanohablantes representan regiones muy diversas del mundo de habla española. Cada dialecto, a su vez, puede dividirse aun más en subdialectos, dentro de los cuales se llega al *habla* individual, nivel donde cada individuo demuestra idiosincracias completamente personales (es decir, el *idiolecto*). Este continuo lingüístico es paralelo al continuo del contraste de semejanzas y diferencias que se encuentran en la cultura, formando una gama de posibilidades que varía desde lo más general (intercultural) hasta lo más individual (intrapersonal). La materia reconceptualizada de la enseñanza de lenguas explora estos continuos, tanto de la lengua como de la cultura.

Reto 2: Formación de profesores

Mientras cambiamos el concepto de nuestra materia, también ha ido cambiando el papel del docente de lenguas—del profesor como «conocedor» y autoridad, al profesor como «facilitador» del proceso de aprendizaje, como explorador e investigador, y como solucionador de problemas. Las clases adquieren un carácter de participación activa, involucrando al estudiante en forma directa y enfocándose en el estudiante. Los métodos tradicionales se han modificado, así como la manera en que trabajamos en el aula. Los pupitres colocados en filas estrechas están cediendo poco a poco a semicírculos y otras configuraciones que permiten un aumento en la interacción entre alumnos. Una gran parte del trabajo de la clase se hace en grupos pequeños, mientras aumenta el número de actividades y ejercicios destinados a «procesar» materia que antes sólo era «presentada» por el profesor.

En el aula contemporánea, se encuentran aspectos de ambos métodos: los tradicionales y los nuevos experimentales. Al profesor le toca integrarlos, buscando siempre la combinación idónea para el contexto en el cual trabaja. Como consecuencia, se observan cambios en el comportamiento del profesor, en la planificación e implementación de lecciones y en el papel del alumno en el proceso educativo. Lo acostumbrado (observar y escuchar) de antes cede ahora al participar y hacer, acompañados de otros cambios de énfasis como aquéllos citados en la figura 2 (Fantini 1984).

▬ *Figura 2* ▬▬▬▬▬▬▬▬▬▬▬▬▬▬▬▬▬▬▬

Énfasis de la pedagogía tradicional	Énfasis de la pedagogía experimental
observar y escuchar	participar y hacer
el profesor como conocedor (sabe todas las respuestas)	aprender no sólo del profesor, sino también de los colegas y por su cuenta
el profesor responsable por el aprendizaje	compartir la responsabilidad con el alumno
el profesor toma las decisiones	tomar decisiones en conjunto
aprendizaje de datos (y a veces destrezas)	aprender cómo aprender
memorización y adquisición de información	identificar problemas y crear soluciones
minimizar las experiencias y el conocimiento del alumno	reconocer la importancia de las experiencias y el conocimiento del alumno
decir, prescribir, mandar	guiar y asistir al alumno a aprender por su cuenta
reforzar las ideas de otros sobre lo que debe ser aprendido	comprender la motivación del alumno en en cuanto a lo que debe ser aprendido
crear repertorios de datos para el futuro	utilizar métodos con un enfoque práctico y que dan resultados inmediatos

Además de estos cambios, vale notar otras dos nociones que también ejercen un fuerte impacto en el aula contemporánea: (1) la inclusión de las cuatro destrezas comunicativas —comprensión, habla, lectura y escritura— con mayor atención a la comprensión y al habla, a diferencia de las clases de lenguas de antes (y a pesar de que muchas pruebas siguen poniendo énfasis en la lectura y la escritura); y (2) una mayor atención a C + ADC (es decir, la noción de "concientización más actitud, destrezas, conocimiento") en vez del habitual enfoque de antes en el conocimiento como única y exclusiva finalidad del proceso educativo. Este último cambio está implícito en la figura 2, sobre todo en el contraste entre «aprender datos» y «aprender cómo aprender». Es más, la concientización viene siendo una dimensión importantísima y fundamental del proceso educativo, ya pregonada en varias obras, desde los tiempos de Sócrates hasta el educador contemporáneo brasileño, Paulo Freire (1974). Hoy en día, muchos pedagogos concuerdan en que el proceso de *conscientização* (como lo denominó Freire) es tal vez la dimensión más potente del cuarteto C + ADC. Es la concientización que fomenta en el alumno actitudes que lo motivan a desarrollar las destrezas y el conocimiento relevantes a la CCI. Por esto mismo, el estudio de lenguas tiene que abarcar C + ADC, dado que una profundización en la lengua materna (como es el caso de los hispanohablantes en los Estados Unidos) tanto como el aprendizaje de una L2, son potencialmente procesos transformadores, afectando al alumno en las cuatro áreas. Por decirlo en otras palabras, ambas nociones se convierten en procesos capaces de alterar la percepción del alumno, con respecto a sí mismo y a su visión del mundo entero.

Para resumir, podemos caracterizar el papel y la actividad del profesor de idiomas de la manera ilustrada en la figura 3. El profesor tradicional (P1), orientado más hacia la enseñanza que hacia el aprendizaje, ocupa la mayor parte del tiempo de la clase (ilustrado por el triángulo de la izquierda, posado en su ápice). Además del hecho de que una cantidad desproporcionada de tiempo está ocupada por la aportación del profesor comparada con el procesamiento por el alumno, el profesor inicia toda interacción, la cual va dirigida principalmente del profesor a los alumnos. El profesor contemporáneo, al contrario, como ya domina la materia (en este caso, la L2), asegura que sean los alumnos los que mejor aprovechen el tiempo de la clase, practicando y usando la L2 (ilustrado por el triángulo de la derecha). Dada esta finalidad, el P2 planifica lecciones creativas, introduciendo el material nuevo en el tiempo más breve posible para así dejar la mayor parte de la sesión para que los alumnos procesen el material. En el segundo caso, el triángulo se invierte (sentándose sobre su base, una postura obviamente más estable). El resultado es un aumento de la interacción entre alumnos, interrumpida ocasionalmente por nuevas direcciones y aportaciones de parte del profesor. Así se realiza una mayor participación de los alumnos y el trabajo en grupos pequeños varía conforme con el objetivo inmediato de cada tarea de aprendizaje.

Un equipo de atletas y su entrenador sirven de metáfora para visualizar este proceso. El entrenador tira la pelota al equipo, dejando que la pelota circule entre ellos. Después de algún tiempo, reclama la pelota para luego iniciar otra fase del juego. Cada etapa asume una configuración nueva y diferente. El entrenador guía el proceso, pero es el equipo el que practica y lleva a cabo el juego (Fantini 1983).

— *Figura 3* ———————————————————————————

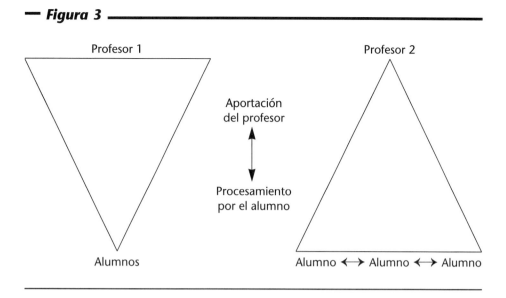

Por todos estos motivos, se está prestando mayor atención actualmente a la formación de profesores mientras nuevas investigaciones siguen contribuyendo a la identificación de otros factores significativos en la preparación de educadores. No es de sorprenderse que los cambios en la preparación de profesores sean paralelos, a la vez, a cambios del trato entre profesores y sus alumnos. Es cada vez más común, por ejemplo, pedir a los profesores en formación que identifiquen sus propias metas y objetivos profesionales (aparte de las metas establecidas por el programa y la profesión), que aclaren lo que ya saben y aportan al estudio mientras identifican áreas para futuros mejoramientos. Publicaciones recientes sobre la formación de educadores están promoviendo una investigación activa y continua (*action research*), de tal manera que los profesores puedan explorar el camino hacia su propia mejoría (Freeman y Cornwell 1993).

En una conferencia de profesores de inglés llevada a cabo en enero de 1993 en San José, Costa Rica, Richard Day, de la Universidad de Hawaii, enumeró varias etapas de la investigación activa donde el profesor utiliza su propia aula como base de su autoaprendizaje; a seguir :

1. identificar un reto, un problema o un área de interés

2. convertir el problema identificado en pregunta (p. ej.: ¿Por qué. . . ?)

3. diseñar un proceso para recopilar datos que puedan dar respuesta a la pregunta

4. desarrollar un plan de acción para implementar el proceso

5. utilizar la clase para recopilar datos

6. analizar los resultados

7. decidir si se necesita más información o si han surgido nuevas preguntas

8. compartir los resultados con sus colegas, alumnos y/o la profesión.

Otro ponente de la misma conferencia, Tony Wright del College of St. Mark and St. John en Plymouth, Inglaterra, luego hizo énfasis en la relación de la investigación activa y el desarrollo profesional con el desarrollo personal del individuo, abogando por un desarrollo continuo durante toda la carrera profesional del profesor. Y en el programa de formación de educadores en mi propia institución, la School for International Training en Brattleboro, Vermont, en los Estados Unidos, se citan seis áreas de competencia relevantes a la formación del profesor de idiomas: lengua/lingüística, personal/interpersonal, cultural/intercultural, enseñanza o pedagogía, adquisición de la lengua y desarrollo profesional (Reischuck 1994). Cada área se subdivide en aspectos más específicos, siempre con atención a las múltiples dimensiones de $C + ADC$ (Fantini 1993). La visión del educador ideal incluye y refleja todo lo que se visualiza para el eventual alumno que, en resumidas cuentas, tiene como meta la competencia intercultural.

Reto No. 3: Apoyo institucional y profesional

Por último, aunque nuestra profesión y las instituciones que nos emplean pregonen el desarrollo continuo del profesor, es sumamente difícil que un profesor lo realice solo. El mero hecho de llevar a cabo las clases exige bastante tiempo de preparación, sin contar el tiempo que se pasa con los alumnos, en juntas de profesores y en sesiones con la administración. Es claro que el trabajo del profesor no acaba al terminar las clases. Siempre falta revisar tareas, calcular notas, revisar lecturas, asistir a talleres y preparar lecciones para el próximo ciclo de clases.

El desarrollo profesional, sin embargo, no se acaba en un momento determinado, sino que continúa a lo largo de la vida profesional del profesor. Todo lo que el profesor invierte en su propio desarrollo repercute en beneficio de sus alumnos. Pero el desarrollo del profesor prescinde de un esfuerzo colaborativo. El profesor necesita apoyo y oportunidades brindadas por la institución que lo emplea para seguir en su desarrollo. Desgraciadamente, la administración de muchas instituciones educativas está organizada comúnmente en forma jerárquica de manera que los supervisores ejercen poder sobre los educadores; y éstos dejan de lado a los profesores al tomar decisiones administrativas con consecuencias pedagógicas. Abundan los ejemplos: presupuestos que limitan los recursos disponibles para clases; espacio inadecuado destinado para oficinas y lugares de trabajo de los profesores; y sistemas curriculares que dictan o usurpan las responsabilidades de los enseñantes: los niveles de clases, la colocación de alumnos, los exámenes impuestos por el departamento y la selección de textos, cuando no involucran a los profesores, los limitan y restringen aún más. Incluso los intentos para reformar el sistema educativo muchas veces dejan de lado a los mismos enseñantes a quienes corresponde la tarea de llevarlos a cabo. Hay que valorar la colaboración no sólo entre profesor y alumno, sino también entre el profesor y sus supervisores y administradores, convirtiéndola en una colaboración respetuosa que fomente el diálogo entre ambas partes, guiadas por las metas y los retos que tienen en común.

El profesor tiene que ser no sólo visto como profesional, sino tratado como profesional. Por lo tanto, el educador debe ser tratado como colega. El profesor es miembro importante de un equipo que incluye al supervisor, al director de cursos, a la persona que desarrolla el currículum y a los administradores. Los profesores bien preparados y capacitados normalmente son personas trabajadoras, inteligentes y dedicadas, dispuestas a formar parte del equipo.

Por último, la relación que la institución mantiene con los educadores debe ser modelo de cómo se espera que los educadores trabajen con sus alumnos. Esta relación debe reflejar nuestros ideales más altos en cuanto a la educación. No podemos por un lado promover procesos educativos para los alumnos que ignoramos en nuestro trato con los profesores; y estos procesos han de ser humanísticos, creativos, respetuosos, sensibles y alentadores. Para resumir, un profesor efectivo asegura un aprendizaje efectivo y contribuye a una institución efectiva. El diálogo entre profesionales a todo nivel es importante para nuestra profesión. Una relación colaborativa es la clave para una situación existosa, tanto para el profesor y el administrador como para los alumnos.

EL POTENCIAL: TRASCENDER

En este ensayo, se ha propuesto el desarrollo de la competencia comunicativa intercultural como meta de la enseñanza de lenguas para todos, ya sean estudiantes de lenguas extranjeras, de inglés como segundo idioma, o del español para hispanohablantes en los Estados Unidos. Para lograr esto, se requiere una reconceptualización de nuestra materia y una ampliación de los objetivos tradicionales de este campo de estudio. Tales cambios producen varios retos importantes para el profesor de idiomas:

1. La redefinición de nuestra materia como lengua-cultura, con un enfoque sobre los procesos interculturales que derivan del contacto entre la L1 y L2

2. La identificación de las competencias necesarias para que los profesores puedan lograr la nueva meta

3. Un esfuerzo colaborativo entre el profesor y su institución para asegurar el desarrollo profesional de los educadores

El desarrollo de la competencia comunicativa intercultural inicia un proceso que potencialmente puede trasformar a nuestros alumnos y a nosotros mismos, un proceso que seguramente provocará cambios en nuestro paradigma perceptual y mental y, por último, una expansión de nuestra cosmovisión (Chilton Pearce 1971). La CCI enriquece el contacto entre personas de culturas y grupos étnicos diferentes, de un modo efectivo, positivo y apropiado, con respeto, sensibilidad, tolerancia y comprensión. Fomenta una apreciación de la diversidad y la riqueza de los seres humanos. Permite una participación profundamente significativa en otra perspectiva del cosmos que no está al alcance del monolingüe. Esto resulta en una posible transformación de nuestras vidas. Tales cambios son aquéllos del tipo citado por Ferguson, que describe esto como «la revolución más grande del mundo —la que ocurre en la cabeza, en la mente» (1980). Para que esto suceda, empero, necesitamos saber comprender a otras personas *desde sus propias perspectivas*. La competencia comunicativa intercultural ofrece tal promesa.

CONCLUSIÓN

Las implicaciones de esta discusión para los bilingües nativos, con especial enfoque en los hispanos en los Estados Unidos, son muchas. La persona que se cría en los Estados Unidos y habla otra lengua diferente al inglés de por sí casi siempre aprende a manejarse eventualmente en las dos lenguas-culturas (en este caso, español e inglés) y asímismo va fomentando la competencia necesaria para interactuar entre ambas. Ahora falta reconocer este fenómeno y valorizar esta habilidad que el campo de la enseñanza de idiomas recién está incorporando. Falta también apoyar su desarrollo y darle un empuje. Falta asegurar que todos desarrollen semejante competencia, tanto los individuos de los grupos minoritarios como los de los grupos mayoritarios; ambos la necesitan. Los profesores de idiomas pueden desempeñar una labor mucho más importante en este sentido. El idioma no es un simple instrumento, ni el estudio de lenguas sencillamente otra materia académica. Ambos facilitan la posibilidad de penetrar otra visión del mundo. Vista así, la competencia intercultural es un imperativo para el mundo de hoy y para el siglo que está por comenzar, para los hispanos y para todos.

OBRAS CITADAS/CONSULTADAS _____

Adler, P. S. 1976. "Beyond Cultural Identity." *Intercultural Communication*. 2.ª ed. Eds. L. Samovar y R. E. Porter. Belmont, CA: Wadsworth. 362–380.

———. 1994. *Preliminary Report of the Committee for National Standards in Foreign Language Education*. Agosto. Yonkers, NY: ACTFL.

Cammaert, M. F. 1987. *Interculturalism: Theory and Practice*. Strasburgo: Concejo de Europa.

Chilton Pearce, J. 1971. *A Crack in the Cosmic Egg*. Nueva York: Washington Square.

Fantini, A. E. 1982. *La adquisición del lenguaje en un niño bilingüe*. España: Editorial Herder.

———. 1983. "Approaches, Methods and Techniques." *English Teaching Newsletter*. Brasilia: Casa Thomas Jefferson. 7(2): 17–21.

———, ed. 1984. *Cross-Cultural Orientation: A Guide for Leaders and Educators*. Brattleboro, VT: The Experiment Press.

———. 1985. *Language Acquisition of a Bilingual Child*. Clevedon, U.K.: Multilingual Matters.

————. 1993. "Teacher Assessment." *New Ways in Teacher Education*. Eds. D. Freeman y S. Cornwell. Alexandria, VA: TESOL. 43–55.

————. 1994. "Developing Intercultural Communicative Competence." *Beyond Experience*. Ed. T. Gochenour. Yarmouth, ME: Intercultural Press. 45–54.

————, ed. 1995. "Language, Culture and World View." *International Journal of Intercultural Relations*. Edición especial. Nueva York: Pergamon. 19(2): 143–153.

Ferguson, M. 1980. *The Aquarian Conspiracy*. Los Ángeles: J. P. Tarcher.

Freeman, D. y S. Cornwell, eds. 1993. *New Ways in Teacher Education*. Alexandria, VA: TESOL.

Freire, P. 1974. *Pedagogy of the Oppressed*. Nueva York: Seabury.

Gochenour, T., ed. 1994. *Beyond Experience*. Yarmouth, ME: Intercultural Press.

Hoopes, David S. et al. 1978. *Overview of Intercultural Education, Training, and Research*. Chicago: Intercultural Press.

Kealey, D. J. 1990. *Cross-Cultural Effectiveness*. Hull, Quebec: Canadian International Development Agency.

Lustig, M. W. y J. Koester. 1993. *Intercultural Competence*. Nueva York: Harper Collins.

Martin, J. 1989. "Intercultural Communicative Competence." *International Journal of Intercultural Relations*. Nueva York: Pergamon. Marzo. Versión preliminar. 13(3).

————. 1995. *National Standards in Foreign Language Education*. Yonkers, NY: ACTFL.

Nelson, G. L. 1994. *Intercultural Communication or "Culture" Courses in Graduate TESOL Programs*. Manuscrito inédito. Atlanta, GA: Georgia State U.

Nolan, R. B., Coordinador. 1985. *Survey of TESL Programs*. De Kalb, IL: Adult Education Services Center, Northern Illinois U.

Olmos, A. 1987. *Interculturalism and Education*. Estrasburgo: Concejo de Europa.

Reischuck, H., ed. 1994. *MAT Handbook*. Brattleboro, VT: The Experiment Press.

Samovar, L. A. y R. E. Porter, eds. 1991. *Intercultural Communication*. Belmont, CA: Wadsworth.

Seelye, H. N. 1976. *Teaching Culture*. Skokie, IL: National Textbook.

Whorf, B. L. 1956. *Language, Thought and Reality*. Cambridge: MIT Press.

Wiseman, R. L., y J. Koester. 1993. *Intercultural Communication Competence*. Newbury Park, CA: Sage.

La enseñanza del español para hispanohablantes y la pedagogía multicultural

Frances R. Aparicio

University of Michigan

Deslenguadas. Somos los del español deficiente. We are your linguistic nightmare, your linguistic aberration, your linguistic mestizaje, the subject of your burla. Because we speak with tongues of fire we are culturally crucified. Racially, culturally and linguistically somos huérfanos—we speak an orphan tongue.

Borderlands/La Frontera
Gloria Anzaldúa

La enseñanza del español para hispanohablantes estadounidenses comenzó de modo marginalizado en los años 70 como una práctica pedagógica dirigida a satisfacer las necesidades lingüísticas de nuestros estudiantes latinos, a quienes se les consideraba en aquel entonces —y todavía se les considera— «deslenguados», para utilizar el concepto acuñado por Gloria Anzaldúa.[1] Hoy día, estos cursos gozan de mayor reconocimiento y legitimidad en universidades en todas partes del país, como muy bien indica el reciente artículo «Spanish for Native Speakers» que apareció en febrero de 1994 en *The Chronicle of Higher Education*.[2] Si bien hace más de diez años estos cursos se justificaron y aceptaron en las regiones geográficas del Suroeste, California, la Florida y Nueva York, ahora muchas universidades comienzan a ofrecerlos como resultado de lo que John Gutiérrez ha observado en el artículo citado: «*Suddenly Hispanics are everywhere. We have a critical mass of students who need this*». (Collison 1994: A15). Indudablemente, el crecimiento demográfico de la población latina en los Estados Unidos ha sido significativo, particularmente durante la década de 1980, una de las décadas de mayor inmigración en la historia de dicho país. Sin embargo, no creo que la presencia de los estudiantes latinos haya sido tan «súbita» como sugiere Gutiérrez, sino que ha habido un aumento gradual de estudiantes latinos en la universidad, lo cual, junto con la implementación del movimiento y la retórica multiculturales, ha comenzado a ser reconocido y aceptado por los administradores y el profesorado.

Debido a ello, en estos momentos es importante revalorizar la enseñanza del español a hispanohablantes dentro del marco mayor de la pedagogía multicultural y antirracista, lo que también se ha denominado *border pedagogy* (Giroux 1991: 217–256). La pedagogía fronteriza intenta transformar los programas académicos y las diversas disciplinas de las humanidades y las ciencias sociales mediante los análisis desconstructivos de las estructuras racistas de la sociedad occidental. Dicho proyecto pedagógico incluye la construcción de un lenguaje y un proyecto cultural polívoco que incluya las perspectivas y conocimientos diferenciales que emergen de los varios grupos étnicos minoritarios en los Estados Unidos y en el contexto global. En retrospección, la enseñanza del español para hispanohablantes estadounidenses se puede considerar un movimiento pedagógico *proto-multicultural,* pues anticipó de varias maneras lo que dicha pedagogía posmoderna promueve y promulga en la década de 1990: la descolonización de los grupos minoritarios y la reivindicación de las culturas silenciadas a lo largo de la historia.

Sin embargo, la enseñanza del español para hispanohablantes todavía se considera un curso remediador, particularmente dentro de los departamentos de español donde se localiza. Dicha actitud reafirma el constructo de la diferencia cultural y de la identidad lingüística híbrida como deficiencia. Rosaura Sánchez ha identificado dos teorías dominantes que han servido para justificar estos cursos en muchos departamentos en el Suroeste del país: la teoría de la deficiencia verbal —es decir, los estudiantes son deficientes tanto en inglés como en español— y la de la deficiencia cultural, la cual supone que los estudiantes no poseen los artefactos culturales necesarios para sentirse orgullosos de su identidad individual y cultural (Sánchez 1981: 92). Estos cursos, pues, se sitúan en una coyuntura contradictoria, en una brecha entre teoría (o potencial) y práctica. Mientras que hoy día gozan de mayor valor público y académico, dada la mercabilidad del movimiento multicultural, a la vez las actitudes sobre el lenguaje, el purismo y la imposición de una norma «estándar» del español continúan, en muchos casos, siendo la base pedagógica de nuestra enseñanza y su justificación política en el currículum.

Por ejemplo, muchos de nosotros reiteramos a los estudiantes que el español que hablan no es incorrecto para luego corregir el léxico regional o el inglés que se utilice en el salón de clase. Esta contradicción no es sólo pedagógica, sino política y cultural. Refleja, precisamente, esas tensiones ideológicas que todavía vivimos en los departamentos de español: continuamos invalidando el español híbrido en los Estados Unidos como deficiencia y desviación de una norma, lo que reafirma nuestra autoridad y poder sobre los estudiantes hispanohablantes y, sin embargo, valoramos el potencial de estos cursos de servir como modelo de la enseñanza fronteriza, multicultural e interdisciplinaria dentro de los programas de español. Dichos cursos atraen a nuestros programas, además, a un número mayor de estudiantes que no necesariamente tienen interés en especializarse en el estudio de la literatura, pero que sí tienen destrezas lingüísticas y culturales «nativas» que los hace, potencialmente, buenos candidatos para cursos más avanzados. Representan estos cursos un atractivo para los programas de español, pues aumentan la matrícula, lo que implica tanto fondos adicionales para el departamento como más visibilidad para el programa dentro del marco de la diversidad. La presencia del sector estudiantil latino, en conjunción con otros estudiantes norteamericanos con intereses fuera de la literatura, nos obliga a reconsiderar asimismo la naturaleza tan monodisciplinaria (léase «literaria») de nuestros programas de español. Por lo tanto, es importante evaluar el valor e impacto pedagógico y político de estos cursos dentro de estos dos espacios institucionales: los departamentos de español y el marco mayor de la pedagogía multicultural.

Si la génesis de la enseñanza del español para hispanohablantes fue resultado de los logros de los movimientos étnicos nacionalistas latinos —en particular el Movimiento Chicano— y del impacto lingüístico, cultural y económico de los cubanos en el condado de Dade, hoy día estos cursos se enfrentan a una situación histórica y cultural mucho más compleja de la que se anticipara en aquel entonces. En su mayor parte, la bibliografía sobre la enseñanza del español para hispanohablantes se ha concentrado mayormente en aspectos lingüísticos y sociolingüísticos tales como el español estándar y los dialectos, en sugerencias pedagógicas, la evaluación de objetivos y los aspectos estructurales.[3]

Lo que ya no se puede ignorar es la relación de estos cursos con la pedagogía multicultural que ha surgido en los últimos cinco años. Desde sus comienzos, la enseñanza del español para hispanohablantes ha tenido como objetivo generador la descolonización del estudiante latino, aunque como ya he mencionado, no siempre en la práctica se ha mantenido vigente dicha meta.[4] Hoy día la situación colonizada de los latinos en los Estados Unidos persiste, a pesar del progreso político, cultural y educativo que se desarrolló a partir de la década de los 60 y del movimiento de los Derechos Civiles. A partir de la década de los 80, el racismo lingüístico y las actitudes xenofóbicas en contra del español en este país han obstaculizado el mantenimiento del español en las comunidades latinas y su apoyo fuera de ellas. La colonización lingüística del español en mayor o menor grado afecta a nuestros estudiantes y los continuará afectando. Ngugi wa Thiong'o, en *Decolonising the Mind* (1986), explica los mecanismos de la colonización:

> The real aim of colonialism was to control the people's wealth; what they produced, how they produced it, and how it was distributed; to control, in other words, the entire realm of . . . the language of real life. Colonialism imposed its control of the social production of wealth through military conquest and subsequent political dictatorship. But its most important area of domination was the mental universe of the colonised, the control, through culture, of how people perceived themselves and their relationship to the world. Economic and political control can never be complete or effective without mental control. To control a people's culture is to control their tools of self-definition in relationship to others. (1986: 16)

Según Thiong'o, la colonización cultural se lleva a cabo mediante dos procesos principales: «*the deliberate undervaluing of a people's culture*» y «*the conscious elevation of the language of the coloniser*» (16). En este sentido, la enseñanza del español para hispanohablantes no puede separarse del proyecto descolonizador cultural. Si es mediante el lenguaje, o mediante los mecanismos para borrarlo, que el proceso colonizador se logra, es a través de una concientización lingüística que la descolonización puede comenzar a tener efecto. Ello implica que no es suficiente sólo desarrollar las destrezas lingüísticas o corregir las supuestas deficiencias gramaticales de nuestros estudiantes, como lo son el poner acentos (¡una destreza que ha sido tan traumática para muchos estudiantes!), la ortografía normativa o las variaciones coloquiales y rurales del subjuntivo y otras formas verbales. El énfasis en el uso práctico del español es un aspecto importantísimo que preparará a los estudiantes para su futuro profesional y no es algo que debemos dar por alto. Dadas las necesidades de un mercado y una economía globales, es imprescindible que nuestros hispanohablantes también sean hispanoescritores y que puedan funcionar en contextos profesionales y especializados en español. Tenemos que prepararlos para que puedan competir como bilingües y biculturales con los jóvenes anglos bilingües que muchas veces tienen más valor en un mercado y una economía globales.

El desarrollo, pues, de la «competencia discursiva» tiene que ser central al proyecto de la pedagogía fronteriza. Sin embargo, dicho desarrollo tiene que ir acompañado de una continua concientización sobre los modos en que el lenguaje mismo representa un vehículo de colonización y sobre las maneras en que el español de cada individuo puede servir como instrumento descolonizador. Ello representa la diferencia entre un proceso pedagógico, por un lado, que inicie a los estudiantes minoritarios «en la cultura del poder» (*"an initiation into the culture of power"*), en que los inundamos con conocimientos culturales canónicos y con el lenguaje de la alta cultura y, por otro, aquel proceso que los concientice y les ofrezca formas de apoderamiento (*empowerment*) que los ayuden a transformar sus experiencias de marginalidad en una conciencia transformadora (Giroux 1991: 251). Aunque idealmente nuestros objetivos consisten en que los estudiantes latinos aumenten sus registros lingüísticos y sociales y puedan distinguir la necesidad contextual del español informal, formal, profesional o especializado, la realidad es que constantemente perpetuamos la teoría de la deficiencia cultural durante estos procesos si no nos obligamos a nosotros mismos y a nuestros estudiantes a problematizar la política del lenguaje que subyace bajo todas estas normas.

En vez de asumir el conocimiento de los registros formales como el objetivo principal o exclusivo de estos cursos —es decir, situar la lengua como el objeto de estudio— el considerar la lengua verbal como una manifestación, entre otras, del desarrollo de una identidad (bi)cultural sería más productivo en una época en que las imágenes visuales, el cine, los videos y la música constituyen los textos culturales de nuestro momento contemporáneo. Es decir, a menos que nuestros estudiantes vayan a continuar estudios especializados en español o lingüística, no se les debe obligar a poseer un conocimiento del idioma que es sólo funcional para especialistas. Por consecuencia, el nivel de deficiencia en el manejo de la lengua que le atribuimos a nuestros estudiantes latinos no es necesariamente señal del supuesto analfabetismo de las minorías, sino producto de una época en que el lenguaje verbal ha sido desplazado por otras formas de expresión cultural. De hecho, el nivel de funcionalidad en español entre los estudiantes latinos es sorprendentemente alto si consideramos todos los factores extraños y sociales que los presionan a abandonar la lengua. En comparación con el estudiante anglo promedio en un curso de composición en inglés, su lengua nativa que ya ha estudiado formalmente a lo largo de sus estudios primarios y secundarios, las llamadas deficiencias en español del estudiante latino representan más bien las consecuencias de una forma de resistencia cultural que deficiencias de orden intelectual. Habría que tomar en cuenta la invisibilidad del español en los Estados Unidos antes de categorizar a los estudiantes latinos como «deficientes» o «inferiores».

Para llegar, efectivamente, a descolonizar a los latinos, habría también que educar a los que no son hispanohablantes estadounidenses para que se familiaricen con las variaciones del español en este país, una destreza central para aquellos estudiantes anglos de español que planean trabajar en mercadeo o publicidad, medicina, leyes, salud pública o trabajo social, terrenos profesionales que indudablemente los pondrá en contacto con clientes hispanos de diversos estratos socioeconómicos y de varios orígenes nacionales latinoamericanos. En otras palabras, si nuestro objetivo es formar un tipo de *cultural literacy* o de «competencia cultural» que no ha sido provisto por los sistemas educativos en este país, tenemos también que reconocer las nuevas necesidades pedagógicas del sector estudiantil no latino y dirigirnos a ellas igualmente como vacíos que llenar en un mundo gradualmente más multicultural y posmoderno.

La diversificación cultural, lingüística y nacional de la población latina estadounidense y entre nuestros estudiantes (Aparicio 1993), sugiere una visión más compleja del conocimiento cultural que nuestros estudiantes deben adquirir. Nuestra población, nuestra identidad cultural y nuestras prácticas sociales —incluyendo el uso del español— cambian dinámicamente debido a las interacciones e influencias mutuas de los diversos grupos nacionales. Es esencial que nuestra juventud latina conozca a fondo dicha diversidad intracultural. Sugiero, pues, tres niveles de conocimientos culturales básicos para el estudiante latino (aplicables a cualquier grupo minoritario):

1. El conocimiento *autocultural*, es decir, sobre su propia cultura y grupo nacional o racial

2. El conocimiento *intracultural* o *panlatino*, es decir, el conocimiento sobre otros grupos latinos en los Estados Unidos y de otros países latinoamericanos

3. El conocimiento *intercultural*, es decir, sobre las relaciones entre los grupos latinos y otros grupos raciales y culturales en los Estados Unidos y en Latinoamérica.

Estos niveles no son mutuamente exclusivos, particularmente para aquellos estudiantes latinos de identidades híbridas o múltiples cuyas historias personales o conocimiento *autocultural*, por ejemplo, incluyan asimismo un conocimiento *intercultural*. Según los programas de estudios latinos o étnicos que ya existan en cada universidad, los cursos de español para hispanohablantes pueden dirigirse particularmente a los dos primeros tipos de conocimiento o competencia cultural, claro está, en combinación con otros cursos de estudios latinos que abarquen estos temas en formas más especializadas. Por ejemplo, aunque es imposible que en un semestre o en un año se pueda cubrir toda la historia, la cultura y los aspectos lingüísticos, raciales y sociales de cada grupo principal latino, sí se puede lograr que el estudiante tenga una mayor conciencia de dicha diversidad mediante lecturas, ejercicios y actividades pedagógicas que le ofrezcan información pertinente a dicha competencia cultural. Este tipo de objetivo es oposicional en cuanto reivindica las contribuciones históricas de los grupos latinos, contribuciones que han sido silenciadas y subordinadas a los criterios eurocéntricos de la sociedad dominante norteamericana y de la élite latinoamericana. Este tipo de competencia cultural representa una versión alterna a las definiciones dominantes de *cultural literacy* (Hirsch 1987): los conjuntos de información o conocimientos —«world knowledge»— necesarios, según Hirsch, para poder ser un lector competente e informado en nuestra sociedad, pero que excluyen sistemáticamente cualquier referencia a las culturas de los grupos históricamente marginados.

En contraste, el concepto de *literacy* o de competencia cultural que propone Henry Giroux (1991: 248) sirve para ilustrar los objetivos multiculturales a los que me refiero:

> First, the notion of border pedagogy offers students the opportunity to engage the multiple references that constitute different cultural codes, experiences, and languages. This means providing the learning opportunities for students to become media literate in a world of changing representations. It means offering students the knowledge and social relations . . . that enable them to read critically not only how cultural texts are regulated by various . . . discursive codes but also how such texts express and represent different ideological interests. In this case, border pedagogy establishes conditions of learning that define literacy inside the categories of power and authority. This suggests developing pedagogical practices that address texts as social and historical constructions; it also suggests developing pedagogical practices that allow students to analyze texts in terms of their presences and absences; and most important, such practices should provide students with the opportunity to read texts dialogically through a configuration of many voices, some of which offer up resistance, some of which provide support.

Utilicemos un ejemplo específico para ilustrar los mecanismos de la pedagogía fronteriza. La antología de cuentos editada por Julián Olivares, *Cuentos hispanos en los Estados Unidos,* consiste en cuentos escritos totalmente en español que cubren una variedad de temas y asuntos culturales representativos de varios grupos latinos (1993). Incluyen cuentos sobre la situación colonial de Puerto Rico, la opresión económica y condiciones de vida de los braceros mexicanos en los Estados Unidos, la cultura cubanoamericana, los exiliados chilenos y del Cono Sur, los asuntos de la mujer latina, creencias religiosas y folklore, y la participación de los latinos en la política local y nacional norteamericana, entre otros. La lectura de estas selecciones literarias puede servir para establecer un puente entre lo personal y lo político o lo colectivo. En vez de interpretar o discutirlos como textos literarios —resumiendo la trama, analizando las estructuras, personajes, metáforas— creo que servirían más fructíferamente como puntos de partida para discutir algunas de estas diferencias intraculturales entre los latinos estadounidenses.

Un cuento como el de Alfredo Villanueva Collado, «El día que fuimos a ver la nieve», examina, bajo un lente de humor y desde la perspectiva de un niño, la situación colonial en Puerto Rico (Olivares 1993: 72-74). El cuento describe un evento histórico que sirve como punto de partida para discutir no solamente el status político de la isla, sino la inmigración puertorriqueña a los Estados Unidos, ya que textualiza la colonización a través del motivo de la nieve en la isla tropical, tema que trae a flote los mecanismos de colonización a los que han estado sujetos los puertorriqueños y los latinos estadounidenses. Como actividades relacionadas con dicho cuento, los estudiantes pueden reflexionar sobre los textos que leyeron en las escuelas primarias, los sujetos que no estudiaron, las historias que les enseñaron, figuras importantes, actitudes lingüísticas hacia el español y el inglés y otros elementos que configuran el proceso educativo colonizador. Pueden presentar y compartir esas experiencias personales en la clase y luego articularlas en un diario escrito, pero a la larga ese análisis personal debe traducirse en la habilidad de discutir este tema habiendo manejado datos históricos, conocimiento de términos políticos (colonización, estado libre asociado) y artículos sobre estos asuntos desde la perspectiva de varias disciplinas. Si asignamos a grupos de dos o tres estudiantes el dirigir la discusión de cada tema y el integrar los materiales pertinentes de lectura, ellos mismos pueden comenzar a construir ese puente entre el reconocimiento de la experiencia personal y el conocimiento o competencia cultural, autocultural e intracultural. Una serie bien estructurada de dichas actividades —lecturas; reacción personal a la misma; presentación del material y discusión y análisis; composición escrita formal— obliga al estudiante a expresarse utilizando un lenguaje más abstracto y profesional sin dejar de legitimar la validez de la experiencia individual. Después de una discusión en clase sobre la mujer latina, una estudiante de familia colombiana que se crió en un pequeño pueblo en el norte de Michigan me comentó que hasta entonces no se había dado cuenta de que las actitudes y la disciplina rígida de sus padres hacia ella cuando era adolescente tenían que ver con los patrones y valores de la cultura latina. Siempre había pensado que ello era resultado de su comportamiento o rebeldía, pero ahora comprendía que muchos padres latinos eran así y que otras compañeras en el curso habían tenido la misma experiencia. Me comentó, al final, que ahora no se sentía tan sola. Este testimonio ejemplifica de modo personal uno de los objetivos de la pedagogía fronteriza (Giroux 1991: 249):

> . . . giving students the opportunity to speak, to locate themselves in history, and to become subjects in the construction of their identities and the wider society. It also means defining voice not merely as an opportunity to speak, but to engage critically with the ideology and substance of speech, writing, and other forms of cultural production.

El análisis crítico del lenguaje como instrumento colonizador es imprescindible en la enseñanza del español para hispanohablantes, aunque en términos prácticos dicho enfoque podría constituir otro curso por separado. Pero es posible insertar ciertos ejercicios y actividades pedagógicas que posibiliten un espacio de reflexión sobre el lenguaje mismo. A través de una *autobiografía lingüística,* se puede reflexionar sobre el lenguaje y la identidad cultural en diversos niveles: el personal, el social y el político. En un ensayo de tres a cinco páginas de extensión, los estudiantes pueden analizar su propia relación conflictiva con su lengua materna y con su segunda lengua. Las siguientes preguntas pueden servir de guía en la organización de sus ideas:

1. ¿Se define usted como bilingüe y bicultural? Analice su relación con su lengua materna y con su segundo idioma (u otros). ¿Son relaciones afectivas, sociales o intelectuales?

2. Recuerde las circunstancias en las que usted entró al mundo de una segunda lengua y cultura. ¿Aprendió su segundo idioma en la casa, en la escuela, en el extranjero? ¿Cómo caracterizaría esas primeras experiencias aprendiendo un segundo idioma?

3. ¿Qué valores y significados le ha otorgado usted a los dos idiomas a lo largo de su vida? ¿Son valores profesionales o prácticos, simbólicos, ontológicos o políticos?

4. Incluya referencias a factores geográficos (regiones donde ha vivido), sociales (comunidades de clase, raza, nivel educativo, identidad genérico-sexual) y generacionales (personas de su edad, de otras generaciones en su familia y la historia de su familia).

Dichas preguntas ayudan a los estudiantes a reconocer que sus circunstancias lingüísticas no son resultado de decisiones personales, sino que, en la mayoría de los casos, están profundamente arraigadas en diferencias de nivel socioeconómico, en la identidad racial y en la posición social del hablante. Asimismo se notan las diferencias de clase entre los varios grupos latinos en cuanto a la valoración positiva o negativa del bilingüismo. La diversidad de experiencias y actitudes hacia el español entre nuestros estudiantes latinos es asimismo un tema importante para discutir a raíz de las autobiografías. En fin, dicho ejercicio sirve como punto de partida para un análisis sobre la política de la lengua, el cual ofrece a los estudiantes un entendimiento histórico y social de sus experiencias personales.

La lectura de textos literarios puede servir como punto de partida para problematizar las construcciones sociales e históricas sobre la cultura latina; por igual, el acceso a revistas, anuncios e imágenes visuales (fotografías, figuras, cine, videos), en fin, al arsenal de iconos culturales que revelan dichos constructos sociales, proveería una textura más interdisciplinaria al estudio del español y de la identidad cultural. Por ejemplo, traducir un anuncio comercial del inglés al español conllevaría una reflexión y análisis no sólo sobre las dificultades de traducir juegos lingüísticos, sino también sobre los significantes visuales de dicho texto y las implicaciones culturales del mismo. No hay, pues, que crear un curso nuevo para invitar a nuestros estudiantes a ejercer destrezas críticas y analíticas que desconstruyan los discursos culturales hegemónicos e institucionalizados.

Los cursos de español para hispanohablantes no deberían funcionar aislados, como la excepción, sino que deberían ser parte integral de un proyecto mayor: la revisión de nuestros cursos de español a todos los niveles. Edward J. Mullen ya ha observado que «*university foreign language programs are uniquely positioned, given their academic structure, to play a significant role in the multicultural studies phenomena*» (Mullen 1992: 54–58). Aunque él indica que hay una serie de elementos en dichos departamentos que poseen el potencial de contribuir a la pedagogía multicultural, no creo que dichos factores, por sí mismos, garanticen la realización de dicho potencial. El hecho de que nos dediquemos a estudiar culturas extranjeras o que estemos constituidos por una «diversidad cultural» dentro de nuestro profesorado no indica una transformación automática de valores pedagógicos. En realidad, dichos factores han sido más bien obstáculos al proceso multicultural, pues muchos colegas tienden a confundir la diversidad de orígenes nacionales que representamos o el aspecto internacional con lo multicultural, sin entender la naturaleza racial ni las complejidades de dicho concepto. Si Mullen retrata nuestros departamentos de lenguas modernas como «microcosmos de diversidad cultural» porque los profesores provienen de diversos países y hablan varias lenguas, no toma en cuenta que dichos departamentos están constituidos por una élite intelectual extranjera y doméstica que no puede representar, por sí misma, los intereses de los grupos oprimidos históricamente, ni los de las mujeres, sectores éstos últimos que están aumentando entre nuestros estudiantes.[5] La diversidad cultural debe también incluir diversidad racial y de clase y ello apenas se está comenzando a reconocer en dichos departamentos. De hecho, Mullen no incluye estadísticas sobre la representación de profesores minoritarios en su estudio, factor imprescindible para diversificar el currículum. El reclutamiento de miembros de dicho grupo, por más que se haya politizado, es un paso preliminar para poder alcanzar estos objetivos multiculturales. Los cursos de español para hispanohablantes, los cuales Mullen tampoco menciona en este contexto, representan pequeñas islas diversificadoras dentro de los programas de español.

El desarrollo de la competencia cultural, ya sea para el hispanohablante latino o para el estudiante de español como segunda lengua, tiene que reconceptualizarse para incluir el conocimiento del español en los Estados Unidos y de la cultura latina. ¿Hasta cuándo seguiremos insistiendo en que nuestros estudiantes de español, muy pocos de los cuales se especializarán en literatura, se familiaricen *solamente* con un canon literario, negándoles así la capacitación cultural y la competencia discursiva para que puedan comunicarse e interactuar con las comunidades latinas en los Estados Unidos? Ésta es una responsabilidad principal que, desafortunadamente, se continúa postergando. El interés que han mostrado estudiantes norteamericanos en asistir a los cursos de español para latinos muestra precisamente la necesidad de incluir dichos aspectos en nuestros programas de estudio.

Los que comenzamos a enseñar español para hispanohablantes a partir de 1980 sabemos que el perfil cultural de los Estados Unidos continúa latinizándose. La mejor prueba de ello es la creciente demanda por estos cursos a través de todo el país y el aumento demográfico de la población latina. Nuestra responsabilidad de educar y preparar a nuestros estudiantes como ciudadanos con una competencia cultural adecuada a su realidad social exige, pues, una mayor transformación de nuestros programas de español en la que los cursos de español para hispanohablantes sirvan como paradigma de nuevos objetivos pedagógicos multiculturales y fronterizos. En este contexto ideal, los latinos «deslenguados» no serán los deficientes, sino los modelos para aquellos estudiantes que quieran explorar las realidades interculturales, interraciales e interlingüísticas que caracterizan nuestro mundo contemporáneo.

NOTAS

1. Véase Gloria Anzaldúa (1987: 58). En particular, el capítulo titulado «How to Tame a Wild Tongue» (53–64) documenta los niveles de racismo lingüístico que han experimentado los chicanos y las chicanas como mujeres dentro de una cultura patriarcal. El terrorismo lingüístico, pues, surge no sólo de la cultura norteamericana, sino también internamente, desde la misma cultura mexicana.

2. Michele N-K Collison (1994). Este artículo marca la primera instancia de reconocimiento nacional de dicha pedagogía en los Estados Unidos, a pesar de que ello se logre después de veinte años de práctica. El primer congreso dedicado a este tema en la Universidad de California, Davis, del cual surgen estas ponencias, sugiere una gradual institucionalización de la enseñanza del español para hispanohablantes a nivel nacional.

3. La antología editada por Guadalupe Valdés, Anthony G. Lozano y Rodolfo García-Moya, *Teaching Spanish to the Hispanic Bilingual: Issues, Aims, and Methods* (1981), la más actualizada sobre este tema, ya cumple más de diez años desde su publicación.

4. La actitud de que los cursos de lengua no son el lugar adecuado para ejercer la pedagogía multicultural ni para discutir asuntos de raza y etnicidad se vislumbra en las decisiones burocráticas de los comités universitarios. En mi caso, al proponer que *«Spanish for U.S. Latino/as»* pueda satisfacer el requisito de graduación sobre «raza y etnicidad», el comité universitario no entendió la relación entre un curso de lengua y la integración de dichos temas al estudio de la misma.

5. Edward Mullen (1992:57) menciona que para mediados de 1980 un 60% de los doctorados en lenguas modernas se otorgó a mujeres. Sin embargo, todavía no somos testigos de una presencia transformadora de mujeres profesoras en los departamentos de lenguas modernas. De ese 60%, muchas mujeres no practican la profesión por razones familiares y a un porcentaje alto se les niega la permanencia, factores que obstaculizan la presencia de mujeres en los niveles altos del profesorado y en puestos administrativos. El paradigma

de la pirámide, el cual ilustra la presencia escasa de mujeres en los niveles más altos y su sobrerrepresentación en los niveles del estudiantado, como lectoras (*lecturers*) y profesoras asistentes, todavía está vigente en la mayoría de nuestros programas.

OBRAS CITADAS/CONSULTADAS

Anzaldúa, G. 1987. *Borderlands/La Frontera*. San Francisco: Spinsters/Aunt Lute.

Aparicio, F. R. 1993. "Diversification and Pan-Latinity: Projections for the Teaching of Spanish to Bilinguals." *Spanish in the United States: Linguistic Contact and Diversity*. Eds. A. Roca y J. M. Lipski. Berlín: Mouton de Gruyter. 183–98.

Collison, M. N-K. 1994. "Spanish for Native Speakers." *The Chronicle of Higher Education*. 2 de febrero. A15–6.

Giroux, H. A. 1991. "Postmodernism as Border Pedagogy." *Postmodernism, Feminism, and Cultural Politics: Redrawing Educational Boundaries*. Ed. H. A. Giroux. Albany: State U of New York Press. 217–56.

Hirsch, E. D., Jr. 1987. *Cultural Literacy: What Every American Needs to Know*. Boston: Houghton-Mifflin.

Mullen, E. J. 1992. "Foreign Language Departments and the New Multiculturalism." *Profession 92*. Nueva York: MLA. 54–8.

Olivares, J., ed. 1993. *Cuentos hispanos en los Estados Unidos*. Houston: Arte Público Press.

Sánchez, R. 1981. "Spanish for Native Speakers at the University: Suggestions." *Teaching Spanish to the Hispanic Bilingual: Issues, Aims, and Methods*. Eds. G. Valdés, A. G. Lozano y R. García-Moya. Nueva York: Teachers College Press. 91–9.

Thiong'o, N. wa. 1986. *Decolonising the Mind: The Politics of Language in African Literature*. Londres: James Currey Ltd.

Valdés, G., A. G. Lozano y R. García-Moya, eds. 1981. *Teaching Spanish to the Hispanic Bilingual: Issues, Aims, and Methods*. Nueva York: Teachers College Press.

Capítulo 16

El español para hispanohablantes: la cultura,¿cómo se come?, o quítale las hojas al tamal

Francisco X. Alarcón
University of California, Davis

Tradicionalmente se ha reducido el papel de la cultura al de un simple comple- mento del objetivo primordial de la enseñanza de las cuatro habilidades princi- pales de la lengua: las habilidades productivas (hablar y escribir) y las receptivas (oír y leer). Pero la cultura no sólo es el medio más afín para la enseñanza de la lengua, sino que en sí constituye una habilidad y un objetivo primordial. No obs- tante, por desgracia, lo obvio es muchas veces lo más difícil de constatar. Por otro lado, la cultura adquiere una relevancia muy especial en los cursos de es- pañol para hispanohablantes donde, realmente no es posible ocultar la presencia pertinaz de la cultura en todos los aspectos humanos. Cualquier desarrollo en esta área pedagógica debe incluir forzosamente la cultura como base y modelo. En este artículo se presentan varios modelos, actividades y programas que inten- tan establecer una conexión eficaz entre la lengua y la cultura.

HISTORIA PERSONAL: «POBRE DEL POBRE QUE AL CIELO NO VA...»

Del mismo modo que el movimiento feminista de las tres últimas décadas ha puesto en práctica el lema «lo personal es lo político», quisiera empezar haciendo referencia a mis experiencias personales como chicano e hispanohablante en los Estados Unidos, ya que lo individual muchas veces ejemplifica la experiencia y la cultura de toda una colectividad. Yo nací en Wilmington, California. La familia de mi madre se había mudado de México a los Estados Unidos en 1917 como re- sultado de la violencia y destrucción causadas por la Revolución Mexicana ini- ciada en 1910. Como muchos mexicanos, mi bisabuela, mi abuela y mi abuelo cruzaron la frontera en Texas y vivieron como trabajadores del campo en ese estado por varios años, hasta que a principios de la década de 1920 decidieron mudarse a California, donde se establecieron en uno de los incipientes barrios mexicanos del área de Los Ángeles.

La familia de mi madre fue una de las familias fundadoras del barrio mexicano de Wilmas (Wilmington, California) en el puerto de Los Ángeles. Mi abuelo y mis tíos abuelos, de ser campesinos, de pronto se vieron como trabajadores industriales, ya sea en una de las refinerías de petróleo del área o en una gran fábrica de jabón. Las mujeres ingresaron a trabajar en las «canerías» o enlatadoras de pescado que se habían establecido en Terminal Island. Las experiencias de mi familia reflejan de manera directa las de un gran sector la comunidad mexicana en Estados Unidos. En 1929, durante la Gran Depresión, los mexicanos se convirtieron en chivos expiatorios y en blanco fácil de la xenofobia de políticos demagogos; la familia de mi madre se vio en serios aprietos. Ser «mexicano» se convirtió casi en un acto criminal en Los Ángeles. La histeria condujo a deportaciones masivas de mexicanos; casi medio millón de personas fueron deportadas o «repatriadas» entre 1929 y 1935 (Hoffman 1974: 126). Este ciclo parece repetirse con la crisis económica que se agrava en la década de 1990 en California, con la Propuesta 187, aprobada por los votantes en 1994. En 1931, mi abuelo y su familia se «repatriaron» a Atoyac, un pequeño pueblo del estado de Jalisco de donde eran originarios. Mi abuelo materno nunca más regresó a los Estados Unidos. Mis tíos, que habían cursado sus estudios secundarios en los Estados Unidos, volvieron de nuevo a este país para alistarse en las fuerzas armadas norteamericanas durante la Segunda Guerra Mundial. Mi madre, que había nacido en Wilmington, regresó a trabajar en las canerías de pescado, luego conoció a mi padre en México, donde se casaron, y los dos vinieron después a trabajar a los Estados Unidos. Mis hermanos y yo crecimos en el barrio de Wilmington, hasta que, en 1960, mi familia decidió mudarse de nuevo a México.

Nos fuimos a vivir a Guadalajara donde conocimos en carne propia otro lado oscuro de la incomprensión cultural. Tres de mis hermanos y yo regresábamos a casa golpeados casi todos los días porque muchos niños del barrio popular de Analco nos hostigaban sin cesar por nuestra manera peculiar de hablar español; éramos «pochos» y cosas peores. Los prejuicios, así, los experimentábamos en ambos lados de la frontera, como dice un refrán mexicano que repetía mucho mi abuelo materno: «pobre del pobre, que al cielo no va, lo joden aquí, lo chingan allá». La situación llegó a tal punto que nuestros padres nos sacaron de la escuela y durante varios meses nuestros abuelos paternos, que habían sido maestros sin título, nos sirvieron de tutores particulares. Así aprendimos a leer y escribir español y hacer cuentas con nuestros abuelos en la sala de su casa. Esto constituye mi primera experiencia con una educación personalizada y relevante. Ahora pienso que quizás éste haya sido mi primer curso intensivo de español para hispanohablantes. Para poder sobrevivir, tuvimos que adaptarnos a nuestra nueva circunstancia lingüística y sociocultural. Ante todo, nuestros abuelos, nos hicieron saber que no éramos unos bichos raros. En pocas semanas aprendimos a defendernos y lo que no aprendimos de nuestros abuelos, pronto lo aprendimos en la calle.

Mi familia actualmente vive en el área de Los Ángeles. Somos cinco hermanos y dos hermanas. Todos terminamos una carrera universitaria. Tony, mi hermano mayor, es cirujano urólogo y actualmente tiene dos clínicas médicas; Arturo es arquitecto y dibujante; yo soy el tercero, la oveja descarriada de la familia por ser poeta y educador; Carlos es sacerdote católico; Betty, dentista; Sammy, ingeniero electrónico; y Esthelita, la hermana menor, trabaja para una compañía publicitaria que se especializa en realizar campañas comerciales para la televisión en español. El hecho de que seamos bilingües y biculturales nos ha abierto sin duda las puertas de nuestro desarrollo personal y profesional.

En tres generaciones, mi familia ha experimentado un proceso acelerado de transformación cultural: la irrupción de la Revolución Mexicana impulsó a mis parientes no sólo a cruzar fronteras nacionales, sino a cambiar de oficio; del trabajo del campo pasaron a realizar labores altamente industrializadas, dejando una zona rural para involucrarse en un proceso acelerado de urbanización. Mi generación, que conoció el mundo premoderno de parientes campesinos de la vieja guardia, sin electricidad, ni televisión, ni radio, pero con una rica tradición oral, ha llegado al mundo posmoderno y vive la transculturación como una experiencia de todos los días.

Estas experiencias son comunes entre un gran número de hispanohablantes en Estados Unidos y deben considerarse en el desarrollo e implementación de programas para la enseñanza del español a hispanohablantes. El antropólogo chicano José B. Cuéllar ha desarrollado un modelo téorico de la cultura chicana bilingüe que toma en cuenta las etnoperspectivas que marcan las diferentes generaciones a las que pertenecen los individuos en el transcurso de sus vidas (Cuéllar 1980: 193). Así, mi madre y mis tíos pertenecen a la generación que Cuéllar nombra «GI/Mexican American/pachuca», que estaba en su juventud en las décadas de 1940 y 1950, mientras mis hermanos y yo pertenecemos a la generación «chicana» de la juventud de las décadas de 1960 y 1970.

DE LAS RECOMENDACIONES INICIALES A LA REALIDAD ACTUAL: «DEL DICHO AL HECHO HAY MUCHO TRECHO»

En 1972, la *American Association of Teachers of Spanish and Portuguese* (AATSP) publicó un estudio titulado *Teaching Spanish in School and College to Native Speakers of Spanish/La enseñanza del español a estudiantes hispanohablantes en la escuela y la universidad*. Ahí se incluían medidas para la enseñanza del español a estudiantes hispanos bilingües. En este estudio se afirmaba que, en cualquier parte de los Estados Unidos donde hubiera estudiantes cuya lengua materna fuera el español, en cualquier nivel, desde la preprimaria hasta la universidad, tenían que establecerse en las escuelas y las universidades secciones especiales, con sus correspondientes materiales, métodos y maestros especializados, para desarrollar en estos estudiantes la habilidad de escribir en español y usar esta lengua para reforzar o complementar las otras áreas de estudios.

Han pasado ya 23 años y todavía no se ha realizado un estudio o encuesta general para documentar si realmente estas recomendaciones se han implementado o cumplido. Han aparecido estudios sobre ciertas regiones geográficas particulares, como el que hizo Ana Roca sobre la enseñanza del español a estudiantes hispanos bilingües en las universidades del área de Miami, Florida. Sin embargo, si revisáramos los libros y los artículos que han aparecido en las últimas dos décadas sobre el tema, confirmaríamos que a pesar de una creciente concientización de la necesidad de estrategias específicas para la enseñanza del español a hispanohablantes, esto hasta ahora no ha redituado en la elaboración de una gran cantidad de materiales pedagógicos que se puedan utilizar en esta tarea de enseñanza especializada. «Del dicho al hecho hay mucho trecho»; de lo que se dice a lo que de veras se hace hay una tremenda disparidad. La articulación misma de las necesidades específicas de un creciente sector estudiantil no ha conllevado un desarrollo equivalente de libros de textos y otros materiales que satisfagan estas necesidades imperantes.

El caso concreto es que el área de la «cultura» ha permanecido relativamente inexplorada por estudios serios. Aunque han aparecido estudios sobre la «cultura» del grupo de origen mexicano en los Estados Unidos, el énfasis general se ha puesto en las manifestaciones folklóricas (Paredes 1966 y 1978; Limón 1977). En un estudio teórico realizado en 1977 sobre la cultura del grupo de origen mexicano en los Estados Unidos, que lamentablemente no ha sido seguido por otros estudios similares, el historiador chicano Juan Gómez-Quiñones afirma que la cultura comprende las costumbres, los valores, las actitudes, las ideas, los patrones de comportamiento social y las artes comunes a los miembros de un grupo y provee una norma de vida que abarca rasgos materiales históricamente derivados (Gómez-Quiñones 1977:31). En su ensayo, Gómez-Quiñones categoriza la cultura como una realidad que es heterogénea y no homogénea; no es estática, sino fluida y en un constante estado de cambio; es aprendida y no innata, individual y social al mismo tiempo, ideal y material.

La «cultura» es algo sumamente obvio y al mismo tiempo difícil de definir. Cuando en diversos cursos universitarios de español para hispanohablantes a nivel intermedio, he pedido a los estudiantes que definan en grupos lo que es «cultura» para ellos, algunos comienzan su definición poniendo énfasis en la «Cultura» con mayúscula (las obras de autores reconocidos como canónicos, las bellas artes, la música, la lengua, la religión, etc.), para luego incluir la «cultura» con minúscula (la comida, las costumbres, el folklore, la música popular, la tradición oral, etc.). Algunos establecen una correlación entre «cultura» y «clase», entre «cultura» e «identidad étnica», entre «cultura» y «nacionalidad», entre «cultura» y «educación», etc. Otros llegan a exasperarse y concluyen con la tautología: La «cultura es la cultura». Una de las definiciones más efectivas a las que hemos llegado en nuestras discusiones es que la *cultura* es la relación dialéctica que existe entre el ser humano y el universo que lo rodea y que, por lo tanto, es un proceso ideológico que condiciona, interpreta, conceptualiza esta relación múltiple que incluye a otros humanos. En la figura 1, el diagrama A establece esta relación dialéctica de la «cultura» por medio de la doble flecha que aparece entre la x, que representa al individuo, y el gran círculo, que simboliza el universo. El diagrama B pone el énfasis en la localización de la x —o sea, el estudiante hispanohablante— al centro de este universo cultural, como objeto primordial de estudio.

El individuo (**x**) y la cultura

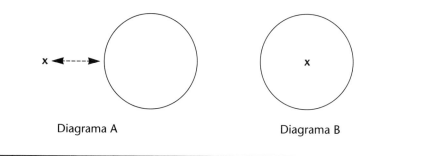

Diagrama A   Diagrama B

Desafortunadamente, el propio Gómez-Quiñones presenta un modelo estático de la cultura cuando divide la población de origen mexicano en los Estados Unidos entre tres culturas o identidades diferentes: (1) los que se identifican con la cultura dominante de los Estados Unidos; (2) los que se identifican con una «subcultura» derivada de adaptaciones de las culturas nacionales de México y Estados Unidos; y (3) los que se identifican con la cultura mexicana (Gómez-Quiñones 1977:38–39).

La figura 2 representa una visión bipolar que mistifica las culturas nacionales de Estados Unidos y de México. ¿Acaso los Estados Unidos y México son realidades monoculturales? ¿Con cuál «cultura de Estados Unidos» se identifica el Grupo I? ¿Con cuál «cultura mexicana» se identifica el Grupo III? ¿Cómo podemos hablar de una «subcultura», que de alguna forma se puede identificar con los chicanos, sin implícitamente aceptar la existencia de un «sublenguaje» o de «subhumanos»? Igualmente problemática es la división nítida en tres grupos diferentes de una realidad cultural tan compleja como la que representan las personas de origen mexicano en Estados Unidos.

En su libro *Borderlands/La Frontera: The New Mestiza* (1987: 81), la escritora chicana Gloria Anzaldúa presenta un modelo cultural que rompe paradigmas

▬ Figura 2 ─────────────────

Las tres «culturas» de los mexicanos en Estados Unidos, según Gómez-Quiñones

se identifican con la cultura de Estados Unidos   se identifican con una «subcultura»   se identifican con la cultura mexicana

Grupo I   Grupo II   Grupo III

bipolares como el antes mencionado. En su capítulo titulado «La conciencia de la mestiza: Towards a New Consciousness», Gloria Anzaldúa afirma:

> The new *mestiza* copes by developing a tolerance for contradictions, a tolerance for ambiguity. She learns to be an Indian in Mexican culture, to be Mexican from an Anglo point of view. She learns to juggle cultures. She has a plural personality, she operates in a pluralistic mode—nothing is thrust out, the good, the bad and the ugly, nothing rejected, nothing abandoned. Not only does she sustain contradictions, she turns the ambivalence into something else.

Esta conciencia mestiza, que acepta las contradicciones como parte de un proceso de creación de una nueva identidad inclusiva y no exclusiva, es también adoptada por Guillermo Gómez-Peña, un artista multidisciplinario que ha hecho de la frontera el espacio ideológico desde el cual redefine la cultura de los Estados Unidos. En 1989, Goméz-Peña publicó un ensayo titulado «The Multicultural Paradigm: An Open Letter to the National Arts Community», en donde hace un llamado a la comunidad artística de los Estados Unidos a establecer finalmente un verdadero diálogo con «el otro», que hasta ahora ha sido aislado, marginado y reducido a zonas reservadas a lo «exótico» y lo «folklórico». Gómez-Peña propone un nuevo paradigma multicultural basado en la cultura fronteriza (*border culture*), que desafía el «esencialismo» cultural y étnico intransigente defendido tanto por los derechistas angloamericanos como por los nacionalistas mexicanos y los separatistas chicanos. El paradigma propuesto por Gómez-Peña comparte una visión posmoderna de la cultura, donde convergen de una manera fluida las más variadas categorías, paradojas y contradicciones. En vez del modelo estático y unidimensional (ver la figura 2) propuesto por Gómez-Quiñones, una representación auténtica de la cultura tendría que ser necesariamente multidimensional, donde las diferentes «identidades» asumidas por los hispanos en Estados Unidos en distintas circunstancias de su vida reflejen diversas culturas en constante contacto y transformación, tal como ilustra la figura 3.

▬ Figura 3 ▬▬▬▬▬▬▬▬▬▬▬▬▬▬▬▬▬▬▬▬▬▬▬▬▬

Culturas e identidades en contacto y en un constante estado de cambio

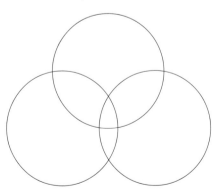

En estos momentos existe una efervescencia multicultural que intenta dar respuesta a cambios drásticos en el panorama demográfico de los Estados Unidos. El escritor mexicano Carlos Fuentes termina la serie televisiva *El espejo enterrado: reflexiones sobre España y el Nuevo Mundo* (1992: 374) precisamente con una aproximación a lo que él llama «la tercera hispanidad», o sea, los 25 millones dehispanos que viven, trabajan, estudian, enseñan, crean y gozan en los Estados Unidos:

> Actualmente, Los Ángeles es la segunda ciudad de lengua española del mundo, después de México y antes que Madrid o Barcelona. Es posible ganarse la vida y hasta prosperar en el sur de Florida sin hablar más que español, tal es el grado de cubanización de la región. Pero San Antonio ha sido una ciudad bilingüe durante 150 años, integrada por mexicanos.... Pues la tercera hispanidad, la de Estados Unidos, constituye no sólo un hecho político o económico. Es, sobre todo, un hecho cultural. Toda una civilización ha sido creada en los Estados Unidos con un pulso hispánico. Aquí ha nacido una literatura que subraya los elementos autobiográficos, la narrativa personal, la memoria de la infancia, el álbum de fotos familiares, como una manera de dar respuesta a la pregunta: ¿qué significa ser chicano, méxicoamericano, o puertorriqueño viviendo en Manhattan, o cubanoamericano perteneciente a una segunda generación en el exilio en Miami?

Los señalamientos de Carlos Fuentes están basados en cambios demográficos acelerados que actualmente se están llevando a cabo dentro de los Estados Unidos. El *status* del español sin duda también está en proceso de revisión desde que se publicó el reporte de la *American Association of Teachers of Spanish and Portuguese* en 1972. Según el censo de 1990, de la población total de 248.709.873 habitantes en Estados Unidos, las personas de origen hispano (Hispanic origin) eran 22.354.059. Esta cifra excluye la población de Puerto Rico, de 3,5 millones de personas. En 1980, los de origen hispano eran 14.608.673, o sea, el 6,4% de la población total de 226.545.895. En 1990, constituyen el 9% de la población total; o sea, que en sólo una década esta parte de la población ha aumentado en un 53%, mientras en el mismo período la población total aumentó en un 9,8%. La población afroamericana en el mismo período aumentó en un 13,2%. Esto implica que, en relativamente poco tiempo, la población de origen hispano pasará a ser la minoría étnica más grande de Estados Unidos.

En California, de una población total de 29.760.021, los de origen hispano son 7.687.938; o sea, de cada cuatro californianos, uno es de origen hispano. La población de origen hispano es también la población más joven. Casi el 40% tiene menos de 19 años. Casi un 30% está en edad escolar (de 5 a 19 años). La edad promedio de los hispanos es de 25,9 años, mientras que la edad promedio de la población general es de 33,2 años. Los de origen mexicano tienen la edad promedio más baja, de sólo 23,6 años.

En la última década, pues, se ha llevado a cabo un proceso de latinización de los Estados Unidos. Millones de personas provenientes no sólo de México, sino también de Centroamérica y otras regiones del continente sudamericano, se han trasladado a los Estados Unidos como resultado de la violencia, las guerras civiles y la crisis económica en El Salvador, Guatemala, Nicaragua y otros países latinoamericanos. Esto sin duda tiene implicaciones directas para el desarrollo de cursos de español para hispanohablantes, los cuales deben incluir en su programa de estudio la realidad sociocultural de estos nuevos inmigrantes. También este proceso de inmigración ha afectado el número de hablantes de español. Por ejemplo, se calculaba que el número de hablantes de español (mayores de cinco años) en el estado de California pasó de 3.132.690 en 1980 a 5.478.712 en 1990, o sea, un crecimiento del 74,9%. También en este estado se ha incrementado el porcentaje de hispanohablantes dentro de la población hispana, el cual pasó del 78,4% en 1980 al 81,7% en 1990.

Estas estadísticas no aseguran por sí solas un cambio de actitud frente al español como lengua materna, ya que las presiones para asegurar la primacía del inglés no han disminuido, sino que han aumentado. En 1986, en California se aprobó la Propuesta 63, que declaró el inglés como la lengua oficial del estado. También desde hace tiempo, la educación bilingüe se ha convertido en una piñata a la cual casi todo aspirante a puesto de elección popular se ve obligado a dar de palos públicamente. Por otra parte, por todo el país se han consolidado los medios de comunicación masivos en español. Las principales zonas urbanas del país tienen ahora estaciones de radio y televisión, periódicos y revistas en español. Esto sin duda puede ayudar al mantenimiento del español entre la población hispanohablante. El Tratado de Libre Comercio entre Canadá, Estados Unidos y México, en vigencia desde 1994, puede también abrir oportunidades a posibles intercambios económicos y culturales que afecten positivamente al mantenimiento y desarrollo del español entre un gran sector de la población de Estados Unidos.

PARA EL DESARROLLO DE UNA PEDAGOGÍA DEMISTIFICADORA: «QUÍTALE LAS HOJAS AL TAMAL Y ÉCHALE SALSA»

Existe una tremenda necesidad de responder al desafío que implican los cambios demográficos que están ocurriendo en los Estados Unidos. La población de origen hispano presenta necesidades lingüísticas y culturales muy específicas para el sistema educativo de Estados Unidos. Ya en varias ocasiones, investigadoras como Guadalupe Valdés, Rosa Fernández, Margarita Hidalgo, Yolanda Solé, Rosaura Sánchez y Frances Aparicio, entre otras, han abogado por el establecimiento y desarrollo de una pedagogía específica para la enseñanza del español para hispanohablantes en los Estados Unidos. Considero fundamental el artículo de Guadalupe Valdés titulado «Pedagogical Implications of Teaching Spanish to the Spanish-Speaking in the United States», publicado en 1981, donde propone el establecimiento y desarrollo de lo que sería un «Spanish Language Arts Program» dirigido a las necesidades de estudiantes hispanohablantes y que incluiría los siguientes objetivos:

1. Mejorar sus habilidades en el habla, la comprensión oral y la observación crítica

2. Desarrollar las habilidades de la lectura básica

3. Desarrollar la lengua a través de la experiencia con textos escritos como libros, artículos de revistas y periódicos, etc.

4. Desarrollar las habilidades de la lengua escrita formal, específicamente el deletreo correcto

5. Desarrollar la competencia y la creatividad en la comunicación oral y escrita

6. Desarrollar las habilidades de los hispanohablantes en el uso efectivo de la lengua en la vida diaria

7. Desarrollar las habilidades del uso habitual e inteligente de los medios de comunicación masivos en español

8. Desarrollar el uso competente de la lengua y la lectura.

A estos ocho objetivos mencionados por Valdés yo añadiría otros tres que me parecen de vital importancia para el desarrollo de una pedagogía cultural:

9. Desarrollar en los estudiantes hispanohablantes una imagen positiva de sí mismos como agentes transformadores de la sociedad

10. Desarrollar la capacidad cognoscitiva de los estudiantes

11. Desarrollar la apreciación de las variedades del español y la diversidad multicultural de los Estados Unidos y del mundo hispano.

Todos estos objetivos deberían ser desarrollados dentro del proceso educativo propuesto por Paulo Freire y L. S. Vygotsky en el que los estudiantes no son meros receptores, sino que activamente participan en un proceso educativo abierto, tal como lo han explicado Faltis (1990) y Elsasser y John-Steiner (1993). Del mismo modo como se pueden usar las estrategias propuestas por los «English Language Arts Programs» para el establecimiento de Programas de Español para Hispanohablantes, tanto en la escuela secundaria como en la universidad, igualmente se pueden aprovechar las estructuras representadas por los Departamentos de Lenguas Modernas o de Español en las universidades estadounidenses que hasta ahora, en su mayoría, han permanecido ajenos a las necesidades lingüísticas y culturales de las comunidades hispanohablantes.

El Programa de Español para Hispanohablantes en la Universidad de California, Davis, ofrece tres cursos a nivel intermedio (Español 31, 32 y 33).[1] Idealmente, también se ofrecerían cursos al nivel de principiantes, pero dada la limitación de recursos económicos y de personal, nos hemos concentrado en establecer una secuencia de tres cursos que corresponden a tres trimestres del segundo año de español para hispanohablantes. Estos cursos han tenido excelentes resultados tanto en esta universidad como en la Universidad de California, Santa Cruz. Frente a la gran diversidad de competencia lingüística que demuestran los estudiantes hispanohablantes, hemos optado por una educación personalizada a través de tutorías y tutores. Como parte de nuestros cursos, los estudiantes reciben atención individual de acuerdo con sus necesidades particulares mediante una tutoría requerida de una hora de duración a la semana. La organización secuencial de estos cursos de español para hispanohablantes presenta ciertas ventajas y también desventajas. La ventaja principal es que facilita el entrenamiento, la supervisión y la interacción de los tutores y los instructores en el programa, ya que todos los participantes en el programa repasan el mismo material simultáneamente. La desventaja principal es que los cursos se ofrecen sólo en el trimestre asignado: Español 31 se enseña sólo en el otoño, Español 32 en el invierno y Español 33 en la primavera.

Las tutorías son parte de una estrategia pedagógica (*peer teaching*) que sigue los delineamientos de la «dialogicidad» propuesta por Paulo Freire, o sea, el proceso educativo que transforma y concientiza tanto al educando como al educador. Durante la hora de tutoría semanal, los estudiantes tienen la oportunidad de practicar con sus tutores las habilidades tanto receptivas como productivas, de repasar el material presentado en el aula y de revisar sus composiciones y ensayos. Estas tutorías son también parte de un proceso de socialización y concientización de todos los participantes. A través de la comunicación e interacción personales se crea un ambiente donde los estudiantes se sienten en casa (*home away from home*) lo que sin duda ayuda a la retención de estos estudiantes en la universidad. Los tutores mismos son estudiantes hispanohablantes que ya han tomado los cursos y que, a través de las tutorías, logran tener experiencias directas con el proceso educativo, poniendo en práctica lo que han aprendido («la mejor manera de aprender es enseñar»). Por otro lado, los estudiantes de los cursos de español para hispanohablantes pueden identificarse con modelos viables y esto facilita un sentido de *empowerment*. Finalmente, el hecho de que los tutores reciben un salario que se considera excelente entre los empleos realizados por estudiantes en la universidad contribuye al aumento del prestigio del español. Véase el artículo «Tutorías de estudiante a estudiante: un modelo que funciona para los estudiantes hispanohablantes», donde Gueli Ugarte presenta sus experiencias como tutora de nuestro programa, en el capítulo 5 de este libro.

En vez de hacer hincapié sobre el contenido específico de cada uno de los cursos de nuestro programa, quisiera hacer referencia al delineamiento general del contenido cultural que intentamos seguir. Es frustrante encontrarse con que la mayoría de los textos escolares usados en la enseñanza del español en los Estados Unidos incluyen primero secciones culturales mayormente sobre España y luego en menor grado sobre Latinoamérica, dejando a lo último, si es que los incluyen, a los hispanos en los Estados Unidos. En nuestro programa, le damos vuelta a la tortilla en el comal y comenzamos reflexionando primero sobre las propias experiencias de nuestros estudiantes.

El tema principal del primer trimestre es la realidad de los chicanos/latinos en los Estados Unidos. Además del libro de texto[2] y los videos que lo acompañan, como parte del curso se incluyen videos, artículos periodísticos, poemas, cuentos, etc. Entre las películas incluidas están: *I am Joaquín* y *El corrido*, de Luis Valdez; *La Ofrenda: The Days of the Dead*, de Lourdes Portillo y Susana Muñoz; *Agueda Martínez*, de Esperanza Vásquez; y *El espejo enterrado: las tres hispanidades*, de Carlos Fuentes.[3] Los temas de discusión son sumamente variados y abarcan diferentes tópicos políticos y socioculturales. Los estudiantes desarrollan su habilidad de escribir usando diversas variedades y formas de la lengua. Escriben una composición semanal, que luego reescriben después de recibir *feedback* de los instructores, tutores y compañeros en clase. Igualmente, los estudiantes escriben un diario, con el propósito de practicar la lengua escrita de una forma más libre y personal; estos diarios son leídos, pero no corregidos, por los instructores. El diario es una forma muy efectiva para que los estudiantes manifiesten por escrito las frustraciones y los logros que tienen a lo largo del curso.

Con el objetivo de desarrollar un mayor grado de confianza en el habla, los estudiantes hispanohablantes presentan en clase breves obras teatrales de un acto del teatro latinoamericano y chicano.[4] Entre estas piezas teatrales incluimos algunas obras bilingües de Luis Valdez («Las dos caras del patroncito», «Los vendidos» y «La conquista de México») donde abundan los procesos del *code-switching*, el caló y las expresiones idiomáticas comunes en los barrios chicanos; esto ayuda a demistificar el lenguaje y a valorar el registro de una comunidad marginada. De esta manera les enseñamos a los estudiantes a reconocer, explorar y recrear su propia lengua sin tapujos ni tabúes o, dicho de otra manera, les enseñamos a quitarle las hojas al tamal y a echarle salsa para que así lo puedan disfrutar.

En el segundo trimestre, el tema central del curso es la realidad sociocultural de Centroamérica; un considerable número de estudiantes en nuestros cursos son hijos de familias que emigraron desde esa región durante la última década, reflejando la transformación demográfica en California. Nuevamente incluimos videos (*El Norte,* de Gregory Nava, y *Romero,* de John Duigan), artículos periodísticos, poemas y cuentos y, además, los estudiantes leen una novela completa, *Cuzcatlán donde bate la mar del sur,* del autor salvadoreño Manlio Argueta. Para muchos de nuestros estudiantes, éste es el primer libro completo que leen en español. La novela nos da la posibilidad de hacer un análisis comparativo de la variedad coloquial usada en El Salvador, el uso del voseo, los refranes populares, etc. El último ejercicio de redacción de este trimestre consiste en desarrollar un breve capítulo original sobre alguno de los personajes o inventar otro final de la novela, empleando diálogos y descripciones y siguiendo el estilo original de la novela.[5] Es de vital importancia animar a los estudiantes a ser creadores de textos literarios, ya sean poemas o cuentos, donde puedan recrear y celebrar la riqueza de la lengua y la cultura de sus propias comunidades.

En el tercer trimestre intentamos poner énfasis en la realidad de otros países del mundo hispano. Los estudiantes hacen presentaciones orales sobre un tema sociocultural de su predilección. También desarrollan una monografía o un ensayo de investigación similar a los trabajos de investigación requeridos en los cursos de nivel superior en el Departamento de Español. Por ejemplo, los temas centrales del curso durante la primavera de 1995 fueron la Revolución Mexicana de 1910 y la insurrección zapatista de Chiapas. Tuvimos como texto principal la obra *El Gesticulador,* de Rodolfo Usigli, y analizamos una serie de artículos recientes sacados de las publicaciones mexicanas *Proceso* y *La Jornada.* Igualmente, presentamos las películas *Flor Silvestre,* de Emilio «Indio» Fernández, y *Mexico: The Frozen Revolution* y *Los olvidados,* de Luis Buñuel.

La ampliación del repertorio lingüístico y cultural de los estudiantes hispanohablantes es de suma importancia. Aquí cabe la alegoría de la lengua y la cultura como una orquesta en la que es importante que cada estudiante conozca cómo funciona cada instrumento de la lengua y sepa tocar más de una nota según el contexto sociolingüístico. En otras palabras, lo ideal es que cada estudiante hispanohablante se acerque al piano de la competencia lingüística y cultural para tocar de una manera eficaz el mayor número de teclas. Condenar a los estudiantes a tocar para siempre únicamente las teclas que ya conocen me parece una verdadera injusticia disfrazada de liberalismo académico.

DESARROLLO DE MICROLECCIONES MODELO: «MÁS PRÁCTICA Y MENOS PLÁTICA »

Como parte de los cursos de español para hispanohablantes a nivel intermedio, es importante elaborar y presentar en clase diferentes microlecciones que traten sobre problemas específicos de la lengua a través de una perspectiva cultural. Por ejemplo, uno de los problemas que tienen muchos estudiantes es la falta de confianza en la lectura en voz alta. Cuando hablan entre sí, los estudiantes se comunican con gran fluidez, pero cuando en la clase se les pide leer en voz alta, muchos de ellos, por falta de práctica, se rigen por la lengua escrita y creen conveniente poner pausas entre cada palabra. Un repaso de cómo funciona la poesía en español introduce a los estudiantes a una lectura en voz alta más fluida. El siguiente esbozo es un esquema desarrollado de una microlección sobre este tema.

Microlección A: La lectura en voz alta

I. **Tema:** El proceso fonológico de enlace entre palabras facilita la lectura en voz alta.

II. **Identificación del problema**: Un problema que enfrentan muchos estudiantes hispanohablantes es la lectura en voz alta de textos que, en muchas ocasiones, resulta «fracturada» o «telegráfica» porque los estudiantes intercalan pausas entre casi todas las palabras. La falta de práctica hace que estos estudiantes pongan demasiado énfasis en la forma escrita y no en el habla natural.

III. **Objetivo**: Demostrar a los estudiantes que existen procesos fonológicos que facilitan la lectura en voz alta en español y que éstos están presentes en la poesía escrita en español. (*Sinalefa*: Cuando una palabra termina con vocal y la siguiente empieza también con vocal, se unen y el conjunto se cuenta como una sola sílaba). Hacer que los estudiantes mismos practiquen los procesos de enlace usando textos literarios auténticos.

IV. **Desarrollo**

A. Repasar en clase tres procesos de enlace fonológico que demuestran que en español usualmente no existen pausas entre las palabras más allá de las indicadas por los signos de puntuación. Indicar que en la lengua hablada, las distintas palabras se van enlazando. Por ejemplo, la consonante o vocal final de una palabra por lo general se une a la vocal inicial de la palabra que la sigue. El enlazamiento entre palabras ocurre en los siguientes casos.

1. Enlace de consonante final con vocal inicial (C‿V):
   Ejemplo: poner bellezas‿en

2. Enlace de vocal final con vocal inicial (V‿V):
   Ejemplo: mi‿entendimiento

3. Enlace de consonante iguales (C‿C):
   Ejemplo: Los‿sueños‿son‿numerosos

El proceso de enlace ha sido reconocido desde el principio por los poetas que escriben en español. Al determinar el número de sílabas de un verso en la métrica española, hay que tener presente cada enlace. Por ejemplo, el siguiente verso escrito por Sor Juana Inés de la Cruz, una poeta mexicana del siglo XVII, tiene once sílabas en la métrica española:

poner bellezas‿en mi‿entendimiento

po/ner/be/lle/za/sen/mien/ten/di/mien/to
 1   2   3   4 5   6   7   8   9 10 11

B. En parejas, los estudiantes harán un ejercicio sobre el proceso fonológico del enlace que aparece en el *Cuaderno de actividades para hispanohablantes* (Samaniego, Alarcón, Sánchez y Rojas 1995). Este ejercicio se incluye en el apéndice A al final de este artículo.

C. El instructor repasará este ejercicio en voz alta con los estudiantes.

D. El instructor dará otro ejemplo de la literatura contemporánea, un poema del libro titulado *Veinte poemas de amor y una canción desesperada,* del poeta chileno Pablo Neruda (1904–1973), ganador del Premio Nóbel de Literatura, y leerá las tres primeras estrofas del poema, poniendo en práctica los procesos fonológicos que se explican en esta sección. (Este ejercicio aparece en el apéndice B al final de este artículo.)

E. Los estudiantes, divididos en tres grupos, harán una lectura en voz alta frente a la clase, usando el formato de coreopoema, o sea, la lectura de un poema en la que participan varias voces.

V. **Conclusión:** Se discutirán las conclusiones a las que lleguen los propios estudiantes. Los estudiantes pueden también escoger su propio poema y ejercitar la lectura en voz alta en casa.

La representación de pequeñas obras en clase constituye otra manera de ayudar a los estudiantes a alcanzar mayor fluidez en la lectura en voz alta en español.

No se trata aquí de obras memorizadas, sino de lecturas dramatizadas, donde la lectura toma precedencia. Pero el gran tamal, que muchos estudiantes hispanohablantes viven como una pesadilla que cargan al hombro casi todas sus vidas escolares, es la acentuación ortográfica. Muchos de los textos gramaticales tienen una aproximación ineficaz en la que se imparte un sinnúmero de reglas parciales que frustran, confunden y exasperan a los estudiantes. Por ejemplo, es común hallar la siguiente regla: «las palabras que terminan en -ción llevan acento escrito; ejemplos: *nación, revolución, composición,* etc.» Pero, ¿qué otras palabras también llevan acento escrito y cuáles no?

Una estudiante me confesó en una ocasión que su maestra le había dicho que la única manera de saber qué palabras llevan acento escrito era consultar el diccionario(!?). Para muchos estudiantes hispanohablantes, los acentos escritos se vuelven algo misterioso que raya en lo mitológico; perciben a los maestros como sumos sacerdotes de un culto maniático a una rayita oblicua que quita puntos en los exámenes y composiciones. La terminología que se emplea muchas veces tampoco ayuda mucho a esclarecer el punto principal: palabras graves, agudas, esdrújulas, sobreesdrújulas, acentos tónicos, acentos ortográficos, etc.

La microlección B, que se incluye a continuación, ofrece una serie de actividades pedagógicas cuyo objetivo principal es que los propios estudiantes lleguen por el método inductivo a conclusiones en que pueden basar generalizaciones sólidas sobre el uso del acento escrito en español. Como parte de esta presentación en clase, es importante hacer referencia a los diversos eventos históricos que ocurren en 1492. Por ejemplo, aparece ese año la primera gramática española (y la primera gramática de una lengua «vulgar», que no fuese el latín o el griego), escrita por Antonio de Nebrija (1444?–1522). Esta gramática se publica en el mismo año cuando Isabel y Fernando, los Reyes Católicos, logran la unidad territorial de España al derrotar al último reino árabe de Granada. La gramática de Nebrija intenta facilitar la enseñanza de la lengua castellana a un creciente número de personas incorporadas por las armas al dominio español. En ese mismo año de 1492, Cristóbal Colón llega a América y los judíos son expulsados de España. El propio Nebrija reconoció que su gramática tenía un designio de conquista e imperio. El contexto histórico ayuda a que los estudiantes capten la lengua como un proceso vivo en el cual los acentos escritos son una convención social que ayuda a pronunciar y distinguir las palabras. Esto se puede observar en la secuencia de palabras que se distinguen sólo por la sílaba en que se acentúan: *ánimo, animo, animó.*

Microlección B: La pronunciación y los acentos escritos

I. Primer día: La silabificación

Hacer un repaso general de las letras en español (consonantes y vocales), de la formación y separación de sílabas, de los grupos consonánticos que no se pueden separar (*bl, br, cl, cr, dr, fr, fl, gr, gl, pl, pr, tl, tr;* ejemplo: metro), de los diptongos y triptongos. Hacer ejercicios en clase y dejar de tarea una lista de palabras para dividir en sílabas:

Ejemplos:	libro	li-bro
	tienda	tien-da

II. Segundo día: El «golpe»

Hacer conscientes a los estudiantes que en español todas las palabras de más de una sílaba tienen una sílaba que se pronuncia con más énfasis, o sea, que lleva el «golpe» o acento prosódico.

Ejemplos:	libro	**li**-bro
	tienda	**tien**-da

Los estudiantes trabajan en parejas, pronunciando una lista de las palabras y subrayando las sílabas que llevan el golpe. *Tarea:* Leer el cuento titulado «Es que duele», del escritor chicano Tomás Rivera, y separar en sílabas las palabras de los dos primeros párrafos (presentados a continuación), subrayando aquellas sílabas que llevan más énfasis (el golpe). Este cuento apareció originalmente en *...Y no se lo tragó la tierra* (1972), libro que se considera un clásico de la literatura chicana.

Es que duele. Por eso le pegué. Y ahora ¿qué hago? A lo mejor no me expulsaron de la escuela. A lo mejor siempre no es cierto. A lo mejor no. *N'ombre* sí. Sí es cierto, sí me expulsaron. Y ahora ¿qué hago?

Yo creo que empezó todo cuando me dio vergüenza y coraje al mismo tiempo. Ni quisiera llegar a la casa. ¿Qué le voy a decir a mamá? ¿Y luego cuando venga papá de la labor? Me van a fajear de seguro. Pero, también da vergüenza y coraje. Siempre es lo mismo en estas escuelas del norte. Todos nomás mirándote de arriba a abajo. Y luego se ríen de uno y la maestra con el palito de paleta o de ésquimo *pie* buscándote piojos en la cabeza. Da vergüenza. Y luego cuando arriscan las narices. Da coraje. Yo creo que es mejor estarse uno acá en el rancho, aquí en la mota con sus gallineros, o en la labor se siente uno a lo menos más libre, más a gusto...

«**Es que duele**»
(Fragmento)

III. Tercer día: Las reglas de acentuación

Discutir en clase el tema general del cuento, que tiene que ver con la discriminación que padece un niño chicano en una escuela estadounidense. Hacer referencia a las experiencias de los propios estudiantes hispanohablantes. El siguiente ejercicio puede ser realizado por los estudiantes trabajando en parejas.

A. Ejercicio: Con un(a) compañero(a), discute y contesta las siguientes preguntas sobre los dos primeros párrafos del cuento.

1. ¿En qué termina la mayoría de las palabras?

_____ vocal   _____ consonante

2. ¿Cuáles son las consonantes más comunes en que terminan las palabras?

3. Haz tres listas de palabras de más de una sílaba, de acuerdo con la sílaba que se pronuncia con el golpe (**última, penúltima y antepenúltima sílaba**). ¿En qué sílaba cae el «golpe» en la mayoría de las palabras?

_____ última sílaba   _____ penúltima sílaba
_____ antepenúltima sílaba

4. Repasa todas las palabras que, al pronunciarlas, llevan el «golpe» en la penúltima sílaba. ¿Qué tienen en común estas palabras? Escribe una posible generalización sobre la pronunciación de estas palabras (**primera regla**).

5. Repasa todas las palabras que se pronuncian con el golpe en la última sílaba. ¿Qué tienen en común estas palabras? Escribe una posible generalización sobre la pronunciación de estas palabras (**segunda regla**).

6. Analiza todas las palabras que llevan acento escrito. ¿Tienen algo en común?

B. **Lista de palabras.** Aquí se incluyen las palabras de más de una sílaba que aparecen en los dos primeros párrafos del cuento «Es que duele mucho», de acuerdo con la sílaba que se pronuncia con el «golpe» (acento prosódico):

Penúltima sílaba	Última sílaba	Antepenúltima sílaba
duele	pegué	mirándote
hago	mejor	ésquimo
expulsaron	empezó	buscándote
escuela	llegar	
siempre	decir	
cierto	mamá	
N'ombre	papá	
ahora	labor	
creo	fajear	
cuando	también	
vergüenza	nomás	
coraje	acá	
mismo	aquí	
tiempo		
quisiera		
casa		
luego		
venga		
seguro		
pero		
estas		
escuelas		
norte		
todos		
arriba		

abajo
ríen
uno
maestra
palito
paleta
piojos
cabeza
arriscan
narices
estarse
rancho
mota
gallineros
siente
libre
gusto

Como se puede observar, la mayoría de las palabras en español llevan el «golpe» en la penúltima sílaba. Todas las palabras en esta primera columna terminan en **vocal, -n** o **-s.** En la segunda columna, las palabras terminan en **-r** o una vocal con acento escrito. La tercera columna incluye únicamente tres palabras y todas ellas llevan acento escrito.

Lo más importante de esta serie de ejercicios sobre la pronunciación y los acentos escritos es que los propios estudiantes elaboren sus propias teorías y conclusiones sobre cómo funciona la acentuación en español. Muchas veces, después de varios intentos fallidos, es posible llegar a generalizaciones más válidas que los estudiantes entonces pueden internalizar como propias. Los estudiantes hispanohablantes necesitan más estrategias pedagógicas de este tipo para lograr asimilar y poner en práctica las reglas de la pronunciación y la acentuación en español. En el apéndice *C* se incluye un sumario de las reglas generales que rigen la colocación de acentos escritos en español.

CONCLUSIONES

El Programa de Español para Hispanohablantes establecido en el Departamento de Español de la Universidad de California, Davis, intenta crear un espacio cultural idóneo que facilite el desarrollo de la lengua materna de los estudiantes hispanos bilingües. Mediante tutorías semanales, se provee a todos los estudiantes matriculados en el programa una educación personalizada y a la medida de sus necesidades. Las dos microlecciones que se incluyen en este artículo intentan establecer conexiones entre el desarrollo de la lengua y la cultura. Otras actividades pedagógicas que se desarrollan como parte de la secuencia de tres cursos están directamente orientadas a fomentar la apreciación de la realidad multicultural y la valorización de las distintas variedades lingüísticas, incluyendo las que ya hablan los propios estudiantes hispanohablantes en los cursos.

La cultura no debe ser sólo un componente más, sino que debe proveer un modelo viable para el desarrollo de la capacidad cognoscitiva de los estudiantes. Este modelo cultural no debe ser ni rígido ni exclusivo, sino por lo contrario, inclusivo y fluido, reconociendo la realidad multicultural del mundo hispano y las aportaciones de los diferentes grupos nacionales que actualmente conforman las comunidades de hispanos en los Estados Unidos. Los recursos culturales de estas comunidades pueden ser de gran utilidad para enriquecer el modelo cultural de estos cursos; se puede invitar a escritores, artistas, líderes cívicos y otras personalidades que residan en comunidades hispanas circundantes para que den breves presentaciones sobre sus propias vidas y las labores que desempeñan. Igualmente, los centros culturales, los museos, las galerías y otras instituciones culturales de las comunidades cercanas pueden ser fuente y tema de presentaciones orales hechas por los propios estudiantes hispanohablantes.

La cultura como la quinta habilidad que debe desarrollarse precisa de más estudios serios y de una pedagogía eficaz para aplicarse en los cursos de español para hispanohablantes. Igualmente, es necesario establecer cursos sobre la enseñanza del español para hispanohablantes a nivel superior y para la preparación de estudiantes graduados y futuros profesores. En el Departamento de Español de la Universidad de California, Davis, se ha establecido un curso a nivel superior (Español 117: La enseñanza del español para hispanohablantes) que constituye una introducción general a la diversidad del español en los Estados Unidos, a las diferentes teorías del aprendizaje, al bilingüismo, a la estandarización, al desarrollo de las habilidades productivas y receptivas de los estudiantes hispanohablantes y a la integración de la cultura en la enseñanza de la lengua.[6]

Frente a las políticas demagógicas actuales, que abren heridas históricas profundas, y el pesimismo general de las fuerzas progresistas, conviene recalcar que el mantenimiento y el desarrollo de la lengua materna de los hispanohablantes conservan un tesoro cultural que los Estados Unidos no tienen el lujo de despilfarrar; como dice un refrán chicano que refleja una profunda sabiduría popular: «la cultura cura».

NOTAS

1. El Programa de Español para Hispanohablantes establecido en el otoño de 1992 en el Departamento de Español de la Universidad de California, Davis, sigue el modelo desarrollado en el Programa de Español para Hispanohablantes de la Universidad de California, Santa Cruz, del cual el autor personalmente fue instructor durante siete años. Aquí se hace reconocimiento público de las contribuciones aportadas por Elba R. Sánchez, coordinadora de este programa modelo por más de una década.

2. Como libro de texto para los dos primeros trimestres de la secuencia de tres cursos, utilizamos *Mundo 21* (Samaniego, Alarcón y Rojas 1995) y el *Cuaderno de actividades para hispanohablantes* (Samaniego, Alarcón, Sánchez y Rojas 1995) que lo acompaña. En el primer trimestre se cubren la lección prelimi-

nar y las unidades 1 a 4. Cada unidad de este texto tiene tres lecciones que se concentran sobre un país particular del mundo hispano; de ahí el título, *Mundo 21*, que hace referencia a los 21 países de habla hispana, incluido los EE.UU. El título también hace referencia al siglo XXI que se aproxima. En el segundo trimestre se completan las unidades 5 a 8. En ambos trimestres también se cubren las unidades correspondientes en el *Cuaderno de actividades para hispanohablantes*.

3. Para hacer referencia a otras películas chicanas/latinas, se puede consultar las obras editadas por Gary D. Keller (1985) y Chon A. Noriega (1992) y el estudio publicado por Rosa Linda Fregoso (1993).

4. Para las obras latinoamericanas, hemos utilizado la antología *En un acto: diez piezas hispanoamericanas*, de Frank Dauster y Leon F. Lyday (1990); y para las obras chicanas hemos empleado la *Antología de la literatura chicana*, de la profesora María Eugenia Gaona (1986).

5. El propio autor Manlio Argueta me ha confesado personalmente que ha quedado muy impresionado de cómo los estudiantes logran desarrollar capítulos muy originales usando personajes y situaciones de su novela.

6. Este curso a nivel superior ha sido codiseñado por la profesora M. Cecilia Colombi y el autor. Se ofrece regularmente una vez al año y es una de las clases que satisfacen el requisito de un curso sobre la realidad de los chicanos/latinos en los Estados Unidos para completar una especialización o énfasis (*major* o *minor*) en español dentro de nuestra universidad. Los otros dos cursos son Español 174: La cultura chicana y Español 176: La literatura en español escrita en los Estados Unidos. Estos cursos se establecieron como respuesta a la lucha de varios años por parte de estudiantes y profesores chicanos/latinos que pedían cambios en los cursos establecidos.

OBRAS CITADAS/CONSULTADAS

American Association of Teachers of Spanish and Portuguese (AATSP). 1972. *Teaching Spanish in School and College to Native Speakers of Spanish/La enseñanza del español a estudiantes hispanohablantes en la escuela y la universidad*. No. HE 5.210:10097. Washington, D.C.: U.S. Government Printing Office.

Anzaldúa, G. 1987. *Borderlands/La Frontera: The New Mestiza*. San Francisco, CA: Spinsters/Aunt Lute.

Aparicio, F. 1983. "Teaching Spanish to the Native Speakers at the College Level." *Hispania* 66(2): 232–238.

Argueta, M. 1986. *Cuzcatlán donde bate la mar del sur*. Tegucigalpa: Editorial Guaymuras.

Clark, B. L. 1985. *Talking about Writing: A Guide for Tutor and Teacher Conferences*. Ann Arbor: University of Michigan Press.

Cuéllar, J. B. 1980. "A Model of Chicano Culture for Bilingual Education." *Theory in Bilingual Education. (Ethnoperspectives in Bilingual Education Research,* 2). Ed. R. V. Padilla. Ypsilanti, MI: Eastern Michigan U. 179–204.

Dauster, F. y L. F. Lyday. 1990. *En un acto: diez piezas hispanoamericanas.* 3.ª edición. Boston: Heinle & Heinle.

de la Cruz, S. J. I. c 1985. *Sor Juana Inés de la Cruz: Poems.* Trad. M. Sayers Peden. Binghamton, NY: Bilingual Press/Editorial Bilingüe.

Elsasser, N. y V. John-Steiner. 1993. "An Interactionist Approach to Advancing Literacy." *Linguistics for Teachers.* Eds. L. M. Cleary y M. D. Linn. Nueva York: McGraw-Hill. 265–281.

Faltis, C. 1990. "Spanish for Native Speakers: Freirian and Vygotskian Perspectives." *Foreign Language Annals* 23(2): 117–26.

Fernández, R. 1981. "Teaching the Bilingual Student: What Works and What Doesn't Work." *Teaching Spanish to the Hispanic Bilingual: Issues, Aims, and Methods.* Eds. G. Valdés, A. G. Lozano y R. García-Moya. Nueva York: Teachers College Press. 100–105.

Fregoso, R. L. 1993. *The Bronze Screen: Chicana and Chicano Film Culture.* Minneapolis: University of Minnesota Press.

Freire, P. 1980. *Pedagogía del oprimido.* Madrid: Siglo XXI

Fuentes, C. 1992. *El espejo enterrado: reflexiones sobre España y el Nuevo Mundo.* México: Fondo de Cultura Económica.

Gaona, M. E. 1986. *Antología de la literatura chicana.* México: Universidad Nacional Autónoma de México.

Gey, F. C., J. E. Oliver, B. Highton, D. Tu y R. E. Wolfinger. 1993. *California Latina/Latino Demographic Data Book.* Berkeley: University of California.

Gómez-Peña, G. 1993. "The Multicultural Paradigm: An Open Letter to the National Arts Community, 1989." *Warrior for Gringostroika.* Saint Paul, MN: Graywolf Press. 45–54.

Gómez-Quiñones, J. 1977. "On Culture." *Revista Chicano-Riqueña* 5(2): 29–47.

Hidalgo, M. 1993. "The Teaching of Spanish to Bilingual Spanish Speakers: A Problem of Inequality." *Language and Culture in Learning: Teaching Spanish to Native Speakers of Spanish.* Eds. B. J. Merino, H. T. Trueba y F. A. Samaniego. Londres: Falmer. 82–93.

Hoffman, A. 1974. *Unwanted Mexican Americans in the Great Depression: Repatriation Pressures 1919–1939.* Tucson: University of Arizona Press.

Keller, G. D., ed. 1985. *Chicano Cinema: Research, Review, and Resources.* Binghamton, NY: Bilingual Press.

Leal, L. 1989. "The Mexican Cultural Heritage of the Chicano." *Curriculum Resources in Chicano Studies.* Eds. G. D. Keller, R. J. Magallán y A. M. García. Tempe: Bilingual Press. 14–29.

Limón, J. 1977. "El folklore y los mexicanos en los Estados Unidos: una perspectiva cultural marxista". *La otra cara de México: el pueblo chicano.* Ed. D. R. Maciel. México: Ediciones "El Caballito". 224–42.

Melville, M. B. "Introduction to Chicano Culture." *Curriculum Resources in Chicano Studies.* Eds. G. D. Keller, R. J. Magallán y A. M. García. Tempe: Bilingual Press. 14–29.

Neruda, P. c 1993. *Veinte poemas de amor y una canción desesperada/Twenty Love Poems and a Song of Despair.* Trad. W. S. Merwin. San Francisco: Chronicle Books.

Noriega, C. A., ed. 1992. *Chicanos and Film: Representation and Resistance.* Minneapolis: University of Minnesota Press.

Paredes, A. 1966. "El folklore de los grupos de origen mexicano en Estados Unidos". *La Revista Folklore Americano* XVI.14: 148–163.

———. 1978. "The Problem of Identity in a Changing Culture: Popular Expressions of Culture Conflict along the Lower Rio Grande Border." *Views Across the Border: The United States and México.* Ed. S. R. Ross. Albuquerque: U New Mexico Press. 68–94.

Rivera, T. 1992 *...Y no se lo tragó la tierra/ . . . And the Earth Did Not Devour Him.* Trad. E. Vigil Piñon. Houston: Arte Público Press.

Roca, A. 1990. "Teaching Spanish to Hispanic Bilingual College Students in Miami." *Spanish in the United States: Sociolinguistic Issues.* Ed. J. J. Bergen. Washington, D.C.: Georgetown UP. 127–36.

Samaniego, F. A., F. X. Alarcón y N. Rojas. 1995. *Mundo 21.* Lexington, MA: D.C. Heath and Company.

Samaniego, F. A., F. X. Alarcón, E. R. Sánchez y N. Rojas. 1995. *Cuaderno de actividades para hispanohablantes.* Lexington, MA: D.C. Heath and Company.

Sánchez, R. 1981. "Spanish for Native Speakers at the University: Suggestions." *Teaching Spanish to the Hispanic Bilingual: Issues, Aims, and Methods.* Eds. G. Valdés, G. D. Lozano y R. García-Moya. Nueva York: Teachers College Press. 91–9.

Solé, Y. 1981. «Consideraciones pedagógicas en la enseñanza del español a estudiantes bilingües». *Teaching Spanish to the Hispanic Bilingual: Issues, Aims, and Methods.* Eds. G. Valdés, G. D. Lozano y R. García-Moya. Nueva York: Teachers College Press. 21–9.

Usigli, R. 1963. *El gesticulador: pieza para demagogos en tres actos.* Ed. R. E. Ballinger. Englewood Cliffs, NJ: Prentice-Hall.

Valdés, G. 1981. "Pedagogical Implications of Teaching Spanish to the Spanish-Speaking in the United States." *Teaching Spanish to the Hispanic Bilingual: Issues, Aims, and Methods.* Eds. G. Valdés, A. G. Lozano y R. García-Moya. Nueva York: Teachers College Press. 3–20.

APÉNDICE A

Una versión de este ejercicio aparece en el *Cuaderno de actividades para hispano-hablantes* (Samaniego, Alarcón, Sánchez y Rojas 1995:135–36).

Soneto de Sor Juana Inés de la Cruz

Un soneto es un poema de catorce versos. Si se aplica el proceso de enlace al contar sílabas, se puede ver que cada verso del siguiente poema es endecasílabo, o sea, que tiene once sílabas. Este soneto fue escrito por la famosa poeta mexicana Sor Juana Inés de la Cruz (1651–1695), que es reconocida como la poeta más importante del período colonial en Hispanoamérica. Lee en voz alta la primera estrofa del poema, tratando de evitar las pausas innecesarias entre las palabras. Luego marca los enlaces que faltan en las tres estrofas que restan y lee en voz alta el poema completo varias veces hasta que logres una fluidez natural.

> En perseguirme, Mundo ¿qué_interesas?
> ¿En qué te_ofendo cuando sólo_intento
> poner bellezas_en mi_entendimiento
> y no mi_entendimiento_en bellezas?
>
> Yo no estimo tesoros ni riquezas;
> y así, siempre me causa más contento
> poner riquezas en mi pensamiento
> que no mi pensamiento en las riquezas
>
> Y no estimo hermosura que, vencida,
> es despojo civil de las edades,
> ni riqueza me agrada fementida,°   falsa, infiel
>
> teniendo por mejor, en mis verdades,
> consumir vanidades de la vida
> que consumir la vida en vanidades.

APÉNDICE B

Poema de Pablo Neruda

A los diecinueve años, el poeta chileno Pablo Neruda (1904–1973), ganador del Premio Nóbel de Literatura en 1971, escribió un poema que lleva el título "xx" y apareció en su libro *Veinte poemas de amor y una canción desesperada* (1924), una de las colecciones de poesía más leídas en el mundo hispano. En la métrica española, se trata de un poema **alejandrino**, pues cada verso tiene catorce sílabas y se lee con una cesura o pausa después del primer **hemistiquio** compuesto por las siete primeras sílabas. En los dos primeros versos se pueden constatar los fenómenos de la **sinalefa**, que consiste en la unión en una sola sílaba de la vocal final de una palabra con la vocal inicial de la siguiente, y del **enlace** de la consonante final de una palabra con la vocal que inicia la siguiente.

> xx
> Puedo‿escribir los versos / más tristes‿esta noche.
> Escribir, por‿ejemplo: / "La noche‿está‿estrellada.
> y tiritan, azules, / los astros, a lo lejos.
> El viento de la noche / gira‿en‿el cielo‿y canta...

En parejas marquen las **sinalefas** y los **enlaces** entre las palabras y las **cesuras** después del primer **hemistiquio** en cada uno de los versos del poema original. Se puede leer en clase el poema completo en voz alta como un coreopoema, donde cada estudiante lee la estrofa que le corresponde.

APÉNDICE C

Reglas de acentuación en español

1. La palabras que terminan en **vocal**, *-n* o *-s*, llevan el «golpe» o énfasis en la **penúltima sílaba**:

    libro   li-bro   armas   **ar**-mas   corren   **co**-rren

2. Las palabras que terminan en **consonante** excepto *-n* o *-s* llevan el «golpe» o énfasis en la **última sílaba**:

    papel   pa-**pel**   mirar   mi-**rar**   verdad   ver-**dad**

3. Todas las demás palabras que no siguen estas dos reglas llevan acento escrito.

    razon   ra-**zón**   arbol   **ár**-bol   jamas   ja-**más**

    Siguiendo las primeras dos reglas, todas las palabras esdrújulas (las palabras que llevan el «golpe» en la **antepenúltima sílaba**) siempre llevan acento escrito.

    timido   **tí**-mi-do   Mexico   **Mé**-xi-co   ultimo   **úl**-ti-mo

Excepciones

1. Para romper diptongos: Maria → Ma-**rí**-a   tenia → te-**ní**-a

2. Para distinguir las palabras homófonas:

el *the*	él *he*
tu *your*	tú *you*
mi *my*	mí *me*
de *of*	dé (de *dar*)
se *pronombre*	sé (de *saber*; de *ser*)
mas *but*	más *more*
te *you* (pronombre)	té *tea*
si *if*	sí *yes*
solo *alone*	sólo *only*
aun *even*	aún *still, yet*

3. Para distinguir los pronombres demostrativos de los adjetivos demostrativos:

ese, esa *that* (adj.)	ése, ésa *that one* (pron.)
esos, esas *those* (adj.)	ésos, ésas *those ones* (pron.)
este, esta *this* (adj.)	éste, ésta *this one* (pron.)
estos, estas *these* (adj.)	éstos, éstas *these ones* (pron.)
aquel, aquella *that* (adj.)	aquél, aquélla *that one* (pron.)
aquellos, aquellas *those* (adj.)	aquéllos, aquéllas *those ones* (pron.)

¡OJO! Los pronombres neutros *esto, eso* y *aquello* nunca llevan acento escrito.

4. Para distinguir las palabras interrogativas y exclamativas:

como *like, as*	cómo *how*
porque *because*	por qué *why*
que *that*	qué *what*

cuál, cuáles, cuándo, cuánto, cuántos, cómo, dónde, adónde, quién, quiénes, qué, por qué

5. Los adverbios terminados en *-mente* conservan el acento escrito si lo llevan como adjetivos. (Éstas son las únicas palabras en español que llevan dos «golpes» en la misma palabra):

$$\text{fá}\text{cil} + \text{mente} = \text{fá-cil-men-te}$$
$$\text{rá}\text{pida} + \text{mente} = \text{rá-pi-da-men-te}$$

pero

$$\text{len}\text{ta} + \text{mente} = \text{len-ta-men-te}$$

Medidas y políticas educativas sobre la enseñanza del español a hispanohablantes en los Estados Unidos

MILLIE: ¿Y qué esperabas, abuela?

GENO: Yo esperaba enseñarte los secretos y los misterios, las maravillas de las plantas, la viejas historias y los ritos... para que no se pierdan... para que tus hijos y tus nietos las aprendan de ti como yo las aprendí de mi mamá, y ella de mi abuela, y mi abuela de su mamá y ella de su abuela y...

MILLIE: Vivimos en otros tiempos, abuela. Mi mundo no es el tuyo. Esto no es Guayana, ni África. Este tipo de cosa no tiene futuro. Hoy en día...

GENO: Claro que no tiene futuro si la gente joven no lo aprende... si no hay continuidad, si no se preservan los secretos y los misterios, si no se entierran las cosas valiosas al pie de la ceiba... (*Enciende una vela.*)

Botánica: una comedia de milagros (1991)
Dolores Prida

Introducción

M. Cecilia Colombi

University of California, Davis

En un ambiente cada vez más multicultural, los hispanohablantes aportan a la sociedad lo que el crítico teórico ha llamado su capital cultural: su lengua, su cultura. Según el último censo de 1990, hay veintitrés millones de personas de origen hispano en los Estados Unidos (esta cifra no incluye a las personas que viven en Puerto Rico). En California solamente, donde la lealtad lingüística al español aumentó entre los latinos del 78,4% al 81,7% durante la última década, el censo calculó siete millones setecientos mil hispanos y se estima que para el año 2000 un tercio de la población será latina. Esta situación demográfica, al mismo tiempo, crea grandes tensiones que a veces se traducen en medidas políticas xenófobas como la Propuesta 187, aprobada en las elecciones de noviembre de 1994, que niega el acceso a la educación y servicios de la salud a personas indocumentadas, o la Propuesta 63, que declaró en 1986 el inglés como lengua oficial en California. En este ambiente social, las personas encargadas y responsables de las medidas y políticas educativas para la enseñanza de hispanohablantes son, tal vez, las que enfrentan los más difíciles desafíos y oportunidades.

Los cuatro capítulos que comprenden esta sección investigan distintos aspectos del mantenimiento del español y de las medidas educativas relacionadas con la enseñanza del español a hispanohablantes. En el capítulo 17, Garland D. Bills se cuestiona temas esenciales como: ¿qué se entiende por español?, ¿qué es un hablante nativo? y ¿cuál es el rol de la enseñanza a un hablante nativo? e intenta darnos una respuesta a través de estudios suyos y de otros investigadores sobre la situación del español en el Suroeste de los Estados Unidos. A pesar del optimismo de varios propulsores del español, Bills demuestra con resultados de una gran cantidad de investigaciones que existe una clara evidencia de que los hispanohablantes están abandonando el español en favor del inglés. Corrobora estos datos con estudios sobre los censos que por tres décadas ha llevado a cabo junto a Alan Hudson y Eduardo Hernández Chávez, llegando a la conclusión de que el mantenimiento del español depende en gran medida de la continua transfusión de hablantes de México a comunidades de los Estados Unidos. Dentro del bilingüismo de la sociedad en que vivimos, la adquisición de la lengua dominante se revela generalmente no tan sólo como un cambio potencial, sino como parte del proceso de cambio motivado por discriminantes fuerzas socioeconómicas. La adquisición del inglés por hispanohablantes en el Suroeste es típicamente acompañada por la reducción de las funciones y habilidades en español. Éstas son realidades que la clase de español para hispanohablantes tiene que enfrentar y superar.

Otro aspecto que la enseñanza a hispanohablantes debe considerar es la gran variación lingüística, social y regional del español. El Suroeste no es tan homogéneo como mucha gente cree; Bills hace referencia a una encuesta que está realizando con Needy Vigil en Nuevo México y Colorado con trescientos cincuenta informantes. Ejemplos a nivel fonológico, morfológico y sintáctico sirven para ilustrar la heterogeneidad lingüística del Suroeste. Bills explica que si bien el impacto de esta variación al nivel de la comunicación es mínima, el impacto afectivo que puede tener tanto en profesores como en maestros es significativo. Es importante que los educadores reconozcan esta variedad lingüística como así también la gran amalgama de competencias lingüísticas en español de los estudiantes hispanohablantes. Finalmente, Bills destaca la difícil tarea y responsabilidad del profesor y presenta algunas implicaciones de estos estudios para la enseñanza del español a hispanohablantes.

Beti Leone, en el capítulo 18, estudia los programas de la educación bilingüe en relación con la enseñanza del español a hispanohablantes, prestando especial atención a las metas programáticas; el uso de los dos idiomas por los maestros y por los niños; la participación de los padres; y la preparación de los maestros bilingües. Leone revisa los diferentes programas bilingües y concluye que, de acuerdo con varios estudios, los más efectivos son aquéllos que consistentemente favorecen el mantenimiento del idioma nativo, desarrollando clases activas y cooperativas en donde el lenguaje se da a través del contenido, integrando la lengua y la cultura familiares y comunitarias para desarrollar un bilingüismo aditivo y no subtractivo. Leone examina la relación entre el lenguaje y el dominio afectivo en el hogar y la escuela, detallando los factores múltiples que forman parte de la selección de idiomas en los jóvenes, especialmente en relación con su identidad. Explica la importancia y la necesidad de la participación de los padres en los programas bilingües para el éxito de los niños. Las actividades de los padres fuera de los contextos escolares también son fundamentales para el mantenimiento no tan sólo del idioma, sino también de la cultura, y deben ser considerados e incorporados en las metas de los programas bilingües en los distintos distritos escolares. Luego, Leone investiga el área del entrenamiento de los maestros bilingües en relación con las nuevas normas de estandarización que se están desarrollando en todo el país como parte de un movimiento de reorganización de las escuelas. En la última sección de su trabajo, Leone propone nueve recomendaciones útiles para maestros bilingües, entrenadores de maestros bilingües y profesores de las instituciones universitarias.

En el capítulo 19, Ysaura Bernal Enríquez proporciona un modelo de la relación entre el español mexicano, el español chicano y el español nuevomexicano, basándose en las observaciones de una encuesta de aproximadamente 350 entrevistas que se han hecho en los últimos tres años para crear un atlas lingüístico y un archivo del español de Nuevo México y del sur de Colorado. Siguiendo este modelo, Bernal Enríquez presenta algunas implicaciones para la enseñanza del español a estudiantes chicanos y nuevomexicanos. De acuerdo con los entrevistados, el primer objetivo para el estudiante chicano en el aprendizaje del español en el aula es la recuperación y revitalización de su idioma ancestral para poder comunicarse con su familia y su comunidad. En segundo lugar, el estudiante chicano espera desarrollar una alta proficiencia en el idioma para poder transmitirla a sus hijos. Esencialmente, desea que el aula de español le dé validez y legitimidad a su idioma, a su cultura y a sí mismo.

Bernal Enríquez divide las variedades de acuerdo con el español estándar (el culto y el general) y el no estándar (el español jergal, el rural, el fronterizo y el nuevomexicano). Si bien el español general representa quizás el 80% o el 90% del español que usa toda la gente todo el tiempo, en la clase se necesita dar validez a las formas no estándar que se usan en la comunidad, puesto que éstas forman parte integral de la identidad cultural del individuo. Bernal Enríquez sostiene que la alfabetización del estudiante chicano debe darse primero en su variedad lingüística, para asegurar la continuación de su idioma y de su cultura ancestral, y que sólo en niveles avanzados, cuando el estudiante ya puede leer y escribir bien su variedad comunitaria, se debe enseñar y expandir al español estándar, general y culto. Jamás se debe enseñar sustituyendo a las formas no estándar de la comunidad chicana o comparándolas negativamente con formas del estándar, sino que se deben enseñar éstas como formas adicionales de expresión apropiada según su contexto social o según la modalidad oral o escrita.

En el capítulo 20, Rosalinda Quintanar-Sarellana, Thom Huebner y Anne Jensen consideran los rápidos cambios demográficos que están sucediendo en las escuelas y la necesidad de reevaluar los objetivos académicos de los estudiantes con el fin de prepararlos para que se puedan desenvolver a nivel internacional. En este marco social, los autores presentan un proyecto que han realizado en el Distrito Escolar de Campbell Union High School en la ciudad de San José, California, en colaboración con San José State University. Este programa, que comenzó hace tres años, tiene el propósito de desarrollar un currículum para mejorar el lenguaje y las destrezas de escritura de los estudiantes hispanohablantes de la preparatoria empleándolos como tutores de los estudiantes de español como lengua extranjera. En la actualidad, el proyecto está funcionando exitosamente; entre algunos de sus resultados se cuentan la creación de cinco cursos para hispanohablantes, una mejor coordinación entre las clases de español como lengua extranjera y español para hispanohablantes y el establecimiento del sistema de tutorías como un componente permanente del programa. La creación de un curso de sociolingüística donde se analizan las variedades lingüísticas de la comunidad y la publicación de una revista estudiantil surgieron también cómo consecuencia de este proyecto. El aporte principal de este programa ha sido demostrar cómo la integración de la cultura y del lenguaje de los estudiantes hispanohablantes al sistema educativo se puede realizar de forma efectiva y colaborativa para beneficio de todos los estudiantes.

PREGUNTAS PARA DISCUTIR

1. Campo académico

¿Dentro de qué disciplina o campo académico se ubica (o debería de ubicar) la enseñanza del español a estudiantes hispanohablantes? (Por ejemplo: Programas de Español, Estudios Chicanos/Latinos, Departamentos de Educación, etc.)

2. Formación profesional

El entrenamiento de maestros que dan clases de español para hispanohablantes no ha sido consistente en los departamentos de educación. Las universidades ofrecen cursos de metodología para lenguas extranjeras, pero no cursos especiales para la enseñanza del español para hispanohablantes. ¿Qué se puede hacer para cambiar esta situación? ¿Cómo se puede ayudar a los maestros de clase que no han sido entrenados para cursos de hispanohablantes? ¿Qué formación académica y actitud tienen y deberían tener los que enseñan cursos de español para hablantes bilingües a nivel universitario? ¿Están preparados los departamentos de español en la actualidad para responder a las necesidades de estos estudiantes?

3. Políticas educativas

En varios distritos escolares, no hay programas dedicados específicamente a los estudiantes hispanohablantes. Muchos de éstos toman clases para los no nativos y no aprenden mucho. ¿Qué se puede hacer para convencer al distrito escolar que se den clases separadas para los bilingües? Como profesionales, ¿qué podemos hacer para resolver esta situación?

4. Uniformidad

¿Es posible establecer una política educacional común con respecto a la enseñanza del español si consideramos que hay diversos tipos de comunidades lingüísticas en los Estados Unidos y que hay también una gran diversidad lingüística, cultural y de actitudes hacia el español entre la población estudiantil universitaria?

Capítulo 17

Language Shift, Linguistic Variation, and Teaching Spanish to Native Speakers in the United States

Garland D. Bills

University of New Mexico

INTRODUCTION

Language teaching can be an onerous occupation. Teaching a non-native language is difficult; how do you develop second language skills starting essentially from a ground zero level of competence? Teaching a native language is perhaps even more difficult; how do you develop much broader understanding of the language in which the students already have a kind of fully developed competence? Teaching Spanish to native speakers (SNS) in the United States is probably more difficult still because the teacher must deal with students having a wide range of competencies in the target language, from native to near-non-native proficiency. An additional major difficulty in all three language teaching situations has to do with student attitudes, but the conflict of attitudes in the SNS case makes the teacher's task especially demanding.

"Teaching Spanish to native speakers." The label itself raises three fundamental, indeed agonizing, questions. What is Spanish? What is a native speaker? What is the teacher's role in teaching whatever Spanish is to whatever a native speaker is?

In this paper I will attempt to respond to these fundamental questions by drawing implications from recent research that my colleagues and I have conducted on the manifestations of the Spanish language in the U.S. Southwest. The research focuses on two issues that impact enormously on Spanish language proficiency and therefore hold important implications for SNS. I will first report on some of our findings regarding language maintenance and shift. Subsequently I will discuss linguistic variation in Southwest Spanish. In the concluding section I will turn to the relationships of these issues to the three fundamental questions of SNS.

LANGUAGE SHIFT

Many supporters of the Spanish language in the United States are fond of emphasizing the vitality of this language in our midst, expressing their optimism in this regard even in the face of the most distressing facts. Let me take the recent report by Pease-Alvarez (1993) as an example. The preliminary findings of her study of third-graders and their parents in an immigrant community in northern California show a striking, two-generation shift to English in language proficiency and in language use; a shift in attitudes to favoring English is also present, though not quite so abrupt. In spite of these unquestionably negative results, in a concluding comment she elevates the weakest negative to positive status and subordinates the strongest negatives: "Overall we are left with a picture of a community with a strong commitment to bilingualism, despite evidence of intergenerational shift toward English at the level of usage and language proficiency" (10).

Teachers of Spanish to Spanish speakers are often among the fondest in looking at the bright side and putting the most positive interpretation on the available information about maintenance of Spanish in the U.S. We should not. We should know better. The rapidity with which U.S. Hispanics in the last half of the 20th century are shifting to English and abandoning Spanish rivals the loss of the ethnic mother tongue by practically any ethnic group in documented history. This shift is evidenced in community studies such as Thompson (1971), Ortiz (1975), Hudson-Edwards and Bills (1982), and the Pease-Alvarez report (1993) previously mentioned, as well as in census studies such as López (1978), Veltman (1988), Solé (1990), and Hart-González and Feingold (1990). As Solé (1990: 72) notes: "The evidence of actual large-scale, ongoing language shift is obvious."

For a number of years, Eduardo Hernández, Alan Hudson, and I have been studying Spanish language maintenance and shift in the Southwest, working with data from the U.S. Censuses for the past three decades (see, for example, Bills 1989; Bills et al. 1993; Hernández et al. 1993; Hudson et al. 1994). I will limit my report here to data from the 1990 Census, a full array of which has finally been made available to the public. Let us first have a look at the general demographic situation in the Southwest, as displayed in Table 1.

Consider first the size of the ethnic group, labeled "Hispanic origin" in the 1990 Census, replacing the "Spanish origin" label of the 1980 Census. According to this most recent census, the five states of Arizona, California, Colorado, New Mexico, and Texas are home to over twelve million persons age five and above[1] who are identified as being of Hispanic origin. These twelve million persons represent almost one-fourth of the total population of the region, ranging from a high of 37% in New Mexico to a low of just over 12% in Colorado. The Hispanic population is manifestly a prominent feature of the Southwest landscape.

Prominence of the ethnic group is not, of course, an indication of language maintenance. It might be believed that the figures in Table 1 for those claiming Spanish as their home language make a stronger argument that the ethnic language is being maintained well. Nearly ten million persons, 20% of the entire Southwest population, are reported to speak Spanish in the home. The proportional distribution is again highest in New Mexico and lowest in Colorado. It is

— *Table 1* _____

Total population, Hispanic origin population, and Spanish home language claimants (all age 5+)

	Arizona	California	Colorado	New Mexico	Texas	Southwest
Total population (TP)	3,374,806	27,383,547	3,042,986	1,390,048	15,605,822	50,797,209
Hispanic origin population (HOP)	600,537	6,703,197	374,445	519,939	3,830,894	12,029,012
HOP/TP	17.8%	24.5%	12.3%	37.4%	24.5%	23.7%
Spanish home language (SHL)	478,234	5,478,712	203,896	388,186	3,443,106	9,992,134
SHL/TP	14.2%	20.0%	6.7%	27.9%	22.1%	19.7%

on the basis of just such figures on the density of the ethnic group and the density of the Spanish-speaking that erroneous claims about the vitality of Spanish in the Southwest are frequently made. As we have demonstrated in previous studies (see Hudson et al. 1994), however, relative density of speakers in a community is not a viable measure of language maintenance.

How can we measure language maintenance or the process of language shift? One simple way is to assess the proportion of the ethnic group that continues to use the ethnic language. Table 2 displays this "language loyalty" measurement. Some of these Spanish home language claimants were almost certainly not identified as Hispanic origin and, consequently, these figures may be slightly inflated; nevertheless it is probably safe to assume that the number of non-Hispanic Spanish speakers is sufficiently small to have no significant impact on this measure.

As Table 2 shows for the five states combined, those persons reported to make some use of Spanish in the home correspond to fully 83% of Southwest Hispanics. Impressive as these overall proportions may seem, it is important to recognize that maintenance of the ethnic mother tongue is not absolute. There is slippage. There is shift. Seventeen percent of those who claim to be of Hispanic origin have abandoned the use of Spanish in the home, including nearly half of those claimants in Colorado, the state most removed from the Mexican border. Moreover, the home is typically the last domain of the ethnic language to undergo shift. The census provides no information on the abandonment of the mother tongue in other domains, all of which may be assumed to manifest a greater degree of shift.

— **Table 2** ————————————————————————————

Spanish home language claimants age 5+ as a percentage of the Hispanic origin population age 5+

	Arizona	California	Colorado	New Mexico	Texas	Southwest
Total	79.6	81.7	54.5	74.7	89.9	83.1
Age 18+	87.1	84.9	63.2	84.6	95.0	87.4
Age 5–17	62.4	73.3	32.3	49.4	77.9	72.0

A sharper demonstration of the attrition in home use of Spanish is seen when we measure language loyalty separately for youth and adults, as displayed in the second and third rows of Table 2. This simulation of generational behavior may be interpreted as a measure of language maintenance over time. In the five states combined, there is a 15% drop-off in the language loyalty rate among those under eighteen in comparison to those age eighteen and above. Across the board, the youth are much less likely to claim use of Spanish in the home, and the decline is precipitous indeed in New Mexico and Colorado. Not only is there widespread loss of Spanish; abandonment gains momentum among the young, the people who will be influential in establishing the mother tongue of the next generation. It is also relevant to note that these young are those most likely to be in our SNS classes in the future. Our examination of data from earlier censuses led us to conclude that

> maintenance of Spanish in the Southwest . . . is heavily dependent upon a steady transfusion of speakers from Mexico to communities in the United States, and [our findings] offer no warrant for the survival of Spanish beyond a point when such speakers are no longer available to replace speakers north of the border lost through mortality or linguistic assimilation. (Hudson et al. 1995: 182).

The same conclusion appears still more obvious when one looks at the data from the latest census concerning the foreign-born (see Table 3). In the five-state Southwest the ratio of persons born in Mexico to those claiming use of Spanish in the home is 36.2% in 1990. Moreover, the ratio for persons born in Mexico or other countries where Spanish is the official language is an astonishing 45% (and nearly 60% in California). Two caveats apply here. First, the published foreign birthplace figures are a subset of the Hispanic origin population, not of the claimants of Spanish home language; some of these foreign-born probably were not reported to use Spanish in the home. Second, since the Spanish figures exclude the population up to age four and the foreign-born figures include these children, the percentages given in Table 3 may be a few points higher than the actual proportion of foreign-born Hispanics in the Spanish language population.

— *Table 3* _____

**Persons of Hispanic origin born in a Spanish-speaking country (all ages)
as a percentage of the Spanish home language claimants age 5+**

	Arizona	California	Colorado	New Mexico	Texas	Southwest
Mexico	31.4	45.2	16.8	12.9	26.4	36.2
All countries	33.8	58.7	20.5	13.9	30.2	45.2

Nevertheless, these 1990 data suggest that 40% or more of those reported to use Spanish in the home are actually first-generation immigrants in the United States. Though the census does not provide information on subsequent generations, one might well speculate that the immigrant generation and its children account for the great majority of Spanish speakers in this region. This interpretation accords very well with the findings of other researchers such as Pease-Alvarez (1993) and López (1982).

We see, then, that despite a massive influx of Spanish-speaking immigrants, the shift to English is inexorable. The reasons for the shift are moderately clear in broad outline. The finding by López (1982: 66) of "clear associations between using Spanish and low socioeconomic status" is repeated in study after study. Furthermore, these associations are transparent to everyone in the society, and the clarity of the evidence to Hispanic youth and young adults surely pushes the process of shift. Though the question of the causes and consequences of language shift is much, much more complex than these simplistic observations, this general assessment is very relevant to SNS. While Spanish is maintained most strongly among the poor and marginalized, our SNS clients—especially in college but also in high school—are more likely to represent the group that is leading the shift to English.

Holding similar implications for SNS is yet another way to get at the process of shift: looking at the other side of the coin in a bilingual situation, in this case, the English side. For those claiming to speak a language other than English in the home, the 1990 Census collected English proficiency ratings on a four-point scale: very well, well, not well, and not at all. Two relevant figures are provided in Table 4. Of those southwesterners who claim to speak Spanish in the home, nearly three-quarters are reported to speak English well or very well, ranging from two-thirds of the Spanish speakers in California up to nine out of ten of those in Colorado. Moreover, fewer than one in ten claim to speak no English at all (and considerably fewer than this outside of California). Recalling that perhaps four in ten of these Spanish speakers were born in a Spanish-speaking country, we can appreciate the immediacy of the impact of English in the shift process.

— **Table 4** ───

Ability of Spanish home language claimants to speak English, in percentages

	Arizona	California	Colorado	New Mexico	Texas	Southwest
Very well or well	80.3	67.5	88.3	85.8	76.2	73.0
Not at all	6.4	12.0	2.8	2.7	6.8	9.4

These same proficiency data can be used to gain some insight into an issue of great importance to SNS: the language dominance of the Hispanic origin population (see Table 5). As noted previously, 17% of the Hispanic origin population did not report speaking Spanish at home. These individuals may be considered the English monolingual group. On the other extreme, the Spanish speakers reported to speak English "not at all" form a clearly Spanish monolingual group. Only eight percent of the Hispanic origin population falls into this category. Another 15% classified as speaking English "not well" may be more or less Spanish dominant in their bilingualism, depending on how the term "not well" was individually interpreted. But the majority of Southwest Hispanics fall in the group of bilinguals who have good proficiency in English. (The command of Spanish that the members of this bilingual group may have is not ascertainable, but it, too, can be assumed to cover a wide range of proficiencies.) It is apparent from these data that in the Southwest only a small proportion of the Hispanic origin population

— **Table 5** ───

Language dominance of the Hispanic origin population, in percentages

	Arizona	California	Colorado	New Mexico	Texas	Southwest
English monolingual	20.4	18.3	45.5	25.3	10.1	16.9
Bilingual	64.0	55.1	46.7	65.9	70.4	60.6
Bilingual?	10.6	16.8	6.2	6.7	13.4	14.6
Spanish monolingual	5.1	9.8	1.5	2.0	6.1	7.8

English monolingual = HOP – SHL / HOP
Bilingual = Speak English very well or well / HOP
Bilingual? = Speak English not well / HOP
Spanish monolingual = Speak English not at all / HOP

claims absolute loyalty to Spanish—that is, reports no proficiency in English—while the vast majority are well along the trajectory of shift to English.

Acquisition of a second language is not in itself an indication of loss of the ethnic language, but it is, of course, a necessary precondition for such loss. Moreover, in situations of societal bilingualism, acquisition of the dominant language is generally revealed to be not just an indicator of potential shift, but actually a part of the process of shift. As Joshua Fishman has so often told us, we do not need two languages to do exactly the same thing. Consequently, in a bilingual society the two languages will tend to have separate functions. The acquisition of English by Hispanics in the Southwest is typically accompanied at minimum by a reduction of functions for Spanish and usually by a reduction of skills in Spanish as well.

Our research on language shift, then, demonstrates that the Hispanic community, which includes our SNS clientele, is characterized by ongoing processes of shift to English. These processes are motivated by discriminating socioeconomic forces and contribute to a reduction of skills in Spanish, two realities that the SNS classroom must be designed to confront and overcome.

LINGUISTIC VARIATION

Another aspect of the problem of teaching Spanish to the native speaker concerns the considerable variation, both regional and social, that we find in the Spanish language. This variation is conspicuous not just from continent to continent or from nation to nation, but within each nation, state, province, and city. The same kinds of variation are apparent in the United States. From a national perspective we can easily perceive differences in the speech of Chicanos, Puerto Ricans, Cubans, Salvadorans, Isleños, and others. We tend, however, to consider the Spanish used in the southwestern states to be fairly homogeneous. The Hispanic origin population of the Southwest is heavily Chicano; in fact, in 1990 only 2.2% of Hispanics in this region identified themselves as Cuban or Puerto Rican, to cite the two other Hispanic origin groups most prominent in the United States.

But the Southwest is not as homogeneous as many people believe. I would like to offer some indication of its heterogeneity by looking at early results from the project in which Neddy Vigil and I are engaged at the University of New Mexico.[2] Our New Mexico–Colorado Spanish Survey is interviewing some 350 adult Spanish speakers scattered across all of New Mexico and sixteen counties of southern Colorado. Our purpose is to provide comprehensive documentation of the Spanish spoken natively in this region. We have completed over 300 tape-recorded interviews, typically lasting three to four hours each, so we have already accumulated masses of data. However, these data are only now being entered in our computer database, and the full body of data is as yet unanalyzed in any respect. The following comments are based on a preliminary analysis of a small sampling of the data collected in 115 interviews.

A straightforward illustration of the heterogeneity of Southwest Spanish is provided by the map in Figure 1, which displays the geographical distribution of

— *Figure 1*

"Peas"

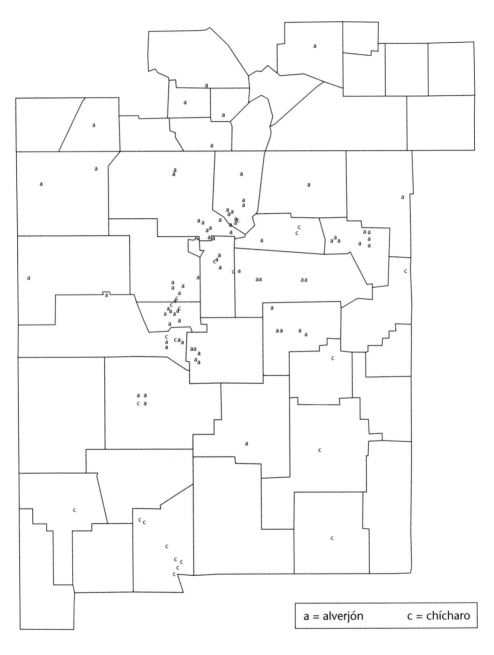

a = alverjón   c = chícharo

these consultants with regard to the word elicited for "peas."[3] Notice in general that *chícharo* is the primary form used in the southern part of New Mexico, where the Spanish-speaking population derives largely from immigration from Mexico in the twentieth century and has comparatively frequent opportunities for interactions with Mexican citizens. On the other hand, *alverjón* is the norm in the northern two-thirds of the region represented, where the Hispanics tend to be speakers of the so-called "Traditional New Mexican Spanish" (Lope Blanch 1987) that derives from early immigration in the 17th, 18th, and 19th centuries. This differentiation of two dialects is the general trend. But notice that the "Mexican form" is also encountered on the eastern plains and in the Albuquerque metropolitan area (the large cluster of consultants in the center of the map), both of which have enjoyed significant immigration from Mexico in the present century.

A similar display is seen in Figure 2, which shows the distribution of the Mexican *calcetines* vs. the Traditional Spanish *medias* for "man's socks."

A more complex analysis of the same phenomenon is pictured on the map in Figure 3 (taken from Vigil and Bills 1993). Here we have created a single variable combining the responses to three clearly diagnostic items: "woman's dress," "woman's skirt," and "apricot." The typically Mexican Spanish forms, *vestido, falda,* and *chabacano/chabacán,* are plotted with the symbol "o"; the Traditional Spanish forms, *túnico, nagua(s),* and *albercoque/albarcoque,* are represented with "+." All other combinations of responses, which might be considered the result of dialect mixture, are signalled by "–." Perhaps the most interesting additional feature of this display is the clarity of the clash of dialects in the urban area of Albuquerque.

The divergences are not limited just to these two major varieties of Spanish and the results of contact between them. Figure 4, for example, charts the words elicited for "throw rug." Characteristically, in the south we find, in addition to the typical Mexican form *tapete,* the perhaps more learned Mexican word *alfombra.* In the Traditional Spanish area we also find two forms in competition: *jerga* and *piso.* Not surprisingly, all four of these words show up as first responses in the speech of Albuquerque natives.

Turning to Figure 5, we see that the words elicited for a "25-cent coin," or "quarter," present additional variation. *Peseta* seems to be the preferred form among those with the closest ties to Mexico; those who offer *dos reales* tend to be older and/or rural residents; and those who prefer the Anglicism *cuara* are typically younger and more urban.

Distinct, smaller dialect areas are also apparent (see Vigil et al. 1993 for greater detail). In north-central and northeastern New Mexico and contiguous areas of southern Colorado, the usual word for "turkey" is *ganso* (and for the skeptical, I should note that the word for "goose" in that area is *ánsara*). In a much more restricted area of northeastern New Mexico and southeastern Colorado, the preferred term for syrup is *melaz.* In a limited area of south-central New Mexico, the word for "pancakes" is *guayabes.*

The geographical analysis of these individual lexical items is the easiest way of illustrating the region's dialect diversity. Though we have not yet been able to

— *Figure 2* ——————————————————————————

"Man's socks"

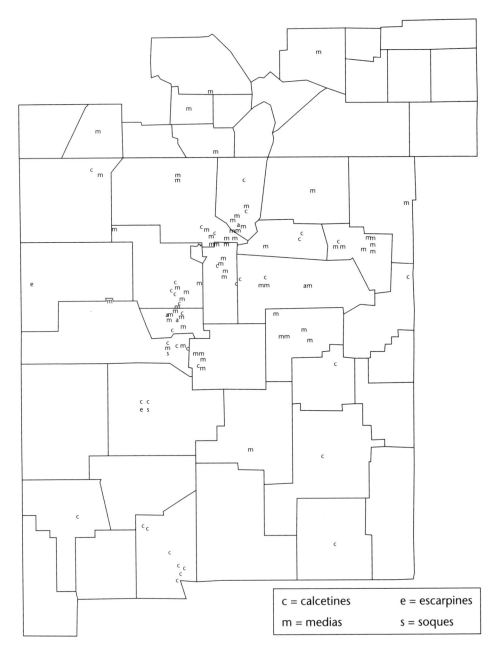

c = calcetines   e = escarpines

m = medias   s = soques

— Figure 3 ⎯⎯⎯⎯⎯⎯⎯⎯⎯⎯⎯⎯⎯⎯⎯⎯⎯⎯⎯⎯⎯⎯⎯

"Dress" + "Skirt" + "Apricot"

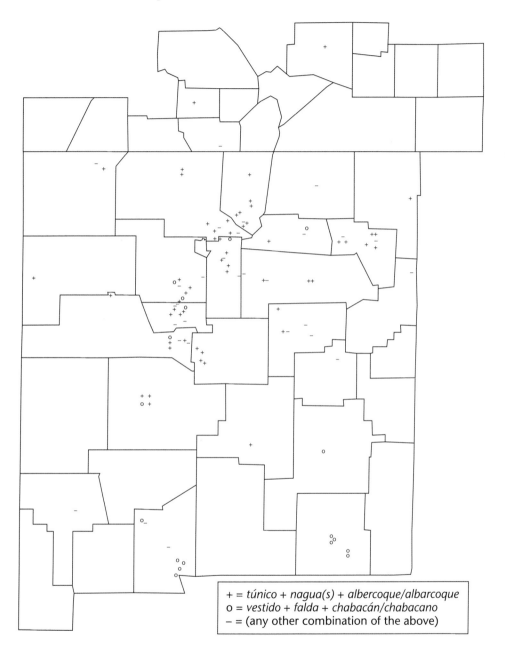

+ = *túnico + nagua(s) + albercoque/albarcoque*
o = *vestido + falda + chabacán/chabacano*
− = (any other combination of the above)

— *Figure 4*

"Throw rug"

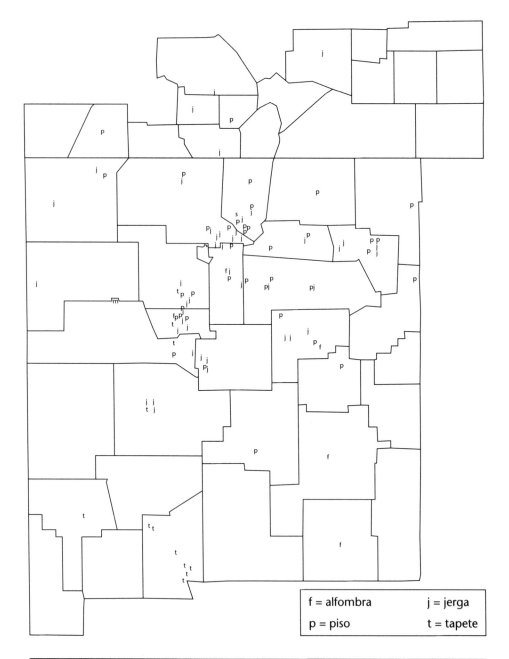

f = alfombra   j = jerga

p = piso   t = tapete

— *Figure 5* ————————————————————

"Twenty-five-cent coin/Quarter"

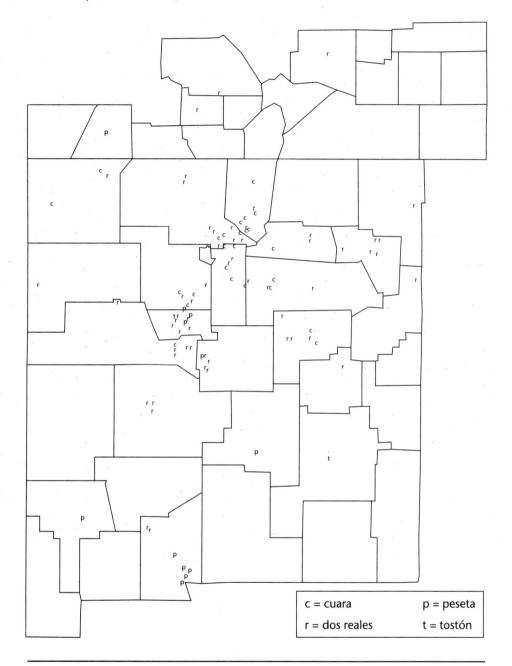

c = cuara   p = peseta

r = dos reales   t = tostón

explore systematically other aspects of linguistic structure, it is clear that variation is equally prominent in the phonology and morphology. Furthermore, in these other areas we perceive clearer manifestations of variation along social and stylistic dimensions.

Phonological variation is very salient in our project data. For example, while many speakers in our sample never aspirate /s/ at all, others show frequent /s/ aspiration—in the prevocalic as well as the preconsonantal position (see Ulibarrí 1993). One of our interviewers, who happens to be an impressive aspirator, provided one of my favorite examples when, in trying to elicit the plural form of an item, he asked, "Ji jon doj, ¿cómo je dejía?".

Another phonological variable of interest is the phoneme /ch/. Scattered here and there in New Mexico and across the Southwest are pockets of speakers who regularly—and often consistently—pronounce the /ch/ as a fricative. In addition, the conditioning factors for the realization of the fricative variant appear to be distinct in different locales (see, e.g., Jaramillo and Bills 1982; Moreno de Alba and Perissinotto 1988).

The single and multiple tap phonemes always show interesting variation in Spanish. To cite just one aspect that is not widely documented, most speakers in New Mexico and southern Colorado reduce an /r/ before another alveolar consonant (e.g., in *carne, cárcel, Carlos*) to a retroflex semiconsonant, very similar to the English /r/.

As a final phonological example, many speakers in the northern part of our survey region produce an epenthetic /e/ following phrase-final alveolar consonants (e.g., *decire, papele, ratone*), a feature that has been considered characteristic of "New Mexican Spanish" since the early studies by Hills (1906) and Espinosa (e.g., 1909). However, considerable geographical and individual variation exists not only in the occurrence of this phenomenon, but also in its phonetic realization as a high vowel or a mid vowel, as Hernández and Pérez (1991) note in their careful exploration of this topic.

Morphological variation is also commonplace. For example, the first person present forms of *haber* are *ha* and *hamos* for many, many speakers in our region (thus, *yo ha comido, nosotros hamos comido*). To cite a few other examples that stand out sharply, some speakers use *vi* and *vio* while others use *vide* and *vido*; some say *trajo*, others *trujo*; some say *soy* and *somos*, others *seigo* and *semos*; some use *veo* while others prefer *veigo*.

The more carefully we examine the details of the structure of Southwest Spanish, the more fully we appreciate the extent of the variation. Nonetheless, we must all acknowledge that the significance of this variation for practical communication is slight. Although the lexical differences may very occasionally contribute to misunderstandings, these are rather trivial problems. The kinds of phonological, morphological, and syntactic variation that we encounter in Southwest Spanish have little impact on successful communication of information. Yet these differences can have a powerful affective impact, both positive and negative, on teachers and students alike. It is thus important that the linguistic bases for many of the attitudinal reactions be recognized by teachers of Spanish.

We see, then, considerable linguistic variation in a fairly limited sampling of Spanish speakers who are all native-born residents of New Mexico and Colorado, a rather insulated part of the Southwest that has a relatively small amount of immigration (see Table 3). We can thus logically expect the variation to be equally great in other areas of the Southwest. It may well be much greater. Such linguistic differences exist because migration from Mexico has occurred not only at different time periods, but also from different parts of Mexico where distinct dialects of Spanish are spoken. Migration from other parts of the Spanish-speaking world, especially Central America in recent years, adds to the diversity. Moreover, in the Spanish of native-born and longtime residents of the United States, a variety of home-grown dialects reflect the peculiar amalgam of characteristics in particular locales.

One of the most striking characteristics of this home-grown Spanish is *language loss,* the manifestation in an individual speaker of somewhat less competence in the language than what would generally be considered fluency. This "disfluency" can cover an ample range. At one extreme are the passive bilinguals, who apparently have no productive competence but who often have fairly decent receptive competence. The low proficiency end of the scale may be illustrated by the following two excerpts from an interview with a 21-year-old woman in our sample. In the first interchange she attempts to comply with the understood interview objective of speaking Spanish, but the task is obviously difficult, and the Spanish output is meager.

> 1. Interviewer (INT), Consultant (31)
>   INT ¿Te recuerdas de cuentos que te decían cuando eres niña?
>
> 31 No. No en español.
>   INT Okay, ¿quién es la Llorona?
>
> 31 Ooooh! [two-second pause] Una mujer que [two-second pause] pierda sus niños—.
>   INT Uh-huh.
>
> 31 No—. [one-second pause] No me recuerdo [one-second pause] como [one-second pause]. Pero ella [two-second pause] llora [two-second pause] en todo los partes en los— [giggles] *in the ditches, and the* [two-second pause] *behind my school* [laughs].

In the second excerpt, Consultant 31 reveals clear understanding of Spanish but gives up completely on using Spanish as the medium for her responses.

> 2. Interviewer (INT), Consultant (31)
>   INT ¿Tienes amigos que son de México, y de otro—, que solamente hablan en español?
>
> 31 Tengo—. [four-second pause] *Oh, man.* [two-second pause] *Not, not good friends, but people I know.*
>   INT ¿Y qué piensan de tu español de aquí de Nuevo México?
>
> 31 *They don't tell me anything about it, you know. I struggle to talk to them some.*

At the other extreme are individuals who speak Spanish with considerable facility, displaying little or no indication of language loss beyond the lexical gaps in one language that always are found in bilingual situations. Furthermore, some of the speakers with only modest loss have developed such effective performance strategies that their disfluency may go practically unnoticed. The extraordinary variation in Spanish proficiency is sure to be among the greatest challenges for the SNS instructor.

CONCLUDING COMMENTS

To summarize briefly, four major points made here are highly relevant to the teaching of Spanish to native speakers: (1) Spanish is not being effectively maintained in the Southwest; (2) there are many varieties of Spanish in the Southwest; (3) the process of language shift is leaving many Hispanics with restricted and even marginal skills in the ethnic mother tongue; and (4) Southwest Hispanics often hold negative attitudes both toward the Spanish language vis-a-vis English and toward the variety of Spanish used in their community. These facts hold many implications for SNS instruction, several of which are addressed in the following responses to the fundamental questions raised earlier.

What is Spanish?

In the folds and recesses of the brains of most educated Spanish speakers and teachers of Spanish there lurk demons of linguistic puritanism. Many of these people have clear perceptions of linguistic right and wrong, of what is righteous and what is sinful in the use of Spanish. This is nonsense, of course. The language is tremendously variable, and no variety is inherently better than any other. As suggested above, the Spanish language varies in the Southwest as much as anywhere else in the world, and each of its manifestations merits equal respect. The SNS teacher who claims to love Spanish cannot disdain any variety of the language.

So what is the SNS teacher's responsibility vis-a-vis Spanish? Most importantly, the teacher must be expected to be aware of the language that the students bring to the classroom (just as in the Ann Arbor court decision teachers were expected to become informed of the English that their Black students brought to class; see Labov 1982). Awareness alone is not sufficient, however. The individual student's variety must be treated at least with respect and preferably with love. But should the teacher be a native speaker of that variety or must the teacher use that variety in the classroom? Not necessarily. The teacher's variety merits equal respect and love. It seems absolutely clear that a central purpose of SNS classes should be to expose students to a wider world of Spanish, and there is thus no essential reason why a teacher's different variety—including a non-native variety—cannot be an effective aspect of that broader exposure, as long as there is the foundation of understanding and appreciation of the student's language.

What Is a Native Speaker?

Providing a definition of a native speaker poses very nearly the same problem as defining a bilingual. Fishman (1966: 122) argues convincingly that bilingualism is simply "demonstrated ability to engage in communication via more than one language," without restrictions as to level of proficiency or type of interaction. Adapting this definition, we could define a *native speaker* as one who shows a demonstrated ability to engage in communication via a language acquired in early childhood. Limiting SNS classes to those who were exposed only to Spanish in childhood would be tantamount to admitting only immigrants, a position that I believe all SNS teachers would find misguided. Accepting something less than monolingual competence as a prerequisite to SNS instruction opens the objectives of SNS to include even those with only a small residue of childhood Spanish in their heads. Although this makes it impossible to draw an absolutely clear boundary between native and non-native status, it is nonetheless essential to recognize that native-speakerhood covers a wide range of proficiencies. Just as the monolingual from birth is a native speaker, so is Consultant 31, previously cited, who demonstrates quite clearly the ability to engage in communication in Spanish, even with Spanish monolinguals. I hope that it is widely accepted that SNS programs should reach out to speakers with still more limited skills than those of Consultant 31.

What Is the Role of the SNS Teacher?

First and foremost, the teacher must recognize the basis for the loss of Spanish in the Southwest and accept the mixed emotional reactions that Hispanics may have toward the ethnic mother tongue. On one level, Spanish may be the warm and comforting language of the home (or remembered home). Yet Southwest Spanish speakers are often told, whether by outsiders or by more proficient speakers within the community, that their Spanish is deficient. Furthermore, Spanish is only one part of their linguistic world, and in bilingual situations there are other demons of linguistic puritanism. In the Southwest, as well as in the United States more generally, the Spanish language is widely considered to occupy a social position that is, if not downright sinful, at least decidedly inferior. The socioeconomic support for those arguments can be powerful and convincing to the young and impressionable. Thus, we find such ambivalent attitudes as those expressed in a recent letter to the editor by a moderately well melted and misinformed bilingual (*Albuquerque Journal*, May 19, 1994):

> I am bilingual, and my life would not be any different, if I did not speak Spanish. I am glad, however, to be able to speak two languages.
>
> My daughters do not speak Spanish, and I have no guilt feelings about it. My wife and I wanted them to speak good English, since this is the official [sic] language of our country.

A critical responsibility of the SNS teacher must be to attempt to exorcise the demons of both stripes: those that denigrate the Spanish language as well as those that vilify varieties of popular Spanish. Even Spanish speakers who appear to possess very high levels of linguistic security have been swayed by the abuse. However, those most impressed by the demons' arguments are likely to be those with the least developed and/or most suppressed Spanish skills. Therefore, the teacher at the most elementary SNS levels must be committed to extensive nurturing.

The desired outcome of SNS instruction is change. Change not just in the proficiency levels of our students, but change in the status and acceptability of the Spanish language in our society. In this paper, as in most papers on SNS, the focus is on the role of the teacher in effecting these changes. We tend to see the battleground of the revolution as taking place in the schools and in university language departments. We tend to be centrally concerned with consciousness-raising among the students, presumably in the hope that they will contribute ultimately to winning the revolution. But the battle is more difficult still, for the schools appear to do nothing significant independently of the will of the larger society in which we live. To effect real change, the educational institutions must have the support and consent of the larger Hispanic community (witness the letter writer quoted previously) as well as the non-Hispanic community. To be truly effective, then, teachers need to take the revolution into every avenue of our lives: in interactions in our neighborhoods, at cocktail parties, in businesses, in bars— wherever we have an opportunity to make a difference in exposing the linguistic demons.

¡Ay! What an enormous responsibility we expect SNS teachers to take on. They deserve much sympathy. But in their attempts to restore Spanish to its rightful place in U.S. society, they also deserve the highest respect and praise.

ENDNOTES

1. Since the 1990 Census provides language data only for the population above age four, the same age restriction is adhered to here for other populations when the appropriate data are readily available.

2. This research is funded by a grant from the National Endowment for the Humanities for a project titled "Linguistic Atlas and Archive of the Spanish of New Mexico and Southern Colorado." This support is gratefully acknowledged.

3. Consultants often gave more than one response to a given stimulus, and all multiple responses are appropriately entered in our database. However, only the consultant's first response was included in preparing the maps presented here.

REFERENCES

Bills, G. D. 1989. "The U.S. Census of 1980 and Spanish in the Southwest." *International Journal of the Sociology of Language* 79: 11–28.

Bills, G. D., E. Hernández Chávez, and A. Hudson. 1993. "The Geography of Language Shift: Distance from the Mexican Border and Spanish Language Claiming in the Southwestern United States." *University of New Mexico Working Papers in Linguistics* 1: 15–30. (To appear in M. Hidalgo, ed. (1995) *Sociolinguistics Trends on the U.S.-Mexico Border* 114. 4 of *International Journal of the Sociology of Language.*)

Espinosa, A. M. 1909. "Studies in New Mexican Spanish, Part I: Phonology." *University of New Mexico Bulletin, Language Series* 1(2): 47–162.

Fishman, J. A. 1966. "The Implications of Bilingualism for Language Teaching and Language Learning." *Trends in Language Teaching.* Ed. A. Valdman. New York: McGraw-Hill. 121–132.

Hart-González, L., and M. Feingold. 1990. "Retention of Spanish in the Home." *International Journal of the Sociology of Language* 84: 5–34.

Hernández Chávez, E., G. D. Bills, and A. Hudson. 1993. "El desplazamiento del español en el suroeste de EE. UU. según el censo de 1990." Paper presented at the X Congreso Internacional de la Asociación de Lingüística y Filología de la América Latina, Veracruz, Mexico.

Hernández Chávez, E., and G. Pérez. 1991. "Epenthetic Front Vowels in New Mexican Spanish: Archaism or Innovation?" Paper presented at the 12th Conference on El Español en los Estados Unidos, Los Angeles.

Hills, E. C. 1906. "New Mexican Spanish." *PMLA* 21: 706–753.

Hudson, A., E. Hernández Chávez, and G. D. Bills. 1992. "English Language Proficiency, Spanish Language Maintenance, and the Socioeconomic Characteristics of the Spanish Origin Population." Paper presented at the 13th Conference on El Español en los Estados Unidos, Minneapolis.

———. 1995. "The Many Faces of Language Maintenance: Spanish Language Claiming in Five Southwestern States." *Spanish in Four Continents: Studies in Language Contact and Bilingualism.* Ed. C. Silva-Corvalán. Washington, D.C.: Georgetown UP. 165–183.

Hudson-Edwards, A., and G. D. Bills. 1982. "Intergenerational Language Shift in an Albuquerque Barrio." *Spanish in the United States: Sociolinguistic Aspects.* Eds. J. Amastae and L. Elías-Olivares. Cambridge: Cambridge UP. 135–153.

Jaramillo, J. A., and G. D. Bills. 1982. "The phoneme /ch/ in the Spanish of Tomé, New Mexico." *Bilingualism and Language Contact.* Eds. F. Barkin, E. A. Brandt, and J. Ornstein-Galicia. New York: Teachers College Press. 154–165.

Labov, W. 1982. "Objectivity and Commitment in Linguistic Science: The Case of the Black English Trial in Ann Arbor." *Language in Society* 11: 165–201.

Lope Blanch, J. M. 1987. "El estudio del español hablado en el suroeste de los Estados Unidos". *Anuario de Letras* 25: 201–208.

López, D. E. 1978. "Chicano Language Loyalty in an Urban Setting." *Sociology and Social Research* 62: 267–78.

López, D. E. 1982. "The Maintenance of Spanish over Three Generations in the United States." National Center for Bilingual Research, Report R-7. Los Alamitos, CA: National Center for Bilingual Research.

Moreno de Alba, J. G., and G. Perissinotto. 1988. "Observaciones sobre el español en Santa Barbara, California." *Nueva Revista de Filología Hispánica* 36: 171–201.

Ortiz, L. I. 1975. "A Sociolinguistic Study of Language Maintenance in the Northern New Mexico Community of Arroyo Seco." Ph.D. dissertation, University of New Mexico.

Pease-Alvarez, L. 1993. "Moving In and Out of Bilingualism: Investigating Native Language Maintenance and Shift in Mexican-Descent Children." National Center for Research on Cultural Diversity and Second Language Learning, Research Report, 6. Washington, D.C.: Center for Applied Linguistics.

Solé, Y. R. 1990. "Bilingualism: Stable or Transitional? The Case of Spanish in the United States." *International Journal of the Sociology of Language* 84: 35–80.

Thompson, R. M. 1971. "Language Loyalty in Austin, Texas: A Study of a Bilingual Neighborhood." Ph.D. dissertation, University of Texas, Austin.

Ulibarrí, R. A. 1993. "The Aspiration of /s/ in Taos County, New Mexico." Paper presented at the 14th Conference on El Español en los Estados Unidos, San Antonio.

U.S. Bureau of the Census. 1993. *1990 Census of Population: Social and Economic Characteristics.* (Vol. 4, Arizona. Vol. 6, California. Vol. 7, Colorado. Vol. 33, New Mexico. Vol. 45, Texas.) Washington, D.C.: U.S. Government Printing Office.

Veltman, C. 1988. *The Future of the Spanish Language in the United States.* New York: Hispanic Policy Development Project.

Vigil, N. A., and G. D. Bills. 1993. "The New Mexico/Colorado Spanish Survey: Methodology and Technology." Paper presented at the 8th International Conference on Dialectology, Victoria, B.C., Canada. (To appear in the conference proceedings.)

Vigil, N. A., G. D. Bills, Y. Bernal-Enríquez, and R. A. Ulibarrí. 1993. "El atlas lingüístico de Nuevo México y el sur de Colorado: algunos resultados preliminares". Paper presented at the X Congreso Internacional de la Asociación de Lingüística y Filología de la América Latina, Veracruz, México. (To appear in the conference proceedings.)

Capítulo 18

Asuntos políticos en la enseñanza del español a los hispanohablantes en el contexto de la educación bilingüe: ¿dónde estamos y dónde queremos estar?

Beti Leone

William Paterson College of New Jersey

INTRODUCCIÓN

Dos cuentecitos de conversaciones pueden ilustrar algunos aspectos políticos de la educación bilingüe. La primera conversación tuvo lugar en una reunión entre la directora de una escuela bilingüe, una maestra bilingüe de segundo grado y la asistente de ésta. Hablaban de cómo iban las cosas y, durante la conversación, la asistente dijo que la maestra no estaba enseñando el inglés como segundo idioma (ESL). La maestra respondió que sí estaba haciéndolo, pero que lo hacía integrando el inglés a través de las materias, o sea, durante las lecciones de matemáticas, estudios sociales, ciencia y la salud. Cuando les enseñaba a los niños a leer, no usaba dos idiomas, sino sólo su idioma nativo, el español. Dijo que cuando integraba el lenguaje con el «contenido», era más efectivo y más holístico y tenía más sentido para los chiquitos.

La segunda conversación se trata de una preocupación que tenía una maestra bilingüe de primer grado. Siempre que el director de la escuela visitaba su clase, él le comentaba que no se oía bastante inglés. Cuando ella consultó con una supervisora del programa bilingüe, la supervisora le aconsejó que dijera a los niños que hablaran sólo inglés cuando vieran al director, cambiando según el interlocutor, algo que ya entendían muy bien los niños de su clase.

Estas dos anécdotas muestran brevemente la variedad de metas programáticas y de filosofías de educación en los Estados Unidos. La maestra que enseña inglés a través de las varias materias sigue la filosofía del «lenguaje entero», que se basa en la integración del lenguaje con el contenido. La segunda conversación ejemplifica la problemática de la distribución de los dos idiomas en la clase bilingüe: cuándo usar cuál idioma, con quién y para qué. En cada caso, la maestra ha hecho una decisión consciente de acuerdo con el contexto en que se encontraba. En cada escuela, la maestra busca rutas nuevas para llegar al desarrollo más efectivo de las destrezas cognoscitivas, lingüísticas y académicas de sus estudiantes hispanohablantes y, al mismo tiempo, seguir los mandatos de sus superiores. Los directores de escuela y otros administradores, en muchos casos, no tienen tanta experiencia ni entendimiento de la educación bilingüe como tienen las maestras bilingües. Éste es el caso especialmente en los distritos escolares donde las comunidades bilingües no tienen tanta participación o no han alcanzado cierto nivel de poder económico y político. Hay quienes piensan que el mantenimiento de los idiomas étnicos no se realiza en las escuelas estadounidenses, ni en los contextos bilingües y creen que se debe examinar más cuidadosamente lo que ocurre en las escuelas diariamente, en los corredores y salones de clases bilingües (Fishman 1981; Skuttnabb-Kangas 1994).

¿DÓNDE ESTAMOS?

La primera parte de este trabajo trata de cuatro asuntos relacionados con la enseñanza del español a los hispanohablantes en la educación bilingüe: (1) las metas programáticas, (2) el uso de los dos idiomas por los maestros y por los niños, (3) la participación de los padres y (4) la preparación de los maestros bilingües (Collier 1994).

Las metas de los programas bilingües

Cuando comenzó la educación bilingüe en los Estados Unidos, tenía dos metas: el aprendizaje del inglés y la asimilación de los niños a la cultura dominante (Moll 1995; Fishman 1981). Con la experiencia, se aumentaron estos programas bilingües a incluir metas académicas, aunque muchos programas actualmente son transicionales y no les dejan a los estudiantes el tiempo adecuado para desarrollar su alfabetización, ni sus destrezas cognoscitivas académicas y lingüísticas, antes de entrar en las clases de «sólo-inglés». (Véase Skuttnabb-Kangas 1994, respecto a la política estatal que causa la asimilación lingüística en los países donde hay educación elemental obligatoria y la relación de esta política a programas bilingües de «salida temprana».) Sin embargo, más recientemente, a causa de los avances en las investigaciones en la educación bilingüe, estas metas incluyen el desarrollo cognoscitivo y no sólo el éxito académico. Este desarrollo incluye la elaboración de conceptos, destrezas de pensamiento, estrategias de aprendizaje y la capacidad de aprender a lo largo de toda la vida.

En realidad, los estudios recientes de Collier (1994) indican que cuando se comparan los resultados de las pruebas académicas de los niños en cinco tipos de programas bilingües (bilingüe de mantenimiento; bilingüe transicional de salida tardía; bilingüe transicional de salida temprana con ESL tradicional; bilingüe transicional de salida temprana con ESL integrado; y sólo ESL de día parcial o *pull-out*), las curvas normales equivalentes (NCTEs) consistentemente favorecen a los programas bilingües de mantenimiento del idioma nativo. Así mismo, los «programas bilingües buenos» (basados en otros estudios) tienen varias características, tales como el lenguaje entero, salas de clase activas, un enfoque en el desarrollo cognoscitivo, un plan de estudios o currículum temático y actividades cooperativas. Este estudio y otros (Cummins 1989, 1981) destacan las ventajas de la instrucción bilingüe de largo plazo (o sea, del tipo de mantenimiento), que integra el lenguaje y la cultura familiares y comunitarios para desarrollar un bilingüismo aditivo y no sustractivo. (Este desarrollo cognoscitivo es la base de toda la instrucción; sin ello, todo el aprendizaje escolar y no escolar será afectado y es menos probable que sea aditivo el bilingüismo resultante.)

¿Cuál idioma y cuándo?
La distribución de los dos idiomas

Preguntas tales como cuál idioma usar, con quién, cuándo y para qué (o sea, preguntas sobre la *distribución de idiomas*) han motivado estudios descriptivos de la interacción en las clases bilingües y han fomentado métodos prescriptivos para ayudar a los maestros bilingües a pensar conscientemente en el uso del español para ciertos motivos interaccionales e instruccionales (Jacobson 1981 y 1995). Estos motivos se dividen en cuatro categorías: (1) las estrategias del salón de clase, (2) el plan de estudios, (3) el desarrollo del idioma y (4) las relaciones interpersonales. Por ejemplo, en la categoría de las estrategias de la clase, Jacobson dice que un cambio de idiomas sería apropiado para reforzar un concepto, repasar algún punto, conseguir la atención o aplaudir o regañar a un niño.

Walker de Felix (1990) dice que el enfoque de Jacobson es útil para maestros proficientes y no proficientes en español, porque, según ella, muchos de ellos no están conscientes de su selección de idiomas. Pero también dice que, para los maestros menos proficientes, que son la mayoría de los maestros bilingües, es especialmente útil porque en su caso el uso de un idioma u otro, desafortunadamente, muchas veces no está relacionado con motivos instruccionales, sino con las habilidades lingüísticas. Dice que los maestros menos proficientes, muy a menudo, favorecen el idioma que dominan mejor o, lo que es peor, usan demasiado el idioma que dominan menos para poder desarrollarlo, sin pensar en las necesidades de los estudiantes o en las metas instruccionales (1990: 28). Walker de Felix cree que el sistema de Jacobson con respecto al uso de dos idiomas es útil para el entrenamiento de los maestros bilingües, porque se enfoca en la concientización de éstos con respecto a las decisiones que toman sobre el uso de dos idiomas en sus clases.

Milk (1990), partiendo de una perspectiva parecida, dice que en la educación bilingüe efectiva, no es tan importante la cantidad de tiempo que se usa un idioma u otro como los motivos instruccionales generales para los cuáles tanto los estudiantes como el maestro usan el idioma nativo y el segundo. Si el enfoque está en el aprendizaje del contenido de las diversas materias (las matemáticas, las ciencias, los estudios sociales, etc.), entonces, pregunta Milk, ¿es necesario mantener estrictamente separados los dos idiomas? ¿No sería mejor dejarles a los estudiantes usar todos los recursos lingüísticos de los dos idiomas para elaborar los conceptos básicos que desarrollan todos los niños cuando maduran? Asimismo, si la meta instructiva es el desarrollo de la alfabetización nativa o la comunicación oral del inglés, según Milk, la separación de idiomas durante la instrucción tal vez sería más apropiada.

El uso de dos idiomas por los niños: el lenguaje y el dominio afectivo

Muchos programas bilingües, incluso los de mantenimiento (o sea, *duales*), no les comunican a los estudiantes valores positivos acerca de sus idiomas nativos. Este fallo influye en la selección y el uso de los dos idiomas por los estudiantes: «(ellos) naturalmente y con el tiempo van a añadir el inglés, pero un problema más grande es que comienzan a rechazar el idioma nativo y a usar sólo el inglés» (Hudleson y Serna 1992). En un estudio reciente de las opiniones de estudiantes de los grados intermedios (6°, 7° y 8°), McCollum (1994) dice que la falta de atención tanto a la política del programa bilingüe como al «programa de estudios implícito» o sea, «el plan de estudios escondido», les influye a los estudiantes de tal manera que deciden no usar su idioma nativo en la escuela. Ella cita el trabajo de Kjolseth (1982), que explica que «los recursos lingüísticos y culturales de los estudiantes minoritarios son desvalorizados y frecuentemente por eso cambian al inglés como consecuencia del uso de la forma culta (del español) usada en las salas de clase (bilingües)» (McCollum 1994). Lo que pasa, según Kjolseth, es que los estudiantes que usan variedades y formas más regionales, comunitarias y populares frecuentemente cambian a su segundo idioma, en el cual sus sensibilidades de cambios de registro y variación de estilo están menos desarrolladas. Eso es, cuando usan el inglés, los estudiantes no sienten tan intensamente las presiones normativas negativas que los desaniman al usar su español familiar. Así es que, cuando usan el inglés, evitan esas ocasiones en que los maestros les corrigen y purifican su español.

Igual que Kjolseth, Commins (1989) examina la relación entre el lenguaje y el dominio afectivo, mirando hacia el hogar y la escuela y detallando los factores múltiples que toman parte en la selección de idiomas por los jóvenes, especialmente en la negociación de la identidad. Ella trabajó con unos niños durante varios meses enfocándose en cómo las auto-percepciones de éstos influían en su proficiencia lingüística y sus destrezas y habilidades de extender y ampliar su uso del español. Los estudiantes que ella observó habían recibido instrucción en inglés durante sus cinco primeros años. Luego, por fin, pasaron a un salón bilingüe nuevo, en el cual se esperaba que se desarrollaran más (en sus destrezas cognoscitivas, académicas y lingüísticas) que en un salón donde se diera la instrucción en inglés (*mainstream*). Sin embargo, ella notó que existían ambigüedades y mensajes mixtos acerca de la aceptabilidad y la importancia del español en la escuela, basándose en comentarios específicos de los maestros y en su propias observaciones de la falta de comunicaciones escolares oficiales en español dirigidas a las familias bilingües. Todas estas cosas influían en los estudiantes y en sus percepciones de las ventajas de usar su idioma nativo. A causa de esta hostilidad explícita, los maestros observaron que los estudiantes se resistían ante la instrucción en español y, los dirigentes del nuevo programa bilingüe decidieron cambiar su práctica y redujeron la cantidad de tiempo dedicado al uso del español en el salón de clase. (Leone y Cisneros (1996) descripciones de problemas parecidos.)

Sin embargo, también son notables los comentarios de Commins sobre lo que no discutieron los maestros y los estudiantes, comentarios relacionados con el cambio de la política de la clase bilingüe nueva: «En el día escolar no había tiempo dedicado al desarrollo del español ni a la alfabetización en español, excepto con los dos hispanohablantes monolingües. Además, nunca había discusión sobre el bilingüismo y sus ventajas. Esto hizo muy difícil que todos vieran el español como medio de aprendizaje, aunque todavía era posible que llegaran a alfabetizarse en los dos idiomas en la escuela». Entretanto, dejando de lado estos aspectos negativos del programa bilingüe, dice Commins que éste sí afectó positivamente a los estudiantes. A los estudiantes les resultaban simpáticos los dos maestros que les enseñaban y los veían como modelos para emular. Dijeron los estudiantes que estaban contentos de estar en el nuevo programa bilingüe, y sus familias reportaron que estaban contentas de que sus hijos dedicaran más atención a sus tareas y mejoraran sus actitudes hacia la familia, la comunidad y sí mismos. Los maestros usaban el español para clarificar los conceptos y sabían que sus estudiantes aprendían más porque podían usar el español para hacer preguntas. Poco a poco, los estudiantes perdieron un poco la vergüenza que habían sentido con respecto a sí mismos y a sus familias.

La comunidad y los padres en las escuelas bilingües

Las investigaciones de los programas bilingües más eficaces indican que la participación de los padres bilingües es sumamente importante para el éxito de los niños (Troike 1978; Moll 1995). Hay muchas maneras en que los padres pueden participar, especialmente en el desarrollo del nivel intelectual de la clase, usando sus fondos o recursos comunitarios, sobre los cuales escriben Moll (1995) y otros. Esta participación siempre conlleva una presencia más profunda del lenguaje y de la cultura de los niños, una presencia en la clase que les ayuda a los niños a reconocer los valores y prioridades vigentes en sus escuelas.

Pero los padres pueden asumir varios papeles diferentes en las escuelas y la mera presencia de los padres en sí no es suficiente. Según Epstein, los padres pueden participar de muchas maneras en la educación de sus hijos, desde proveer cosas básicas tales como la comida, el hogar y el papel para las tareas, hasta el nivel político donde los padres llegan a ser representantes en las mesas directivas de las escuelas y los distritos escolares (Violand-Sánchez et al. 1991). Según Moll (1995), las escuelas y su personal tienen que ver positivamente a las familias y a las comunidades como recursos para las lecciones y el plan de estudios de todas las clases, desde las matemáticas hasta el arte. Por encima de todo, con la participación de los padres, los niños llegarán a tener más orgullo de sus padres, sus familias, su cultura, su idioma y sí mismos. Es decir, los niños sentirán más autoestima, y esto los ayudará a aprender, en cualquier clase y en cualquier idioma.

Todo tipo de participación de los padres es importante, y cuanto más participación haya en los niveles más altos, más se integrarán los niños y sus padres a la vida escolar. Dicho de otra manera, cuando los niños ven que sus familias y padres se reciben con respeto y participan en la toma de decisiones en las escuelas, verán las ventajas de ser bilingües y de mantener su idioma y cultura nativos y, como consecuencia, dejarán de resistirse a la instrucción en este idioma.

El español en la comunidad: una extensión de la escuela

Como han dicho muchos investigadores del desarrollo del niño y de la educación bilingüe (Ovando y Collier 1985; Wells 1986; Collier 1994), el uso del idioma nativo entre padres y niños es importantísimo para el desarrollo de la alfabetización y de las habilidades cognoscitivas. Los padres bilingües apoyan a sus hijos de muchas maneras en el desarrollo del idioma y de la cultura.

Cisneros y Leone (1994), en su trabajo con familias bilingües fuera del contexto de la escuela, en clases familiares escolares extraordinarias y en las «escuelitas de verano», reportan que los padres tienen varias preocupaciones por sus niños y que éstas incluyen el mantenimiento del idioma y de la cultura, especialmente la alfabetización en español de los niños más jóvenes, el mejoramiento de la comunicación entre padres e hijos, el éxito y la seguridad de los niños en la escuela y la comunidad, entre otras preocupaciones económicas y cotidianas.

Como parte de estas preocupaciones, estas familias ven en la escuela la falta de oportunidades para que sus hijos lean en español y, tanto en la escuela como en la biblioteca municipal, la falta de libros y de otros materiales en español para ellos y para sus hijos. Dicen que quieren más oportunidades para mejorarse a sí mismos, no sólo en el inglés, sino también en la lectura en español, para poder aprender muchas cosas, tales como la crianza de los hijos y el aumento de destrezas verbales y cuantitativas que les permitirán conseguir mejores trabajos y estar más al corriente de todo lo necesario para una vida urbana moderna.

Nieto (1992), en sus estudios de familias y niños de muchas culturas, reporta que el mantenimiento del idioma nativo tiene un impacto positivo que llega más allá del éxito académico en la escuela. Los padres mantienen el idioma nativo por varias razones, aunque muchas veces no tienen mucha educación formal ni mucha experiencia con las escuelas y otras instituciones americanas. En realidad, estos padres se esfuerzan por usar el español (y otros idiomas nativos) en casa, a pesar de que el personal de las escuelas les haya dicho que no lo usaran. Este mantenimiento del idioma les ha ayudado a mantener la cultura y las relaciones emocionales entre padre e hijo y estas relaciones les han ayudado a mantener intactas sus familias.

Estos esfuerzos de los padres y de las comunidades latinas, fuera de los contextos escolares, son importantes para el mantenimiento del idioma y de la cultura de sus hijos y necesitan ser documentados y apoyados. Semejantes esfuerzos muestran lo que pueden hacer los padres cuando deciden que tienen que intervenir en pro de sus propias familias, para ayudar a sus miembros y para sobrevivir en una sociedad que, en su mayor parte, no los apoya. En fin, con el aumento de programas de alfabetización para adultos y de programas para niños preescolares que tratan de incorporar elementos bilingües y biculturales, estas preocupaciones de los padres y los esfuerzos de éstos por aliviarlas deben ser considerados por los distritos escolares e incorporados en las metas de los programas que están iniciando.

La preparación de los maestros bilingües

Cuando hablamos de la preparación de los maestros bilingües, hablamos no sólo de preparación para la enseñanza, sino también para las muchas otras cosas que tienen que hacer. Tienen que relacionarse o tratar con las familias y ser representantes de los niños en las conferencias de la educación especial. También tienen que saber cómo ayudarles a sus estudiantes a comunicarse mejor en su idioma nativo, sobre todo en su forma escrita. Esto requiere un entrenamiento más riguroso de lo que necesitan los que no van a enseñar el idioma. Estos maestros tienen que poder enseñar la alfabetización en el español, el idioma nativo de los niños, para poder ayudarles a leer, escribir y pensar críticamente en todos sus cursos de la primaria y la secundaria. Tienen que saber la metalingüística en español relacionada con la enseñanza del español: verbos, sustantivos, términos literarios y del discurso o de la composición. También tienen que saber el vocabulario especializado de las ciencias, la historia, las matemáticas y otros cursos que enseñan y los métodos para evaluar a los niños en sus habilidades orales y escritas en todos estos cursos.

Pero, ¿cómo se entrena a los maestros bilingües? ¿Son efectivos los métodos y los cursos que toman estos maestros para apoyarles en el desarrollo del español nativo? (¿Y siguen desarrollando su español a través de los cursos dados cada año por los distritos escolares entre agosto y mayo?) Los métodos usados en las clases para niños que observaron Heath y Mangiola (1991) tal vez les puedan servir también a los maestros bilingües. En estas clases, los estudiantes tenían muchas oportunidades de usar inmediatamente lo que aprendían y para muchos estudiantes esto es muy importante. Eso es, si hacemos que sea más activo y práctico (o sea, más holístico) el aprendizaje de los maestros bilingües, eso les ayudará a aprender más rápida y efectivamente los elementos necesarios de su español nativo. Merino y Faltis (1993) también sugieren que el entrenamiento que reciben los maestros bilingües en el idioma y la cultura nativos necesita ser mejor documentado para saber lo que éstos aprenden en realidad. Según ellos, hasta ahora no se sabe mucho del papel que tienen el idioma y la cultura en este entrenamiento.

Otros asuntos relacionados con el español para hispanohablantes, dentro del contexto de entrenamiento de maestros bilingües, tienen que ver con los estándars que se están desarrollando por todo el país como parte del movimiento de reforma de las escuelas: reforma del currículum escolar, de los estándars para el reparto de todos los servicios escolares y para el entrenamiento de maestros.

Dentro de este movimiento, hay discusiones corrientes en las asociaciones profesionales sobre los métodos pedagógicos, la incorporación de la cultura en el plan de estudios y el planeamiento y la administración de las escuelas por las comunidades.

¿ADÓNDE QUEREMOS LLEGAR?

En consideración a los asuntos expuestos anteriormente en relación con la enseñanza del español a los hispanohablantes dentro del contexto de la educación bilingüe en las escuelas primarias y secundarias, a continuación se ofrecen unas recomendaciones sobre su planeamiento. Se proponen estas recomendaciones con la idea de conectarlas con las recomendaciones para el nivel universitario y entonces integrarlas todas de una manera más efectiva. Se trata en total de nueve recomendaciones que pueden ser útiles para maestros bilingües, entrenadores de maestros bilingües y profesores en las instituciones universitarias.

1. **Tener como meta central la autoestima.** Aunque todos sabemos teóricamente la importancia de la autoestima para los estudiantes de todas las edades, la habilidad del profesor de proponer y alcanzar la autoestima del estudiante como parte de los objetivos del curso es otra cosa. Un curso de español para hispanohablantes que tuviese la autoestima como meta central tendría la filosofía de instruir al estudiante entero. Con la autoestima como meta central, los maestros y estudiantes deberían tener una filosofía de respeto hacia todos los niños, de todas las variedades de español, de todas las clases sociales y de todos los grupos raciales y étnicos. En otras palabras, un curso de este tipo tendría que tratar no sólo con el aprendizaje del lenguaje, sino también con las actitudes del profesor y de los estudiantes. El maestro o profesor tendría que pensar en esta autoestima a la hora de preparar sus lecciones y de hablar diariamente con sus estudiantes. Con una mejor autoestima, el estudiante sentiría menos ansiedad, aprendería mejor, se desarrollaría más y llegaría a un uso más amplio de su español nativo. Sin tener la autoestima y el mejoramiento de actitudes como metas centrales del curso, el profesor tendrá más dificultad para ser efectivo en la enseñanza.

2. **Utilizar el ambiente total.** Para que sea más efectiva la instrucción en español para hispanohablantes, hay que crear un ambiente total que se extienda más allá de la sala de clase y que se extienda por toda la institución educativa. En las escuelas primarias y secundarias, este ambiente debe incluir a los otros maestros, al personal de las oficinas y de otros departamentos y a los consejeros y administradores. El ambiente escolar (positivo o negativo) se establece no sólo mediante lo que se hace en las escuelas, sino también mediante lo que no se hace. Dos ejemplos principales son el uso del español para la comunicación escrita y oral entre la escuela y las familias latinas y la cantidad y la proporción de libros en español en la biblioteca de la escuela. Sobre todo, es importante recordar que, si no prestamos atención a estos y otros aspectos de la experiencia escolar, los niños hispanohablantes van a sentir la ambigüedad

y las actitudes institucionales negativas hacia su lenguaje y su cultura y esto va a afectar sus estudios y tal vez su nivel de compromiso con el desarrollo del idioma nativo. Asimismo, si el ambiente escolar incluye a los padres y a otros miembros de la comunidad latina en puestos de profesores y administradores, probablemente les resultará más cómodo el ambiente a los estudiantes hispanohablantes.

3. **Enseñar el lenguaje por medio del contenido y dentro de un contexto.** Cuando las personas aprenden un idioma, ya sea el primero u otro adicional, lo aprenden para poder usarlo para algún fin, definido a largo plazo y a corto plazo. Si podemos enseñar el español a los hispanohablantes por medio de algún «contenido» —por ejemplo, la cultura hispana/latina y los contextos vocacionales de los estudiantes en la clase— esto les ayudará a los estudiantes a formular sus propias metas. Eso es, son los temas de las propias vidas de los estudiantes que los van a motivar, y son los contextos de sus vidas que constituyen la realidad donde van a usar y mantener sus nuevas destrezas.

Del nivel elemental hasta el más avanzado, del *kínder* hasta la universidad, los estudiantes pueden aprender efectivamente el lenguaje sólo cuando se conceptualiza la enseñanza del idioma como vehículo comunicativo y auténtico. Eso es, sólo cuando los estudiantes colaboran en las decisiones sobre la temática del curso y cuando tienen oportunidades de practicar y compartir las cosas nuevas que están aprendiendo, florecerá su dominio de su idioma nativo. Nosotros, que somos sus maestros, tenemos que recordar las metas personales de ellos y los contextos del uso del idioma que se están desarrollando. Especialmente en los niveles más elementales, son los temas de la vida actual, y no las estructuras lingüísticas, los que deben dirigir el programa de estudios. Lo importante es recordar que los estudiantes no van a crecer simplemente en cuanto a sus habilidades lingüísticas, sino también en cuanto a sus habilidades culturales y cognoscitivas, sus carreras académicas y sus personalidades.

4. **Incluir a las familias.** Especialmente cuando se trata de la instrucción para estudiantes en las escuelas primarias y secundarias, los estudios han demostrado que la inclusión de las familias siempre tiene un efecto positivo en los resultados escolares de los niños (Violand-Sánchez et al. 1991). Se puede incluir a las familias de muchas maneras, y tal vez la manera principal sería en el desarrollo del programa de estudios, según las investigaciones de Moll (1995) y otros. En este sentido, decimos que los miembros de la comunidad son recursos intelectuales para las lecciones y que, al compartir sus diversas experiencias, hacen que los estudios sean más auténticos para los estudiantes que pertenecen a estas comunidades. Pueden también ayudar con visitas frecuentes a las mesas directivas y a las oficinas administrativas y como representantes en estas mismas mesas directivas y concilios escolares municipales.

Por encima de todo, como «co-maestros», o sea, como los primeros maestros de los niños, los padres pueden ayudar a sus propios hijos, dándoles la motivación, la orientación y el apoyo en sus carreras escolares. Los buenos resultados de esta inclusión de los padres bilingües son evidentes, según varios estudios hechos sobre el tema (Violand-Sánchez et al. 1991).

5. **Comenzar con los chiquitos.** Es particularmente importante que la enseñanza del español a los hispanohablantes comience con los niños pequeños, antes de que olviden su idioma nativo, a veces a causa de las metas transicionales de los programas bilingües y/o después de que salgan de estos programas breves. Muchos jóvenes nunca reciben instrucción en español, ni en el programa bilingüe ni en otra clase. Dependen, pues, de lo que escuchan, hablan, leen y escriben como parte de su vida familiar y como miembros de una comunidad bilingüe. En la escuela, una vez que comienzan a usar el inglés más que el español, es más difícil que los niños sigan usando el español para el desarrollo cognoscitivo.

A la edad de la escuela primaria, los estudiantes no han tenido que confrontar los prejuicios y actitudes negativas por tantos años como sus hermanos mayores y, si comienzan a desarrollar su español cuando son más jóvenes, van a poder evitar las dificultades que tienen los mayores en las clases universitarias. El estudiante bilingüe necesita aprender su idioma nativo para tener un desarrollo cognitivo robusto y completo y este desarrollo comienza en la escuela primaria y afecta su progreso escolar en los años que siguen.

6. **Crear oportunidades para que los estudiantes enseñen y usen lo que aprenden.** Para todos los estudiantes hispanohablantes en las clases de español, pero especialmente para los que están entrenándose para ser maestros o para otras profesiones que requieren habilidades más avanzadas de escritura y lectura, se necesitan contextos donde los mismos estudiantes puedan enseñar lo que están aprendiendo a los demás. Dichos contextos pueden consistir en trabajar con estudiantes latinos más jóvenes en la escuela primaria o con otros estudiantes de la misma edad, tales como sus colegas que están aprendiendo el español como segundo idioma.

Los profesores y los administradores pueden ayudar a establecer un sistema de tutoría que sigue otros modelos que han incorporado la tutoría en los programas escolares con los estudiantes bilingües (Rivera y Zehler 1991). En su repaso de programas efectivos de alfabetización de diversos grupos lingüísticos y culturales en las escuelas primarias y secundarias, Heath y Mangiola (1991) reportan que los niños que tuvieron mucho éxito fueron los que tuvieron oportunidades regulares de ser tutores para otros estudiantes hispanohablantes. Como Heath y Mangiola explican en su estudio: «adquirir y mostrar lo que ha aprendido uno sólo de los libros no es aceptable. Uno tiene que usar lo que ha aprendido de los libros en actividades dinámicas y generativas tales como la tutoría o el escribir libros de estudios sociales para los niños jóvenes, o escribir un guión para un locutor para una función escolar; eso sí está bien. La base de tal conocimiento es lo que sabe el estudiante en algún campo o actividad". Estas oportunidades también les dan a los estudiantes hispanohablantes otros modos de demostrarle al profesor del curso lo que han aprendido, modos que no están basados en la competencia del individuo, sino en la colaboración del grupo. Asimismo, estas actividades también les ayudan a tener una mejor autoestima porque pueden usar los medios culturales para mostrar sus habilidades.

7. **Incluir entrenamiento en la sociolingüística.** Es importante incluir como parte del entrenamiento de los estudiantes que van a ser maestros bilingües —ya sea cuando están en la universidad o cuando están enseñando en las escuelas bilingües— los conceptos y la práctica de la sociolingüística relacionados al uso de dos idiomas y a la habilidad del niño de poder escoger entre idiomas para una variedad de actividades en la clase (Marrone 1981). Ejemplos de los estudios apropiados para este entrenamiento incluyen los que se han hecho sobre el uso y enlace de dos códigos o idiomas (Valdés 1982), sobre la alfabetización exitosa de los estudiantes bilingües en su primer idioma y sobre el uso de los dos idiomas por los maestros bilingües. Más que todo, los maestros necesitan aprender y seguir una filosofía «freiriana», o sea, un método de enseñanza basado en una noción de la educación opuesta a la que se presume en la mayoría de las escuelas hoy en día. Según esta filosofía, es la interacción de las personas la que determina el aprendizaje, y no sólo la imposición de normas cultas. En fin, aprendemos verdaderamente en las situaciones en las cuales podemos nosotros nombrar nuestro propio mundo y decidir los propósitos de nuestros estudios de idioma y cultura (Faltis 1990).

Una segunda parte de este entrenamiento debe incluir oportunidades para que los maestros (o futuros maestros) visiten a otros maestros en sus clases, usando dos idiomas, para compartir sus observaciones no evaluativas y aprender unos de otros cómo aplicar los criterios sociolingüísticos sobre el uso de dos idiomas en sus salas de clase.

Y una tercera parte de este entrenamiento debe incluir la formación de grupos de español para hispanohablantes (con el apoyo de la administración escolar) para que los maestros (y futuros maestros) bilingües (y los jóvenes) puedan seguir aprendiendo de las filosofías freirianas y las aplicaciones sociolingüísticas y desarrollando sus habilidades en español, implementando así una filosofía freiriana en su propio aprendizaje.

8. **Hacer más investigaciones del uso del español en las escuelas.** Estas investigaciones deben incluir no sólo lo que se está haciendo, sino también lo que no se está haciendo. Se necesita documentar y apoyar los esfuerzos que se están haciendo por los educadores comprometidos con el mantenimiento del español. El creciente número de programas bilingües a todos los niveles, desde pre-kinder hasta los de alfabetización para adultos y familias, hace necesario un examen detenido de los asuntos relacionados con el lenguaje en estos programas. Este examen debe ser realizado por los maestros y miembros de las comunidades, además de los universitarios. Dichos asuntos tienen que ver con el lenguaje empleado en las escuelas y fuera de ellas, en las comunicaciones entre escuelas y hogares, y dentro de las comunidades latinas. Todos estos contextos, que se extienden más allá de las escuelas, están relacionados a la enseñanza del español a los hispanohablantes jóvenes y por eso necesitan ser explorados sistemáticamente (véase Merino y Faltis 1993).

9. **Tener como filosofía el integrar a las familias en las escuelas.** Según esta filosofía, los maestros y profesores de las escuelas primarias, secundarias y universitarias deben ver a las familias y las comunidades bilingües como

fuentes de conocimiento y contenido para el plan de estudios. Desde esta perspectiva, la interacción entre escuela y hogar se convierte en el enfoque de sus cursos y se utiliza como un recurso central para éstos, respetando a los miembros de la comunidad como fuentes intelectuales y participantes activas. Esta interacción se necesita para el desarrollo de la autoestima de los estudiantes, de los maestros bilingües y de la comunidad entera, pues sirve para permitirles fortalecerse unos a otros en el proceso.

OBRAS CITADAS

Blanco, G. 1994. Personal communication. 28 de marzo.

Cisneros, R. y B. Leone. 1994. "Bilingual Families' Perceptions of Schooling and Language and Culture Maintenance Issues." Apuntes sobre sus observaciones durante el congreso "Teaching Spanish to Native Speakers in the United States: Praxis and Theory," UCD.

Collier, V. 1994. "Promising Practices in the Public Schools." Discurso de apertura. 11 de marzo. TESOL 1994, Baltimore.

Commins, N. L. 1989. "Language and Affect: Bilingual Students at Home and at School." *Language Arts* 66:1.

Cummins, J. 1981. "The Role of Primary Language Development in Promoting Educational Success for Language Minority Students." *Schooling and Language Minority Students: A Theoretical Framework*. Los Ángeles: Evaluation, Dissemination and Assessment Center.

———. 1989. *Empowering Minority Students*. Sacramento, CA: Association for Bilingual Education.

Faltis, C. 1990. "Spanish for Native Speakers: Freirian and Vygotskian Perspectives." *Foreign Language Annals* 23(2): 117–26.

Fishman, J. 1981. "Language Policy: Past, Present, and Future." *Language in the USA*. Eds. C. Ferguson y S. B. Heath. Nueva York: Cambridge UP. 516–526.

Goldenberg, C. 1993. "The Home School Connection in Bilingual Education." *Bilingual Education: Politics, Practice, and Research*. Eds. B. M. Arias y U. Casanova. Chicago: University of Chicago Press. 225–50.

Heath, S. B. y L. Mangiola. 1991. *Children of Promise: Literate Activity in Linguistically and Culturally Diverse Classrooms*. Washington, D.C.: National Education Association.

Hudleson, S. y I. Serna. 1992. "Mira, teacher, escribí mi nombre en inglés". *Proceedings of Second Annual Whole Language Umbrella Conference*. Ed. A. Hurkey. Urbana, IL: NCTE.

Jacobson, R. 1981. "The Implementation of a Bilingual Instruction Model: The New Concurrent Approach." *Ethnoperspectives in Bilingual Education Research. Bilingual Education and Public Policy in the United States.* Ed. R. U. Padilla. Ypsilanti, MI: Eastern Michigan University.

———. 1995. "Allocating Two Languages as a Key Feature of a Bilingual Methodology." *Policy and Practice in Bilingual Education.* Eds. O. García y C. Baker. Filadelfia: Multilingual Matters. 166–75.

Kjolseth, R. 1982. "Bilingual Education Programs in the United States: For Assimilation or Pluralism?" *Bilingualism in the Southwest.* Ed. P. R. Turner. Tucson: U of Arizona Press. 3–27.

Leone, B., y R. Cisneros, eds. 1996. *The ESL Component of Bilingual Education in Practice: Critical Descriptions of Classrooms and Programs.* A special issue of *The Bilingual Research Journal.* 19(2).

Marrone, N. G. 1981. "Español para el hispano: un enfoque sociolingüístico". *Teaching Spanish to the Hispanic Bilingual: Issues, Aims, and Methods.* Eds. G. Valdés, A. G. Lozano y R. García-Moya. Nueva York: Teachers' College Press. 69–80.

McCollum, P. 1994. "Language Use in Two-Way Bilingual Programs." *IDRA Newsletter* XXI: 2

Merino, B., y C. Faltis. 1993. "Language and Culture in the Preparation of Bilingual Teachers." *Bilingual Education: Politics, Practice, and Research.* Eds. B. M. Arias y U. Casanova. Chicago: U of Chicago Press. 177–98.

Milk, R. 1990. "Integrating language and content: Implications for language distribution in the classroom." *Language Distribution Issues in Bilingual Schooling.* Eds. R. Jacobson y C. Faltis. Filadelfia: Multilingual Matters. 32–44.

Moll, L. 1995. "Bilingual Classroom Studies and Community Analysis." *Policy and Practice in Bilingual Education.* Eds. O. García y C. Baker. Filadelfia: Multilingual Matters. 273–80

National Association for Bilingual Education. 1992. *Professional Standards for the Preparation of Bilingual/Multicultural Teachers.* Washington, D.C.: NABE.

Nieto, S. 1992. *Affirming Diversity: The Sociopolitical Context of Multicultural Education.* Nueva York: Longman.

Ovando, C. y V. Collier. 1985. *Bilingual and ESL Classrooms.* Nueva York: McGraw-Hill.

Rivera, C. y A. Zehler. 1991. "Assuring the Academic Success of Language Minority Students: Collaboration in Teaching and Learning." *Journal of Education* 173: 52–77.

Skuttnabb-Kangas, T. 1994. "The Politics of Language Standards." Discurso introductorio solicitado para el coloquio sobre "The Teacher's English: Issues of Linguistic Rights and Language Standards." TESOL '94.

Troike, R. 1978. "Research Evidence for the Effectiveness of Bilingual Education." *NABE Journal* 3(1): 13–24.

Valdés, G. 1982. "Social Interaction and Code-Switching Patterns: A Case Study of Spanish/English Alternation." *Spanish in the United States: Sociolinguistic Aspects*. Eds. L. Elías-Olivares y J. Amastae. Nueva York: Cambridge UP. 209–29.

Violand-Sánchez, E., C. Sutton y H. Ware. 1991. *Fostering Home-School Cooperation: Involving Language Minority Families as Partners in Education*. Washington, D.C.: National Clearinghouse for Bilingual Education.

Walker de Felix, J. 1990. "Language Use and New Trends in Research on Effective Bilingual/ESL Classrooms." *Language Distribution Issues in Bilingual Schooling*. Eds. R. Jacobson y C. Faltis. Filadelfia: Multilingual Matters. 32–44.

Wells, G. 1986. *The Meaning Makers*. Portsmouth, NH: Heinemann.

La variedad regional primero en la enseñanza del español a chicanos: datos de la encuesta sobre el español de Nuevo México y el sur de Colorado

Ysaura Bernal Enríquez

University of New Mexico

Lo primero que propongo hacer en este ensayo es dar un modelo de la relación entre el español mexicano, el español chicano y el español nuevomexicano. Segundo, haré algunas observaciones sobre las implicaciones de este modelo para la enseñanza del español a estudiantes chicanos y nuevomexicanos. Ciertos de los datos en que se basa el modelo y las observaciones son tomados de una encuesta de aproximadamente 350 entrevistas que se han hecho en los últimos tres años para crear un atlas lingüístico y un archivo del español de Nuevo México y del sur de Colorado.

Según muchos de los entrevistados para esta encuesta, lo primero que busca el estudiante chicano en el aprendizaje del español en el aula de clase es la recuperación y la revitalización de su idioma ancestral para poder comunicarse con sus abuelos, sus padres y su comunidad y para lograr alta proficiencia en español. En segundo lugar, busca poder leer y escribir esta lengua para poder transmitirla a sus hijos. En pocas palabras, lo que desea es que el aula de español le dé validez y legitimidad a su idioma, a su cultura y a sí mismo.

Pero para poder enseñarle español, se necesita saber qué es lo que trae el estudiante al aula en cuanto a conocimientos del idioma. Para comprender lo que trae, primero hay que tener una visión total de lo que es el español mexicano (Lope Blanch 1968, 1972) y poder distinguir entre las variedades principales del español mexicano pertinentes a la cuestión del español chicano (Cárdenas 1970).

En la figura 1, las barras representan primero lo que he nombrado el español nacional, que se habla dentro de la actual República de México; segundo, el español chicano, que se habla en las comunidades chicanas de Estados Unidos; tercero, el español nuevomexicano, que se habla en Nuevo México y en el sur de

— **Figura 1**

El español mexicano

Español nacional
Español chicano
Español nuevomexicano
Anglicismos

Colorado y cuarto, los anglicismos, que se usan en el español nacional, el chicano y el nuevomexicano, según se indicará.

Todas éstas son variedades del español que se han venido desarrollando del castellano hablado en México desde tiempos coloniales (Sánchez 1993).

En la figura 2 se dividen los rasgos de estas variedades en dos categorías lingüísticas principales: el español estándar y el no estándar. Bajo el estándar están el culto y el general, y bajo el no estándar están el español jergal, el rural, el fronterizo y el nuevomexicano. Hay otras distinciones que se deberían hacer y complejidades que se podrían elaborar. Por ejemplo, muchas de estas formas también se usan en la frontera entre México y Estados Unidos y muchas personas que usan el estándar también usan formas no estándar en ciertos registros. Pero se hacen estas divisiones particulares para aclarar mejor lo que es el español mexicano en Estados Unidos.

— **Figura 2**

El español mexicano

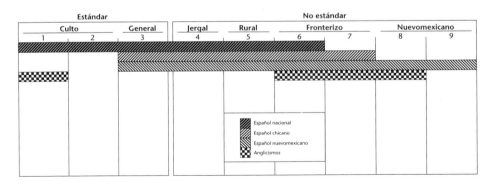

Español nacional
Español chicano
Español nuevomexicano
Anglicismos

— **Figura 3** —————————————————————————

El español mexicano

Estándar			No estándar					
Culto		General	Jergal	Rural	Fronterizo		Nuevomexicano	
1	2	3	4	5	6	7	8	9

Columna 1: suéter, disquet, formatizar, computadora

Columna 2: indómito, paquidermo, neurosis, léxico, geopolítica, ubicar, algoritmo, correlacionar, esquizofrenia, anglicismos, esdrújula

Español nacional
Español chicano
Español nuevomexicano
Anglicismos

Columna 3: valiente, elefante, nervios, vocabulario, palabra, localizar, sombrero, maestro, vestido, zapatos, tengamos, hayamos, el idioma, nadie, fumar, así, desarrollar, andábamos, mucho, alfombra, silla, mueble, yo traje

INNOVACIONES
avi
frenos
manejar

NAHUATLISMOS
Y OTROS
INDIGENISMOS
chile
posol(e)
comal
tamal
tecolote
metate
maíz
papa
huracán

Columna 4: CALÓ, bato, chale, chiva, chota, greña, leño, mota, naranjas, ranfla, ruca, simón, toque, trapos, ahi nos vidrios

RESIDUOS
firme
cuete
órale

Columna 5: ARCAÍSMOS, arrear, asina, muncho, naide(n), semos, truje, vide, chupar, frenos, plebe

INNOVACIONES
agüelo
andábanos
caiba
coltura
fuites
háigamos
la idioma
leyer
mayestro
riezo
téngamos
ve a traelo

NAHUATLISMOS
INDIGENISMOS
ajolote
cajete
jumate
máiz
(e)nagua(s)

Columna 6: brecas, mofle, picap, yonque

PRÉSTAMOS INTEGRADOS
suera
cuara
daime
lonche
reque
suiche
telefón
dar para atrás
llamar para atrás

PRÉSTAMOS
ESPONTÁNEOS
agüelo
riyunio
mirio

PÉRDIDA
CAMBIOS
FONOLÓGICOS
el bario
muvimiento
televísh[ə]n
l[ə] nuev[ə] ?ond[ə]
[ə] = schwa

CALCOS DEL
INGLÉS
el correcto español
yo fui nacida
en—
gracias por viniendo

RESIDUOS
bueno
tío/tía
(my) 'jito/a
(p)apá/(m)amá

SIMPLIFICACIONES
ser=estar;
imperf.=cond'l
imperfecto=pretérito
subjuntivo=indicativo

Columna 7: clas, casa (de) corte(s), jaitón, fone, terque/torque

R inglesa ante otra
consonante:
peRla, caRne

Columna 8/9: INNOVACIONES, ajuero, antonces, dijir, e'os/e'as, tortías, gradarse, la idomia, mestro, nojotroj, soterrano, ganso ('pavo')

ARCAÍSMOS E
INNOVACIONES
casorio
el común
comere
Taosi
yo seigo ?

ARCAÍSMOS
yo creigo
reales
turnio
que vaiga

INDIGENISMOS
PUEBLO
oxá
chaquegüe o
shaquegüe
cunques

PRÉSTAMO DEL
FRANCÉS
puela

De aquí en adelante, la discusión sólo se referirá a la figura 3. En esta figura, el estándar general (columna 3) es el español que todos los hablantes del español mexicano tienen en común, incluyendo el español nacional, el español chicano y el español nuevomexicano. Las formas del español general representan la mayor parte del sistema lingüístico de todas las variedades del español mexicano. En esta figura se muestran principalmente ejemplos del léxico, pero las categorías también se refieren a la gramática y a la fonología. El español general representa quizás del 80% al 90% del español que usa toda la gente todos los días; palabras como *valiente, elefante, palabra, zapatos* (véase la columna 3). Con estas características los maestros no tenemos ningún problema. Forman lo que Charles Hockett (1958) llama *the common core,* el cuerpo central de un idioma, o sea, el sistema lingüístico que tienen en común las variedades del idioma. Cualquier persona hispanohablante de Española, Nuevo México, de Fresno, California, de Durango, Dgo., de Ciudad Juárez, Chih., o de México, D.F., usa estas formas. Hay una percepción popular de que el español chicano, el nuevomexicano y el nacional son muy diferentes, y no lo son. Pero como veremos, son las diferencias pequeñas las que crean las percepciones mayores.

El español general lo podemos contrastar con el español culto, en las columnas 1 y 2. Este español culto es hablado por las personas que han recibido la mayor parte de su educación por medio del español, ya que estas formas suelen aprenderse en la escuela. Se trata de formas cultas como *paquidermo, neurosis, léxico* o *ubicar* (columna 2), en comparación con *elefante, nerviosidad, vocabulario* o *localizar* (columna 3) en el español general. Se indican las formas cultas sólo para el español nacional, porque la gran mayoría de los hispanohablantes en Estados Unidos recibe su educación en inglés únicamente, y no aprende estas formas cultas. El español culto no existe entre la gran mayoría de los hablantes de español chicano o nuevomexicano (Sánchez 1993). Esto tiene implicaciones importantes para la enseñanza del español a chicanos, las cuales se discutirán más adelante.

En la figura 3, también se distingue la categoría del español no estándar (las columnas 4 a 9). Bajo esa rúbrica, muchas de las formas son usadas en regiones rurales y en las provincias de México tanto como en Estados Unidos. Estas formas se tienden a usar más entre los chicanos que en México porque la mayor parte de la gente en Estados Unidos procede de zonas rurales (Sánchez 1983).

Bajo la columna Rural (columna 5), las formas como *arrear, asina, muncho, naide(n), semos, truje, vide,* son arcaísmos que en otra época formaron parte del español estándar, pero sólo quedan hoy día en el español no estándar. Se usan en todas las variedades: la nacional tanto como la chicana y la nuevomexicana, y no se les debe negar la legitimidad sólo porque no son estándar (Sánchez 1993).

Otras formas usadas en el lenguaje no estándar son del caló (Ornstein-Galicia 1989; Webb 1983), entre ellas las formas de la columna 4, denominada jergal, en la figura 3, tales como *chale, ruca, ranfla, bato* y *vato, toque, chiva, greña, trapos, simón* y *ahi nos vidrios.* Son importantes hoy porque estas palabras y expresiones tienden a ser usadas en barrios pobres tanto en México como en Estados Unidos. Como en Estados Unidos la gran mayoría de los mexicanos vive en barrios pobres el caló es muy común en los barrios chicanos. Esta jerga tiene aun mayor importancia porque son los jóvenes los que tienden a usar más estas formas del español y, por lo tanto, éstas también tienen implicaciones para la educación.

Las columnas bajo la tercera barra (columnas 3 a 9 en la figura 3) representan el español de Nuevo México y Colorado (Espinosa 1911, 1930–1946; Ornstein 1975; Cobos 1983), el cual es en realidad una subvariedad del español chicano. Contiene casi todo lo que contiene el chicano, con algunas formas adicionales que son arcaísmos, como *dos reales* por «moneda de veinticinco centavos» o *ganso* por «pavo», otras que son innovaciones con base en formas arcaicas, como «comere» (Hernández-Chavez y Pérez 1991) o «yo seigo de Taosi», y otras que son cambios naturales que han ocurrido únicamente en esta región, como «la idomia» y «el ajuero» (de *agujero*). Algunas variantes son derivadas del náhuatl y ya no se usan en el español general de México (entre ellas «jumate» o «cajete»), pero sí se usan en provincia, es decir, en algunas zonas rurales de la República de México. Otras como «oxá o oshá», «cunques», y «ch(sh)aegüe», son de las lenguas de los indios Pueblo o de otras lenguas en contacto con el español de Nuevo México, como, por ejemplo, «puela» del francés (Cobos 1983). Éstas son tan legítimas como cualquier otro préstamo y tienen implicación para la educación de los nuevomexicanos.

En las columnas 6 a 8 se encuentran las formas denominadas fronterizas (Ornstein 1975; Post 1975), o sea, los anglicismos, préstamos que muchos consideran «barbarismos» (Ordóñez Sabido 1977). Pero aún en el español culto hay anglicismos también (columna 1), aunque éstos tienen otro origen, el del inglés escrito y tecnológico. Sólo por esto se aceptan los últimos, mientras que los del chicano no. Por ejemplo, compárese la palabra *suéter* en la columna 1 con *suera* en la columna 7. Además, en el español nacional de la frontera (columna 6) también se encuentran préstamos como *yonque, troca, picap, mofle, brecas* y *carro,* aunque hay menos que en el español chicano y su uso es más restringido.

En el español chicano se dan formas como las que se ven en la columna 7, usadas tanto por personas dominantes en el español como por personas bilingües. Existen muchas más y su uso es mucho más extenso que en el español nacional. Pero en cuanto a préstamos, compárense éstos con la cantidad de préstamos del náhuatl y otros idiomas indígenas del hemisferio occidental en el español nacional (columna 3).

Todos estos anglicismos chicanos también se encuentran en el español de Nuevo México (Bowen 1975; Espinosa 1930–1946), con algunos adicionales que se dan sólo en Nuevo México, como los de la columna 8. Todo esto también tiene implicaciones para la enseñanza del español. El uso de la R inglesa ante las consonantes *n, l* y *d* es reciente y probablemente es por influencia del inglés (Espinoza 1930–1946), pero se necesita más investigación para saber si también puede resultar de cambios internos a la lengua española ya que existe una R parecida en otras variedades sin contacto con el inglés.

La pérdida del español (columna 7) es otra dimensión que hay que considerar en el español chicano: la pérdida de proficiencia que todos los chicanos sufren a causa de la represión de su lengua materna en las escuelas y la sociedad norteamericana (Hernández Chávez 1994b). Esta pérdida se manifiesta por medio de cambios fonológicos tales como la reducción a schwa [ə] de las vocales inacentuadas y la introducción de un hiato por medio de un golpe glotal (ʔ) en lugar de la debida sinalefa, como, por ejemplo, *l[ə] nuev[ə] ʔond[ə];* la neutralización de *r* y *rr* en palabras como *el bario;* y el uso de [sh] inglesa, como en *televí[sh][ə]n.* Hay también calcos gramaticales como «Yo fui nacida» de *I was born,* «Gracias por viniendo» de *Thanks for coming* y «No siempre hablamos el correcto español» de *We don't always speak correct Spanish* (Hernández Chávez 1993). También se dan simplificaciones gramaticales, como en la neutralización de *ser* y *estar,* del indicativo y del subjuntivo, del imperfecto y del pretérito, y del imperfecto y del condicional (Silva-Corvalán 1991, 1986, 1983). Y, por último, muchos jóvenes chicanos retienen sólo residuos del español en palabras como *bueno, tío/tía,* (my) '*jito/a,* o '*apá/*'*amá,* o aun más limitados, residuos del caló (discutidos más adelante).

Todo esto, como se ha dicho, tiene implicaciones educacionales para la enseñanza del español al chicano. Primeramente se necesita dar validez a las formas no estándar que se usan en la comunidad. Ésta es la variedad que oyen y que hablan los estudiantes todos los días y que forma parte integral de la identidad cultural del individuo. Se tiene que asegurar la continuación de su idioma y de su cultura ancestral y el refuerzo de los vínculos entre el individuo y su comunidad; por esto, la variedad que debería de usarse para alfabetizar en español al estudiante chicano es ésta (Sánchez 1993).

En nuestra pedagogía, uno tiene que darse cuenta de las razones por las cuales el habla chicana es tan estigmatizada. Primero, es cuestión de la represión del español a favor del inglés en las escuelas y en la sociedad desde que el pueblo chicano cayó bajo el dominio de los anglosajones (Hernández-Chávez 1994a). Igualmente serio es la discriminación y el desprecio hacia la manera de hablar del chicano por personas de otros países y de otros niveles sociales, inclusive personas de su misma raza mexicana. Muchos maestros también vienen al aula con otras variedades y con actitudes de superioridad (Hidalgo 1993).

El resultado de esta estigmatización es que el estudiante chicano fracasa en su esfuerzo por aprender o recuperar su lengua ancestral y pierde el ánimo de seguir su estudio. A diferencia de lo que dice Margarita Hidalgo (1993) de que se deben «corregir» las formas más estigmatizadas como *fuites* y *naiden* precisamente por su estatus negativo, se necesita reconocer que es más importante valorizar y dar legitimidad a la lengua comunitaria de los estudiantes, la cual incluye muchas de las formas del español no estándar. Una joven chicana de 36 años, de Colorado, describe su clase de español, que tenía una pedagogía como la que prescribe Hidalgo:

> Everything about our language is inferior...and "This is how Spain does it." But yet, when I talk about "Way back when I was little, this is a word I remember," "Oh, no, you're not supposed to say that!"
>
> (Todo lo concerniente a nuestra lengua es inferior...y «así es como se dice en España». Pero cuando hablo de que «Cuando yo era niña, ésta es una palabra que recuerdo», [me dicen] «Oh, no, ¡no debes de decirlo así!»)

Esta joven recuerda haber hablado español en su niñez con mucha fluidez:

> Very fluently, right. That's why a lot of the words come up now, and I ask questions after questions. I just interrupt the class constantly.
>
> That's why when they [persons in the Spanish classroom] say... Now, "bote," and they say it's something... I say, "No, no, no, wait! 'Cause my grandma said the 'bote' was a bucket. 'Ve a traer un bote de agua.' And now they say, "No, no, it's a different word." And I'm totally confused 'cause I always knew "bote" was a bucket...
>
> (Con mucha fluidez, sí. Es por eso que ahora me acuerdo de muchas de las palabras, y hago pregunta tras pregunta. Interrumpo a la clase constantemente...
>
> Ahora dicen que «bote» es algo [distinto a lo que digo yo]... Yo les digo, «¡No, no, no, esperen! Porque mi abuelita decía que «bote» era un balde. «Ve a traer un bote de agua». Y ahora me dicen, «No, no, es otra palabra». Y me quedo totalmente confundida porque yo siempre sabía que «bote» era un balde...)

Esta joven también habla de su confusión en un examen de español al tratar de recordar cómo se escribe la palabra *nadie*. Ella escribió la forma *naide* porque así la había aprendido de su bisabuela, pero el profesor le marcó esta forma como incorrecta.

Esto no quiere decir que todo vale. Por ejemplo, los errores que se cometen a causa de la pérdida tienen que corregirse según las normas de los hablantes proficientes en la comunidad. Igualmente, hay que reconocer que el caló tiene un estatus especial en la comunidad chicana: se conoce como una especie de *slang* que tiene su lugar en el barrio, pero no en el aula. Al mismo tiempo, a causa de la pérdida, lo que describimos como residuos del caló (columna 4), a veces son casi las únicas palabras en español que permanecen en el habla de los jóvenes chicanos que se juntan en pandillas (véase la película *La vida loca,* 1994). Por esto, en la escritura creativa y en la literatura chicana se puede considerar como legítimo el caló y esto tendrá el efecto de reforzar el valor del habla local (Ornstein-Galicia 1989).

En cuanto al español estándar, general y culto, se debe enseñar y expandir porque no se aprende en las escuelas. Pero éste debe enseñarse sólo en niveles muy avanzados, cuando el estudiante ya sabe leer y escribir bien su variedad comunitaria. Nunca se debe enseñar sustituyendo a las formas no estándar de la comunidad chicana o comparándolas negativamente con formas del estándar, sino que se deben enseñar éstas como formas adicionales de expresión apropiada según el contexto social o según la modalidad oral o escrita. En otras palabras, se le debe dar todo respeto a la variedad regional como legítima variedad sociolingüística y ésta es la que se debe enseñar primero.

OBRAS CITADAS

Amastae, J. y L. Elías-Olivares, eds. 1983. *Spanish in the United States: Sociolinguistic Aspects.* Cambridge: Cambridge UP.

Bixler-Márquez, D. J., J. L. Ornstein-Galicia y G. K. Green, eds. 1989. *Mexican-American Spanish in its Societal and Cultural Contexts.* Brownsville: U of Texas-Pan American, in collaboration with U of Texas-El Paso.

Bowen, J. D. 1975. "Adaptation of English Borrowing." *El lenguaje de los chicanos: Regional and Social Characteristics of Language Used by Mexican Americans.* Eds. E. Hernández Chávez et al. Arlington, VA: Center for Applied Linguistics. 115–21.

Cárdenas, D. N. 1970. "Mexican Spanish." *Dominant Spanish Dialects Spoken in the United States.* Washington, D.C.: ERIC Clearinghouse for Linguistics/Center for Applied Linguistics.

Cobos, R. 1983. *A Dictionary of New Mexico and Colorado Spanish.* Santa Fé: Museum of New Mexico Press.

Espinosa, A. M. 1911. *The Spanish Language: New Mexico and Southern Colorado.* Santa Fé: Historical Society of New Mexico Publications, New Mexican Printing Co.

———. 1930–46. *Estudios sobre el español de Nuevo Méjico, con nueve estudios complementarios de Amado Alonso.* Buenos Aires: Universidad de Buenos Aires.

————— 1975. "Speech Mixture in New Mexico: The influence of the English language on New Mexican Spanish." *El lenguaje de los chicanos: Regional and Social Characteristics of Language Used by Mexican Americans.* Eds. E. Hernández Chávez et al. Arlington, VA: Center for Applied Linguistics. 99–114.

Hernández Chávez, E. 1990. "Gracias por viniendo: Language Loss in the Spanish of New Mexico". Ponencia ante el congreso anual de la Linguistics Association of the Southwest, octubre.

————— . 1993. "Native Language Loss and Its Implications for Revitalization of Spanish in Chicano Communities." *Language and Culture in Learning: Teaching Spanish to Native Speakers of Spanish.* Eds. B. J. Merino, H. T. Trueba y F. A. Samaniego. Londres: Falmer. 58–74.

————— . 1994a. "Language Policies in the United States: A History of Cultural Genocide." *Linguistic Human Rights.* Eds. T. Skuttnabb-Kangas y R. Phillipson. Berlín: Mouton de Gruyter. 141–158.

————— . 1994b. "La pérdida del español entre los chicanos: sus raíces sociopolíticas y las consecuencias para la identidad cultural". México, D.F.: Ponencia ante el Encuentro Chicano-México, Universidad Nacional Autónoma de México, 5–7 de octubre.

Hernández Chávez, E., A. D. Cohen y A. F. Beltramo, eds. 1975. *El lenguaje de los chicanos: Regional and Social Characteristics of Language Used by Mexican Americans.* Arlington, VA: Center for Applied Linguistics.

Hernández Chávez, E. y G. Pérez. 1991. "La vocal paragógica en el español de Nuevo México: ¿Arcaísmo o innovación?" Ponencia ante el Congreso Anual del Español en los Estados Unidos, Los Ángeles, noviembre.

Hidalgo, M. 1993. "The Teaching of Spanish to Bilingual Spanish Speakers: A Problem of Inequality." *Language and Culture in Learning: Teaching Spanish to Native Speakers of Spanish.* Eds. H. T. Trueba, B. J. Merino y F. A. Samaniego. Londres: Falmer. 82–93.

Hockett, C. 1958. *A Course in Modern Linguistics.* Nueva York: Macmillan.

Lope Blanch, J. 1968. *El español de América.* Madrid: Alcalá.

————— . 1972. *Estudios sobre el español de América.* Publicaciones del Centro de Lingüística Hispánica 2. México, D.F.: Universidad Nacional Autónoma de México.

Merino, B. J., H. T. Trueba y F. Samaniego, eds. 1993. *Language and Culture in Learning: Teaching Spanish to Native Speakers of Spanish.* Londres: Falmer.

Ordóñez Sabido, R. 1977. *Reflexiones de un lingüista inconforme.* México: B. Costa-Amic.

Ornstein, J. 1975. "The Archaic and the Modern in the Spanish of New Mexico." *El lenguaje de los chicanos: Regional and Social Characteristics of Language Used by Mexican Americans.* Eds. E. Hernández Chávez et al. Arlington, VA: Center for Applied Linguistics. 6–12.

Ornstein-Galicia, J. L. 1989. "The Linguistic and Social Status of U.S.-Mexico Caló: A Border Variety." *Mexican-American Spanish in its Societal and Cultural Contexts.* Eds. D. J. Bixler-Márquez, J. L. Ornstein-Galicia y G. K. Green. Brownsville: U of Texas-Pan American, in collaboration with U of Texas-El Paso. 51–60.

Post, A. 1975. "Some Aspects of Arizona Spanish." *El lenguaje de los chicanos: Regional and Social Characteristics of Language Used by Mexican Americans.* Eds. E. Hernández Chávez, A. Cohen y A. Beltramo. Arlington, VA: Center for Applied Linguistics. 30–6.

Sánchez, R. 1983. "Our Linguistic and Cultural Context." *Spanish in the United States: Sociolinguistic Aspects.* Eds. J. Amastae y L. Elías-Olivares. Cambridge: Cambridge UP. 9–46.

————. 1993. "Language Variation in the Spanish of the Southwest." *Language and Culture in Learning: Teaching Spanish to Native Speakers of Spanish.* Eds. B. J. Merino, H. T. Trueba y F. A. Samaniego. Londres: Falmer. 75–81.

Silva-Corvalán, C. 1983. "Tense and Aspect in Oral Spanish Narrative: Context and meaning." *Language* 59: 60–80.

————. 1986. "Bilingualism and Language Change: The Extention of *Estar* in Los Angeles Spanish." *Language* 62: 587–608.

————. 1991. "Spanish Language Attrition in a Contact Situation with English." *First Language Attrition.* Eds. H. W. Seliger y R. M. Vago. Cambridge: Cambridge UP. 151–71.

Webb, J. T. 1976. "A Lexical Study of *Caló* and Non-Standard Spanish in the Southwest." Doctoral thesis, University of California, Berkeley. Ann Arbor: University Microfilms International.

————. 1983. "Mexican-American *Caló* and Standard Mexican Spanish." *Spanish in the United States: Sociolinguistic Aspects.* Eds. J. Amastae y L. Elías-Olivares. Cambridge: Cambridge UP. 121–32.

APÉNDICE: GLOSARIO DE TÉRMINOS

Anglicismos

brecas
　　frenos de auto
　　brakes
cuara
　　25¢
　　quarter
daime
　　10¢
　　dime
dar para atrás
　　devolver
　　give back

lonche
  almuerzo
  lunch
llamar para atrás
  regresar una llamada
  call back
mofle
  silenciador
  muffler
picap
  camioneta
  pickup truck
[r] inglesa ante otra consonante:
  caRne, peRla
reque
  accidente
  wreck
suera
  sueter
  sweater
suiche
  conmutador
  switch
telefón
  teléfono
  telephone
yonque
  terreno con autos inservibles
  junkyard

Formas rurales

frenos   para caballo
jumate   olla con mango
cajete   tina
plebe   niños, hijos

Formas jergales

firme   maravilloso, leal
cuete   arma
órale (exclamación)   vámonos, cuidado, está bien, saludo

Nuevomexicanismos

ajuero   agujero
casorio   casamiento
común   cuarto de baño
cunques   asientos, migajas

ch (sh) aquegüe cocción semilíquida de maíz azul
e'os/as pronom. 3p. pl.
gradarse graduarse
jaitón elite *hightoned*
oxá raiz medicinal
puela sartén
reales monedas
soterrano subterráneo
túnico prenda de mujer
turnio bizco

REFERENCIAS PARA GLOSARIO

Amastae, J. y L. Elías-Olivares, eds. 1983. *Spanish in the United States: Sociolinguistic Aspects.* Cambridge: Cambridge University Press.

Cobos, R. 1983. *A Dictionary of New Mexico and Colorado Spanish.* Santa Fé: Museum of New Mexico Press.

Espinosa, A. M. 1911. *The Spanish Language: New México and Southern Colorado.* Sante Fé: Historical Society of New Mexico Publications, New Mexican Printing Co.

———. 1930–46. *Estudios sobre el español de Nuevo Méjico, con nueve estudios complementarios de Amado Alonso.* Buenos Aires: Universidad de Buenos Aires.

———. 1975. "Speech Mixture in New Mexico: The Influence of the English Language on New Mexican Spanish." *El lenguaje de los chicanos: Regional and Social Characteristics of Language Used by Mexican Americans.* Eds. E. Hernández Chavez, A. D. Cohen y A. F. Beltramo. Arlington, VA: Center of Applied Linguistics. 99–144.

Hernández-Chávez, E., A. D. Cohen y A. F. Beltramo, eds. 1975. *El lenguaje de los chicanos: Regional and Social Characteristics of Language Used by Mexican Americans.* Arlington, Virginia: Center for Applied Linguistics.

Ortega, A. 1991. *Caló Orbis: Semiotic Aspects of a Chicano Language Variety.* Nueva York: Peter Lang Publishing, Inc.

Trejo, A. 1968. *Diccionario etimológico latinoamericano del léxico de la delincuencia.* México, D.F.: Unión Tipográfica Editorial Hispano Americana.

Webb, J. T. 1976. A Lexical Study of Caló and Non-Standard Spanish in the Southwest. Tesis doctoral, University of California, Berkeley. Ann Arbor: University Microfilms International.

———. 1982. "Mexican-American Caló and Standard Mexican Spanish." *Spanish in the United States: Sociolinguistic Aspects.* eds. J. Amastae y L. Elías-Olivares. Cambridge: Cambridge UP. 121–132.

Capítulo *20*

La utilización de nuestros recursos lingüísticos: los estudiantes hispanohablantes como tutores de español como idioma extranjero

Rosalinda Quintanar-Sarellana   **Thom Huebner**   **Anne Jensen**

San José State University   *San José State*   *Campbell Union*
                                     University   *High School District*

INTRODUCCIÓN

Existen dos hechos en la educación en los Estados Unidos que son irrefutables. Primero, la demografía de las escuelas públicas ha cambiado dramáticamente. El número de latinos y asiáticos inscritos en las escuelas públicas está creciendo en un porcentaje mayor que el de la población anglosajona. En 1986, la configuración étnica de la población de edad escolar en California estaba distribuida de la manera siguiente: 52 por ciento anglos, 29 por ciento latinos, 10 por ciento afro-americanos, 7 por ciento asiáticos y 2 por ciento clasificados como «otro». Las proyecciones para el año 2020 demuestran que la población hispana crecerá al 44 por ciento, la población asiática crecerá al 16 por ciento, la población anglosajona decrecerá al 33 por ciento y la población afro-americana también decrecerá al 6 por ciento (Olsen 1988: 10–15). El segundo hecho es que los estudiantes que se gradúan del sistema escolar americano no compiten favorablemente a nivel internacional. Las comparaciones internacionales demuestran que los estudiantes asiáticos tienen un nivel de preparación más alto que los estudiantes de Estados Unidos, como lo documentan Stevenson et al. (1985).

Con el objetivo de mejorar el nivel académico de los estudiantes que se gradúan de las escuelas de Estados Unidos, la Academia Nacional de Educación ha definido la necesidad de las siguientes prioridades educacionales.

1. Programas y evaluación que reflejen el contexto dentro del cual los estudiantes operan fuera de la escuela.

2. Programas que incrementen el rendimiento académico de los estudiantes minoritarios.

3. Colaboración entre maestros, estudiantes e investigadores en el diseño de programas educacionales de acuerdo con las recomendaciones de James (1991).

Este artículo describe un proyecto realizado durante un período de tres años, que fue financiado por el Programa de Compañeros Académicos en California (California Academic Partnership Program, CAPP). El objetivo del proyecto era desarrollar un currículum que ayudara a desarrollar el lenguaje y las destrezas de escritura de los estudiantes hispanohablantes de la preparatoria. Un vehículo para lograr esta meta fue emplear a los estudiantes hispanohablantes como tutores de los estudiantes que estaban estudiando español como idioma extranjero.

ANTECEDENTES

Dentro del estado de California y a nivel nacional hay dos factores que merecen atención. Primero, las medidas tradicionales de rendimiento académico en las áreas de idiomas extranjeros tienen mínima relación con la proficiencia oral en el lenguaje. De acuerdo con Krashen (1982), después de cuatro años de estudiar un idioma extranjero, los estudiantes no pueden usarlo como vehículo de comunicación. Segundo, Valdés et al. (1981) exponen que un mayor número de estudiantes proviene de hogares donde se habla español y los cursos tradicionales de español como idioma extranjero no son apropiados para esta población.

Cambios recientes en la instrucción de idiomas extranjeros

Dandanoli (1987) reporta que en la actualidad hay más estudiantes inscritos en clases de idiomas extranjeros a nivel preparatorio que en cualquier otro momento desde 1915, cuando se empezó a mantener estadísticas al respecto. Este incremento se atribuye al hecho de que las universidades están requiriendo idiomas extranjeros para admisión o graduación, al cambio demográfico en los Estados Unidos y al énfasis a nivel estatal y nacional en el comercio exterior, lenguas extranjeras y preparación de maestros.

A la vez, Byrnes y Canale (1985), Freed (1987: 139–46) y Huebner y Jensen (1992: 105–15) señalan que la evaluación de lo que constituye un requisito de idioma extranjero ha cambiado de un conocimiento de la estructura del idioma a una proficiencia funcional. La proficiencia se desarrolla a través de la práctica del uso comunicativo del idioma extranjero. Existen muchas investigaciones en el área de currículum e instrucción que se enfocan en maneras de lograr que esta práctica sea relevante para los estudiantes.

Educación de minorías lingüísticas

Fijándonos en datos de exámenes de rendimiento académico y tasas de deserción escolar, el éxito de los estudiantes de grupos lingüísticos minoritarios, especialmente el de los méxicoamericanos, es menor que el de sus compañeros angloparlantes. Varios educadores, tales como Wong-Fillmore (1986), Cummins (1986b) y Cohen (1980), explican que existen dos factores que contribuyen al bajo rendimiento académico: (1) la proficiencia lingüística; (2) las relaciones de status social. Cummins (1986b) identifica dos tipos de proficiencia de lenguaje: (1) «destrezas interpersonales básicas de comunicación» que se usan en las interacciones diarias; y (2) «proficiencia lingüística a nivel cognoscitivo-académico» que se requiere para el trabajo académico. El primer tipo de interacción se puede adquirir en un par de años; el segundo tipo de interacción es menos universal y continúa desarrollándose durante y después de los años escolares. Además, algunas de estas destrezas se pueden transferir del primer idioma al segundo. Cummins (1986b) explica que una razón por la cual los estudiantes de un grupo lingüístico minoritario no desarrollan destrezas lingüísticas de alto nivel en inglés es la falta de oportunidades para reflexionar sobre su idioma nativo de una manera analítica.

Otra causa del bajo rendimiento académico de los estudiantes pertenecientes a una minoría lingüística es su statu en relación con el resto de la comunidad escolar. La investigación en «percepción de competencia» (*expectation states*), una teoría desarrollada por Cohen (1980) y Cohen y Sharan (1982), demuestra que el status de un grupo se usa para evaluar futuros logros. Se espera que los miembros de alto status sean más competentes en nuevas tareas, que contribuyan más y que sus contribuciones sean significativas. Dentro de este marco teórico, los estudiantes que pertenecen a una minoría lingüística son percibidos como estudiantes de bajo status, lo cual sirve para reforzar los estereotipos de inferioridad.

Cummins (1986a) argumenta que una de las razones por las cuáles los programas educacionales compensatorios fallan es que los programas no alteran las relaciones entre los educadores y los estudiantes minoritarios. En otras palabras, los programas compensatorios están basados en el supuesto de que los estudiantes minoritarios carecen de experiencias y conocimientos valiosos. La cultura y el lenguaje de los estudiantes minoritarios no se consideran importantes y no se integran en el sistema educacional. Los programas académicos más exitosos son los que cambian cualitativamente las relaciones entre los maestros y los estudiantes minoritarios, cuando la cultura y lenguaje de los estudiantes se integran en el currículum. Au (1980), Freire (1970), Hernández Chávez (1984) y Huebner et al. (1989) han reportado sobre programas educativos en los cuales se valoran el lenguaje y la cultura de los grupos minoritarios, resultando en logros académicos muy positivos para los estudiantes.

UBICACIÓN DEL PROYECTO

En el Distrito Escolar de Campbell Union High School (*Campbell Union High School District, CUHSD*) en la ciudad de San José, California, el estudio de idiomas extranjeros es un ejemplo de una disciplina que está viviendo cambios radicales en cuanto a la filosofía y los métodos de enseñanza. Desde 1984, por recomendación del Concilio Americano de la Enseñanza de Idiomas Extranjeros (*American Council on the Teaching of Foreign Language, ACTFL*) y las normas propuestas en los *California State Department of Education Model Curriculum Standards*, el enfoque en el entendimiento de la estructura del lenguaje ha cambiado a un énfasis en la proficiencia y la habilidad de funcionar en el idioma extranjero. Este nuevo enfoque de la instrucción pone énfasis en los usos prácticos del idioma en condiciones casuales, sociales y de trabajo. Una entrevista de proficiencia oral, que sigue los parámetros de la entrevista de proficiencia oral de ACTFL, es un componente de evaluación que se utiliza en este distrito en el programa de idiomas extranjeros a partir del segundo año (Huebner y Jensen 1992).

Aunque el Departamento de Lenguas Extranjeras de CUHSD ha sido muy exitoso en cuanto al reclutamiento de estudiantes de todo el distrito, nunca ha tenido éxito en reclutar a estudiantes hispanohablantes en las clases de español como idioma extranjero. Estos estudiantes tienen la ventaja de ser bilingües, pero sus destrezas de lectura y escritura varían bastante. En las clases de español como idioma extranjero, los estudiantes hispanohablantes se aburren con el componente oral, pero necesitan mucha práctica en la escritura. Esta discrepancia entre su alto nivel de proficiencia oral y un nivel más bajo en la escritura generalmente resulta en bajas calificaciones, lo cual debilita la autoestima del estudiante.

En CUHSD, los estudiantes hispanos constituyen el 20 por ciento de la población estudiantil, pero constituyen el 32 por ciento del total de la deserción escolar. Aunque el 44 por ciento de los estudiantes de este distrito asiste a la universidad después de terminar la preparatoria, únicamente el 6 por ciento de los estudiantes hispanos ingresa a la universidad. Es importante mencionar que la población hispana en el distrito aumenta del 2 al 6 por ciento cada año.

El programa

El distrito de Campbell Union High School, en colaboración con la facultad de la Universidad Estatal de San José (*San José State University*), ha establecido un curso de español para hispanohablantes en el cual los estudiantes son entrenados y empleados como tutores y examinadores de proficiencia oral en los cursos de español como idioma extranjero. Esta estrategia también ofrece a los estudiantes en los cursos de español como idioma extranjero la oportunidad de practicar el español. El curso incluye un componente sociolingüístico, el uso de computadoras para escribir ensayos, literatura chicana y latina, conocimiento de oportunidades profesionales y participación de los padres de familia en el salón de clases y en las juntas anuales. Los objetivos del curso son los siguientes:

1. **Tutores.** El componente tutorial es el que implica el cambio más radical en las relaciones dentro de la comunidad escolar. Los hispanohablantes descubrieron que poseían un valor cultural y económico al servir como tutores de los estudiantes de español como segundo idioma. (Debido al financiamiento externo, teníamos la capacidad de pagarles a los estudiantes por su tutoría. Aunque no todos los distritos pueden pagarles a los alumnos, es importante reconocer su labor públicamente).

   Al diseñar este programa, la hipótesis era que al invertir las relaciones entre experto e inexperto que existen en el salón de clases tradicional, las relaciones de status entre los dos grupos cambiarían (Huebner et al. 1989). Cuando se implementa esta tutoría, los estudiantes de español para hispanohablantes van a la clase de español como idioma extranjero y desempeñan la función de tutores una vez a la semana. Esta actividad requiere coordinación entre los maestros de español para hispanohablantes y español como idioma extranjero. También es imprescindible que los estudiantes hispanohablantes se preparen y practiquen sus lecciones antes de la tutoría. Los estudiantes hispanohablantes tienen mucho entusiasmo, ya que desean causar una buena impresión en los estudiantes de español como idioma extranjero. Durante la preparación de la tutoría, los estudiantes hispanohablantes repasan y adquieren un conocimiento muy completo de las reglas gramaticales, la puntuación, los acentos, etc., que se presentan en el texto escolar. Esta preparación es un vehículo para desarrollar y refinar sus propias destrezas de lenguaje oral y escrito.

   Actividades típicas para las sesiones tutoriales incluyen juegos, historias interactivas y guías de entrevistas. Estas guías de entrevistas se enfocan en un punto gramatical o ciertas situaciones y están diseñadas para guiar a los tutores en la comunicación con sus compañeros sobre un tema que sea interesante para adolescentes. Inicialmente, los maestros desarrollaban las guías basándose en ejercicios comunicativos del texto escolar o en juegos que todos conocían. Por ejemplo, los juegos que se usaron para proveer actividades comunicativas incluyeron Lotería (*Bingo*) y Serpientes y escaleras (*Chutes and Ladders*). Gradualmente, los estudiantes empezaron a planear sus propias actividades. Por ejemplo, para los estudiantes de Español I, los estudiantes hispanohablantes encontraron fotografías en revistas, las montaron en papel cartulina y las utilizaron para nombrar objetos y situaciones: «¿Qué es esto?» «¿Qué están haciendo?», etc.

2. **Evaluación de la proficiencia oral.** Para destacar la importancia de la proficiencia en el idioma extranjero en el aula, los estudiantes hispanohablantes fueron entrenados en una versión modificada de la entrevista de proficiencia oral de ACTFL. El distrito escolar de Campbell Union High School ha desarrollado y tiene mucha experiencia en este examen de proficiencia oral en lenguas extranjeras (Huebner y Jensen 1992).

3. **Desarrollo del componente sociolingüístico.** Los estudiantes inscritos en la clase de español para hispanohablantes provienen de diferentes clases sociales y países, lo cual significa que hay muchos dialectos representados en la

clase. Se enfatizó que en estas tutorías era necesario que los estudiantes hispanohablantes pudieran explicar las diferencias de sus propios dialectos y los dialectos representados en el libro de texto. El conocimiento de los diálectos era necesario para que las sesiones de tutoría fueran exitosas.

Una de las lecciones de sociolingüística que se incluyó en el curso consistió en pedirle a los estudiantes que entrevistaran a sus familias y a gente de la comunidad. Con la ayuda de grabadoras que se repartieron en clase, los estudiantes coleccionaron recetas, chistes, proverbios, remedios caseros, historias personales, etc. Estas grabaciones se transcribieron y analizaron en clase desde la perspectiva de la fonología, las variaciones sintácticas, los préstamos lingüísticos, el léxico, etc. Después de discutir las variedades regionales, los estudiantes formularon una hipótesis sobre el uso específico de cierto léxico en español. Después diseñaron un cuestionario sobre el lenguaje que reflejara esa hipótesis. El siguiente paso consistió en entrevistar a tres o más parientes o amigos. Una vez que obtuvieron los resultados, los analizaron en clase para decidir si las hipótesis deberían ser rechazadas o aceptadas. Finalmente, los estudiantes reflexionaron sobre las diferentes etapas de su investigación, aprendiendo de esta manera lo que es el método científico.

4. **Literatura latina y chicana.** Para incrementar el conocimiento de la literatura de la comunidad local y su relación con la literatura latina, los estudiantes leyeron una variedad de literatura chicana y latina. Estas lecturas incluyeron leyendas y cuentos breves que fueron seleccionados según los siguientes criterios: (1) su alto nivel de interés para adolescentes; (2) su representación de la cultura de los estudiantes; y (3) su texto escrito a un nivel accesible.

5. **Desarrollo de destrezas de computación en español.** Mediante el financiamiento de la IBM, se hizo posible montar un laboratorio de computación en las preparatorias para el uso exclusivo de los estudiantes en las clases de español para hispanohablantes y de español como idioma extranjero. Los datos que los estudiantes coleccionaron en el componente sociolingüístico del proyecto, junto con algunos ensayos literarios que habían escrito, fueron publicados en su revista estudiantil, que llamaron *Q-Vo.*

6. **Oportunidades profesionales para estudiantes bilingües.** Una prioridad del programa es darle a los estudiantes hispanohablantes acceso a las diferentes oportunidades académicas y económicas que existen basadas en su bilingüismo. Además, los estudiantes visitaron la Universidad de San José, la Universidad de California, Santa Cruz, la Universidad de Stanford y la Universidad de California, Berkeley, donde conversaron con estudiantes minoritarios sobre la ayuda financiera y sus experiencias en la universidad. Durante estas visitas, los estudiantes hispanohablantes recibieron mucho apoyo de los profesores y estudiantes universitarios.

7. **Participación de los padres de familia.** El objetivo de este componente era informar a los padres acerca del curso español para hispanohablantes. También se les envió un boletín de noticias informándoles de las diferentes actividades

del proyecto. Hubo varias juntas en la noche a las cuales asistieron los padres de familia. En estas juntas, los estudiantes tuvieron la oportunidad de leer algunos poemas y varios estudiantes escribieron ensayos sobre el beneficio que habían obtenido a través del curso español para hispanohablantes.

DISEÑO DE LA INVESTIGACIÓN

A continuación explicaremos las diferentes técnicas cuantitativas y cualitativas que se utilizaron para evaluar los distintos aspectos del proyecto: la evaluación global de escritura en español, el diseño de la técnica de comparación de lenguaje apareado, el instrumento de evaluacion del autoconcepto, los promedios académicos, Advanced Placement Tests e inscripción en la universidad.

Evaluación global de escritura en español

Para medir la habilidad en la escritura de una manera sistemática, se les pidió a los estudiantes que escribieran sobre un tema común. Se distribuyeron copias de una canción de Violeta Parra, una poeta chilena. En esta canción, la poeta le da gracias a la vida por todos los momentos dichosos y los momentos tristes. Este tema se escogió porque es un tema universal; todos los seres humanos hemos experimentado tristezas o grandes alegrías.

Un comité compuesto de dos lingüistas y tres miembros del proyecto hispanohablantes, uno de Argentina, dos de Puerto Rico, uno de México y uno de Perú, discutió sobre las diferencias entre la escritura en inglés y en español. Este comité también discutió sobre las guías de evaluación en inglés publicadas por el Servicio Educacional de Evaluación (*Educational Testing Services*), las cuales consisten en seis niveles. El nivel 6 describe lo que constituye una composición muy bien escrita y organizada, demuestra habilidad en todos los aspectos de la escritura, discute el tema de una manera efectiva, se enfoca en el tema y lo apoya con detalles apropiados y contiene una variedad de oraciones y palabras. El nivel 1 demuestra una falta de habilidad para escribir (la composición es ilógica e incoherente, da la impresión de que el escritor no entendió la pregunta y contiene serios errores que interfieren con la comprensión). Las guías de evaluación se modificaron con el fin de que reflejaran el estilo de escritura en español. Por ejemplo, algunas de las diferencias que existen entre el inglés y el español escritos tienen que ver con el estilo lineal en el cual se escriben las composiciones en inglés. Aunque el estilo lineal se puede usar en español, también existe una tradición según la cual se analizan los conceptos usando un argumento circular.

Sesiones de entrenamiento y evaluación   Ocho estudiantes bilingües fueron entrenados para evaluar las composiciones de los estudiantes. El segundo paso fue calificar 60 composiciones escritas por los estudiantes de español para hispanohablantes y luego discutimos cómo se habían evaluado las composiciones y qué nivel se les había asignado. Se llegó a un acuerdo general sobre cuáles composiciones representaban diferentes niveles en la escala de evaluación. Los resultados obtenidos estaban dentro de la curva de distribución normal.

Durante el tercer año, se recolectaron muestras de escritura al principio y al final del año escolar de los estudiantes en el curso de español para hispanohablantes. La primera composición consistió en un párrafo invitando a los estudiantes a recordar una situación cuando tenían un deseo muy grande y a describir ese deseo. La segunda composición fue similar y solicitaba a los estudiantes ideas de cómo gastarían un millón de dólares si hubieran ganado la lotería. Los temas para las dos composiciones aparecen en la tabla 1.

━ Tabla 1 ━━━━━━━━━━━━━━━━━━━━━━━━━━━━━━━━━

Español para hispanohablantes
Muestra de escritura
Otoño de 1992

Todos hemos tenido la experiencia de desear algo con mucha intensidad. Trate de recordar esa sensación. Si usted pudiera pedir un deseo, ¿cuál sería? Describa ampliamente cuál sería su deseo y por qué escogería este deseo. Es importante que describa sus sentimientos al realizar este deseo y la manera en que esto afectaría su vida.

Español para hispanohablantes
Muestra de escritura
Primavera de 1993

En nuestra vida, todos hemos tenido el deseo de ser millonarios. Trate de recordar una situación donde usted quería tener mucho dinero. Ahora, imagínese que usted compró boletos de lotería y se ganó un millón de dólares. ¿Qué haría usted con el dinero? Describa ampliamente cómo gastaría usted este dinero. Explique cómo tomó su decisión y describa sus sentimientos al tener un millón de dólares y poder gastarlos. ¿Cómo afectaría su vida tener este dinero?

Después del año escolar, se entrenó a seis estudiantes hispanohablantes y se evaluaron 85 composiciones usando nuestra versión modificada de las guías de evaluación usadas por el Servicio de Evaluación Educacional. Al día siguiente diez profesoras bilingües fueron entrenadas en la evaluación global. Una vez más, los resultados estuvieron distribuidos en una curva normal. Los estudiantes mejoraron su escritura en el transcurso del año escolar. En la primera composición, 28 ensayos fueron clasificados en el nivel 4 y al final del año, 35 ensayos fueron clasificados en este nivel. Asimismo, 36 ensayos fueron clasificados en el nivel 3 a principios del año y al final del año hubo únicamente 24 ensayos clasificados en este nivel. Los resultados de la evaluación se muestran en las figuras 1 y 2.

— *Figura 1*

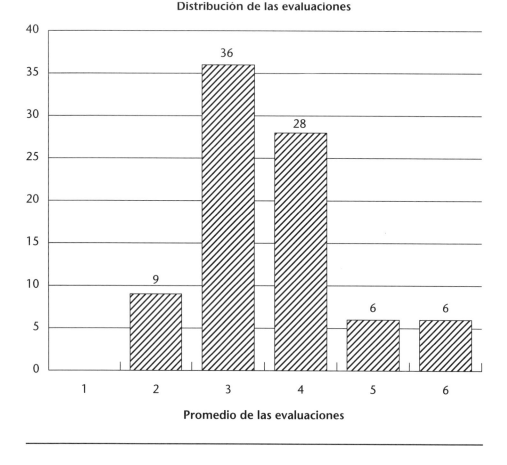

Distribución de las evaluaciones

Promedio de las evaluaciones

Los estudiantes y profesores entrenados en la evaluación global completaron un cuestionario sobre la sesión de entrenamiento. Todos los participantes indicaron que habían aprendido sobre diferentes tipos de ensayos y pensaron que sus estudiantes se beneficiarían de este tipo de evaluación. Algunos participantes indicaron que este entrenamiento les ayudaría en sus propios ensayos.

Diseño de la técnica de comparación de lenguaje apareado

Era importante saber si los estudiantes experimentaban un cambio de actitud hacia las diferentes variedades de lenguaje después del componente sociolingüístico. La estrategia fue medir la actitud de los estudiantes al principio y al final del

— *Figura 2*

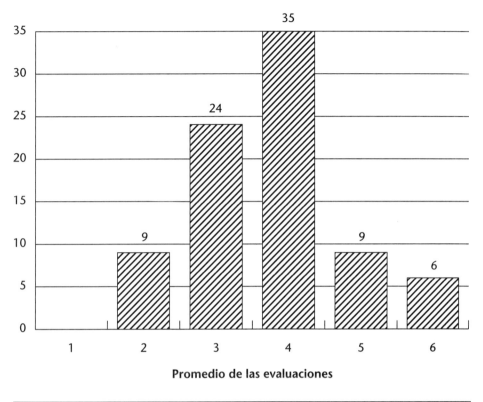

Distribución de las evaluaciones

Promedio de las evaluaciones

— *Tabla 2*

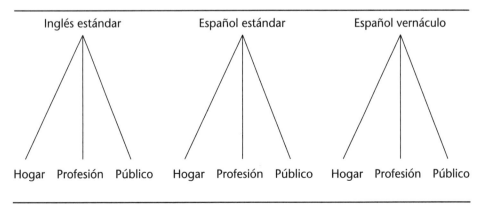

Diseño: tres variedades de lenguaje en tres ambientes

— **Tabla 3** ─────────────────────────────

Descriptores usados en la escala de actitudes

Solidaridad:	warm/cold
	interesting/boring
	very likeable/not at all likeable
	sense of humor/no sense of humor
Status:	leader/follower
	very intelligent/not at all intelligent
	very ambitious/not at all ambitious
	very educated/not educated
Distrayentes:	religious/not religious
	tall/short
	good-looking/ugly
	tough/not tough

año académico, utilizando la técnica de comparación de lenguaje apareado (*match guise*). La técnica de comparación de lenguaje apareado es un instrumento que mide actitudes hacia el lenguaje. Dos personas de sexo masculino hicieron grabaciones de tres variedades diferentes de lenguaje (español estándar, español vernáculo e inglés) en tres situaciones diferentes (el ambiente profesional, el ambiente público y el ambiente hogareño). Los dos lectores tenían pronunciación casi nativa en las tres variedades de lenguaje.

Cada grabación consistía en un párrafo breve. El contenido de la grabación era diferente en cada ambiente, lo cual requirió que cada lector tuviese que producir tres grabaciones diferentes en tres variedades diferentes de lenguaje. La tabla 2 muestra el diseño de la técnica de comparación de lenguaje apareado.

Los estudiantes indicaron su reacción a cada lector y variedad de lenguaje, marcando un punto en una escala Likert (ver el apéndice). Las escalas consistían de 12 adjetivos descriptivos, siguiendo el estudio de Genesee y Holcombe (1989: 20). Cuatro adjetivos medían solidaridad (amable, interesante, simpático y sentido del humor); cuatro adjetivos medían status (líder, inteligente, ambicioso, educado); y cuatro adjetivos servían para distraer (religioso, bien parecido, alto, tenaz). La tabla 3 muestra la escala completa. Cinco términos descriptivos se invirtieron (amable-frío; líder-seguidor; religioso-no religioso; alto-bajo; tenaz-no tenaz) para evitar que todos los términos positivos estuvieran en el lado derecho de la escala y todos los términos negativos estuvieran en el lado izquierdo de la escala.

Procedimiento Antes de participar en la técnica de comparación de lenguaje apareado se les pidió a los estudiantes que nombraran a su locutor favorito, un locutor que no habían visto, pero sí escuchado. Se les pidió que describieran a esta persona (p. ej.: inteligente, educada, atractiva). Los estudiantes tenían convicciones muy fuertes acerca de la apariencia y la personalidad del locutor aunque no lo habían visto en persona o en televisión. Se les pidió que reaccionaran de una manera similar a las grabaciones que iban a escuchar. Se animó a los estudiantes a indicar su reacción en la escala de acuerdo con su primera impresión del lector y de su lenguaje. Los resultados de la técnica de la comparación de lenguaje apareado están en proceso de análisis y serán publicados en un artículo futuro.

Instrumento de evaluación del autoconcepto

El autoconcepto de los estudiantes era un objetivo muy importante para el proyecto. Debido a que la noción de autoconcepto es muy amplia, se necesitaba un instrumento que midiera el concepto en un terreno académico. Se identificó el instrumento de Gary Hoelke, el cual se enfoca en el autoconcepto en relación con el área académica (ver el apéndice). Este instrumento también se aplicó al principio y al final del año para saber si el curso había tenido impacto en la manera en que los estudiantes se percibían a sí mismos. Los resultados que se obtuvieron de este instrumento se están analizando y serán publicados en otro artículo.

Inscripción a la universidad, exámenes a nivel avanzado y promedios académicos

Al final de los tres años del proyecto, 25 estudiantes se graduaron de la preparatoria y todos se habían inscrito en una universidad de dos o cuatro años, lo cual significa que se alcanzó una de las metas del proyecto. Otro logro que merece ser destacado es que aproximadamente diez estudiantes tomaron el examen de nivel avanzado en español (*Advanced Placement Test*) y lo aprobaron, lo cual significa que obtuvieron diez créditos universitarios. Cinco estudiantes presentaron el examen a nivel avanzado en literatura española y tres de ellos lo aprobaron. En general los promedios académicos de los estudiantes aumentaron en casi un punto durante los tres años del proyecto, lo cual es un logro muy positivo.

Medidas cualitativas

Se entrevistó a los alumnos y a los maestros que participaron en el proyecto. Los maestros hablaron sobre el progreso que los estudiantes habían hecho en varios aspectos: seriedad en los estudios, destrezas literarias, planes universitarios, seriedad para la preparación de la tutoría. Asimismo, los estudiantes escribieron ensayos sobre lo importante que había sido para ellos la clase de español para hispanohablantes. Los estudiantes mencionaron que habían descubierto el valor del bilingüismo y la importancia de asistir a la universidad, así como las oportunidades académicas y profesionales que existen para los bilingües.

CONCLUSIONES Y REFLEXIONES

Este proyecto comenzó a planearse en 1989 y a implementarse en 1990. El proyecto fue financiado por CAPP por tres años. El cuarto año se dedicó principalmente a la diseminación del proyecto. Los fondos se utilizaron para las siguientes actividades.

1. Pago a los alumnos por su tutoría; la mayor parte de los alumnos usaron este dinero para tomar el examen de nivel avanzado.
2. Transporte y comida durante los viajes a diferentes universidades.
3. Invitación a diferentes profesionales bilingües a que hicieran presentaciones a los estudiantes del curso de español para hispanohablantes y compra de materiales académicos para el curso.
4. Coordinación del proyecto, períodos de preparación para los maestros del programa con el fin de planear y desarrollar el curso, desarrollo del componente sociolingüístico, sesiones para planear, discutir y evaluar el proyecto (tutoría, visitas a las universidades, componente sociolingüístico), juntas de coordinación con los administradores y consejeros académicos del distrito escolar.
5. Juntas con consultores externos para diseñar medidas de evaluación; diseño y reproducción de materiales.
6. Asistencia a diferentes conferencias para la diseminación del proyecto.

EL PROYECTO EN LA ACTUALIDAD

La fase de implementación del proyecto se ha logrado. Se han establecido cinco clases de español para hispanohablantes, las cuales son un componente importante del departamento de idiomas extranjeros. También se ha establecido la coordinación del horario de clases de español para hispanohablantes y de español como lengua extranjera, la cual permite que se continúe la tutoría. Actualmente, no se les paga a los alumnos por la tutoría, pero se piensa darles un certificado de reconocimiento por su esfuerzo.

En la actualidad, todos los maestros que enseñan el curso de español para hispanohablantes están entrenados para implementar el curso sociolingüístico. El proyecto dispone de grabadoras y computadoras que facilitan que los alumnos entrevisten a sus padres y a otras personas de la comunidad; de esta manera, los estudiantes pueden seguir analizando los diferentes dialectos de la comunidad. Hasta la fecha, el proyecto había financiado la publicación de una revista estudiantil, llamada *Q-Vo*. Los directores del proyecto están pensando continuar de alguna manera con la publicación de esta revista, la cual incorpora el trabajo de los alumnos del curso de español para hispanohablantes.

En el verano de 1994, los directores y maestros del proyecto ofrecieron un cursillo de dos semanas para maestros que van a enseñar cursos de español para hispanohablantes. Durante este cursillo, se compartieron el currículum del curso, el componente sociolingüístico, y la tutoría. Los maestros que participaron en el curso indicaron que fue muy beneficioso para ellos.

IMPLICACIONES EDUCATIVAS

Muchos de los alumnos reportaron que, al empezar la tutoría en español y al convertirse en examinadores de proficiencia oral en español, se dieron cuenta de que el ser bilingüe era una gran ventaja. Ellos agradecieron la oportunidad de poder usar el español en el ámbito académico. La tutoría fue una forma de reconocimiento de que la cultura y el lenguaje de los hispanos constituyen una contribución al sistema educativo. Como se mencionó previamente, para que la educación de estudiantes minoritarios sea efectiva, se debe incorporar su lenguaje y su cultura en los programas educativos.

Al experimentar éxito en la clase de español para hispanohablantes, los estudiantes empezaron a sacar mejores calificaciones en otras clases. Asimismo, comenzaron a participar más en las actividades de la escuela, tales como los clubs y asociaciones extracurriculares. El aumento de su éxito académico y su participación en la comunidad educativa causó una impresión muy favorable en los administradores de la escuela.

Igualmente, los estudiantes mencionaron que había sido muy valioso conversar e interactuar con los profesionales bilingües que vinieron a visitar la clase de español para hispanohablantes. Tanto las visitas a las universidades como la información sobre el financiamiento educativo que existe para aquéllos que desean asistir a la universidad y la oportunidad de conversar con estudiantes hispanos universitarios fueron una gran fuente de información que les abrió nuevas opciones para su vida académica y profesional. Es un hecho importante que, después de tres años de la existencia del proyecto, todos los alumnos que participaron en éste y se graduaron de la preparatoria se inscribieron luego en la universidad.

OBRAS CITADAS/CONSULTADAS

Au, K. 1980. "Participant Structures in a Reading Lesson with Hawaiian Children: Analysis of a Culturally Appropriate Instructional Event." *Anthropology and Education Quarterly* 11: 91–115.

Bernhardt, E. y J. Hammadou. 1987. "A Decade of Research in Foreign Language Teacher Education." *Modern Language Journal* 71. 289–99.

Brown, G. H., N. L. Rosen, S. T. Hill y M. A. Olivas. 1980. *The Condition of the Education for Hispanic Americans*. Washington, D.C.: Government Printing Office.

Byrnes, H. y M. J. Canale, eds. 1985. *Defining and Developing Proficiency: Guidelines, Implementations, and Concepts*. Lincolnwood, IL: National Textbook.

Carranza, M. 1977. "Language Attitudes of Mexican American Adults: Some Sociolinguistic Implications." Disertación doctoral inédita. U of Notre Dame.

Carter, T. P. y R. D. Segura. 1979. *Mexican Americans in School: A Decade of Change*. Nueva York: CEEB.

Celce-Murcia, M. 1983. "Problem Solving: A Bridge Builder Between Theory and Practice." *Applied Linguistics and the Preparation of Second Language Teachers: Toward a Rationale*. Eds. J. E. Alatis, H. H. Stern y P. Strevens. Washington, D.C.: Georgetown UP. 97–105.

Cohen, E. G. 1980. "Expectation States and Interracial in School Settings." *American Review of Sociology* 8: 209–35.

Cohen, E. y S. Sharan. 1982. "Modifying Status Relations in Israeli Youth." *Journal of Cross-Cultural Psychology* 11: 364–84.

Coste, D. 1983. "International Aspects of Teacher Training." *Applied Linguistics and the Preparation of Second Language Teachers: Toward a Rationale*. Eds. J. E. Alatis, H. H. Stern y P. Strevens. Washington, D.C.: Georgetown UP. 116–23.

Cummins, J. 1986a. "Empowering Minority Students: A Framework for Intervention." *Harvard Educational Review* 56: 18–35.

————. 1986b. "The Role of Primary Language Development in Promoting Educational Success for Language Minority Students." *Schooling and Language Minority Students: A Theoretical Framework*. Los Ángeles: Evaluation, Dissemination and Assessment Center.

Dandanoli, P. 1987. "Report on Foreign Language Enrollment in Public Secondary Schools." *Foreign Language Annals* 20: 457–70.

Edelsky, C. 1982. "Writing in a Bilingual Program: The Relation of L1 and L2 Texts." *TESOL Quarterly* 16: 211–18.

————. 1991. *With Literacy and Justice for All*. Londres: Falmer.

Educational Testing Service. 1988. *Scoring Guidelines for Wholistic Evaluation*.

Faltis, C. 1984. "Reading and Writing in Spanish for Bilingual College Students: What's Taught at School and What's Used in the Community." *Bilingual Review/La revista bilingüe* 11: 21–31.

Freed, B. 1987. "Preliminary Impression of the Effects of a Proficiency-Based Language Requirement." *Foreign Language Annals* 20: 139–46.

Freire, P. 1970. *Education for a Critical Consciousness*. Nueva York: Seabury.

Genesee, F. y N. E. Holcombe. 1989. "Change and Stability in Intergroup Perceptions." *Journal of Language and Social Psychology* 8(1): 17–37.

Hernández Chávez, E. 1984. "The Inadequacy of English Immersion Education as an Educational Approach for Language Minority Students in the United States." *Studies on Immersion Education: A Collection for United States Educators*. Sacramento: California State Department of Education. 144–83.

Hoelke, G. M. 1981. *SCAL: Self Concept as a Learner Scale*. Revised. Kearney, NE: Educational Systems Associates, Inc.

Holmes Group. 1986. *Tomorrow's Teachers: A Report of the Holmes Group.* East Lansing: Author.

Huebner, T., L. Bartolomé, R. Avela-La Salle y M. Azevedo. 1989. "Integrating Language Education, Teacher Training and University-School Collaboration: A Pilot Project." *The Modern Language Journal* 73. 23–31.

Huebner, T. y A. Jensen. 1992. "A Study of Foreign Language Proficiency Testing in Secondary Schools." *Foreign Language Annals* 25. 105–15.

James, T. 1991. *Research and the Renewal of Education: Funding Priorities for Educational Research.* Stanford: National Academy for Education.

Krashen, S. 1982. *Principles and Practices in Second Language Acquisition.* Oxford: Pergamon Press.

National Commission on Excellence in Education. 1983. *A Nation at Risk: The Imperative for Educational Reform.* Washington, D.C.: Government Printing Office.

Ogbu, J. 1978. *Minority Education and Caste.* Nueva York: Academic.

Olsen, L. 1988. *Crossing the School House Border: Immigrant Students in the California Public Schools.* San Francisco: California Tomorrow.

Peck, S. 1987. "Spanish for Social Workers: An Intermediate-Level Communicative Course with Content Lectures." *The Modern Language Journal* 71. 402–9.

President's Commission on Foreign Language and International Studies. 1980. "Strength Through Wisdom: A Critique of U.S. Capability." *The Modern Language Journal* 64: 9–57.

Stevenson, H. W., J. W. Stigler, S. Y. Lucker, S. Kitamura y C. C. Hsu. 1985. "Cognitive Performance and Academic Achievement of Japanese, Chinese, and American Children." *Child Development* 56. 718–34.

Valdés, G., A. G. Lozano y R. García-Moya, eds. 1981. *Teaching Spanish to the Hispanic Bilingual: Issues, Aims and Methods.* Nueva York: Teachers College Press.

Wong-Fillmore, L. 1986. "Teaching Bilingual Learners." *Handbook of Research on Teaching.* 3rd ed. Ed. M. C. Wittrock. Nueva York: Macmillan. 648–85.

APÉNDICE

Match Guise/*Comparación de lenguaje apareado*
CAPP Survey/*La encuesta CAPP*
San José State University

Name/*Nombre:* _____ Class/*Clase:* _____

Rate the person you just heard in terms of the following characteristics. Place an "X" on the line somewhere between the two descriptive words:
Evalúe la persona que oyó en términos de las siguientes características. Ponga una "X" en la línea entre las dos palabras descriptivas.

1. warm
   amable
   ├─────────────┤
   cold
   frío

2. boring
   aburrido
   ├─────────────┤
   interesting
   interesante

3. not at all likeable
   nada simpático
   ├─────────────┤
   very likeable
   muy simpático

4. leader
   líder
   ├─────────────┤
   follower
   seguidor

5. religious
   religioso
   ├─────────────┤
   not religious
   no religioso

6. no sense of humor
   ningún sentido de humor
   ├─────────────┤
   sense of humor
   sentido de humor

7. tall
   alto
   ├─────────────┤
   short
   bajo

8. not at all intelligent
   nada inteligente
   ├─────────────┤
   very intelligent
   muy inteligente

9. not at all ambitious
   nada ambicioso
   ├─────────────┤
   very ambitious
   muy ambicioso

10. ugly
    feo
    ├─────────────┤
    good-looking
    bien parecido

11. not educated
    no es educado
    ├─────────────┤
    very educated
    muy educado

12. tough
    tenaz
    ├─────────────┤
    not tough
    no tenaz

Self-Concept Evaluation Instrument/*Instrumento de evaluación de autoconcepto*

DIRECTIONS: The purpose of this scale is to find out how you feel about school. You will not be graded on this scale so tell it like it is. Please answer each item by darkening the circle under the response that best describes how you feel. Answer according to the following:

SA = Strongly Agree   A = Agree   U = Undecided   D = Disagree   SD = Strongly Disagree

Darken only one circle for each statement. Note the example below:

	TA	A	I	D	TD
Example:	SA	A	U	D	SD
I like to go on trips. / *A mí me gusta viajar.*	O	O	O	O	O

	TA	A	I	D	TD
	SA	A	U	D	SD
1. I like to go to school. / *Me gusta ir a la escuela.*	O	O	O	O	O
2. I am successful in school. / *Yo tengo éxito en la escuela.*	O	O	O	O	O
3. I think school work is hard. / *Yo pienso que el trabajo escolar es difícil.*	O	O	O	O	O
4. Compared to other students, I am intelligent. / *Comparado con otros estudiantes, yo soy inteligente.*	O	O	O	O	O
5. I wanted to go to school. / *Yo he querido ir a la escuela.*	O	O	O	O	O
6. Most students are more intelligent than I am. / *La mayoría de los estudiantes son más inteligentes que yo.*	O	O	O	O	O
7. I think my grades are low. / *Yo pienso que mis calificaciones son bajas.*	O	O	O	O	O
8. Most school tests are too hard. / *La mayoría de los exámenes son muy difíciles.*	O	O	O	O	O
9. Teachers assign too much school work for me. / *Pienso que las maestras nos dan demasiado trabajo.*	O	O	O	O	O
10. I would rather do about anything than go to school. / *Yo prefiero cualquier cosa antes que ir a la escuela.*	O	O	O	O	O
11. Most of my grades are lower than other students' grades. / *La mayoría de mis calificaciones son más bajas que las de los otros.*	O	O	O	O	O
12. I feel that school is a "drag." / *Yo pienso que la escuela es aburrida.*	O	O	O	O	O
11. I do a good job with school work. / *Mi trabajo escolar es bueno.*	O	O	O	O	O

SA = Strongly Agree   A = Agree   U = Undecided   D = Disagree   SD = Strongly Disagree

	TA / SA	A / A	I / U	D / D	TD / SD
14. Most school work is easy. / *La moyoría del trabajo escolar es fácil.*	○	○	○	○	○
15. I remember most of what I read. / *Yo recuerdo casi todo lo que leo.*	○	○	○	○	○
16. I am a good writer of stories. / *Yo escribo buenas historias.*	○	○	○	○	○
17. I can help other students with their class work. / *Yo puedo ayudar a otros alumnos con su trabajo escolar.*	○	○	○	○	○
18. I understand most school assignments. / *Yo entiendo la mayoría de los trabajos escolares.*	○	○	○	○	○
19. I am a good student. / *Yo soy un buen estudiante.*	○	○	○	○	○
20. My teachers think I am a good student. / *Mis maestras piensan que yo soy un buen estudiante.*	○	○	○	○	○

Name/*Nombre* _____

School/*Escuela* _____

Class/*Clase* _____

Date/*Fecha* _____

Bibliografía selecta

Amastae, J. and L. Elías-Olivares, eds. 1982. *Spanish in the United States: Sociolinguistic Aspects*. New York: Cambridge UP.

American Association of Teachers of Spanish and Portuguese (AATSP). 1972. *Teaching Spanish in School and College to Native Speakers of Spanish/La enseñanza del español a estudiantes hispanohablantes en la escuela y en la universidad*. No. HE 5.210:10097. Washington, D.C.: U.S. Government Printing Office.

Aparicio, F. 1983. "Teaching Spanish to the Native Speaker at the College Level." *Hispania* 66(2): 232–8.

———. 1993. "Diversification and Pan-Latinity: Projections For the Teaching of Spanish to Bilinguals." *Spanish in the United States: Linguistic Contact and Diversity*. Eds. A. Roca and J. M. Lipski. Berlin/New York: Mouton de Gruyter. 183–98.

Bachman, L. F. 1990. *Fundamental Considerations in Language Testing*. Oxford: Oxford UP.

Baetens Beardsmore, H. 1986. *Bilingualism: Basic Principles*. Clevendon, U.K.: Multilingual Matters.

Baker, P. 1981. *Español para los hispanos: A Guide to Spanish for Native Speakers*. Skokie, IL: National Textbook.

———. 1988. *Key Issues in Bilingualism and Bilingual Education*. Clevendon, U.K.: Multilingual Matters.

Barker, M. E. 1972. *Español para el bilingüe*. Skokie, IL: National Textbook.

Barkin, F. 1981. "Establishing Criteria for Bilingual Literacy: The Case of Bilingual University Students." *The Bilingual Review/La revista bilingüe* 8(1): 1–13.

Barkin-Riegelhaupt, F. 1985. "Testing Bilingual Language Proficiency: An Applied Approach." *Spanish Language Use and Public Life in the United States*. Eds. L. Elías-Olivares, E. A. Leone, R. Cisneros, and J. R. Gutiérrez. Berlin/New York: Mouton de Gruyter. 165–80.

Barnwell, D. 1989. "Proficiency and the Native Speaker." *Hispania* 20 (2): 42–46.

———. 1993. "Oral Proficiency Testing and the Bilingual Speaker." *Spanish in the United States: Linguistic Contact and Diversity*. Eds. A. Roca and J. M. Lipski. Berlin/New York: Mouton de Gruyter. 199–209.

Beardsley, T. S. J. 1982. "Spanish in the United States." *Word* 33 (No. 1–2 April-August): 15–28.

Bergen, J. J., ed. 1990. *Spanish in the United States: Sociolinguistic Issues*. Papers from the seventh Conference on El Español en los Estados Unidos, held Oct. 24–25, 1986 at the University of New Mexico. Washington, D.C.: Georgetown UP.

Bills, G. 1989. "The U.S. Census of 1980 and Spanish in the Southwest." *International Journal of the Sociology of Language* 79: 11–28.

Bixler-Márquez, D. J., J. L. Ornstein-Galicia, and G. K. Green, eds. 1989. *Mexican-American Spanish in its Societal and Cultural Contexts*. Brownsville: U of Texas-Pan American, in collaboration with U of Texas-El Paso.

Blake, R. 1987. "El uso del subjuntivo con cláusulas nominales: regla obligatoria o variable". Paper presented at the Actas del I Congreso Internacional sobre el español de América, San Juan, PR.

Blanco, G. 1987. *Español para el hispanohablante: función y noción*. Harlandale, TX: Harlandale Unified School District.

Blanco, G., V. Contreras and J. Márquez. 1995. *¡Ahora sí!* Boston: Heinle & Heinle.

Bowen, J.D. and J. Ornstein. 1976. *Studies in Southwest Spanish*. Rowley, MA: Newbury House.

Brown, G. H., N. L. Rosen, S. T. Hill, and M. A. Olivas. 1980. *The Condition of the Education for Hispanic Americans*. Washington, D.C.: Government Printing Office.

Burunat, S. and J. Burunat. 1984. *Nuevas voces hispanas*. New York: CBS College Publishing.

Burunat, S. and E. Starcevic. 1983. *El español y su estructura: lectura y redacción para bilingües*. New York: Holt, Rinehart, and Winston.

Carranza, M. 1977. "Language Attitudes of Mexican American Adults: Some Sociolinguistic Implications." Unpublished doctoral dissertation, U of Notre Dame.

Carter, T. P. and R. D. Segura. 1979. *Mexican Americans in School: A Decade of Change*. New York: CEEB.

Centro de Estudios Puertorriqueños. 1978. "Language Policy and the Puerto Rican Community. Working Paper No. 1." *The Bilingual Review/La revista bilingüe* 5: 1–2.

Cheshire, J., H. Edwards, H. Munstermann, and B. Weltens. 1989. *Dialect and Education: Some European Perspectives*. Clevendon, U.K.: Multilingual Matters.

Cifuentes, B. 1994. "Las lenguas amerindias y la formación de una lengua nacional en México en el siglo XIX". *Language Problems and Language Planning* 18:3 (Mexico's Language Policy and Diversity).

Cisneros, R. and E. A. Leone. 1983. "Mexican American Language Communities in the Twin Cities: An Example of Contact and Recontact." *Spanish in the U.S. Setting: Beyond the Southwest*. Ed. L. Elías-Olivares. Rosslyn, VA: National Clearinghouse for Bilingual Education. 181–211.

———. 1990. "Becoming Literate: Historias de San Antonio." *Spanish in the United States: Sociolinguistic Issues*. Ed. J. J. Bergen. Washington, D.C.: Georgetown UP. 86–109.

———. 1993. "Literacy Stories: Features of Unplanned Oral Discourse. *Spanish in the United States. Linguistic Contact and Diversity*. Eds. A. Roca and J. M. Lipski. Berlin-New York: Mouton de Gruyter. 103–20.

Colombi, M. C. 1995. "Actitudes hacia la escritura en español de los estudiantes hispanohablantes a nivel universitario". *Revista de estudios de adquisición de la lengua española* 3: 19–32.

Cortina, R. and A. Moncada, eds. 1988. *Hispanos en los Estados Unidos*. Madrid: Instituto de Cooperación Iberoamericana.

Cotton, E. G. and J. M. Sharp. 1988. *Spanish in the Americas*. Washington, D.C.: Georgetown UP.

Coulmas, F., ed. 1990. *International Journal of the Sociology of Language* 84 (Spanish in the USA: New Quandaries and Prospects). The Hague/New York: Mouton de Gruyter.

Craddock, J. R. 1992. "Historia del español en los Estados Unidos". *Historia del español de América*. Ed. C. Hernández Alonso. Valladolid: Junta de Castilla y León.

Cummins, J. 1986a. "Empowering Minority Students: A Framework for Intervention." *Harvard Educational Review* 56: 18–35.

———. 1986b. "The Role of Primary Language Development in Promoting Educational Success for Language Minority Students." *Schooling and Language Minority Students: A Theoretical Framework*. Los Angeles, CA: Evaluation, Dissemination and Assessment Center.

———. 1992. "Language Proficiency, Bilingualism, and Academic Achievement." *Multicultural Classroom: Readings for Content-Area Teachers*. Eds. P. A. Richard-Amato and M. A. Snow. New York: Longman. 16–25.

Danesi, M. 1986. *Teaching a Heritage Language to Dialect-Speaking Students*. Ottawa: Ontario Institute for Studies in Education.

De Camp, S. 1991. *The Linguistic Minorities of New York City*. New York: Community Service Society.

de la Portilla, M. and M. Varela. 1979. *Mejora tu español: lectura y redacción para bilingües*. New York: Regents.

de las Casas, W. 1987. "Curriculum Guide for Spanish Native Language Arts." *Hispania* 70: 370–2.

Delgado-Gaitán, C. 1986. "Teacher Attitudes on Diversity Affecting Student Socio-Academic Responses: An Ethnographic View." *Journal of Adolescent Research* 1: 103–14.

———. 1990. *Literacy for Empowerment: The Role of Parents in Children's Education*. London: Falmer Press.

Delgado-Gaitán, C. and H. T. Trueba. 1991. *Crossing Cultural Borders: Education for Immigrant Families in America*. London: Falmer Press.

Deyhle, D. 1987. "Learning Failure: Tests as Gatekeepers and the Culturally Different Child." *Success or Failure? Learning and the Minority Student*. Ed. H. T. Trueba. New York: Newbury. 85–108

Díaz, S., L. Moll and H. Meehan. 1986. "Sociocultural Resources in Instruction: A Context-Specific Approach." *Beyond Language: Social and Cultural Factors in*

Schooling Language Minority Students. Sacramento: Bilingual Education Office, California State Dept. of Education. 187–230

Durán, R., ed. 1981. *Latino Language and Communicative Behavior.* Norwood, NJ: Alex Press.

Edelsky, C. 1982. "Writing in a Bilingual Program: The Relation of L1 and L2 Texts." *TESOL Quarterly* 16: 211–218.

Elerick, C. 1981. *Proceedings of the Ninth Annual Southwestern Area Language and Linguistics Workshop.* El Paso, TX.: U of Texas at El Paso.

Elías-Olivares, L. 1976. "Ways of Speaking in a Chicano Speech Community: A Sociolinguistic Approach." Unpublished doctoral dissertation, U of Texas at Austin.

———. 1979. "Language Use in a Chicano Community: A Sociolinguistic Approach." *Sociolinguistic Aspects of Language Learning and Teaching.* Ed. J. B. Pride. Oxford: Oxford UP. 120–134.

———, ed. 1983. *Spanish in the U.S. Setting: Beyond the Southwest.* Rosslyn, VA: National Clearinghouse for Bilingual Education.

———. 1986. "El español chicano y el problema de la norma lingüística". Keynote address, VI Simposio Anual sobre el Español en los Estados Unidos, U of Texas at Austin.

Elías-Olivares, L., E. A. Leone, R. Cisneros, and J. R. Gutiérrez, eds. 1985. *Spanish Language Use and Public Life in the United States.* Berlin/New York: Mouton de Gruyter.

Elías Olivares, L. and G. Valdés-Fallis. 1979. *Language Diversity in Chicano Speech Communities: Implications for Language Teaching.* Austin, Texas: Southwest Educational Development Lab.

Faltis, C. 1981. "Teaching Spanish Writing to Bilingual College Students." *NABE Journal* 6(1): 93–106.

———. 1984. "Reading and Writing in Spanish for Bilingual College Students: What's Taught at School and What's Used in the Community." *Bilingual Review/La revista bilingüe* 11(1): 21–31.

———. 1990. "Spanish for Native Speakers: Freirian and Vygotskian Perspectives." *Foreign Language Annals* 23(2): 117–26.

———. 1993. "Effective Computer Uses for Teaching Spanish to Bilingual Native Speakers: A Socioacademic Perspective." *Language and Culture in Learning: Teaching Spanish to Native Speakers of Spanish.* Eds. B. J. Merino, H. T. Trueba, and F. A. Samaniego. London: Falmer Press. 160–9.

Fantini, A. E. 1994. "Developing Intercultural Communicative Competence." *Beyond Experience.* Ed. T. Gochenour. Yarmouth, ME: Intercultural Press.

———, ed. 1995. *Language, Culture and World View*, special edition of *International Journal of Intercultural Relations* 19 (2). New York: Pergamon Press.

Feliciano, W. 1981. "Design for a Two-Semester Course for Puerto Rican Students." *Teaching Spanish to the Hispanic Bilingual: Issues, Aims, and Method.*

Eds. G. Valdés, A. G. Lozano, and R. García-Moya. New York: Teachers College Press. 196–210.

Fernández, J. B. and N. García. 1982. *Nuevos horizontes.* Lexington, MA: D.C. Heath.

Fernández, R. 1981. "Teaching the Bilingual Student: What Works and What Doesn't Work." *Teaching Spanish to the Hispanic Bilingual: Issues, Aims, and Method.* Eds. G. Valdés, A. G. Lozano, and R. García-Moya. New York: Teachers College Press. 100–105.

Feuerverger, G. 1991. "University Students' Perceptions of Heritage Language Learning and Ethnic Identity Maintenance." *Canadian Modern Language Review* 474: 660–77.

Fishman, J. 1966. "The Implications of Bilingualism for Language Teaching and Language Learning." *Trends in Language Teaching.* Ed. A. Valdman. New York: McGraw-Hill. 121–32.

———. 1981. "Language Policy: Past, Present, and Future." *Language in the USA.* Eds. C. Ferguson and S. B. Heath. New York: Cambridge UP.

———. 1989. *Language and Ethnicity in Minority Sociolinguistic Perpective.* Clevedon, U.K.: Multilingual Matters.

———. 1991. *Reversing Language Shift: Theoretical and Empirical Foundations of Assistance to Threatened Languages.* Clevedon, U.K.: Multilingual Matters.

———. 1993. "Linguistic Heterogenity, Civil Strife and Per Capita Gross National Product in Inter-Polity Perspective." *Spanish in the United States: Linguistic Contact and Diversity.* Eds. A. Roca and J. M. Lipski. Berlin/New York: Mouton de Gruyter.

Fishman, J. and G. Keller, eds. 1982. *Bilingual Education for Hispanic Students in the United States.* New York: Teacher's College Press.

Floyd, M. B. 1981. "Language Variation in Southwest Spanish and Its Relation to Pedagogical Issues." *Teaching Spanish to the Hispanic Bilingual: Issues, Aims, and Methods.* Eds. G. Valdés, A. G. Lozano and R. García-Moya. New York: Teachers College Press. 30–45.

———. 1983. "Language Acquisiton and Use of the Subjunctive in Southwest Spanish." *Spanish and Portuguese in Social Context.* Ed. J. J. Bergen and G. D. Bills: 31–41. Washington, D.C.: Georgetown UP.

Freire, P. 1970. *Pedagogía del oprimido.* Mexico: Siglo Veintiuno Editores.

———. 1972. *Pedagogy of the Oppressed.* New York: Herder & Herder.

García-Moya, R. 1981. "Teaching Spanish to Spanish Speakers: Some Consideration for the Preparation of Teachers." *Teaching Spanish to the Hispanic Bilingual: Issues, Aims, and Methods.* Eds. G. Valdés, A. G. Lozano and R. García-Moya. New York: Teachers College Press. 59–68.

García, M. and G. Weller. 1985. "In the Match Between Spanish Dialects, Who is the Referee?" *Spanish Language Use and Public Life in the United States.* Eds. L. Elías-Olivares, R. Cisneros, E. A. Leone, and J. R. Gutiérrez. Berlin/New York: Mouton. 113–29.

García, O. and R. Otheguy. 1988. "The Language Situation of Cuban-Americans." *Language Diversity: Problem or Resource?* Ed. S. L. McKay and S. I. C. Wong. New York: Newbury House. 166–192.

García-Moya, R. 1981. "Teaching Spanish to Native Speakers: Some Considerations for the Preparation of Teachers." *Teaching Spanish to the Hispanic Bilingual: Issues, Aims, and Methods.* Eds. G. Valdés, A. G. Lozano, and R. García-Moya. New York: Teachers College Press. 59–68.

Goffman, E. 1981. *Forms of Talk.* Philadelphia: U. of Pennsylvania Press.

Goldenberg, C. 1993. "The Home School Connection in Bilingual Education." *Bilingual Education: Politics, Practice, and Research.* Eds. B. M. Arias and U. Casanova. Chicago: U of Chicago Press. 225–50.

González, A. and M. González. 1992. *Español para el hispanohablante en los Estados Unidos, 2nd ed.* Lanham, MD: University Press of America.

González-Berry, E. 1981. "Basic Spanish for Native Speakers: A Rationale and Course Outline." *Teaching Spanish to the Hispanic Bilingual: Issues, Aims, and Methods.* Eds. G. Valdés, A. G. Lozano, and R. García-Moya. New York: Teachers College Press. 178–87.

González-Lee, T. 1990. "Enseñanza de español y sensibilidad cultural a los profesionales de la salud". *Spanish in the United States: Sociolinguistic Issues.* Ed. J. J. Bergen. Washington, D.C.: Georgetown UP.

Grosjean, F. 1982. *Life with Two Languages: An Introduction to Bilingualism.* Cambridge, MA: Harvard UP.

Guitart, J. 1981. "The Pronunciation of Puerto Rican Spanish in the Mainland: Theoretical and Pedagogical Considerations." *Teaching Spanish to the Hispanic Bilingual: Issues, Aims, and Methods.* Eds. G. Valdés, A. Lozano, and R. García-Moya. New York: Teachers College Press. 46–58.

Gutiérrez, J. 1993. "Teaching Spanish to Hispanic Bilinguals: Developing a Valuable Linguistic Resource." *Improving Foreign Language Education Newsletter*: 2.

Gutiérrez, M. and C. Silva-Corvalán. 1993. "Clíticos del español en una situación de contacto". *Revista Española de Lingüística* 23: 207–20.

Gutiérrez-Marrone, N. 1981. "Español para el hispano: un enfoque sociolingüístico". *Teaching Spanish to the Hispanic Bilingual: Issues, Aims, and Methods.* Eds. G. Valdés, A. Lozano, and R. García-Moya. New York: Teachers College Press. 69–80.

Hamel, R. E., Y. Lastra de Suárez, and H. Muñoz Cruz, eds. 1988. *Sociolingüística Latinoamericama: X Congreso Mundial de Sociología, México 1982.* Mexico: Universidad Nacional Autónoma de México.

Hart-González, L. 1985. "Current Population Survey Research and Household Spanish Maintenance among Mexican Americans." *Research Issues and Problems in the United States Spanish: Latin American and Southwestern Varieties.* Eds. J. Ornstein-Galicia, G. K. Green, and D. J. Bixler-Márquez. Brownsville, TX: Pan American University. 25–41.

Hart-González, L. and M. Feingold. 1990. "Retention of Spanish in the Home." *International Journal of Sociology of Language* 84 (Spanish in the United States: New Quandaries and Prospects). Ed. F. Coulmas. The Hague/New York: Mouton de Gruyter. 5–34.

Heath, S. B. 1977. "Language and Politics in the United States." *Linguistics and Anthropology*. Ed. M. Saville-Troike. Washington, D.C.: Georgetown University Round Table on Language and Linguistics, Georgetown UP.

Heath, S. B. and L. Mangiola. 1991. *Children of Promise: Literate Activity in Linguistically and Culturally Diverse Classrooms*. Washington, D.C.: National Education Association.

Heller, M., ed. 1988. *Codeswitching: Anthropological and Sociological Perspectives*. Berlin/New York: Mouton de Gruyter.

Hensey, F. 1973. "Grammatical Variables in Southwestern American Spanish." *Linguistics* 108: 5–26.

Hernández-Chávez, E. 1993. "Native Language Loss and Its Implications for Revitalization of Spanish in Chicano Communities." *Language and Culture in Learning: Teaching Spanish to Native Speakers of Spanish*. Eds. B. J. Merino, H. T. Trueba, and F. A. Samaniego. London: Falmer Press. 58–74.

———. 1994. "Language Policies in the United States: A History of Cultural Genocide." *Linguistic Human Rights*. Eds. T. Skuttnabb-Kangas and R. Phillipson. Berlin: Mouton de Gruyter.

Hernández-Chávez, E., G. D. Bills, and A. Hudson. 1993. "El desplazamiento del español en el suroeste de EE.UU. según el censo de 1990." Paper presented at the X Congreso Internacional de la Asociación de Lingüística y Filología de la América Latina in Veracruz, Mexico.

Hernández-Chávez, E., A. Cohen, and A. Beltramo, eds. 1975. *El lenguaje de los chicanos: Regional and Social Characteristics of Language Used by Mexican Americans*. Arlington, VA: Center for Applied Linguistics.

Hernández-Chávez, E. and G. Pérez. 1991. "Epenthetic Front Vowels in New Mexican Spanish: Archaism or Innovation?" Paper presented at the 12th Conference on El Español en los Estados Unidos, Los Ángeles.

Hidalgo, M. 1987. "Español mexicano y español chicano: problemas y propuestas fundamentales." *Language Problems and Language Planning* 11 (2): 163–95.

———. 1990. "On the Question of 'Standard' versus 'Dialect': Implications for Teaching Hispanic College Students." *Spanish in the United States: Sociolinguistic Issues*. Ed. J. J. Bergen. Washington, D.C.: Georgetown UP. 110–126.

———. 1993a. "The Dialects of Spanish Language Loyalty and Maintenance on the U.S.-Mexico Border: A Two-Generation Study." *Spanish in the United States: Linguistic Contact and Diversity*. Eds. A. Roca and J. M. Lipski. Berlin/New York: Mouton de Gruyter. 47–73.

———. 1993b. "The Teaching of Spanish to Bilingual Spanish Speakers: A Problem of Inequality." *Language and Culture in Learning: Teaching Spanish to Na-*

tive Speakers of Spanish. Eds. B. J. Merino, H. T. Trueba, and F. A. Samaniego. London: Falmer Press. 82–93.

———, ed. 1994. "Mexico's Language Policy and Diversity." *Language Problems and Language Planning* 18 (3).

———, ed. 1995. "Sociolinguistic Trends on the U.S./Mexican Border." *International Journal of Sociology of Language* (114).

Hudleson, S. and I. Serna. 1992. "Mira, teacher, escribí mi nombre en inglés". *Second Annual Whole Language Umbrella Conference.* Ed. A. Hurkey. Urbana, IL: NCTE.

Hudson, A., E. Hernández-Chávez, and G. D. Bills. 1995. "The Many Faces of Language Maintenance: Spanish Language Claiming in Five Southwestern States." *Spanish in Four Continents: Studies in Language Contact and Bilingualism.* Ed. C. Silva-Corvalán. Washington, D.C.: Georgetown UP.

Hudson-Edwards, A. and G. D. Bills. 1982. "Intergenerational Language Shift in an Albuquerque Barrio." *Spanish in the United States: Sociolinguistic Aspects.* Eds. J. Amastae and L. Elías-Olivares. Cambridge: Cambridge UP. 135–53.

Jacobson, R. 1990. "Allocating Two Languages as a Key Feature of a Bilingual Methodology." *Language Distribution Issues in Bilingual Schooling.* Ed. R. Jacobson and C. Faltis. Philadelphia: Multilingual Matters. 3–17

Jiménez, F. 1981. *Mosaico de la vida.* New York: Harcourt, Brace, Jovanovich.

Kalantzis, M., B. Cope, and D. Slade. 1989. *Minority Languages and Dominant Culture: Issues of Education, Assessment, and Social Equity.* London: Falmer.

Kamwangamalu, N. M. 1989. "Selected Bibliography of Studies on Code-Mixing and Code-Switching." *World Englishes* 8: 433–9.

Keller, G. 1985. "The Future of Spanish in the United States." *Research Issues and Problems in the United States Spanish: Latin American and Southwestern Varieties. (Rio Grande Series in Language and Linguistics, No.2).* Eds. J. Ornstein-Galicia, G. K. Green, and D. J. Bixler-Márquez. Brownsville, TX: Pan American U. 11–23.

Kjolseth, R. 1982. "Bilingual Education Programs in the United States: For Assimilation or Pluralism?" *Bilingualism in the Southwest.* Ed. P. R. Turner. Tucson: U of Arizona Press. 3–27.

Labov, W. 1972. *Language in the Inner City: Studies in the Black English Vernacular.* Philadelphia: U of Pennsylvania Press.

Lapesa, R. 1988. *Historia de la lengua española.* Madrid: Editorial Gredos.

Lara, F. 1986. *Diccionario básico del español de México.* Mexico: El Colegio de México.

Lequerica de la Vega, S. and C. Salazar Parr. 1978. *Avanzando: Gramática española y lectura. Cuaderno B.* New York: John Wiley & Sons.

Lipski, J. M. 1983. "La norma culta y la norma radiofónica: /s/ y /n/ en español". *Language Problems and Language Planning* 7 (3): 239–62.

―――. 1985. "Spanish in United States Broadcasting." *Spanish Language Use and Public Life in the United States*. Eds. L. Elías-Olivares, E. A. Leone, R. Cisneros, and J. R. Gutiérrez. Berlin/New York: Mouton. 217–33.

―――. 1988. "Central American Varieties, Mexican, and Chicano Spanish." *Research Issues and Problems in the United States Spanish: Latin American and Southwestern Varieties (Rio Grande Series in Language and Linguistics, No.2)*. Eds. J. Ornstein-Galicia, G. K. Green, and D. J. Bixler-Márquez. Brownsville, TX: Pan American University. 157–69.

―――. 1994. *Latin American Spanish*. New York: Longman.

Lope-Blanch, J. M. 1974. "Anglicismos en la norma lingüística culta de México". *Románica* 5: 591–600.

―――. 1983. *Estudios sobre el español de México*. Mexico: Universidad Nacional Autónoma de México.

―――. 1986. *El estudio del español hablado culto: historia de un proyecto*. Mexico: Universidad Nacional Autónoma de México.

―――. 1987. "El estudio del español hablado en el suroeste de los Estados Unidos". *Anuario de Letras* 25: 201–8.

López, D. E. 1978. "Chicano Language Loyalty in an Urban Setting." *Sociology and Social Research* 62: 267–78.

―――. 1982. "The Maintenance of Spanish over Three Generations in the United States." Report R7. Los Alamitos, CA: National Center for Bilingual Research.

López Morales, H. 1971. *Estudio sobre el español de Cuba*. New York: Las Américas.

Lustig, M. and J. Koester. 1993. *Intercultural Competence*. New York: Harper Collins.

Macías, R. F. 1993. "Language and Ethnic Classification of Language Minorities: Chicano and Latino Students in the 1990s." *Hispanic Journal of the Behavioral Sciences* 15: 230–57.

Marcos Marín, F. 1979. *Reforma y modernización del español: ensayo de sociolingüística histórica*. Madrid: Cátedra.

Marrone, N. G. 1981. "Español para el hispano: un enfoque sociolingüístico". *Teaching Spanish to the Hispanic Bilingual: Issues, Aims, and Methods*. Eds. Valdés, G., A. Lozano, and R. García-Moya. New York: Teachers College Press. 69–80.

Massey, D., R. Alarcón, J. Durand, and H. González. 1987. *Return to Aztlán: The Social Process of International Migration from Western Mexico*. Berkeley: U of California Press.

McCollum, P. 1994. "Language Use in Two-Way Bilingual Programs." *IRDA Newsletter* XXI (2).

Mejías, E.J. and G. Garza-Swan. 1981. *Nuestro español: curso para estudiantes bilingües*. New York: Macmillan.

Merino, B. J. 1983. "Language Loss in Bilingual Chicano Children." *Journal of Applied Developmental Psychology* 10: 477–94.

———. 1991. "Promoting School Success for Chicanos: The View From Inside the Bilingual Classroom." *Chicano School Failure and Success: Research and Policy Agendas for the 1990's.* Ed. R. Valencia. London: Falmer Press. 119–48.

Merino, B. J., H. T. Trueba, and F. A. Samaniego, eds. 1993. *Language and Culture in Learning: Teaching Spanish to Native Speakers of Spanish.* London: Falmer Press.

Miguélez, A. and M. Sandoval. 1987. *Jauja: método integral de español para bilingües.* Englewood Cliffs, NJ: Prentice Hall.

Moll, L. 1995. "Bilingual Classroom Studies and Community Analysis." *Policy and Practice in Bilingual Education.* Ed. O. García and C. Baker. Philadelphia: Multilingual Matters. 273–80.

Monroe, W. S. 1950. *Encyclopedia of Educational Research.* New York: Macmillan.

Montes, J. J. 1987. *Dialectología general e hispanoamericana: orientación teórica, metodológica y bibliográfica.* 2nd. ed. Bogotá: Instituto Caro y Cuervo.

Moreno de Alba, J. G. and G. Perissinotto. 1988. "Observaciones sobre el español en Santa Barbara, California". *Nueva revista de filología hispánica* 36: 171–201.

Mullen, E. J. 1992. "Foreign Language Departments and the New Multiculturalism." *Profession* 92: 54–8.

Navarro Tomás, T. 1948. *El español en Puerto Rico: contribución a la geografía lingüística hispanoamericana.* Río Piedras, PR: Editorial Universitaria.

Nieto, S. 1992. *Affirming Diversity: The Sociopolitical Context of Multicultural Education.* New York: Longman.

Ocampo, F. 1990. "El subjuntivo en tres generaciones de hablantes bilingües". *Spanish in the United States: Sociolinguistic Issues.* Ed. J. J. Bergen. Washington, D.C.: Georgetown UP. 39–48.

Ogbu, J. 1978. *Minority Education and Caste.* New York: Academic Press.

Ogbu, J. and M. E. Matute-Bianchi. 1986. "Understanding Sociocultural Factors: Knowledge, Identity, and School Adjustment." *Beyond Language: Social and Cultural Factors in Schooling Language Minority Students.* Bilingual Education Office, California State Department of Education. 73–142.

Olsen, L. 1988. *Crossing the School House Border: Immigrant Students in the California Public Schools.* San Francisco: California Tomorrow.

Olsen, L. and C. Minicucci. 1992. *Meeting the Challenge of Language Diversity.* Berkeley: BW Associates.

Ornstein-Galicia, J. L. 1989. "Regresses or 'Downgraded Varieties' of Language: A First Approximation." *Status and Function of Languages and Language Varieties.* Ed. U. Ammon. New York/Berlin: Walter de Gruyter. 292–323.

———. 1992. "The Changing Status of U.S. Spanish: De Facto Second Language?" *Status Change of Languages.* Ed. U. Ammon and M. Hellinger. Berlin: Walter de Gruyter. 294–310.

Ornstein-Galicia, J., G. K. Green, and D. J. Bixler-Márquez, eds. 1988. *Research Issues and Problems in the United States Spanish: Latin American and Southwestern Varieties. Rio Grande Series in Language and Linguistics, No. 2.* Brownsville, TX: Pan American U.

Orrantia, D. 1981. "Spanish for Native Speakers: A Proposed First Year Syllabus." *Teaching Spanish to the Hispanic Bilingual: Issues, Aims, and Methods.* Ed. G. Valdés, G. D. Lozano, and R. García-Moya. New York: Teachers College Press. 169–77.

Otheguy, R. 1993. "A Reconsideration of the Notion of Loan Translation in the Analysis of U.S. Spanish." *Spanish in the United States: Linguistic Contact and Diversity.* Eds. A. Roca and J. M. Lipski. Berlin/New York: Mouton de Gruyter. 20–45.

Pascual, H.W. 1976. "La educación bilingüe: retórica y realidad". *Defensa* 4–5 (Nov. 1978): 4–7.

Peale, C.G. 1991. "Spanish for Spanish Speakers (and Other Native Languages) in California's Schools: A Rationale Statement." *Hispania* 74: 446–51.

Pease-Alvárez, L. 1993. "Moving In and Out of Bilingualism: Investigating Native Language Maintenance and Shift in Mexican Descent Children." Research Report 6. Washington, D.C.: Center for Applied Linguistics: National Center for Research on Cultural Diversity and Second Language Learning.

Pedraza, P. 1985. "Language Maintenance Among New York Puerto Ricans." *Spanish Language Use and Public Life in the United States.* Eds. L. Elías-Olivares, E. A. Leone, R. Cisneros, and J. R. Gutiérrez. Berlin/NewYork: Mouton de Gruyter. 59–71.

Peñalosa, F. 1980. *Chicano Sociolinguistics.* Rowley, MA: Newbury House.

———. 1988. "Ensayo de un estudio comparativo de la situación sociolingüística de los chicanos y de los boricuas en los Estados Unidos". *Sociolingüística Latinoamericana: X Congreso Mundial de Sociología, México 1982.* Eds. R. Hamel, Y. Lastra de Suárez, and H. Muñoz Cruz. Mexico: Universidad Nacional Autónoma de México.

Phillipson, R. 1992. *Linguistic Imperialism.* Oxford: Oxford UP.

Politzer, R. L. 1993. "A Researcher's Reflection on Bridging Dialect and Second Language Learning: Discussion of Problems and Solutions." *Language and Culture in Learning: Teaching Spanish to Native Speakers of Spanish.* Eds. B. J. Merino, H. T. Trueba, and F. A. Samaniego. London: Falmer Press. 45–57.

Poplack, S. 1979. "Sometimes I'll Start a Sentence in Spanish y termino en español: Towards a Typology of Code Switching." *Working Paper No. 4.* New York: Centro de Estudios Puertorriqueños, City U.

Pousada. A. and S. Poplack. 1982. "No Case for Convergence: The Puerto Rican Spanish Verb System in a Language-Contact Situation." *Bilingual Education for Hispanic Students in the United States.* Eds. J. Fishman and and G. Keller. New York: Teachers College Press. 207–237.

Quintanar-Sarellana, R., T. Huebner, and A. Jensen. 1993. "Tapping a Natural Resource: Language Minority Students as Foreign Language Tutors." *Language and Culture in Learning: Teaching Spanish to Native Speakers of Spanish.* Eds. B. J. Merino, H. T. Trueba, and F. A. Samaniego. London: Falmer Press. 208–21.

Ramírez, A., R. Milk, and A. Sapiens. 1983. "Intragroup Differences and Attitudes Toward Varieties of Spanish Among Bilingual Pupils from California and Texas." *HJBS* 5: 417–29.

Rivera, C. and A. Zehler. 1991. "Assuring the Academic Success of Language Minority Students: Collaboration in Teaching and Learning." *Journal of Education* 173: 52–77.

Roca, A. 1987. "A Critical Assessment of College-level Spanish Texts for Hispanic Bilingual Students in the United States." Paper presented at the VIII Spanish in the United States Conference, October 15–17, U. of Iowa, Iowa City.

———. 1988. "El español y los estudiantes hispanos en los EE.UU.; puntos de partida". *Hispanos en los Estados Unidos.* Eds. R. Cortina and A. Moncada. Madrid: Ediciones de Cultura Hispánica/Instituto de Cooperación Iberoamericana. 265–72.

———. 1990. "Teaching Spanish to Hispanic Bilingual College Students in Miami." *Spanish in the United States: Sociolinguistic Issues.* Ed. J. J. Bergen. Washington, D.C.: Georgetown UP. 127–36.

———. 1991. "Assessment, Instruction, and Teacher Training: Teaching Spanish to U.S. Hispanic Bilingual Students in the 1990s." Work based on a paper presented at the Conference on Second Language Acquisition, February, U. of Florida, Tampa.

Roca, A. and J. M. Lipski, eds. 1993. *Spanish in the United States: Linguistic Contact and Diversity.* Berlin/New York: Mouton de Gruyter.

Rocco, R. 1977. "Language as an Expression of Ideology: A Critique of a Neo-Marxist View." *Perspectivas en Chicano Studies.* Ed. R. F. Macías. Los Angeles, CA: The National Association of Chicano Social Science. 139–199.

Romo, R. 1983. *East Los Angeles: History of a Barrio.* Austin: U of Texas Press.

Rodríguez Pino, C. 1994. "Teaching Spanish to Southwest Hispanic Students." *Newsletter Funded by the National Endowment for the Humanities.* Ed. C. Rodríguez Pino and F. J. Ronquillo. New Mexico State U, Las Cruces. 1: 1–5.

Rodríguez Pino, C. and D. Villa. 1994. "A Student-Centered Spanish for Native Speakers Programs: Theory, Curriculum Design, and Outcome Assessment." *Faces in a Crowd: Individual Learners in Multisection Programs.* AAUSC Issues in Language Program Direction. Ed. C. Klee. Boston: Heinle & Heinle.

Rosenblat, A. 1987. "El criterio de corrección lingüística: unidad o pluralidad de normas en el español de España y América". *Teoría lingüística y enseñanza de la lengua.* Ed. J. M. A. Méndez. Madrid: Akal. 288-311.

Rubin, J. 1985. "Spanish Language Planning in the United States." *Spanish Language Use and Public Life in the United States.* Eds. L. Elías-Olivares, E. A.

Leone, R. Cisneros, and J. R. Gutiérrez. Berlin/New York: Mouton de Gruyter. 133–52.

Samaniego, F. A., F. X. Alarcón, and N. Rojas. 1995. *Mundo 21*. Lexington, MA: D.C. Heath.

Samaniego, F. A., B. Merino, and Fellows of Español para Triunfar. 1993. "Using Expert Teacher Knowledge to Develop Curriculum for Native Spanish-Speaking Secondary Students." *Language and Culture in Learning: Teaching Spanish to Native Speakers of Spanish*. Eds. B. J. Merino, H. T. Trueba, and F. A. Samaniego. London: Falmer Press. 222–58.

Samovar, L. A. and R. E. Porter, eds. 1991. *Intercultural Communication*. Belmont, CA: Wadsworth.

Sánchez, R. 1972. "Nuestra circunstancia lingüística". *El Grito* 6(1): 45–74.

———. 1981. "Spanish for Native Speakers at the University: Suggestions." *Teaching Spanish to the Hispanic Bilingual: Issues, Aims, and Methods*. Ed. G. Valdés, G. D. Lozano, and R. García-Moya. New York: Teachers College Press. 91–9.

———. 1982. "Our Linguistic and Social Context." *Spanish in the United States: Sociolinguistic Aspects*. Ed. J. Amastae and L. Elías-Olivares. New York: Cambridge UP. 9–46.

———. 1983. *Chicano Discourse: Socio-Historic Perspectives*. Rowley, MA: Newbury House.

———. 1993. "Language Variation in the Spanish of the Southwest." *Language and Culture in Learning: Teaching Spanish to Native Speakers of Spanish*. Eds. B. J. Merino, H. T. Trueba, and F. A. Samaniego. Washington, D.C.: Falmer Press. 75–81.

Sánchez Jankowsky, M. 1986. *City Bound*. Albuquerque: U New Mexico Press.

Santa Ana A. O., 1993. "Chicano English and the Nature of the Chicano Language Setting." *Hispanic Journal of Behavioral Sciences* 15 (1): 3–35.

Santamaría, F. J. 1983. *Diccionario de Mejicanismos: Razonado, comprobado, con citas de autoridades: comparado con el de americanismos y con los vocabularios provinciales de los más distinguidos diccionaristas hispanoamericanos*. Mexico: Editorial Porrúa.

Schon, I. 1993. "Noteworthy Books in Spanish for Adolescents." *Hispania* 76(1): 152–5.

Seelye, H. Ned. 1976. *Teaching Culture*. Skokie, IL: National Textbook.

Shannon, S. M. 1990. "A Curriculum for Spanish Speakers Involving Translation Skills." *Foreign Language Education: Issues and Answers*. Eds. A. Padilla, H. Fairchild, and C. Valdez. Newbury Park, CA: SAGE.

Silva-Corvalán, C. 1983. "Code-Shifting Patterns in Chicano Spanish." *Spanish in the U.S. Setting: Beyond the Southwest*. Ed. L. Elías-Olivares. Rosslyn, VA: National Clearinghouse for Bilingual Education. 69–87.

————. 1990. "Current Issues in Studies of Language Contact." *Hispania* 73: 162–76.

————. 1991. "Spanish Language Attrition in a Contact Situation with English." *First Language Attrition: Structural and Theoretical Perspectives.* Eds. H. W. Seliger and R. M. Vago. New York: Cambridge UP. 151–71.

————. 1994. *Language Contact and Change: Spanish in Los Angeles.* Oxford: Clarendon.

————, ed. 1995. *Spanish in Four Continents. Studies in Language Contact and Bilingualism.* Washington, D.C.: Georgetown UP.

Smead, R. N. and J. H. Clegg. 1990. "Aztequismos en el español chicano". *Spanish in the United States: Sociolinguistic Issues.* Ed. J. J. Bergen. Washington, D.C.: Georgetown UP. 23–30.

Solé, Y. 1977. "Continuidad/discontinuidad idiomática en el español tejano". *The Bilingual Review/La revista bilingüe* 4: 188–99.

————. 1981. "Consideraciones pedagógicas en la enseñanza del español a estudiantes bilingües". *Teaching Spanish to the Hispanic Bilingual: Issues, Aims, and Methods.* Eds. G. Valdés, G. D. Lozano, and R. García-Moya. New York: Teachers College Press. 21–9.

————. 1990. " Bilingualism: Stable or Transitional? The Case of Spanish in the United States." *International Journal of the Sociology of Language* 84 (Spanish in the USA: New Quandaries and Prospects). Ed. F. Coulmas. The Hague/New York: Mouton de Gruyter. 35–80.

Staczek, J. J. and F. M. Aid. 1981. "Hortografia Himortal: Spelling Problems Among Bilingual Students." *Teaching Spanish to the Hispanic Bilingual: Issues, Aims, and Methods.* Eds. G. Valdés, A. G. Lozano, and R. García-Moya. New York: Teachers College Press. 146–56.

Stovall, M. 1981. "Spanish for the Native Speaker: A Syllabus." *Teaching Spanish to the Hispanic Bilingual: Issues, Aims, and Methods.* Eds. G. Valdés, A. G. Lozano, and R. García-Moya. New York: Teachers College Press. 188–95.

Suárez-Orozco, M. 1987. "Towards a Psychological Understanding of Hispanic Adaptation to American Schooling." *Success or Failure: Learning and the Language Minority Student.* Ed. H. T. Trueba. Cambridge: Newbury House.

———— 1989. *Central American Refugees and US High Schools: A Psychological Study of Motivation and Achievement.* Stanford: Stanford UP.

Teschner, R. 1981a. "Second-language Acquisition and Foreign Language Teaching: The Applicability of its Findings to the Spanish Language Programs at a University on the U.S.-Mexican Border." *Proceedings of the Ninth Annual Southwestern Area Language and Linguistics Workshop.* Ed. C. Elerick. El Paso: U of Texas at El Paso. 228–240.

———— . 1981b. "Spanish for Native Speakers: Evaluating Twenty-Five Chicano Compositions in a First-Year Course." *Teaching Spanish to the Hispanic Bilin-*

gual: *Issues, Aims, and Methods.* Eds. G. Valdés, A. G. Lozano, and R. García-Moya. New York: Teachers College Press. 115–39.

———— 1983. "Spanish Placement for Native Speakers, Non-Native Speakers, and Others." *ADFL Bulletin* 14 (3): 37–42.

———— 1990. "Spanish Speakers Semi- and Residually Native: After the Placement Test is Over." *Hispania* 73: 816–22.

Teschner, R.V., G.D. Bills, and J.R. Craddock, eds. 1975. *Spanish and English of United States Hispanos: A Critical, Annotated, Linguistic Bibliography.* Arlington, VA: Center for Applied Linguistics.

Timm, L. A. 1983. "Does Code Switching Take Time? A Comparison of Results in Experimental and Natural Settings, With Some Implications for Bilingual Language Processing." *HJBS* 5: 401-16.

———— 1993. "Bilingual Code Switching: An Overview of Research." *Language and Culture in Learning: Teaching Spanish to Native Speakers of Spanish.* Eds. B. J. Merino, H. T. Trueba, and F. A. Samaniego. London: Falmer Press. 94–112.

Torres, L. 1990. "Spanish in the United States: The Struggle for Legitimacy." *Spanish in the United States: Sociolinguistic Issues.* Ed. J. J. Bergen. Washington, D.C.: Georgetown UP. 142–51.

Troike, R. 1978. "Research Evidence for the Effectiveness of Bilingual Education." *NABE Journal* 3 (1): 13-24.

Trueba, H. T., ed. 1987. *Success or Failure? Learning and the Language Minority Student.* Cambridge: Newbury House.

————1989. *Raising Silent Voices: Educating the Linguistic Minorities for the 21st Century.* New York: Newbury House.

Valdés, G. 1980. "Teaching Ethnic Languages in the United States: Implications for Curriculum and Faculty Development." *ADFL Bulletin* 11 (3): 31–4.

———— 1981a. "Language Development Versus the Teaching of the Standard Language." *Social and Educational Issues in Bilingualism and Biculturalism.* Ed. R. S. Clair, G. Valdés, and J. Ornstein-Galicia. Cambridge, MA: University Press of America. 42–62.

————. 1981b. "Pedagogical Implications of Teaching Spanish to the Spanish-Speaking in the U.S." *Teaching Spanish to the Hispanic Bilingual: Issues, Aims, and Methods.* Eds. G. Valdéz, A. G. Lozano, and R. García-Moya. New York: Teachers College Press. 3–20.

————. 1983. "Planning for Biliteracy." *Spanish in the U.S. Setting: Beyond the Southwest.* Ed. L. Elías-Olivares. Rosslyn, VA: National Clearinghouse for Bilingual Education. 257–62.

————. 1988. "The Language Situation of Mexican Americans." *Language Diversity: Problem or Resource?.* Eds. S. L. McKay and S. I. C. Wong. New York: Newbury House. 111–39.

———. 1989. "Teaching Spanish to Hispanic Bilinguals: A Look at Oral Proficiency Testing and the Proficiency Movement." *Hispania* 72(2): 392–401.

———. 1992. "The Role of the Foreign Language Teaching Profession in Maintaining Non-English Languages in the United States." *Languages for a Multicultural World in Transition: 1993 Northeast Conference Reports*. Ed. H. Byrnes. Skokie, IL: National Textbook. 29–71.

———. 1995. "The Teaching of Minority Languages as Academic Subjects: Pedagogical and Theoretical Challenges." *Modern Language Journal* 79 (3).

Valdés, G., A. G. Lozano, and R. García-Moya, eds. 1981. *Teaching Spanish to the Hispanic Bilingual: Issues, Aims, and Methods*. New York: Teachers College Press.

Valdés, G. and R.V. Teschner. 1993. *Español escrito: curso para hispanohablantes bilingües. Tercera edición*. Englewood Cliffs, NJ: Prentice Hall.

Valdés-Fallis, G. 1975. "Teaching Spanish to the Spanish Speaking: Classroom Strategies." *System* (U of Linkoping, Sweden) 3: 54–62.

———. 1976. "Language Development vs. the Teaching of the Standard Language." *Leikos* December: 20–32.

———. 1977. "Spanish Language Programs for Hispanic Minorities: Current Needs and Priorities." *Minority Language and Literature*. Ed. Fisher. New York: Modern Language Association. 86–98.

———. 1978. "A Comprehensive Approach to the Teaching of Spanish to Bilingual Spanish-Speaking Students." *Modern Language Journal* 43 (3): 101–10.

Valdés-Fallis, G. and R. V. Teschner. 1977. *Spanish for the Spanish-Speaking: A Descriptive Bibliography of Materials*. Austin, TX: National Educational Laboratory Publishers.

Vásquez, O., L. Pease-Alvarez, and S. M. Shannon. 1994. *Pushing Boundries: Language and Culture in a Mexicano Community*. Cambridge: Cambridge UP.

Villa, D. In press. "Choosing a 'Standard' Variety of Spanish for the Instruction of Native Spanish Speakers in the U.S." *Foreign Language Annals*.

Veltman, C. 1988. *The Future of the Spanish Language in the United States*. New York City/Washington, D.C.: Hispanic Policy Development Project.

Voiland-Sanchez, E., C. Sutton, and H. Ware. 1991. *Fostering Home-School Cooperation: Involving Language Minority Families as Partners in Education*. Washington D.C.: National Clearinghouse for Bilingual Education.

Vygotsky, L. S. 1962. *Thought and Language*. Cambridge, MA: MIT Press.

Wald, B. 1988. "Implications of Research on Dialects of Mexican American Spanish for Linguistic Theory." *Research Issues and Problems in the United States Spanish: Latin American and Southwestern Varieties (Rio Grande Series in Language and Linguistics, No. 2)*. J. Ornstein-Galicia, G. K. Green, and D. J. Bixler-Márquez. Brownsville, TX: Pan American U. 57–73.

Webb, J. T. 1974. "Investigation Problems in Southwest Spanish Caló." *Southwest Area Linguistics*. Ed. G. D. Bills. San Diego, CA: Institute for Cultural Pluralism, School of Education, San Diego State U.

———. 1983. "Mexican-American *Caló* and Standard Mexican Spanish." *Spanish in the United States: Sociolinguistic Aspects*. Eds. J. Amastae and L. Elías-Olivares. Cambridge: Cambridge UP. 121–32.

Weller, G. 1988. "The Role of Language as a Cohesive Force in the Hispanic Speech Community of Washington, D.C." *Sociolingüística Latinoamericana: X Congreso Mundial de Sociología, México 1982*. Ed. R. Hamel, Y. Lastra de Suárez, and H. Muñoz Cruz. Mexico: Universidad Nacional Autónoma de México. 171–91.

Wong-Fillmore, L. 1986. "Teaching Bilingual Learners." *Handbook of Research on Teaching*. Ed. M. C. Wittrock. New York: Macmillan. 648–85.

Yee, D. S., et al. 1991. "Resource Guide for Heritage Language Instruction: An Annotated Listing of Projects Supported by Multiculturalism and Citizenship." *Canadian Modern Language Review* 47 (4): 712–85.

Zentella, A. C. 1981. "Hablamos los dos. We Speak Both: Growing up Bilingual en el barrio." Unpublished doctoral dissertation, U of Pennsylvania.

———. 1982. "Spanish and English in Contact in the U.S.: The Puerto Rican Experience." *Spanish in the Western Hermisphere*. Special issue of *Word* 33 (1–2): 41–57.

———. 1983. "Language Planning: Acceptability and Adequacy Criteria." *Spanish in the U.S. Setting: Beyond the Southwest*. Ed. L. Elías-Olivares. Rosslyn, VA: National Clearinghouse for Bilingual Education. 235–43

——— 1987. "Language and Female Identity in the Puerto Rican Community." *Women and Language in Transition*. Ed. J. Penfield. Albany, NY: SUNY Press.

———. 1990a. "El impacto de la realidad socio-económica en las comunidades hispanoparlantes de los Estados Unidos: reto a la teoría y metodología lingüística". *Spanish in the United States: Sociolinguistic Issues*. Ed. J. J. Bergen. Washington, D.C.: Georgetown UP. 152–66.

———. 1990b. "Returned Migration, Language, and Identity: Puerto Rican Bilinguals in Dos Worlds/Two Mundos." *International Journal of the Sociology of Language* 84 (Spanish in the USA: New Quandaries and Prospects). Ed. F. Coulmas. The Hague/New York: Mouton de Gruyter.

Ziegler, J. 1981. "Guidelines for the Construction of a Spanish Placement Examination for the Spanish Dominant-English Bilingual." *Teaching Spanish to the Hispanic Bilingual: Issues, Aims, and Methods*. Eds. G. Valdés, A. G. Lozano, and R. García-Moya. New York: Teachers College Press. 211–14.